무력분쟁에서의 희생자 보호와 국제인도법

-비국제적 무력분쟁을 중심으로-

무력분쟁에서의 희생자 보호와 국제인도법

-비국제적 무력분쟁을 중심으로-

이 민 효 著

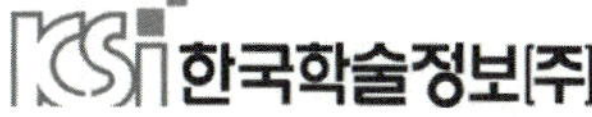 한국학술정보[주]

서 문

인류사회에 있어서 비국제적 무력분쟁은 역사적, 통계적 기록에 비추어 볼 때 국제적 무력분쟁보다 오히려 더 빈번했었고 더 야만적이었으며, 전투에 직접 참여한 자나 그렇지 않은 자를 막론하고 사상, 질병, 고문 및 학대, 실종, 자유박탈, 이산, 난민 및 유민, 생필품의 부족뿐만 아니라 분쟁희생자와 그 가족의 심리적 불안과 인간존엄의 파괴 등 수많은 인도적 문제를 야기했다.

따라서 이들 분쟁을 규제해야 할 필요성이 시급하였지만 이에 대한 국제법적 규제는 19세기말부터 시작된 전쟁법의 법전화 및 발전과정에서도 무시되었다. 그것은 순수한 국내문제(당시에는 지배적 견해였음)에 국제법(전쟁법)의 적용을 확대하려는 어떠한 의도에도 반대하는 국가주권을 반영한 당연한 결과였다. 그 결과 전통국제법하에서의 비국제적 무력분쟁의 법적 규제는 임의적 교전단체 승인제도의 대상이 될 수밖에 없었고, 반도들에 의한 국제적 무력분쟁에 버금가는 실제상의 전투행위는 정부가 반도들을 교전단체로 승인하지 않으면 국내형법의 지배하에 있을 수밖에 없었다.

그러나 제2차 세계대전 후 그 엄청난 충격의 영향으로 제네바협약의 개정 움직임이 다시 일게 되었고, 그 결과 수년에 걸친 각고의 노력 끝에 1949년 '국제적 성질을 갖지 않는 무력분쟁'을 규제하는 유일한 규정인 제네바협약 공통3조가 결실을 보게 되었다. 국제적 무력분쟁의 희생자 보호를 중심으로 논의되었던 1949년 제네바협약의 성립과정에서 비국제적 무력분쟁에 대한 이와 같은 접근은 스페인내전의 경험과 2차 대전 기간 중 행해진 소수민족에 대한 대규모적인 잔악행위 그리고 국제연합의 국제적 인권보호운동에 크게 영향을 받은 것이었다.

공통3조의 채택으로 그때까지 국제인도법의 적용범위에 포함되지 않았던 비국제적 무력분쟁에 최소한의 인도적 법규가 적용되어 분쟁희생자는 법적 보호를 받게 되기에 이르렀으며 교전단체 승인을 받지 않은 반도도 공통3조 분쟁의 당사자로서 적어도 동조에 규정된 일정의 권리의무를 갖는 등 제한된 법적지위를 인정받게 되었다. 이것은 확실히 국가 또는 교전단체 승인을 받은 반도만을 법주체로 하는 종래 법구조의 틀을 초월하는 것이며 여기에 공통3조의 혁신점이 있다.

하지만 공통3조 채택 이후 냉전으로 인한 동서대립이 격화된 가운데 민족자결권에 기초한 식민지 독립투쟁 등의 민족해방전쟁과 미·소의 대리전 성격이 강한 정치적·경제적·이념적 갈등으로 인한 신생독립국에서의 권력 장악과 체제변경을 위한 분쟁 등 비국제적 무력분쟁의 발생이 급격히 증가함에 따라 이러한 분쟁으로 인한 희생도 그에 비례했다. 정치적·문화적·인종적·종교적 갈등으로 인한 분쟁에서 민간주민들은 살상되거나 난민 또는 유민으로 전락하였으며, 국적국이나 거주지역에서 강제추방되기도 하였고, 군사목표물에 한정되지 않는 대량파괴력을 가진 무기의 기술적 발달은 새로운 형태의 지상 및 공중공격으로 민간인을 보호하기 위한 추가적인 규정들을 발전시켜야 함을 보여주었고, 게릴라전의 성행은 게릴라전사가 전쟁포로로 대우되어야 하는가 하는 등의 문제를 발생시켰다.

비록 공통3조가 희생자 보호를 위한 기본적인 인도적 원칙을 규정하고 있긴 하였지만 그것만으로는 긴급한 인도적 요구에 충분히 대응하지 못했던 것이다. 공통3조의 내용상의 불충분, 불명확과 적용상의 소극적, 회피적 경험은 비국제적 무력분쟁에 적용될 새로운 법을 요구하였으며, 증가되는 분쟁희생자의 인도적 보호를 위해서는 공통3조를 발전, 보완시키는 것이 필수적이었다. 이에 ICRC(International Committee of the Red Cross)는 수년간의 각고 끝에 1974년 제2추가의정서 초안을 작성하였으며, 드디어 1977년 6월 10일 '비국제적 무력분쟁의 희생자에 관한 1949년 8월 12일의 제네바협약의 추가의정서'(제2추가의정서)를 채택하였다.

제2추가의정서의 채택은 공통3조의 인도적 내용 및 그 실제적 적용상의 문제점들을 극복하고 국제환경의 변화에 따른 비국제적 무력분쟁의 새로운 양상, 전술, 전투수단과 방법 등에 관한 경험을 바탕으로 분쟁희생자의 보다 진전된 보호 및 구호를 위해 1949년 이후 지속적으로 진행되어 온 노력의 결과로서 긴 외교적 투쟁의 산물이었다. 이처럼 비국제적 무력분쟁에 적용되는 국제인도법의 공통3조로부터 제2추가의정서로의 전개는 개개의 보호내용에 관하여 불충분함이나 한계·타협을 나타내면서도 전체로서는 분쟁희생자의 보호·존중을 위한 기본적 보장과 그 구호의 필요성을 인정, 강화하는 방향으로 전개되었다고 볼 수 있다.

하지만 제2추가의정서의 장래를 낙관한 일부의 전망에도 불구하고 의정서가 실제 분쟁에 미친 효과에는 심각한 문제가 존재하였던바, 분쟁의 비인도성을 종식시키거나 실질적으로 감소시키지도 못했다. 다만 ICRC, 국제연합 및 국제인권체계의 인도적 동기에 기초한 희생자 보호활동과 국제적 형사제재를 통한 인도적 법규 위반자의 처벌이 나름의 역할을 했었다. 제2추가의정서는 더욱 인도적인 세계를 위한 장기적이고 체계적이며 지속적인 연구의 필요성을 일깨워준 또 다른 불완전한 단계였을 뿐이었다.

이처럼 국제사회는 1949년 공통3조에서 '국제적 성질을 갖지 않는 무력분쟁'의 희생자 보호를 위한 기본적인 인도적 원칙들을, 1977년에는 민간주민의 보호원칙이 강화되고 희생자의 인도적 대우와 사법적 보장 등이 보완·발전된 제2추가의정서를 채택하여 비국제적 무력분쟁에서 존중되어야 할 인도적 규정을 부족하게나마 형성, 강화시켰지만 현실분쟁에서의 그 실제적 적용은 불행히도 불충분한 내용마저도 부끄럽게 만들고 있다.

오늘날 비국제적 무력분쟁은 수적 증가, 장기간의 지속, 희생자 수의 급증, 전투방법과 수단의 잔혹화, 국제전으로의 비화 등으로 국제평화와 안전의 유지와 관련이 깊다. 하지만 이러한 분쟁은 일국의 영토 내에서 일어나기 때문에 분쟁의 희생자에 대한 국제인도법의 적용은 거부되기 쉽고, 외부세력의 개입으로 이러한 분쟁은 종종 확대·장기화될 뿐만 아니라 더 큰 희생을 초래하여 국제인도법의 적용을 더욱 어렵게 하기도 한다. 또한 국가주권에의 지나친 집착은 비국제적 무력분쟁의 희생자 보호규정의 지속적, 실질적 발전을 막고 있다. 이는 비극적인 현실이다.

이러한 현실은 규제법규의 내용에서도 그대로 반영되어 있다. 1949년 제네바협약의 약 400여 조항들이 국제적 무력분쟁의 희생자 보호와 전투방법과 수단의 규제에 할애되고 있는 반면, 오로지 협약의 공통3조만이 비국제적 무력분쟁의 희생자에 대한 최소한의 인도적 보호를 규정하고 있을 뿐이며, 게다가 전투방법과 수단에 관해서는 아무런 규제도 하고 있지 않다. 이러한 불충분한 규정들은 고전적 내전에서의 민간인 및 전투원에게 충분한 보호를 제공하지 못하고 있으며 국제적 무력분쟁에서의 희생자 보호와 비교하여 심각한 불균형을 초래하고 있다.

최근 비국제적 무력분쟁에서의 사상자와 잔악행위의 증가는 국제인도법 하에서 민간인은 물론 전투원, 평화유지군에게 제공되는 보호의 불충분을 보여준다. 비록 비국제적 무력분쟁이 국제적 무력분쟁 이상의 공포를 보여줌에도 오직 1949년 제네바협약 공통3조와 1977년 제2추가의정서에서 소수의 그것도 비효과적인 규정에 의해 규제될 뿐이다. 만약 비국제적 무력분쟁의 억제와 규제를 위한 새로운 노력이 시급히 진행되지 않는다면 상황은 최악으로 발전될 위험이 있다.

인명의 무수한 희생과 인류의 양심을 두드리는 말할 수 없는 인간의 고통은 국제사회에 새로운 의무를 부과하고 있다. 따라서 비국제적 무력분쟁에 적용되는 현국제인도법의 규정상의 불충분성과 실제 적용상의 난점들을 확인, 보완, 발전시켜 비국제적 무력분쟁에서의 희생자 보호를 강화하기 위한 다양한 대안의 연구가 요구된다. 이는 시대적 요청이다.

본 연구의 근본목적이자 중심주제는 비국제적 무력분쟁에서의 희생자 보호의 증대이다. 이를 염두에 두고 전개될 본 연구는 다음의 내용들에 대한 분석과 검토를 통해 가능한 방법을 모색해 보고자 한다.

제1편에서는 국제인도법상의 비국제적 무력분쟁에 대한 논의를 본격적으로 시작하기 전에 우선 그러한 분쟁의 법적 성격을 살펴보고자 한다. 먼저 비국제적 무력분쟁의 개념을 명확하게 한 후 전통국제법상 및 국제인도법상의 지위를 살펴보고, 내전에서의 사인의 행위로 인한 국가책임 및 타국의 내전에 대한 개입의 가능성과 한계에 대해 간략하게 고찰해보고자 한다.

다음으로 제2편에서는 비국제적 무력분쟁을 규율하는 국제인도법의 역사적 발전과정과 법규의 인도적 내용을 살펴보고자 한다. 전자는 크게 1949년 제네바협약 공통3조 성립이전의 전통국제법상의 규제와 그의 불충분함으로 인한 새로운 법규의 형성노력, 공통3조의 성립 및 1977년 제2추가의정서의 채택이라는 3단계로 구분하여 검토할 것이며, 후자에 대해서는 공통3조, 제2추가의정서 및 인도적 관습규칙으로 나누어 검토할 것이다.

그리고 제3편에서는 우선 이들 인도적 규정들의 무력분쟁에의 적용 사례를 검토하여 실제분쟁에서 어떻게 적용되었는가 하는 일반적 경향과 그러한 경향의 원인을 알아본 후, 코소보 사태를 중심으로 무력분쟁에서의 희생자 보호에 관한 실증적 사례 연구를 통해 실제 분쟁에서 국제인도법의 적용실태를 살펴볼 것이다.

제4편에서는 비국제적 무력분쟁에 있어서 희생자 보호의 강화를 위한 실효적이고도 구체적인 국제인도법 질서의 건설을 위한 가능한 방법들을 모색해 보고자 한다. 먼저 법규적 측면에서 인도적 법규의 보완을 논급한 후 실제 운용적 측면에서 국제연합, ICRC, 국제인권체계(국제인권법 및 인권단체), 위반행위에 대한 형사제재 등을 통한 인도적 법규와 기본적 인권의 이행확보와 희생자 보호강화의 가능성을 밝힐 것이다.

법규범 및 그 실제적 적용에 대한 연구는 어떤 특정의 연구방법만으로는 그에 대한 정확한 이해를 얻을 수 없고, 다양한 방법을 통한 검토만이 그에 이르는 첩경일 것이다. 이러한 태도는 국제법에 있어서도 마찬가지이다.

국제법학은 타 법학분야에 비해 법현상에 대한 체계적 접근방법으로서의 방법론에 관한 연구는 미숙한 실정이고 이에 대한 관심 또한 엷다. 그것은 여러 가지 이유 탓이겠지만 국제법이 국내법처럼 세분화된 성문법과 법제정·집행·판단기관이 확고하게 확립되어 있지 못하고 이러한 난점들을 확인하고 보완해 줄 수 있는 관습법, 국가관행 및 국제판례가 충분치 못하기 때문일 것이다. 더욱 중요한 것은 이러한 여러 원인들의 기초가 되는 각국의 국제법 준수의지의 결여로 국제법을 국제정치 또는 국제외교의 뒷자리로 돌려버리는 각국들의 태도도 그에 일조하고 있다. 그래서 국제법학 연구에 있어서는 이론적 연구가 널리 애용될 수밖에 없고, 본 연구도 이러한 범주를 크게 벗어나지 않는다.

본 저서는 비국제적 무력분쟁의 희생자 보호에 관한 국제인도법의 규정을 해석하고 그 실제적인 적용실태를 검토하여 규정상 및 적용상의 문제점을 검토·분석한 후 비국제적 무력분쟁에 있어서 구체적인 국제인도법 질서의 건설을 위한 희생자 보호규정의 준수확보 방안을 모색하게 될 것이다.

이러한 일련의 과정에서 합리적 결론을 도출하기 위해 주로 문헌연구방법과 사례연구방법이 병행될 것이다. 이론과 실증은 상호보완적인바, 실증없는 이론은 설득력이 부족하고 이론없는 실증은 기초가 허약할 수 있기 때문이다. 비국제적 무력분쟁에 적용되는 현 국제인도법 규정의 정확한 이해를 위해 성립배경 및 과정과 제국의 입장을 살펴보고자 당시의 회의기록과 관련 저서 및 논문 등을 검토하게 될 것이고, 그러한 규정들이 실제 분쟁에서 어떻게 적용되고 이에 대한 제국들의 태도는 어떠한지를 살펴보기 위해 수많은 사례들 중 일부를 취사하여 분석하게 될 것이다. 또한 필요한 부분에서는 이러한 이론과 실증을 강화하기 위해 관습과 국제판례를 원용하기도 할 것이다.

아울러 본 저서는 '있는 법'(*lex lata*)과 '있어야 할 법'(*lex ferenda*)을 다 유의하면서 서술될 것이다. 현재의 법을 분석하고 문제점을 도출함에 있어서는 '있는 법'이 중심이 되겠지만, 문제점에 대한 대안제시와 장차의 발전방향을 주로 다룰 결론부분에서는 '있어야 할 법'이 강조될 수밖에 없기 때문이다.

또한 용어사용에 있어서 '내전', '국제적 성질을 갖지 않는 무력분쟁' 및 '비국제적 무력분쟁'을 혼용하고 있는바, 각 용어의 등장시기를 감안하여 전통국제법적 규제부분에서는 '내전'을, 1949년 공통3조 관련부분에서는 '국제적 성질을 갖지 않는 무력분쟁'을 그리고 1977년 제2추가의정서 관련부분에서는 '비국제적 무력분쟁'이라는 용어를 주로 사용할 것이다.

끝으로 부족한 글을 출판할 수 있도록 도움을 준 한국학술정보사와 편집 및 수정에 도움을 주신 분들께 깊이 감사드린다.

2006년 11월

저 자

목 차

▌제2편 희생자 보호를 위한 인도적 규정의 발전▌

▌제3편 분쟁희생자 보호규정의 적용 ▌

제6장 분쟁희생자 보호규정의 적용 및 문제점 ·························149

제7장 사례연구: 코소보 분쟁과 희생자 보호 ·······················166

제1편 비국제적 무력분쟁의 법적 성격

제1장 비국제적 무력분쟁의 법적 지위

제1절 비국제적 무력분쟁의 개념

1. 분쟁개념의 구분

무력분쟁은 인위적이기는 하지만 국제적 무력분쟁(international armed conflict)과 비국제적 무력분쟁(non-international armed conflict)으로 구분된다. 이러한 구분은 1949년 제네바협약에서 비롯되어 1977년 추가의정서가 제1추가의정서(국제적 무력분쟁에 적용)와 제2추가의정서(비국제적 무력분쟁에 적용)로 분리 채택됨으로써 확고해 졌다.

국제적 및 비국제적 무력분쟁은 평화상태에 대응한 비평화상태, 즉 비상사태라고 할 수 있으며, 이러한 비상사태에는 무력분쟁으로 인정되지는 않는 국내적 소요 및 긴장사태(internal disturbance and tension)도 포함된다. 국제인도법의 적용은 이들 3종류의 비상사태에 따라 완전적용(국제적 무력분쟁), 부분적용(비국제적 무력분쟁) 및 완전부적용(국내적 소요 및 긴장사태)으로 나누어지는바, 이들의 개념을 확실히 해 둘 필요가 있다. 다만 비국제적 무력분쟁에 적용되는 국제인도법상의 비국제적 무력분쟁의 개념에 대해서는 항을 달리하여 자세히 논하는 관계로 여기서는 일반적인 것만을 다룬다.

가. 국제적 무력분쟁

국제적 무력분쟁은 양국간, 일국과 다수국간 또는 다수국과 다수국간 대규모 군사적 대결인 고전적 의미의 '전쟁'과 제1추가의정서에서 국제적 무력분쟁에 포함된 '민족해방전쟁'(wars of national liberation)을 말한다. 고

전적 의미의 '전쟁'을 뜻하는 국제적 무력분쟁은 전의를 가진 국가 간의 무력수단에 의한 투쟁으로써 전쟁의사를 수반한다는 점에서 무력복구와 다르며, 국가 간의 무력분쟁이라는 점에서 비국제적 무력분쟁과 다르고, 무력을 사용한다는 점에서 보복이나 비무력적 복구와도 다르다.[1]

국제적 무력분쟁에는 헤이그법이라고도 불리는 전투의 수단과 방법을 규제하는 기존법규들과 1949년 제네바협약과 이를 보충, 발전시킨 1977년 제1추가의정서가 적용된다. 하지만 공통3조 및 제2추가의정서가 제네바협약과 제1추가의정서를 구성하는 규칙들 중 최소한의 기본적인 인도적 내용만을 발췌한 것으로 볼 수 있기 때문에 실질적으로는 이들 분쟁에는 모든 전쟁법이 적용된다고 볼 수 있다.

민족해방전쟁은 전통국제법에서는 내전으로 간주되었으며, 1949년 제네바협약 채택당시에도 공통3조가 적용되는 것으로 이해되었다. 하지만 사회주의 국가들의 지지를 업은 제3세계 국가들은 민족해방전쟁을 국제적 무력분쟁으로 승격하여 모든 전쟁법이 적용되도록 해야 한다고 주장하였다. 이러한 주장은 식민지지배, 인종차별 및 외국인점령정권에 대한 '자결을 위한 투쟁'이라는 이념적 고려에 기초한 것으로, 중세에 지배적이었던 정전개념을 국제법에 새로이 도입한 측면이 있다. 이러한 사회주의 국가들과 제3세계의 지속적인 주장은 1974년부터 제네바에서 개최된 '국제인도법의 재확인과 발전을 위한 외교회의' 제1회기에서 승인되었으며, 1977년 최종회기에서 민족해방전쟁을 국제적 무력분쟁으로 인정하는 다음과 같은 제1추가의정서 제1조 제4항이 채택되었다.

> 본 의정서가 적용되는 사태는 UN헌장 및 'UN헌장에 따른 국가 간 우호관계와 협력에 관한 국제법원칙 선언'에 의하여 보장된 민족자결권을 행사하기 위하여 식민통치, 외국인 점령 및 인종차별정권에 대항하는 무력분쟁도 포함한다.

---

1) 김정균·성재호, 국제법(박영사, 2006), pp.711-712; 이병조·이중범, 국제법신강 (일조각, 2003), p.976.

그러나 민족해방단체나 분쟁에 가담한 민중을 대표하는 당국은 제네바 협약과 추가의정서의 당사국이 아니므로 협약 및 의정서상의 권리의무 관계가 즉시 적용되지는 않는다. 이를 해결한 것이 의정서 제96조 제3항이다. 이 조항에 따라 민족해방단체나 당국은 수탁국(스위스)에 본 의정서를 준수한다는 일방적 선언을 제출함으로써 체약국간의 무력분쟁에 적용되는 것과 동일한 권리의무를 즉각적으로 적용받을 수 있다.

나. 비국제적 무력분쟁

비국제적 무력분쟁은 전통국제법상의 내전을 의미한다. 내전은 일반적으로 '반란세력의 규모나 조직 그리고 무력투쟁의 정도나 범위가 단순한 무장봉기(insurrection)나 무력폭동(rebellion, revolt)을 넘어 일정지역을 점령하여 유효한 정부기능을 행사(사실상의 정부, de facto government)하면서 중앙정부(de jure government)에 대하여 전쟁에 준하는 무력투쟁을 전개하는 것'이라고 정의할 수 있겠지만, 단일 국가질서내에서 살상무기 사용에 호소하는 정치세력의 대결이라는 특징으로 해서 그 국제법적 개념규정은 전쟁의 성격결정보다 어려워 통일적 정의가 오랫동안 유보되어 왔다.[2]

전통국제법은 특정요건들을 갖춘 경우 교전단체 승인제도를 매개로 이들 분쟁에 국제법을 적용해 왔으나, 이러한 전통적 제도에서는 일부 분쟁들만이 국제법의 규제를 받게 되어 분쟁희생자의 보호가 불충분할 수밖에 없었다. 그래서 국제인도법은 논란이 되어 온 전통적 제도를 그대로 둔 채, 즉 그 개념을 구체화하지 않고 이들 분쟁에 최소한의 인도적 규칙들을 적용토록 하였다.

그런 까닭에 비국제적 무력분쟁을 지칭하는 용어들의 사용은 혼란스러울

---

2) 김정균, "전쟁법, 인도법과 내란", 인도법논총, 제13호(1993), p.1. ICRC는 내전을 '일국의 법적 또는 지리적 내부에서 무기의 사용에 호소하는 정치세력간의 투쟁'으로 본다. ICRC, Preliminary Report on the Consultation of Experts concerning Non-International Conflict and Guerilla Warfare(ICRC, 1970), p.1.

정도로 다양하고 복잡하다. 분쟁의 규모나 정도에 따라 내전 또는 시민전쟁
(civil war, civil strife), 반란(insurgency, insurrection), 모반 또는 봉기
(rebellion), 폭동(revolt, riot) 등으로, 한편으로는 분쟁발생의 지역적 제한성
에 유의하여 비국제적 무력분쟁(non-international armed conflict) 또는 국내
적 무력분쟁(internal armed conflict)으로 불리기도 하고, 외부세력의 개입을
강조하여 일국의 국내분쟁에 대규모 외부세력의 개입으로 국제적 무력분쟁
과 유사한 특성을 갖는 경우 국제화된 비국제적 무력분쟁(internationalized
non-international armed conflicts)이라고 부르기도 한다. 이는 정부 측에서
는 내전의 정당성을 훼손시키고 국내외에 반란행위의 불법성을 선전할 목적
으로 내전의 비정상성, 비합법성을 강조하는 용어들의 사용을 가까이 하는
반면에, 반도 측은 그 반대의 이유로 자신들의 주장과 목적을 잘 표현할 수
있는 용어들을 사용하려 한 결과이다.[3]

　　이처럼 비국제적 무력분쟁은 여러 면에서 복잡하여 통일적 파악이 용이
하지 않아 국제적 무력분쟁과 국내적 소요 및 긴장사태와의 명확한 구별이
어렵다. 하지만 그 본질을 구성하는 '비국제적' 특징과 '무력분쟁적' 특징이
라는 두 요소를 기준으로 이들과 경계를 이룬다. 분쟁당사자의 법적지위에
있어서의 차이와 분쟁지역의 일국 내 한정이라는 사실에 기초를 두고 있는
'비국제적' 특징은 법적으로 대등한 국가 간 분쟁인 1949년 제네바협약과
1977년 제1추가의정서가 적용되는 '국제적 무력분쟁'(international armed
conflicts)과 구별기준이 되며,[4] 무력사용을 의미하는 '무력분쟁적' 특징은

---

3) 이러한 양측의 입장 차이로 국제적 무력분쟁과는 달리 비국제적 무력분쟁은 협
　　상을 통해 해결에 이르는 예가 매우 드물다. 1940년부터 1990년까지 국제적 무
　　력분쟁의 약 55%가 협상을 통해 해결되었지만 비국제적 무력분쟁의 약 20%만
　　이 협상으로 해결되었을 뿐 대부분은 적당사자의 절멸, 추방 및 어느 일방의 항
　　복으로 끝을 맺었다. Barbara F. Walter, "The Critical Barrier to Civil War
　　Settlement", 51 *International Organization*, No.3(1997), p.355.
4) 국제적 무력분쟁과 비국제적 무력분쟁 개념의 법적 차이에 대한 자세한 설명은
　　Michael J. Mattler, "The Distinction between Civil Wars and International Wars
　　and its legal implications", 26 *New York University Journal of International Law
　　and Politics*(1995), pp.657-692 참조.

국제인도법이 적용되는 군대와 계층조직을 갖춘 반란단체 간 또는 반란단체 간의 장기적 투쟁형태인 비국제적 무력분쟁과 통상 국내법과 국제인권법에 의해 규율되는 특정지역, 특정계층에 기초한 집단적 성격의 간헐적인 소규모 갈등상황인 '국내적 소요 및 긴장사태'(internal disturbance and tension)를 구분하는 기준이 된다.[5]

다. 국내적 소요 및 긴장사태

의정서 제1조 제2항은 초안과 마찬가지로 '무력분쟁이 아닌 폭동, 고립되고 산발적인 폭력행위 및 기타 유사한 성질의 행위와 같은 국내적 소요 및 긴장사태'를 의정서의 적용범위로부터 제외하고 있다. 이것은 초안의 적극적이고 엄격한 정의를 그대로 도입한 논리적 결과이다.[6]

국내적 소요 및 긴장사태를 상세하게 정의하는 것은 그러한 사태의 유동성, 다양성을 감안해 볼 때 어려운 일이며, 또 너무 엄격하게 정의하면 유연성을 결하게 되어 현상에 적합하지 않을 수도 있다.

그러나 국내적 소요 및 긴장사태의 정의는 국제인도법 적용의 유무와 그 범위결정 및 이러한 사태의 존부에 대한 관계국의 자의적인 판단을 배제하고 희생자의 보호를 강화하기 위한 불가결한 전제가 되므로 반드시 필요하다.

일반적으로 국내적 소요 및 긴장사태는 단순한 폭동, 지휘 또는 일치된

---

5) Carlos J. Piernas, "The Protection of Foreign Worker in Situations of Internal Conflict, with special reference to the taking of hostage", 287 *International Review of the Red Cross*(IRRC)(1992), pp.144-145.

6) 이것은 동독대표에 의해 강하게 주장된 것으로(CDDH/Ⅰ/SR.28; CDDH/Ⅰ/SR.29, p.30), 국내분쟁의 최저적용요건에 관한 사회주의국가들의 제한적인 태도를 반영하고 있다. 그 목적은 비무력적인 분쟁에서의 인도적 간섭의 위험을 피하고 특히 최저적용요건을 더 낮추는 방향으로 공통3조가 장차 발전될 가능성을 미리 차단하여 추가의정서가 최저적용요건이 더 낮은 제네바협약 공통3조로 이행되는 것을 막는 것이었다. CDDH/Ⅰ/SR.29, p.5(Federal Republic of Germany); CDDH/Ⅰ/SR.29, p.25(Italy).

목표가 없는 시위, 군대 또는 무장집단에 의해 수행되는 고립되고 산발적인 폭력행위 및 정치적 신념과 태도 등으로 인한 대량체포를 포함하는 기타 유사한 행위들을 특징으로 한다.[7]

국내적 소요 및 긴장사태에 대한 개념 정의 및 이러한 사태에 있어서의 국제인도법과는 국제인권법의 적용을 통해 인권을 보호하려는 노력은 ICRC의 주요 활동 중의 하나였다. ICRC는 국제인도법 외교회의 준비를 위한 1971년 제1차 정부전문가회의에 제출한 보고서에서 '국내적 소요' 및 '국내적 긴장'의 개념을 정의하고 있다.

ICRC의 견해에 따르면 '국내적 소요사태'란 '비국제적 무력분쟁 그 자체가 존재하지는 않으나 심각하고 지속적인 폭력행위(act of violence)가 뒤따르는 국내적 대결(confrantation) 상태'를 말하며, '국내적 긴장사태'란 '정치적·경제적·사회적·인종적·종교적 기타의 특성을 띤 심각한 긴장이 조성된 상태'로써, 사태의 추이에 따라 '국내적 소요사태' 및 '비국제적 무력분쟁'으로 악화될 수도 있는 불안한 상황이어서 대량체포, 안보를 이유로 한 대량구금(특히 정치범 구속), 당국에 의한 장기억류, 학대, 고문 또는 피구속자에게 육체적·심리적 고통 등의 비인도적 대우 우려, 연좌적인 억압조치, 비상사태를 이유로 한 기본적인 법적 보장의 정지, 지위박탈·주거지정·유형·국외추방 같은 대규모적인 자유제한, 의문실종, 무방비자나 일반주민을 위협하는 폭력행위 등의 일부나 전부가 현실적으로 야기되는 사태'를 말한다.[8]

이들 '국내적 소요 및 긴장사태'는 국내법과 국제인권법 중 비적용정지규정에 의해 규율되며 국제인도법은 적용되지 않는다. 그러나 사실상 이들 사태에서는 장기간의 불법구금, 고문, 폭력, 즉결처분, 과잉진압으로 인한 살상 등 그 희생이 무력분쟁에 못지않은 경우가 있을 수도 있으며, 통상 무력

---

7) Robert K. Goldman, "International Humanitarian Law: Americas Watch's Experience in Monitoring Internal Armed Conflicts", 9 *American University Journal of International Law and Policy*(1993), pp.54-55.

8) ICRC, "Protection and Assistance in Situations not covered by International Humanitarian Law", 262 *IRRC*(1988), pp.12-13 참조.

분쟁의 전 단계라는 특성 때문에 비국제적 무력분쟁과의 구분이 모호한 경우가 많아 이들 사태에 대한 국제적 규제(국제인도법 기본원칙의 적용)에 관심이 증대하고 있다. ICRC도 이들 사태가 비록 공개적인 투쟁으로 심화되지는 않더라도 정부당국이 국내질서 회복을 위해 대규모의 경찰력이나 군대까지 동원하는 상황에서 다수의 희생자가 발생할 수 있으므로 이들의 보호를 위해 최소한의 인도적 규칙은 적용되어야 한다고 주장하였다.[9]

2. 공통3조와 비국제적 무력분쟁

1949년 제네바협약에서 비국제적 무력분쟁에 적용되는 유일한 규정인 공통3조는 "체약국의 일영역 내에서 발생하는 국제적 성질을 갖지 않는 무력분쟁(armed conflict not of an international character)에 적용된다"라고만 규정할 뿐, 그 적용기준이나 요건에 대해서는 아무런 언급도 하지 않아 '국제적 성질을 갖지 않는 무력분쟁'의 개념에 대한 많은 해석상의 문제점을 남기고 있다. '국제적 성질을 갖지 않는 무력분쟁'의 개념은 외교회의에서 격론을 불러일으킨 문제였다. 이 표현은 관념적일 뿐 아니라 막연한 것이었기 때문에 많은 대표들은 소란, 폭동 또는 단순한 도적행위와 같은 형태를 불문한 무력에 의한 일체의 행위를 포함하게 될지도 모른다는 점을 우려했었다. 그 결과 공통3조를 적용하여야 할 일정한 요건을 열거하려는 시도는 성공하지 못하였다.[10]

그렇다면 공통3조가 적용되는 '국제적 성질을 갖지 않는 무력분쟁'이란 어떠한 특징과 요건을 갖춘 분쟁을 말하는가? 먼저 교전단체 승인이론에 비추어 볼 때 승인이 행해진 경우에는 공통3조가 아니라 협약 전부가 적용

---

9) *Ibid.*

10) 대한적십자사, 제네바협약해설 Ⅲ(1985), p.39. 하지만 토의에 부쳐졌던 각종 수정안에 포함되었던 조건들을 일람표로 만들어 놓은 주석서의 내용은 편리한 표준을 제시한 것으로 볼 수 있다. 이 일람표에 대한 자세한 내용은 *Ibid.*, pp. 39-40 참조.

되기 때문에 교전상태 미승인의 국내적 무력분쟁이어야 하며, 이에는 조직된 군대 또는 무장단체간의 공공연한 군사적 대치를 의미하는 '무력분쟁'에 해당되지 않는 국내질서의 단순한 혼란, 즉 '간헐적인 폭력행위'에 의해 특징지워지는 단순한 국내적 소요 및 '대량체포'에 의해 특징지워지는 국내적 긴장은 포함되지 않는다[11)]는 소극적 방법으로 공통3조 분쟁의 범위에 관한 경계선을 그을 수밖에 없다.

공통3조를 기초한 외교회의 특별위원회에서 표명된 의견들을 보아도 일정한 지역에 국한되고 시간적으로 제한된 폭동에는 적용되지 않으며, 인민봉기 및 군대의 반란이 일정지역에 국한되거나 단시일 내에 끝나지 않고 타 지역으로 확대되고 장시간 지속될 때 비로소 적용된다는 것에 각국대표의 견해가 일치했음을 알 수 있다.[12)]

3. 제2추가의정서와 비국제적 무력분쟁

의정서에서 가장 중요한 규정은 노르웨이 대표가 의정서의 '심장'[13)]이라고도 칭한 물적 적용범위를 규정하고 있는 제1조이다. ICRC는 각 정부의 반대에도 불구하고 분쟁기간, 반도에 의해 통제되는 영역의 범위 및 의정서가 발효되기 전에 충족되어야 하는 조건 등 의정서의 적용범위를 축소시킬 수 있는 요소들을 배제하고자 노력하였다.[14)]

이러한 ICRC의 의도는 공통3조가 적용되지는 않지만 ICRC초안에 의해 규제되는 상대적으로 넓은 국내분쟁의 범위가 존재하게 되어 해석상의 여

---

11) F. Kalshoven, ""Guerilla" and "Terrorism" in Internal Armed Conflict", 33 *The American University Law Review*(1983), p.67.

12) J. Siotis, *Le droit de la Guerre et les Conflits Armés d'un Caractére Non-International*(Librairie Générale de Droit et de Jurisprudence, 1958), p.26.

13) CDDH/ I /SR.23, p.13.

14) ICRC, Draft Additional Protocols to the Geneva Conventions of August 12, 1949: Commentary(ICRC, 1973), pp.132-133.

지를 많이 남겨둔다는 점 때문에 대다수 서구제국들 뿐만 아니라 이집트[15]를 비롯한 일부 제3세계 국가들은 호의적이었다. 하지만 많은 국가들이 의정서의 적용범위를 축소시키고 적용요건을 강화하기 위하여 초안을 수정하고자 노력하였다. 초안에 대한 수정은 주로 "체약국 영역의 일부에 대하여 지속적이고 일치된 군사작전을 수행하고 의정서를 시행할 수 있을 정도의 지배권 행사", "확립된 정부의 의정서 적용의 수락" 등의 조건을 도입하는 것이었다.[16] 교전단체 승인요건을 연상시키는 이러한 조건들은 의정서의 목적을 완전히 짓밟는 것이어서 많은 지지에도 불구하고 채택되지 못했으며, ICRC초안이 채택에 필요한 다수의 지지를 얻을 가능성이 없다는 것이 명백해진 외교회의 막바지에 파키스탄 수정안이 제시되어 컨센서스에 의해 제2추가의정서 제1조로 채택되었다.

동 조는 의정서의 인도적 규정이 적용되는 분쟁의 판단기준으로 (1) 합법정부와 반란단체 간의 무력분쟁일 것, (2) 책임있는 지휘관이 존재할 것, (3) 반란단체가 영역의 일부를 통제할 것, (4) 지속적(sustained)이고 일치된(concerted) 군사작전이 존재할 것, (5) 반란단체가 의정서를 이행할 능력이 있을 것 등의 다섯 가지를 들고 있다.

여기서 책임있는 지휘는 군대의 계층조직에 기초한 조직을 의미하는 것은 아니며, 구체적이고 지속적인 군사작전을 계획·수행하며 군사훈련을 시키기에 충분한 사실상의 당국이면 충분하다. 통제되는 영역의 범위에 대한 기준은 규정되어 있지 않지만, 통제는 반란군이 지속적이고 일치된 군사활동을 수행하고 의정서를 적용시킬 수 있을 정도로 충분하여야 한다. 의정서의 이행능력은 그것이 적용되는 분쟁을 판단하는 기초적인 기준으로

---

15) 이집트는 반도에 의한 상당한 정도의 영역통제를 요구하는 수정안들은 현대 국내분쟁의 특징, 특히 게릴라전의 관점에서 볼 때 너무 엄격하며, 영역통제의 여부를 결정하는 것은 거의 불가능하기 때문에 그러한 수정안들은 의정서의 범위로부터 대부분의 비국제적 분쟁을 배제하게 된다고 보았다. CDDH/Ⅰ/SR.24, pp.10, 12.

16) 자세한 설명은 루마니아(CDDH/Ⅰ/30), 브라질(CDDH/Ⅰ/SR.29; CDDH/Ⅰ/238) 및 콜롬비아 수정안(CDDH/SR.49) 참조.

반란단체가 책임있는 지휘관의 명령하에서 행동하고 영역의 일부에 대한 통제를 행사하는 경우 의정서의 이행능력이 있다는 것은 합리적으로 기대된다. 분쟁의 기간과 강도를 의미하는 '지속적' 및 '일치된' 군사작전의 평가는 객관적인 기준에 따라야 할 것이다. 하지만 실제판단에 있어서는 자의적 주관의 영향을 받기 쉽다.[17]

이처럼 제2추가의정서상의 비국제적 무력분쟁은 정규군과 조직된 무장집단(반도)간의 무력분쟁과 같은 중앙정부와 반란단체 간의 무력분쟁이며 (정부가 소멸되었거나 너무 약해 개입하지 못하는 일국 내의 둘 또는 그 이상의 무장집단간의 무력분쟁에는 오직 공통3조만 적용), 반도들은 어느 정도 조직화된 집단적 성격을 가져야 하며 고립된 개인의 구체적이지 못한 행위는 배제된다.

제2절 비국제적 무력분쟁의 법적 지위

1. 전통국제법상의 법적 지위

전통국제법하에서 내전은 국내법에 의해 규제될 뿐 국제법은 이에 대해 어떠한 규정도 두고 있지 않았다. 그러나 전통국제법도 일국의 국내문제인 내전에도 일정한 경우, 즉 교전단체 승인이 행하여진 경우에는 개입할 수 있다는 것을 인정하였다.

반란단체가 국가영역의 일부를 점령하여 사실상의 정부를 수립하고 중앙

---

17) 몽고 대표는 "제2추가의정서는 정부에 대한 무력적 적대행위가 상당한 정도의 영역에 대한 지속적이고 효과적인 통치를 행하는지 아닌지를 누가 결정하는지 분명하게 밝히지 않고 있다"(CDDH/Ⅰ/SR.23, p.17)고 하였으며, 헝가리 대표도 "국내무력분쟁의 발생으로 간주되기 위해서는 어느 정도의 기간이 경과되어야 하며 누가 이를 결정할 수 있는가?"(CDDH/Ⅰ/SR.40, p.25)라고 의문을 표시했다.

정부의 권력이 이곳에 미치지 못하는 경우 중앙정부 또는 제3국이 반란단체를 교전당사자로 인정하게 되는데, 이를 교전단체의 승인(recognition of belligerent)이라고 한다. 중앙정부 또는 제3국이 반도를 교전단체로 승인하면 분쟁당사자 간에는 전쟁법규가, 제3국에게는 중립법규가 적용된다. 이처럼 교전단체 승인을 통해 반도는 일정범위의 국제법 주체가 되어 국제법상 일정한 권리의무를 가지는바, 승인을 받은 반도는 국제법상 지위를 인정받아 체포된 경우 전쟁법상 포로로 대우받고, 국내형법은 적용되지 않는다.[18]

비국제적 무력분쟁에의 국제법 적용의 기점이 되는 교전단체 승인은 (1) 일반적 성질의 무력분쟁이 존재할 것, (2) 반도가 국가영역의 일부를 실질적으로 점령·지배할 것, (3) 전쟁법에 따라 적대행위를 할 책임있는 당국의 지휘하에 있는 조직적인 군사조직체가 존재할 것, (4) 제3국이 교전단체를 승인하는 경우 반도점령지역 내에서 자국의 권익을 보호할 실제적 필요성이 있을 것이라는 일정한 전제조건의 충족을 필요로 한다.[19] 그러나 승인조건의 존부판단은 중앙정부와 제3국의 재량에 위임되어 있기 때문에 전제조건이 모두 구비되었다고 하여도 중앙정부나 제3국이 교전단체를 승인할 책임이 있는 것은 아니다.

중앙정부가 승인을 부여하는 이유는 반도가 점령지역 내에서 행하는 국제법상의 불법행위로 인한 국가책임의 귀책을 면하는 동시에 전투의 잔학화를 피하려는 데 있고, 제3국이 승인을 부여하는 이유는 중앙정부의 '상당한 주의'도 미칠 수 없는 실권상실지역, 즉 반도가 점거한 지역 내에 있는 그의 이권과 자국민을 보호하거나 손해발생시에 그 책임을 반도에게 추궁하려는 데에 있는 것이다. 이처럼 교전단체의 승인은 반란으로 인한 교전관계 또는 교전상태를 국제법상의 전쟁에 준하도록 하여 전쟁법하의 특정질서를 기대해 보려는 것인데, 여기서는 그런 교전상태가 국제적 이해관계

---

18) R. Jennings and A. Watts(ed.), *Oppenheim's International Law*, Vol.1(Longman, 1992), p.162.

19) H. Lauterpacht, *Recognition in International Law*(Cambridge University Press, 1947), p.176.

에 미치는 예리한 영향을 유의하는 동시에 주권의 현대적 세련도태경향을 주시하려는 두 가지 일반적 이유와 당해분쟁의 잔학성을 완화하는 동시에 반란으로 훼손된 외국인 문제에서의 면책을 다지려는 두 가지 중앙정부 측 사연이 밑깔려 있는 것이다.[20] 이와 같이 승인을 통해 반도를 국가로 의제하는 교전단체 승인제도는 추상적 국가만을 법 주체로 보는 중앙정부의 입장을 정당하다고 보아, 그에게 반란진압권을 부여하는 전통국제법의 성질을 여실히 나타내는 것이다.

하지만 17, 18세기의 근대국제법 형성기에는 이론상, 실제상 내전에 국제법(전쟁법)을 적용하는 것은 반도의 승인을 전제로 하지 않고 합의에 의해 이루어졌으며, 이러한 교전단체 승인제도가 국제사회에서 일반적으로 인정받게 된 것은 투쟁명분이나 투쟁규모가 명확, 상당했던 미국남북전쟁 이후였다. 그러나 교전단체의 승인은 그 후 거의 행해지지 않았다. 왜냐하면 승인조건의 충족여부 및 승인결정에 관한 판단권이 중앙정부(또는 제3국)에 위임되어 있고, 승인부여가 전투의 잔학화를 막고 의무면제의 근거가 될 수도 있었지만 반도에게 중앙정부와 유사한 국제법상의 지위를 부여하여 반란의 정당성을 인정하는 것으로 해석될 수 있었기 때문이었다. 특히 식민지내의 반란이나 계급투쟁적 색체가 농후한 민족해방전쟁에서 교전단체 승인의 전제조건이 구비된 경우에도 실제로 승인이 행해져 전쟁법을 적용받는 경우는 거의 없었다. 이러한 실행을 배경으로 19세기 후반 이후의 전쟁법 법전화의 과정에서 내전은 무시되었으며 전쟁법은 원칙적으로 국가 간의 분쟁에만 적용되고 예외적으로 교전단체로 승인된 내전에 적용되는 것으로 전통적 제도는 완성되었다.

---

20) 김정균 · 성재호, *op. cit.*, pp.117-118.

2. 국제인도법상의 법적 지위

비국제적 무력분쟁의 국제인도법상 법적지위 문제는 1949년 제네바협약의 준비과정에서 제기되어 협약의 규정이 이들 분쟁에도 적용되는지, 그 경우 어떠한 조건에 따르는지가 검토되었다. 1949년 외교회의에서는 비국제적 무력분쟁에 대한 조약의 적용확대를 둘러싸고 논쟁이 반복, 확대되어 상호주의 조건을 삭제하여 비국제적 무력분쟁에 대한 협약전체의 적용을 인정하려는 주장, 비국제적 무력분쟁에 대해 조약적용을 거부하려는 주장, 나아가 협약적용의 전제로서 반도가 충족해야 하는 조건을 제시하는 전통적 견해가 대립되었다.

그러나 전체적인 방향은 협약이 적용되어야 할 비국제적 무력분쟁의 경우를 제한할 것인가 아니면 분쟁에 적용되는 협약규정을 제한할 것인가로 좁혀졌고, 결국 후자가 채택되어 공통3조가 성립되었다. 그 결과 동 조는 극히 한정된 기본적 규칙만을 규정하는 대신 '국제적 성질을 갖지 않는 무력분쟁'의 성질에 대한 조건 내지 제한은 부과하지 않았으며, 따라서 교전단체 미승인의 경우에도 적용될 수 있게 되었다.

1974년부터 1977년까지 국제인도법의 재확인과 발전을 위하여 개최되었던 외교회의에서는 국제적·비국제적 무력분쟁을 구별하지 않고 '모든 무력분쟁에 적용되는 단일규범'의 작성이 제안되었다. 그러나 양 분쟁을 국제인도법의 적용에 있어 구별하자는 의견이 대세였고, 자결권에 기초한 민족해방전쟁이 국제적 무력분쟁으로 승인됨으로써 비국제적 무력분쟁의 범위는 축소되었다. 그 결과 제2추가의정서 제1조는 체약국 영역 내에서 정부군과 책임있는 지휘하에서 지속적이고 일치된 군사행동을 하고 의정서를 적용할 수 있을 정도로 영역의 일부에 대해 지배를 행사하는 반란군 또는 조직적 무장집단간에 전개되는 분쟁에 적용되는 것으로 한정되었다. 이것은 교전단체 승인조건에 바탕을 둔 것이며, 제2추가의정서의 적용범위는 공통3조의 그것보다 좁아졌다고 할 수 있다. 이와 같이 비국제적 무력분쟁에 적용되는 국제인도법은 교전단체 승인제도의 기능정지를 방치한 채, 공통3조에서부터 제2추가의정서로 독자적인 전개를 나타내고 있다.

이처럼 많은 법적 문제들을 내포하고 있긴 하지만, 공통3조 및 제2추가의정서는 분쟁희생자 보호를 위한 최소한의 인도적 규정들을 통해 비국제적 무력분쟁을 규제하고 있다. 각 분쟁당사자가 공통3조 및 제2추가의정서를 준수할 의무는 무조건적이어서 분쟁당사자의 일방이 그것을 준수하지 않고 또는 준수할 수 없는 상황에 있을 때도 타방은 당연히 그 구속으로부터 면제되지 않는다. 인도적 규정의 준수에서 이익을 얻는 것은 법주체로서의 타 당사자라기보다는 피보호자라고 간주되는 개인이기 때문이다. 따라서 분쟁당사자의 법적 지위, 타 당사자의 규정에 대한 구속성이나 그 준수에 관계없이 개인의 보호라는 일반법익의 관점에서 분쟁당사자는 그 규정들을 준수하여야 된다. 물론 비국제적 무력분쟁의 당사자들은 교전단체 승인이나 특별협정을 체결하는 경우 국제적 무력분쟁에 적용되는 제네바협약이나 제1추가의정서의 매우 진전된 희생자 보호규정의 적용범위 내로 들어갈 수 있다.

그런데 공통3조는 '체약국의 영역 내에서 발생하는 국제적 성질을 갖지 않는 무력분쟁'에 적용되며, 제2추가의정서도 '체약국의 영역 내에서 발생한 정부군과 반란군 또는 다른 조직된 집단간의 분쟁'에만 적용되지만 공통3조와는 달리 정부군을 포함하지 않는 둘 또는 그 이상의 반란군간의 분쟁을 배제하기 때문에 적용범위에 있어 후자가 보다 제한적이다. 제2추가의정서는 비국제적 무력분쟁에 대해 매우 엄격하게 접근하고 있으며, 공통3조의 적용범위에 포함되는 일부 상황들마저도 공식적으로 배제하고 있다.

이처럼 공통3조와 제2추가의정서는 적용범위에 있어서 상당한 차이를 보이고 있다. 따라서 분쟁이 실제 발생한 경우 양자간의 적용관계가 문제될 수 있는데, 이를 해결하고 있는 것이 공통3조의 지속적인 유효성을 인정한 의정서 제1조이다. 동 조로 인해 제2추가의정서의 적용범위는 더욱 넓은 공통3조의 적용범위 내에 포함되게 되었고, 그 결과 제2추가의정서의 적용조건이 충족되는 상황에는 제2추가의정서와 공통3조가 동시에 적용되게 되었다. 이처럼 의정서 제1조에 의해 공통3조는 자율성과 계속성을 보유하게 된바, 공통3조의 적용이 제2추가의정서의 적용범위에 한정되지도 종속되지도 않게 된 것이다.[21]

공통3조를 보완, 발전시킨 제2추가의정서는 공통3조와 무관한 독립된 인도적 법규가 아니라, 이것을 확대한 것이다. 양자가 동일한 구조적 개념에 기초하고 있다는 것은 '무력분쟁에 적용되는 국제인도법의 재확인과 발전'이라는 제2추가의정서를 채택한 외교회의의 명칭에서도 알 수 있다.

이러한 특성상 양자는 적용조건이 객관적으로 충족되기만 하면 자동적으로 적용되며, 그 적용이 반도의 법적지위에 영향을 미치거나 반란단체의 승인을 의미하지 않고, 반란단체 구성원에게 전투원의 신분을 인정하거나 체포될 경우 어떤 특별한 지위를 인정하는 것이 아니며, 적에 억류된 군구성원과 자유가 박탈된 민간인들은 동일한 기본적인 인도적 대우의 보장과 사법적 보장을 향유하며, ICRC와 같은 공정한 인도적 기관에 의한 역무제공은 분쟁에 대한 또는 국내문제에 대한 간섭으로 해석되어서는 안 된다는 등의 공통된 특징을 갖는다.[22]

---

21) 공통3조와 제2추가의정서간의 이러한 관계는 적용범위에 있어 보다 엄격한 제2추가의정서의 채택에도 불구하고 공통3조에 의해 보장된 법적 보호에 어떠한 퇴보도 없었다는 것을 확실히 하는 것이다. 이러한 의정서에서의 공통3조에 대한 특별한 언급은 의정서의 적용범위에 관한 합의를 가능케 한 주요한 요소의 하나였다. S. Junod, "Additional Protocol II : History and Scope", 33 *The American University Law Review*(1983), p.35.

22) *Ibid.,* p.36.

제2장 비국제적 무력분쟁과 국가책임

제1절 서 언

국제체제는 세계사적 흐름의 방향을 변화시킨 중요한 역사적 의미를 갖는 사건들을 기점으로 하여 많은 변화를 거듭해 왔다. 특히 1980년대 말부터 국제사회는 엄청난 변화를 겪고 있다. 즉 지금까지의 국제사회를 지배하고 있던 냉전체제가 종식된 것이다. 20세기 전반의 위기적 상황에서 잉태된 냉전은 공산주의의 몰락과 함께 종식되어 이미 과거의 역사가 되어버렸다.[1] 공산주의가 종식되었다는 사실은 인류역사에 있어서 하나의 중요한 시대가 지나갔음을 뜻한다.[2]

하지만 이와 같은 국제질서의 변화가 평화를 보장해 줄 수 있으며 실제 보장해 주고 있는가? 제1차대전 이후부터 무력사용은 국제법상 비난의 대상이 되어왔음에도 불구하고 현실적으로 여전히 분쟁해결을 위한 도구로 사용되고 있다. 전쟁과 평화, 그것은 온 인류의 오랜 숙원이자 국제법의 주요과제이기도 하였다. 전쟁의 방지와 그 법적 규제를 위한 다방면에 걸친 실로 오랜 기간 동안의 노력과 이를 뒷받침하는 제도적 장치에도 불구하고, 아직도 그 이름과 형식만을 달리할 뿐 무력분쟁과 적대행위는 그치지 않고 있다. 전쟁은 역사적으로 부분적, 단계적 규제 과정을 거쳐 마침내 유엔헌장은 전쟁이라는 용어 자체를 폐기하고 자위권 행사와 헌장 제7장에 의한 제재조치의 경우를 제외하고는 어떠한 형태이든 간에 무력행사를 전면적으로 금지되고 있다. 그럼에도 불구하고 자위권의 행사를 위장한 사실

---

1) S. Bialer, "The Death of Soviet Communism", 70 *Foreign Affairs*, No.5(1991), pp.156-181.

2) V. Havel, "The End of the Modern Era", The New York Times, Sunday, March 1, 1992.

상의 전쟁을 비롯하여 전쟁에는 이르지 않은 여러 가지 유형의 무력행사나 그로 인한 충돌이 여전히 사라지지 않고 있다.[3]

오늘날 국제사회의 평화와 안전을 위협하는 갈등들은 국제적 요인보다는 국가 내의 요인들로 인한 것이 과거 어느 때보다 두드러진다. 구소련의 붕괴 및 해체, 독일의 통일에 따른 사회주의 국가들의 몰락으로 국가 간 이념대립이라는 현실적인 위협의 정도가 감소된 반면 민족, 종교 및 언어 등을 요인으로 하는 국내분쟁이 국제사회의 질서를 더욱 위협하고 있다. 이러한 한 국가 내의 분쟁이 무력적 성격을 띠게 될 때 비국제적 무력분쟁이 되는 것이다.

냉전 종식 이후 국제사회를 절망의 나락으로 몰고 갔던 분쟁들은 국제적이라기보다는 국내적 분쟁, 즉 비국제적 무력분쟁이지만 이제까지 이들 분쟁은 국제법에서나 국제정치에서 특별한 관심의 대상이 되지 못했던 것이 사실이다.

하지만 비국제적 무력분쟁은 그 피해의 규모가 국제전에 못지않다. 오히려 비국제적 무력분쟁의 경우 오히려 국제전보다 더욱 극심한 인명피해를 야기하고 있다. 이러한 사실은 일반적으로 비국제적 무력분쟁에서의 인명피해가 국제전에서 야기되는 인명피해보다 더 컸다는 전쟁사의 경험과도 일치하는 것이다.[4] 또한 국내분쟁이 외국의 개입을 초래하여 국제분쟁화하는 경향이 증대하고 있다.

비국제적 무력분쟁으로 인한 인적, 물적 피해의 증대와 분쟁의 장기화, 국제전화는 동시에 외국인에 대한 피해를 야기하여 이에 대한 국가책임 문제를 수반하게 된다. 국가는 비국제적 무력분쟁에 있어서 반도(叛徒)들의 행위로 인한 외국인들의 피해에 책임을 질 의무가 있는가? 반대로 반도의 행위로 인하여 피해를 입은 외국인은 반란단체 및 중앙정부를 상대로 손해배상을 청구할 권리를 갖고 있는가?

비국제적 무력분쟁의 발생을 미연에 방지하는 것이 국제사회의 평화와

---

3) 장효상, 현대국제법: 이론과 실제(박영사, 1987), p.439.

4) P. Seabury and A. Codevilla, *War: Ends and Means*(Basic Books, 1989), p.6.

안전의 유지에 가장 긴급한 문제이지만, 비국제적 무력분쟁이 발생한 경우 '상당한 주의'로 외국인을 보호하고 외국인에게 피해가 발생한 경우 이의 책임문제를 명확하게 하는 것도 중요한 문제의 하나이다.

제2절 사인의 행위에 대한 국가책임

책임은 법질서의 기초로서 현존하는 어떠한 법체계도 부과된 의무에 위반한 법주체의 불법행위에는 반드시 책임을 부과하고 있다.[5] 이는 국가 간의 관계를 규율하는 국제법에 있어서도 마찬가지다.

국가는 국내법상 법적 책임으로부터의 자유와 국내법원의 관할권으로부터의 면제를 향유하기도 하지만, 국제법상 국제의무의 위반행위에 대해 책임을 져야 한다.[6] 종래 국가는 그 주권의 최고성을 이유로 책임과 양립할 수 없다하여 국가의 국제책임을 부정하는 견해도 있었지만[7] 국가도 그 행위가 국제법상의 의무를 위반하게 되면 이에 대해 책임을 진다는 것은 오늘날 국제법상 확립된 일반원칙이다.[8]

국가의 국제책임은 (1) 작위 또는 부작위에 의한 국가의 국제법상 의무위반 행위의 존재, (2) 의무위반행위에 대한 책임의 국가귀속 가능성, (3) 의무위반행위로 국가의 손해가 발생하였을 것 등의 3가지 요건에 의하여 성립된다.[9]

---

5) D. J. Harris, *Case and Materials on International Law*(Sweet and Maxwell, 1983), p.374.

6) R. Jennings and A. Watts(eds.), *Oppenheim's International Law*, Vol. 1(Longman, 1992), pp.500-501.

7) C. Eagleton, *The Responsibility of States in International Law*(New York University Press, 1928), p.21.

8) N. A. Maryan Green, International Law: Law of Peace(Macdonald and Evans, 1982), p.203.

9) *Ibid.*, pp.205-206; Sørensen, *Manual of Public International Law*(MacMillan

국가는 관념적인 존재로서 현실적으로 국가의 행위는 항상 국가기관에 속한 개인을 통해 나타나며 국가기관의 지위에 있는 개인의 행위는 당연히 국가에 책임이 귀속된다. 따라서 국가기관에 속하지 않는 사인(私人)이 외국이나 외국인의 권리 및 이익을 침해한 경우 원칙적으로 국가의 국제책임은 발생하지 않는다. 그러므로 국가는 만약 위반행위를 한 사인이 발생한 피해를 배상이 능력이 없다 해도 국가 자신이 이를 배상할 책임은 없다. 이는 학설,10) 관행11) 및 조약12)을 통해 확립되었다.

그러나 이에는 예외가 있다. 국제법은 모든 국가에게 자국민과 자국에 거주하고 있는 외국인들이 타국에 유해한 행위를 하지 못하도록 '상당한 주의'(due diligence)를 해야 할 의무를 부과하고 있다. 따라서 국가는 사인에 의한 위법행위를 방지하고, 위반자를 처벌하며, 위반행위에 의한 피해를 배상할 것을 강제함에 있어 '상당한 주의'를 기울여야 한다. 만약 어느 국가가 이의 이행을 게을리 하였다면 그 국가는 사인의 행위에 의한 외국인 및 외국에 대한 피해라 할지라도 이를 배상하여야 한다.13)

또한 국가는 사인이 비록 공식적으로 국가의 기관이 아닐지라도 특정의 경우에 이를 국가기관의 행위로 간주한다. 예를 들면 국가를 대신하여 행위하도록 국가기관에 의해 촉진되거나 고무된 경우 그 국가는 사인의 행위에 대해 책임을 진다.14)

1968), p.534.

10) Garcia-Amador, *Recent Codification of the Law of State Responsibility for Injuries to Aliens*(Oceana Publication, 1979), p.28; R. Jennings and A. Watts(eds.), *op. cit.*, p.166.

11) British Property in Spanish Morocco (1925), United Nations Reports of International Arbitral Awards(RIAA), 2, pp.636, 709-710; Jane's Case(1925), *Ibid.*, 4, p.86; Kenndy Case(1927), *Ibid.*, p.194; Venable Case (1927), *Ibid.*, pp.219, 227-230.

12) Draft Articles on State Responsibility, Article. 11.
'국가를 대리하지 않는 사인 또는 사인들의 집단행위는 국제법하에서 국가의 행위로 간주되지 않는다'

13) R. Jennings and A. Watts(eds.), *op. cit.*, p.549.

14) *Ibid.*, pp.549-550.

사인의 행위에 대해 국가가 부담하는 책임의 성질에 대해서는 학설상 대립이 존재하는데 국가가 사인이 외국에 대해 범하는 모든 손해행위를 방지한다는 것은 사실상 불가능하며 국가가 방지할 수 없는 사인의 손해행위에 대하여 국가가 대위하여 책임을 진다고 보는 대위(代位)책임 또는 간접책임(vicarious or indirect responsibility)설과[15] 국가가 책임을 지는 것은 사인의 위법행위에 대해서가 아니고 국가가 그 행위를 방지하지 못했다는 것에 대해 국가가 책임을 진다고 보는 직접책임(direct responsibility)설[16]이 그것이다.

국가는 폭동, 외교기관에 대한 공격 및 외국인 살해 등의 사인의 행위에 대하여 자국의 영역 내에 거주하는 외국 및 외국인의 이익보호를 위해 사전에 '상당한 주의'로 침해를 방지하고 그럼에도 불구하고 법익이 침해된 경우에는 사후에 적절한 구제를 해야 할 국제법적 의무를 지고 있다.[17] 이처럼 사인의 행위에 대한 국가책임은 관습법 및 조약에서 부담하는 원칙 또는 기준에서 유래하는 의무의 위반을 구성하는 사인의 행위에 대해 부주의했다는 근거에 기초하고 있는바,[18] 어디까지나 사인의 행위는 국가책임 발생의 한 유인에 지나지 않으며, 국가는 이 경우 사전방지 또는 사후구제를 위해 '상당한 주의'를 하지 않았다는 국가자신의 부작위에 대하여 직접책임을 진다고 봄이 타당하다.[19]

사인의 행위로 인한 국가책임이 '상당한 주의'를 하지 않아 부담하는 직접책임 이라면 사인행위의 국가책임 여부를 결정짓는 '상당한 주의'의 표준은 무엇을 의미하는가? 사인의 행위에 대해서도 국가책임을 인정하는 관행은 19세기에 들어 나타나기 시작했으며 실제적 관행의 축적을 통해 동 원

---

15) Garcia-Amodor, *op. cit.*, p.28.

16) ILC Report(1975), pp.23-24.

17) I. Brownlie, *State Responsibility*(Clarendon Press, 1983), p.159; 임덕규, "私人의 행위에 의한 국가책임", 육사논문집, 제26집, 1984.6, p.122.

18) I. Brownlie, *op. cit.*, p.159.

19) *Ibid.*; D. P. O'Conell, *International Law*(2nd ed.), Vol.2(Stevens and Sons, 1970), pp.942-943.

칙이 확고하게 된 것은 20세기 들어서이다. 1930년의 Hague 법전화 회의에서 그리고 그 준비작업에서 일정한 조건하에서 국가는 사인에 의해 야기된 피해에 대해 책임을 져야한다는 일반적 동의가 있었다. 하지만 동 회의에서 합의는 실패했는데 이는 국가의 영역 내에 있는 외국인의 보호를 규율하는 특별한 기준의 형성 때문이었다.

'상당한 주의'의 표준에는 국제표준주의(international standard, 문명국표준주의 또는 객관주의)와 국내표준주의(national standard, 주관주의)가 대립되고 있다.[20] 국제표준주의는 문명국 즉, 서구 근대국가의 국내치안능력을 기준으로 여기에서 기대할 수 있는 주의 정도를 요구하는 것이며,[21] 국내표준주의는 당해 국가의 국내에서 보통 자국민에게 부여되고 있는 주의의 정도를 요구하는 것이다.[22] 이 문제에 관하여 일방은 내외국인 평등의 원칙에서 볼 때 국내표준주의가 적당하다는 설도 있고, 타방으로는 영사재판제도가 소멸된 오늘날의 국제사회에서 일체의 국가가 국제적 표준주의 문명에 도달하고 있는 것으로 인정되므로 국제표준주의를 채용하여 국제교류의 안전 및 외국인 보호를 확보하는 것이 필요하다는 설도 있다.[23]

---

20) I. Brownlie, *Principles of Public International Law*(3rd ed.)(Clarendon Press, 1979), pp.434-435.

21) 국제표준주의를 주장하는 학자로는 Oppenheim, Eagleton 등이 있는데 Oppenheim은 재산상의 침해에 대해 국제표준주의를 적용하는 것은 약간의 문제가 있긴 하지만 외국인의 생명 및 신체상의 침해에 대해서는 국제표준주의가 타당하다고 하였으며, Eagleton은 자국민의 보호를 위해 요구되는 주의를 외국인에게도 적용하는 것은 충분하지 않기 때문에 국가의 의무이행은 국제표준주의에 의해서 측정되어야 한다고 주장하였다.

22) 국내표준주의를 주장하는 학자로는 P. Nervo, S. N. Guha-Roy 등이 있다. P. Nervo는 19세기에 확립된 국제법의 많은 제도에 신생국들은 참여하지도 않았으며, 국가책임에 관한 국제법은 신생국가에 적대적임을 강조하였으며, S. N. Guha-Roy는 첫째, 타국에서 부나 이익을 얻으려고 하는 자는 위험을 부담해야 한다. 둘째, 국제표준주의는 자국민과 외국인간의 차별을 확대한다. 셋째, 기준의 내용이 불명확하다. 넷째, 국내법의 표준과 상이한 기준의 도입은 국가에 대한 모독이다. 다섯째, 일국 내에서 이중기준을 가진다고 하는 것은 불합리를 야기한다는 점을 들어 국내표준주의를 옹호하였다.

23) Garcia-Amador, *op. cit.*, p.26.

일반적으로 국제표준주의 원칙이 선진자본주의 국가의 실천을 기초로 형성되고 따라서 유럽문화의 에토스(ethos)와 그리스도교적 종교윤리와 인권정신에 기원을 두고 있는 데 반하여, 후진국을 중심으로 하여 주장된 국내표준주의는 소위 Calvo 조항에 단적으로 나타난 바와 같이 유럽 중심의 국제법 원칙에의 저항개념으로서 영역주의 개념의 우월성에 의거, 국내법 기준에 따라 사안을 주관적, 전권적으로 해결하려고 하는 태도이다. 따라서 양자는 기본적으로 대립적일 수밖에 없다.[24]

오늘날 국제표준주의를 요구하는 구속적 법규가 존재한다고 말하기는 곤란하다. 그러므로 현존하는 조건들하에서 정부에 기대할 수 있는 가능성을 실제적 표준으로 삼는 국내표준주의가 타당한 것으로 생각된다.[25] 그렇지만 국내표준주의는 외국인에 대한 자국민과의 동등한 대우만으로 국제사회 구성원으로서의 의무를 충실하게 다했다고 할 수는 없을 것이다. 따라서 각국의 특수사정을 고려하고, 인권과 관련하여 일반적으로 외국인에게 부여되는 국제적인 표준을 최소한의 기준으로 준수하는 것이 필요하다. 그렇지 않으면 분쟁의 해결과정에서 새로운 분쟁이 초래될 수도 있을 것이다.

제3절 비국제적 무력분쟁에서의 국가책임

1. 학 설

비국제적 무력분쟁 및 반란에서 외국인에게 발생된 피해에 대한 국가책임은 19세기 이래 접근방법의 첨예한 대립으로 논쟁의 대상이 되어왔으며, 국제법협회 (Institute of International Law)의 장기간 토의 끝에 동 협회가

---

24) 廣瀨善男, 國家責任論 再構成(有信堂, 1978), p.97. 임덕규, *op. cit.*, p.122에서 재인용.

25) 이한기, 국제법강의(박영사, 1991), p.578.

1900년, 1907년에 채택한 결의들도 이를 지적하고 있다.[26] 이러한 논쟁은 한 편으로는 '폭동'(mob violence), '반도들의 행위'(acts of insurgent), 다른 한 편으로는 '반란'(insurrection), '반란자들의 행위'(acts of insurgent) 및 '혁명주의자'(revolutionaire)간의 구분의 불명확성에 의해 더욱 복잡해 졌다.

비국제적 무력분쟁에 있어 외국인에게 발생한 피해에 대한 국가책임의 인정여부에 대해서는 모든 피해에 대해 국가책임을 인정하는 입장(국가책임 인정론), 국가책임을 인정하지 않는 입장(국가책임 부인론) 및 원칙적으로는 국가책임이 부인되지만 특수한 경우 예외를 인정하는 입장이 대립되고 있다.

국가는 질서를 유지해야할 위험을 감수해야 한다는 이론에 의해 지지된 국가책임 인정론은 Brusa, Von Bar 및 Fauchille 등이 주장하였는데, 이들은 불가항력인 경우에도 국가는 외국인의 피해에 대해 배상하여야 한다고 본 반면에,[27] 국가책임 부인론을 형성한 Calvo, Fiore, Hall 등은 국가는 비국제적 무력분쟁과 그러한 분쟁을 진압하는 조치에 의해 외국인에게 야기된 피해에 대해 책임이 없다고 주장하였다. 국가는 외국인의 신체나 재산의 보증인이 될 수 없다는 것이다.[28]

한편 원칙적으로는 국가책임이 인정되지 않지만 예외적으로 특정한 경우 국가책임을 인정하는 입장이 있다.[29] 이는 제국에 의해 일반적으로 수락된 입장으로서 국가는 '상당한 주의'를 행하는데 실패한 경우를 제외하고는 반란단체에 의해 그리고 반란단체를 진압하는 정부군에 의해 야기된 피해에 대해 책임이 없다는 것이다.[30]

이와 같은 입장은 오늘날에도 지속되고 있다. 현 국제법하에서 비국제적 무력분쟁과 반란에 의해 야기된 피해에 대한 국가의 절대적 책임을 주장하

---

26) I. Brownlie, *State Responsibility, op. cit.*, p.167; Eagleton, *op. cit.*, pp.138-139.

27) Eagleton, *op. cit.*, pp.139-141; Garcia-Amador, *op. cit.*, p.30.

28) N. A. Maryan Green, *op. cit.*, p.217.

29) Eagleton, *op. cit.*, pp.141-142.

30) I. Brownlie, *State Responsibility, op. cit.*, pp.168-170; ILC Yearbook(1975), Vol. VII, p.97.

는 견해는 없으나, 다만 비국제적 무력분쟁의 강도와 '상당한 주의' 등 다양한 상황을 반영하여 국가책임을 결정하고 있다.[31]

또한 절차에 있어 '상당한 주의'의 입증책임이 누구에게 있는가 하는 것이 문제가 되고 있다. '상당한 주의'의 입증의무에 대해 일부학자들은 폭동의 경우 부존재를 입증하는 책임이 중앙정부에게 있고, 비국제적 무력분쟁의 경우에는 중앙정부가 분쟁의 진압을 게을리 할 리가 없기 때문에 피해를 입은 개인이 이를 입증해야 한다고 주장한다.[32]

입증의무는 확실히 각 경우의 상황에 따라 변해야 하며, 따라서 그 구분이 불확실한 면도 있다. 게다가 그런 접근은 '폭동', '반란' 및 '비국제적 무력분쟁'간의 구분을 확실히 할 필요성을 제기한다.[33] 왜냐하면 국내 비상사태의 성격에 따라 '상당한 주의'의 존재여부에 대한 입증책임이 달라질 수도 있기 때문이다.

입증의무가 혼란을 야기하는 주요한 원인은 많은 경우 '상당한 주의'의 존재 여부에 대한 입증실패로 책임이 발생하지 않을 것이라는 단순한 사실에서 비롯되며, 또 다른 원인은 국가들의 관행에서 볼 수 있듯이 보호의 기준이 일반적으로 매우 낮다는 것인데, 이러한 낮은 기준은 책임부인의 근거로 인용되기도 한다.[34]

2. 국가관행

반란을 진압하는 국가는 자국의 국경 내에서 외국인에게 야기된 피해에 대해 책임이 없다는 것을 강하게 주장해 왔는데, 이러한 입장은 타국에 입국하는 외국인들은 그들의 영토를 떠남으로써 수반되는 이익과 위험을 동

---

31) Eagleton, *op. cit.*, pp.125-126, 138.

32) Harvard Research, Responsibility of States, p.194.

33) I. Brownlie, *State Responsibility*, *op. cit.*, p.172.

34) *Ibid.*

시에 고려하여야 하고, 비국제적 무력분쟁의 발발을 예상하고 이에 따른 피해를 감수해야만 하며, 비국제적 무력분쟁에 의해 외국인에게 피해가 발생하는 것은 불가항력(*force majeure*)이라는 것이다. 비국제적 무력분쟁에 있어서의 국가책임을 부인하는 또 다른 근거로는 비국제적 무력분쟁이 중앙정부의 통제밖에 있다는 것이다.[35]

하지만 일반적으로 수락된 학설은 원칙적으로는 국가책임이 부인되지만 '상당한 주의' 의무가 결여되었을 때에는 이를 인정해야 한다는 입장이다. 이와 같은 일반적으로 수락된 학설은 국가관행과도 일치한다. 제국은 원칙적으로는 국가책임을 수락하지 않지만 예외적으로 비국제적 무력분쟁의 발생 및 진압과정에서 '상당한 주의'를 결여한 경우에만 국가책임을 수락하고 있다. 이는 미국,[36] 캐나다[37] 및 이탈리아[38] 등의 국가관행에서도 확인되고 있다.

Lord Mcnair는 폭동과 비국제적 무력분쟁의 결과에 대한 국가책임에 대한 영국정부의 관행을 다음의 5가지 원칙으로 요약하고 있다.[39]

(1) 그 영역 내에서 반란이 야기된 국가는 당해 국가의 정부가 반란의 예방 또는 진압을 위해 배치가능한 군대를 이용함에 있어서 또는 이용하지 않음으로써 태만하였다는 것이 입증될 수 없는 한, 외국인이 입은 손해에 대하여 책임을 지지 않는다.

(2) 반란의 상황에 따라 가변적인 기준이 채택되어야 한다.

(3) 그와 같은 국가(즉, 그 영역 내에서 반란이 야기된 국가)는 국제적인 전쟁에 있어서의 교전국의 지위와 실질적으로 동일한 것으로 보이는 중앙정부의 지휘하에 있는 군사행동으로부터 야기된 손해가 무절제 또는 불필요한 것이 아니었던 경우에는 이에 대하여 책임을 지지 않는다.

---

35) Hall, *International Law*(5th ed.), pp.222-223.

36) Whiteman, *Digest of International Law*(Department of State Publication), Vol. Ⅷ, pp.819-824.

37) Canadian Yearbook, Vol.2(1968), pp.264-265; *Ibid*, Vol.8(1970), pp.356-357.

38) Italian Yearbook, Vol.2(1972), pp.431-433.

39) I. Brownlie, *Principles of Public International Law, op. cit.*, pp.452-454.

(4) 그와 같은 국가는 외국인의 소속국이 반도들의 교전상태(belligerency)를 승인한 후에는 반도들이 당해 외국인에게 가한 손해에 대하여 책임을 지지 않는다.

(5) 그와 같은 국가는 자국에 거주하는 외국인이 보호 또는 보상에 있어서 자국민과 동등한 대우를 받았다는 것을 입증함으로써 그들이 입은 손해에 관한 청구를 보통 기각할 수 있다.

이러한 국가관행은 1975년 국제법위원회가 국제연합 총회에 제출한 보고서에 잘 나타나 있다.[40] 동 보고서에 의하면:

국제중재기관들은 그들의 견해에서 상당히 유사성을 보이고 있는데 이는 국가관행에서도 마찬가지다. 강대국들은 중앙정부에 대항하는 반란자들의 반란행위에 대해 책임을 지지 않는다는 원칙을 오래전부터 지지해 왔다. 그리고 국가기관이 적절한 예방조치 및 처벌조치를 취할 의무가 있지만, 그렇게 하지 않았을 경우를 제외하고는 국가책임을 부인해 왔다.

반란단체의 기관에 의해 외국인에게 야기된 피해는 미국의 1882년 독립전쟁, 1871년 프랑스의 파리꼼뮨, 1874년의 스페인 내전, 1882년 이집트 Arabi Pasha의 폭동, 쿠바의 1868-1878 독립전쟁 및 1895-1898의 내전, 기타 라틴아메리카 국가들의 반란에서 발생되었다. 반란단체의 기관에 의한 피해의 경우 국가는 오로지 자신의 기관의 부작위에 대해 책임을 진다는 원칙은 역시 20세기 초 일련의 견해들에서 강조되었다.

이러한 원칙은 국가들 간에 실제적 합의가 있었던 1930년의 법전화 회의 준비위원회의 요청에 따라 제출된 제 정부의 응답에서 분명해 졌다: (a) 반란단체의 통치를 반대하는 국가의 영역 내에서 활동하는 반란단체의 행위는 그 국가에 귀속시킬 수 없으며, 따라서 국가책임을 수반하지 않는다; (b) 단, 반도들의 유해한 행위를 진압하는 과정에서 국가기관에 의한 행위가 만약 국제의무의 위반을 구성한다면 이는 그 국가에 귀속되고, 따라서 국가책임을 수반한다.

---

40) ILC Yearbook(1975), *op. cit.*, pp.95-96(paras. 19-20).

3. 국제조약

학설 및 국가관행에서 확인된 일반원칙은 국제조약에서도 마찬가지로 확인되고 있다. 1902년 제2회 미주국가 국제회의에서 조인된 '외국인의 권리에 관한 협정'은 '국가는 자국민을 위해 헌법과 법률에서 확립된 의무나 책임보다도 외국인에게 더 부여하지도 않으며 인정도 않는다. 그러므로 우연한 종류의 원인(예컨대 전쟁행위)으로부터 발생하는 손해에 대해서나 반도 및 개인의 행위를 통해 외국인에게 가해진 손해에 대해서는 국가가 책임을 지지 않는다. 다만 당국이 그들의 의무에 상응한 과실이 있는 경우에는 예외이다'라고 규정하고 있다.

하바드 연구초안 제13조는 반란이 성공하지 못한 경우에 교전단체로서 승인한 후에 취해진 반도들의 행위에 대해서는 국가책임이 없고, 성공한 반란의 경우에는 국가책임을 인정하고 있다.[41] 또한 헤이그회의 준비위원회 토의기초(No.22c)도 반란단체가 반란에 성공하면 그들이 반란중에 범한 작위 또는 부작위에 의한 불법행위에 대해 책임을 져야 하며, 전정부의 불법행위에 대해서도 책임을 진다는 것을 강조하고 있다.[42]

이러한 입장은 국가책임에 관한 협약초안에 그대로 이어지고 있다. 국가책임에 관한 협약초안은 반란단체에 의한 국가책임에 대하여 제14조와 제15조에서 규정하고 있다. 동 협약초안 제14조는 반란단체의 기관의 행위에 대하여 규정하고 있으며, 그 내용은 다음과 같다.[43]

(1) 일국의 영역 또는 그 관할하의 기타 영역에서 확립된 반란단체 기관의 행위는 국제법상 그 국가의 행위로 간주되지 않는다.

(2) 제1항은 반란단체와 관련이 있고 제5조~제10조에 따라 국가의 행위로 간주되는 여타 행위에 대한 국가책임의 성립을 방해하지 않는다.

---

41) Garcia-Amador, *op. cit.*, p.33

42) *Ibid.*

43) ILC Yearbook(1975), Vol. Ⅱ, pp.91-99.

(3) 또한 제1항은 국제법상 반란단체 기관의 행위에 대한 반란단체의 책
임의 성립을 방해하지 않는다.

동 조 제1항 및 3항은 확립된 반란단체의 기관에 의한 책임과 확립되기
이전의 행위에 의한 책임을 구분하고 있다. 확립된 반란단체의 기관의 행
위는 그 자체가 국제적 책임을 수반하지만, 반란단체로 확립되기 이전의
행위는 단순히 사인의 집단에 의한 행위로 보는 것이다.[44]
반란의 초기에는 추후 반란단체의 조직을 구성하게 될 개인 또는 단체
의 행위가 사인의 행위로 나타나며 이 경우에는 동 협약초안 제11조가 적
용된다. 그러나 시간이 경과함에 따라 반란단체가 일정한 지역에 대해 중
앙정부의 주권을 배제하게 되면 반란단체의 행위는 더 이상 사인의 행위로
간주되지 않으며, 이러한 상태에서 반란단체의 행위가 국제법에 위배되면
반란단체는 국제책임을 지게 된다.[45]
본 조와 관련한 피해국의 일반관행은 반란종식 때까지 기다린 후 반란
이 실패한 경우에는 중앙정부에, 성공한 경우에는 신정부에 그리고 분리독
립운동 및 반식민투쟁이 성공한 경우 역시 신정부에 배상을 청구한다.[46]
한편, 동 협약초안 제15조는 국가의 신정부를 구성한 반란단체의 행위
또는 신국가를 수립한 반란단체의 행위에 대한 국가책임을 규정하고 있다.
그 내용은 다음과 같다.[47]

(1) 국가의 신정부를 수립한 반란단체의 행위는 그 국가의 행위로 간주
된다. 그러나 이러한 국가책임의 성립은 제5조~제10조에 따라 이전에 그
국가의 행위로 간주된 것에 대한 국가책임의 성립을 방해하지 않는다.
(2) 이전에 존재하던 국가영역의 일부 또는 그 관할하의 영역에 신국가

---

44) ILC Report(1975). 5.5-7.25, p.42, para 2, 3.
45) 이병조, "UN국제법위원회 국가책임협약잠정초안에 관한 연구", 국제법학회논총
    제38권 제2호(1993), pp.62-63.
46) *Ibid.*, p.63.
47) ILC Yearbook(1975), *op. cit.*, pp.91-106.

의 수립에 성공한 반란단체의 행위는 그 신국가의 행위로 간주된다.

동 조는 반란이 성공한 경우 반란단체와 신정부, 반란단체와 신국가 사이의 동일성 및 계속성에 근거하고 있다. 제1항의 경우 반란단체와 신정부의 동일성 내지 계속성에 비추어 반란단체의 행위에 대한 국가책임의 성립은 논리적으로 당연하며 관습적으로 적용되는 원칙과도 일치한다. 이 경우 국가는 여전히 존재하며 불변하므로 특별한 문제점이 없다. 이는 반란단체가 정권을 완전히 장악하거나 일부 성공하여 중앙정부와 연립정부를 구성하는 두 가지 경우 모두에 적용되며, 제2항의 경우 반란단체가 반란에 성공하여 신국가를 수립한 경우 반란단체와 신국가는 실제 동일한 실체로서 그 계속성이 분명하므로 반란단체의 행위에 대해 그 신국가가 책임을 지게 된다는 것이다.[48]

"성공적 혁명정부에 의해 수립된 정부는 애초의 반란단체의 행위에 대해 책임을 수락해야 하는데 그러한 결론은 책임을 수락하였기 때문에 반란자들의 행위가 이제는 정부의 행위가 되었다는 사실에서 논리적으로 연역할 수 있다"는 것은 일반적으로 승인되었다. 이는 국가관행에 확고하게 뿌리박혀 있으며 거의 의심을 일으키지 않는다.[49]

4. 교전단체의 승인과 국가책임

가. 교전단체의 승인

국가의 일부분이 무력에 호소하여 중앙정부를 전복시키거나 본국으로부터 분리, 독립하려는 목적을 가진 반란이 발생할 경우, 그 반란이 조기에 진압되거나 성공하면 승인의 문제는 실제로 일어나지 않는다.[50] 이처럼 중

---

48) 이병조, *op. cit.*, p.64.

49) Eagleton, *op. cit.*, p.147 ; O'Connell, *op. cit.*, p.968.

앙정부(de jure government)에 대하여 반란을 일으킨 단체는 공식적으로는 국제적인 권리 및 의무를 갖지 않지만 특정상황 즉, 교전단체로 승인되면 어느 정도의 국제적 인격을 향유하며 따라서 승인되기도 한다.[51]

반란단체가 그 국가영역의 일부를 점령하여 하나의 사실상의 정부(de facto government)를 수립하고 중앙정부의 권력이 전연 이곳에 미치지 못하는 경우 (이를 교전상태 belligerency 라고 한다)[52] 중앙정부 또는 제3국이 반란단체를 교전당사자로 인정하게 되는데 이를 교전단체의 승인(recognition of belligerent)이라고 한다.[53]

중앙정부가 승인을 부여하는 이유는 반도가 점거한 지역 내에서 행하는 국제법상의 불법행위로 인한 국가책임의 귀책을 면하는 동시에, 전투의 잔학화를 피하려는 데 있고, 제3국이 이에 승인을 부여하는 이유는 중앙정부의 '상당한 주의'도 미칠 수 없는 실권상실지역, 즉 반도가 점거한 지역 내에 있는 그의 이권과 자국민을 보호하거나, 또는 손해 발생시에 그 책임을 반도에게 추궁하려는 데에 있는 것이다. 이처럼 교전단체의 승인은 반란자가 행하는 무력투쟁으로 인한 교전관계 또는 교전상태를 국제법상의 전쟁에 준하도록 하여 전쟁법하의 특정질서를 기대해 보려는 것인데, 여기서는 그런 교전상태가 국제적 이해관계에 미치는 예리한 영향을 유의하는 동시에 주권의 현대적 세련도태경향을 주시하려는 두 가지 일반적 이유와 내전의 잔학성을 완화하는 동시에 반란으로 훼손된 외국인 문제에서의 면책을 다지려는 두 가지 중앙정부 측 사연이 밑깔려 있는 것이다.[54]

---

50) R. Jennings and A. Watts(ed.), *op. cit.*, p.162.

51) *Ibid.*

52) 이한기, *op. cit.*, p.236.

53) Ti-Chang Chen, *The International Law of Recognition*(Frederick A. Praeger, Inc., 1951), p.303.

54) 김정균 · 성재호, 국제법(박영사, 2006), pp.117-118.

나. 승인과 국가책임

승인의 효과는 승인 주체에 따라 그 법적 효과를 달리하는데 중앙정부가 반란단체를 교전단체로 승인하면 국내적인 반도조직이 전시국제법상의 교전단체로 변하고, 국내법의 적용이 정지되고 국제법이 적용되며, 반도는 국제법상의 포로로 취급되고, 중앙정부는 교전자로서의 의무를 다해야 하는 동시에 교전단체는 독립의 위치에서 국제법상의 책임을 다해야 하며,[55] 제3국은 중앙정부와 반란단체 쌍방에 대하여 중립국으로서의 권리의무를 가진다. 그리고 중앙정부는 제3국과의 관계에 있어서 교전단체의 교전행위로 인하여 발생하는 국제법의 책임을 면하게 되며, 교전단체 자신이 이를 부담하게 된다.[56]

제3국에 의해 반란단체가 교전단체로 승인되면 제3국은 교전단체에 대하여 중립의무가 생기며, 교전단체는 제3국과의 관계에 있어서 자국의 행위에 대한 국제법상의 책임을 직접 지게 된다. 그 결과 중앙정부는 제3국에 대하여 교전단체의 행위에 대한 책임으로부터 면제된다.

위에서 살펴본 바와 같이 반란단체에 대한 교전단체의 승인은 외국인에 대한 신체적, 물질적 피해에 대한 중앙정부의 책임을 면제시키는 동시에 교전단체에게 그 책임을 전가시키는 효과를 가져온다. 하지만 이러한 승인의 효과는 잠정적이어서 비국제적 무력분쟁이 종결되면 소멸된다. 그러므로 만약 교전단체가 성공하여 새로운 정부나 국가가 수립되는 경우에는 정부승인이나 국가승인을 받게 되는 것이다.

---

55) 김정균, "전쟁법, 인도법과 내란", 인도법논총, 제13호(1993), p.5.

56) Ford V. Surget case (1878, 97 U.S. 594)에서 미연방대법원은 남북전쟁 당시 남군이 미시시피의 어느 개인소유의 면화를 소각한 사건에 대하여 전후 면화 소유자가 남군을 상대로 손해배상의 소송을 제기한 데 대하여 북군이 남군을 교전단체로 승인한 이상 전쟁수행을 위한 면화소각은 정당한 전쟁행위로 간주되므로 불법행위가 아니라고 판시하였다. H. W. Briggs, *The Law of Nations: Cases, Documents and Notes*(1952), p.992.

제4절 결 언

국제법은 모든 국가에게 타국에 대해 유해한 행위를 하지 못하도록 자국민과 그의 영토 내에 살고 있는 외국인들에 대한 피해를 방지하기 위해 '상당한 주의'를 행할 의무를 부과하고 있으며, 국가가 이를 게을리 한 경우에만 국가책임을 지운다. 그러므로 국가는 불법행위를 한 사인이 그의 행위로 발생한 피해를 배상할 능력이 없다 해도 '상당한 주의' 의무를 다했으면 국가자신이 이를 배상할 책임은 없다.

비국제적 부력분쟁에 있어서의 국가책임은 기본적으로 사인의 행위에 위한 국가책임과 동일하다. 비국제적 부력분쟁에서 외국인에게 발생된 피해에 대한 국가책임은 19세기 이래 접근방법의 첨예한 대립으로 논쟁의 대상이 되어왔는데, 비국제적 부력분쟁에 있어 외국인에게 발생한 피해에 대해 국가책임의 인정여부에 대해서는 모든 피해에 대한 국가책임을 인정하는 입장, 국가책임을 부인하는 입장도 있지만 원칙적으로는 국가책임을 부인하지만 특수한 경우에는 예외적으로 국가책임을 인정하는 입장이 일반적이다.

이러한 입장은 각국들에 의해 일반적으로 수락된 원칙으로서 국가는 '상당한 주의'를 행하는데 실패한 경우를 제외하고 반란단체에 의해 그리고 반란단체를 진압하는 정부군에 의해 야기된 피해에 대해 책임이 없다고 본다. 이는 학설, 국가관행 및 국제조약에서 확인되고 있는바, 현 국제법하에서 내전에 의해 야기된 피해에 대한 국가의 절대적 책임을 인정하는 견해는 없다. 다만 비국제적 부력분쟁의 강도와 '상당한 주의' 등 다양한 상황을 반영하여 국가책임을 결정하고 있다.

'상당한 주의'와 관련하여서는 검토해야 할 점이 두 가지가 있다. 첫째, '상당한 주의'의 표준에 관한 문제로서 국가는 자국민과 대등한 대우를 부여할 의무가 있고, 외국인에게 그 이상의 대우를 부여하는 것은 법리상 불합리하다고 보는 국내표준주의와 외국인의 대우에 관한 국제적 표준은 모든 국가에게 법적 의무를 부여하고 있으므로 최소한의 국제표준은 준수되어야 한다는 국제표준주의가 대립하고 있다. 오늘날 국제표준주의를 요구하는 구속적 법규가 존재한다고 보기는 어렵고 현존하는 조건들하에서 정부에 기대할 수 있는 가능성을 실제적 표준으로 하는 것이 타당하다고 보여진다. 그렇지만 실제의 경우에는 각국의 특수한 사정 등을 고려하여 하여야 할 것이다. 다만 피해의 대상이 특별한 보호를 향유하는 지위에 있는 외교 또는 영사기관에는 더 높은 주의의 기준을 적용하여야 한다.

둘째, '상당한 주의'의 문제로서 폭동의 경우에는 중앙정부가 '상당한 주의'의 부존재를 증명해야 하고, 비국제적 부력분쟁의 경우에는 피해를 입은 개인이 이를 증명해야 한다. 왜냐하면 비국제적 부력분쟁의 경우에 이의 진압을 중앙정부가 게을리 할 리가 없기 때문이다. 이러한 증명의무는 비국제적 부력분쟁과 폭동의 구분의 불명확성, 증명의 실제적 어려움 및 보호기준을 일반적으로 매우 낮게 적용하고 있는 제국의 관행에 의해 많은 경우 혼란을 일으키는 주요한 원인이 되고 있다.

한편 반란단체가 중앙정부나 제3국에 의해 교전단체로 승인되면 중앙정부는 책임으로부터 면제되며, 교전단체 자신이 이를 부담하게 된다. 교전단체의 승인에 의해 반란단체는 자신들이 행한 국제적 불법행위에 대해 책임을 인수하는 능력을 포함하여 국제적 수준에서 행위할 능력을 가진 제한된 인격을 획득하기 때문이다.

하지만 그 책임은 실제로 비국제적 부력분쟁 중 강제하기 어렵고 분쟁이 끝난 후에 문제가 될 것이다. 만약 분쟁이 성공하여 반도들이 신정부를 구성한다면 분쟁 기간 중 반도들의 군대 및 기관의 행위는 신정부가 부담해야 하는 행위가 된다. 또한 이전 정부의 불법행위도 이와 마찬가지로 신정부의 책임으로 귀속된다고 보아야 할 것이다.

제3장 타국의 비국제적 무력분쟁에 대한 무력간섭의 가능성과 한계

제1절 무력간섭을 금지하는 국제법 규정

1. 무력사용금지원칙

국제연합 헌장 제2조 4항은 국제관계에서 무력의 사용 또는 위협을 금지하고 있다.[1]

모든 회원국은 국제관계에 있어서 무력에 의한 위협 또는 무력의 행사를 여하한 국가의 영토보전이나 정치적 독립에 대하여 또 국제연합의 목적과 양립할 수 없는 다른 여하한 방법에 의한 것이라도 이를 삼가야 한다.

영토를 획득하거나 타국으로부터 여타 이익을 얻기 위한 군사력 사용이라는 고전적 의미의 전쟁[2]을 불법적인 것으로 보는 이 조항은 복잡한 구

---

1) 국제연합 헌장이 채택되었을 때, 동조는 전쟁을 불법적인 것으로 한다는 것이 일반적으로 받아들여졌다. 회원국들은 평화적 수단에 의하여 모든 분쟁을 해결하고 국제관계에서 무력의 사용이나 위협을 삼가해야 한다는 것을 의무로 받아들였다. 오직 두개의 예외, 즉 헌장 제7장에 의한 강제조치로서 안보리에 의해 무력사용이 승인되었을 때와 자위를 위한 무력만이 허용되었다. 이들 규정들은 대부분의 회원국들에 의해 헌장의 중심으로 이해되었으며, 국제법의 가장 중요한 원칙으로 이해되었다. 이후 국제연합이 채택한 결의, 조약 및 정치지도자들의 성명에서 거듭 재확인되었다. O. Schachter, *International Law in Theory and Practice*(Martinus Nijhoff Publishers, 1991), p.106.

2) 헌장 제2조 제4항에서 "전쟁"이라는 용어는 사용되지 않았다. '전쟁'이라는 용어는 1919년 연맹규약 및 1928년 켈로그-브리앙 조약에서도 사용되었지만 1930년대에 들어 국가들 간에는 '전쟁'을 선언하지 않고 적대행위를 개시하는 것이 일

조와 명확하지 못한 용어 사용으로 인하여 주요용어들의 해석문제를 야기한다.

'무력'이라는 용어는 군사행동을 포함하는 실제적이고 폭넓은 의미를 갖는 단어로 선택되었지만 그 자체 내에 모호성을 지니고 있다. 이것은 때때로 모든 형태의 강제 즉 경제적, 정치적, 심리적 및 물리적 강제를 포함하기 위하여 광의의 의미로 사용되었다.[3]

반란자의 어느 일방에 무기를 제공하는 것이 무력의 사용인가? 군사훈련을 지원하는 전문가의 조언은 간접적인 무력에 해당하는가? 이 문제는 종종 제2조 4항과 독립적으로 다루어지는 타국의 문제에 대한 일국의 명령적인 개입인 '간섭'에서 다루어지는 경향이 있지만,[4] 제2조 4항은 직접적 및 간접적인 무력간섭에 반대하는 가장 명백한 헌장규칙이며 내전의 어느 일방에 대한 무기제공 및 군사훈련지원은 무력사용금지의 범위 내에 속하는 것으로 보아야 한다.

'무력의 위협'이 의미하는 바는 '무력의 사용'이 의미하는 것보다 다소 덜 고려되었지만 확실히 어느 국가를 동의하도록 강제하기 위하여 무력사용을 위협하는 것은 금지되었다. 군사력의 전개는 그 나름의 목적을 가지고 있으며 정치적 관계에서 군사력의 우세는 약소국의 정치적 독립에 대한 무력사용의 위협을 신중히 고려하도록 이끌 수 있다.

외국에 대한 동의없는 군대의 강제적인 침략은 그 국가의 영토적 통일을 해치는 것이며 일국에게 특정한 정책이나 조치를 채택토록 강제하기 위한 무력의 사용은 그 국가의 정치적 독립에 대한 손상으로 간주된다. 무력행위가 일국 영토의 동의없는 사용을 포함하거나 또는 일국에게 그렇지 않다면 취하지 않을 어떤 결정을 취하도록 강제하는 한 제2조 4항을 위반한

반화되었다. Brown, "Undeclared Wars", 33 *AJIL*(1939), p.538.

3) 국제연합에서 각국 정부들은 특히 강제적이라고 말해지는 경제적 조치들을 포함하기 위하여 제2조 4항을 넓은 의미로 하기 위해 노력했다. 비록 이러한 광의의 개념에 제3세계의 많은 국가들이 지지를 표명했지만 서구 각국들은 강력하게 반대했다.

4) L. Oppenheim, International Law(Longman, 1970), p.305.

것이다.[5]

이러한 입장은 대다수의 국가와 국제법 학자들에 의해 인정되었으며,[6] 무력사용의 합법성과 관련된 국제사법재판소(International Court of Justice : ICJ)의 두 결정에서도 지지되었다. 영국과 알바니아간의 1949년 Corfu Channel Case에서 영국은 소해작업은 자위조치였다고 주장했지만, ICJ는 이러한 목적에도 불구하고 영국의 조치는 알바니아의 영토주권을 손상시켰다고 판결했다.[7] 1986년 Nicaragua Case에서도 ICJ는 무력공격에 이르지 않는 불법적인 간섭은 집단적 자위로서의 무력 사용을 정당화하지 않는다고 판결했다.[8]

이러한 국제법상의 일반원칙과 국가관행에 대하여 제2조 4항은 특정한 경우 무력사용을 허용한다는 주장도 제기되고 있다.[9] 무력사용의 일반적 금지에 대한 이러한 예외의 요구는 '변화된 환경'과 '선언된 규칙들과 일치하지 않는 국가관행'에 근거하여 헌장상의 무력사용금지원칙의 개정이 필요하다고 주장한다. Stone은 무력의 사용에 대한 금지는 "집단적 기구와 방법의 효과적인 확립에 의존"하도록 의도되었다고 주장했다.[10] 국제연합

---

5) R. Sadurska, "Threats of Force", 82 *AJIL*(1988), p.305.

6) R. Higgins, *The Development of International Law through the Political Organs of the United Nations*(1963), pp.210-222.

7) ICJ Reports(1949), p.35.

8) ICJ Reports(1986), p.35.

9) 다음과 같은 경우에는 자위권에 입각하여 무력의 사용이 허용되어야 한다고 주장되고 있다.
   (1) 국가의 법률상의 정부의 동의(요청)에 따라 외국에서 사용된 무력
   (2) 외국에 의해 불법적으로 점령된 영토를 회복하기 위해 사용된 무력
   (3) 독재정치 또는 인권의 대량위반을 방지, 억제하기 위한 인도적 목적을 위해 사용된 무력
   (4) 민족해방을 위해 투쟁하는 인민을 원조하기 위하여 사용된 무력
   (5) 억압적인 정권에 대항하여 민주적인 권리를 위해 투쟁하고 있는 인민을 원조하기 위하여 사용되는 무력
   (6) 다른 수단을 이용할 수 없을 때 법적 권리를 보호하거나 보존하기 위해 사용되는 무력

10) J. Stone, *Aggression and World Order*(1958), p.96.

이 국제적 불법성과 폭력을 종식시키는 데 효과적이지 못하는 한, 그는 각 국들은 무력의 사용을 포기하기 위한 약속으로부터 자신들을 해방해야 한 다고 결론지었다. 그렇지 않다면 제2조 4항은 불법에 대한 방패가 된다는 것이다.

하지만 이러한 예외의 주장은 다음과 같은 니카라구아 사건의 판결로 돌아가 신중하게 고려되어야 할 것이다.

> 만약 일국이 승인된 규칙에 불일치하는 방법으로 행동하면서 그 규칙에 내재한 예외와 정당화에의 호소로 이의 행위를 방어한다면 그 국가의 행위 가 그러한 기초에서 정당화되든 되지 않든, 그러한 태도는 그 규칙을 약화 시키기보다는 오히려 강화시킨다"11)

안정되고 독립된 국가로 구성된 국제사회는 만약 각국이 타국의 독립을 자유로이 파괴할 수 있다면 존재할 수 없을 것이다. 무력의 사용에 대한 억제는 이러한 현실을 반영한다. 국제연합의 실패도, 헌장의 위반도 각국들 에게 자유로이 전쟁을 수행할 수 있다는 것을 허락하지 않는다. 상호성의 원칙과 '변화된 환경'하에서 일부에 의한 위반이 세계질서를 유지하는 기본 적인 규칙으로부터 모두를 해방시킨다는 결론은 어리석을 뿐만 아니라 위 험한 것이다.

2. 국내문제불간섭원칙

국제사회는 독립된 주권국가로 구성되어 있다. 따라서 국제법의 유효성 에 관한 모든 논의와 국제질서의 변혁에 관한 계속적인 시도에 있어서도 중심과제는 언제나 국가의 주권이었으며, 국제법의 발전을 저해하는 것도 국제사회의 안정을 유지하는 것도 여기에서 비롯된 경우가 허다하였다.

---

11) ICJ Reports(1986), p.96.

국제법에 따른다는 조건하에 자국의 영역을 보전하고 타국 또는 그 밖의 권위로부터 지배를 받지 않는 자유로운 처지에서 대내외적 사항을 처리할 수 있는 주권을 가진 국가는 자신의 영역 내에서 배타적 관할권(exclusive competence)을 가지며 타국은 이에 간섭할 수 없다.[12] 모든 국가가 주권을 갖는다는 것은 상호 충돌하지 않는 국가관할권의 타당범위, 즉 국내문제가 존재한다는 것을 의미하며, 이것은 현실적으로 국가는 타국의 대내적 문제에 관하여 간섭해서는 안된다는 국내문제불간섭원칙으로 나타나게 된다.

동 원칙은 국내문제가 무엇인가 하는 측면과 간섭이 무엇인가 하는 측면에 있어 문제가 된다. 국내문제라고 하는 것은 국가의 국내적 관할권에 속하는 문제로서 국가가 단독적으로 처리할 수 있는 국가의 대내적 문제는 물론이고 대외적 문제까지 포함하는 것으로 이해된다.[13] 국제법에서 국내문제의 타당범위에 대한 확립된 원칙이나 국가관행을 확인할 수는 없지만,[14] 최근에는 지금까지 각국의 내부문제로서 국제법의 대상이 되지 않았던 문제들(경제, 문화, 위생, 노동, 교육, 교통통신 등)이 조약에 의해 국제협력의 대상이 되고, 개인의 자유나 인권에까지 미치게 됨에 이르러 국내

---

12) J. B. Scott(ed.), *The Hague Court Reports*, vol.1(Oxford University Press, 1916), p.275.

13) L. Oppenheim, *op. cit.*, p.305.

14) 국제법과 국내문제의 상호관계에 대해서는 크게 세 가지 견해가 대립하고 있다. 이에 대한 자세한 설명은 김정건, 국제법(박영사, 1993), pp.126-127; 이한기, 국제법강의(박영사, 1991), pp.287-288; H. Kelsen, *Principles of International Law*(Rinehart and Company, 1952), pp.191-192; W. Friedmann, *Legal Theory* (3rd. ed.)(Stevens and Sons, 1953), pp.112-125; A. Verdross, *Volkrecht* (5 Aufl)(Springer Verlag, 1964), pp.513-514 참조. 또한 국내문제의 범위에 관한 불확정성은 국제판례에서도 나타나고 있다. PCIJ는 '튀니지와 모로코의 국적법 사건'(Tunis-Morocco Nationality Decrees Case)에 대한 권고적 의견에서 "어느 문제가 전적으로 일국의 관할에 속하느냐 속하지 않느냐의 문제는 본질상 상대적인 문제이다", '노테봄사건'(Nottebohm Case)에서 "국적취득에 관한 규칙을 자국의 법률에 의하여 해결하여 귀화에 의한 국적을 부여하는 것은 주권국에 속하나 국가가 외교적 보호권을 행사하여 재판소에 제소할 권한을 갖느냐의 여부를 결정하는 것은 국제법이다"라고 말함으로써 국내문제의 가변성을 지적하고 있다.

문제의 범위는 양적으로 더욱 좁아지고 있다.[15]

간섭은 어떤 국가 또는 국제기구가 국제법에 입각하지 않는 방법으로 다른 국가의 대내외적 사항의 처리에 개입하는 행위로서 그 국가의 독립권을 침해하는 불법행위이며,[16] 현 상태를 변경시킬 목적으로 타국에 그 의사에 반하는 특정행위를 강요하는 명령적 개입(dictatorial interference) 또는 명령적 요구(peremptory demand) 이다.[17]

이러한 국내문제 불간섭원칙을 최초로 명시한 보편적 국제문서는 국제연맹 규약이다.[18]

> 분쟁당사국의 일방이 분쟁을 국제법상 오로지 그 당사국의 국내관할권내에 있는 사항에서 일어난 것이라고 주장하고 그리고 연맹이사회가 그렇게 인정한 경우 연맹이사회는 그 취지를 보고하고 그 분쟁의 해결에 관해 여하한 권고도 하지 않아야 한다.[19]

이후 동 원칙은 1933년의 "국가의 권리와 의무에 관한 협약"(Convention on Rights and Duties of States) 제8조,[20] 1936년의 "불간섭에 관한 부속의

---

15) 이한기, *op. cit.*, p.288
  이한기 교수는 금일에 있어서의 국내문제는 국가의 보편적 의무와의 관련에서 파악되며, 구체적으로는 국가의 인격성, 그 정치적 경제적 문화적 실질, 영토보전, 국내제도, 국가적 일체성 등 실정국제법상 적극적으로 보호되는 국가이익에 특정된다고 보고 있다. *Ibid.*, p.289.

16) 장기붕, "불간섭의 의무", 국제법학회논총, 제11권 제1호(1966), p.447.

17) L. Oppenheim, *op. cit.*, p.305; Briery-Waldock, *The Law of Nations : An Introduction to the International Law of Peace*(6th ed.)(1963), p.402; H. Lauterpacht, "The International Protection of Human Rights", 52 *Recueil des Cours de l'Academie de droit Internationale de la Haye*(1947-I), p.19.

18) 국제연맹규약 원초안에는 국내문제불간섭에 관한 규정이 없었다. 동 규정은 미국이 자국의 국내문제에 대한 타국의 간섭, 특히 유럽국가들의 간섭에 대한 우려를 제기하자 19인위원회(Commission of Nineteen)가 이를 해소하기 위하여 삽입하여 조문화되었다. J. L. Brierly, "Matters of Domestic Jurisdiction", 6 *BYIL*(1925), p.9.

19) 국제연맹규약 제15조 8항 참조.

정서"(Additional Protocol Relating to Non-Intervention) 제1조[21], 국제연합 헌장 제2조 8항, 1949년 국제연합 국제법위원회에 의해 채택된 "국가의 권리의무에 관한 선언"(Draft Declaration on Rights and Duties of States) 제3조,[22] 1965년 국제연합 총회에서 채택된 "국가의 국내문제에 대한 간섭금지 및 그 독립과 주권의 보호에 관한 선언"(Declaration on the Inadmissibility of Intervention in the Domestic Affairs of States and the Protection of their Independence and Sovereignty),[23] 1970년 국제연합에서 채택된 총회 결의 "국제연합 헌장에 따른 국가들 간의 우호관계 및 협력에 관한 국제법 원칙 선언"(Declaration on Principles of International Law concerning friendly Relations and Co-operation among States in accordance with the Charter of the United Nations)[24] 등에서 반복적으로 확인되었다. 특히 1970

---

20) 제8조: 그 어떠한 국가도 타국의 대내적 또는 대외적 문제에 간섭할 권리를 갖고 있지 않다.

21) 제1조: 모든 당사국의 대내적 또는 대외적 문제에 대하여는 직접적이건 간접적이건 또 어떠한 이유를 막론하고, 그 어떠한 간섭도 허용되지 않음을 선언하고, 만일 이의 위반이 있으면 평화적인 조정의 방법을 심의하기 위하여 상호 협의할 것.

22) 제3조: 모든 국가는 타국의 국내적 또는 국외적 사항에 간섭하지 않을 의무를 진다.

23) GA Res. 2131(XX).
동 선언에 규정된 불간섭원칙에 관한 내용은 다음과 같다.
"여하한 국가도 직접적이든 간접적이든, 어떤 이유에 의한 것이든 어떤 타국의 대내적 또는 대외적 문제에 간섭할 권리를 갖지 못한다. 그 결과 무력간섭 및 다른 모든 형태의 개입 또는 국가의 인격이나 그 정치적, 경제적, 문화적 요소에 대한 위협의 시도는 규탄된다".

24) GA. Res. 2625(XXV).
동 선언은 '헌장에 따른 여하한 국가의 국내관할권내의 사항에도 간섭하지 않을 의무에 관한 규칙'이라는 항목에서 다음과 같이 천명하고 있다.
"여하한 국가 또는 국가집단도 직접적이든 간접적이든, 어떤 이유에 의한 것이든 다른 어떤 국가의 대내적 또는 대외적 문제에 간섭할 권리를 갖지 못한다. 그 결과 무력간섭 및 다른 모든 형태의 개입 또는 국가의 인격이나 그 정치적, 경제적, 문화적 요소에 대한 위협의 시도는 국제법 위반이다. 각 국가는 타국에 의한 여하한 형태의 개입도 없이 그 정치적, 경제적, 사회적, 문화적 제도를 선택할 불가양의 권리를 갖는다".

년 선언은 타국의 국가체제에 대한 무력전복을 추구하는 테러나 무장활동을 조직하거나 자금을 제공하거나 선동할 수 없다고 강조하고 있다.

또한 1975년 Helsinki 유럽안보회의 최종의정서(Final Act of the Conference on Security and Cooperation)도 국제사회의 협력원칙의 하나로 국내문제 불간섭을 규정하면서 참여국들은 타국의 국내문제에 개입하지 않고 특히 무력간섭이나 위협을 하지 않을 것을 다짐하였다.[25] 1976년 국제연합 총회결의 31/91은 그 이전에 채택된 국내문제 불간섭 의무에 관한 결의들을 상기시키면서 모든 국가들은 타국이나 국제기구와의 관계를 스스로 결정할 권리가 있음을 다시 확인하고 모든 형태의 간섭 특히 용병파견 및 기타 정부를 불안하게 만드는 모든 수단들을 규탄하였다.[26]

이와 같이 현행 국제법은 타국에 대한 무력간섭 내지 개입을 금지하고 있으며 국내관할권에 대응하는 국내문제 불간섭원칙은 국제법상 국가의 기본적인 권리의무로 확립되었다. 타국의 현 정부를 실력으로써 전복하려는 파괴활동, 테러리즘, 무장저항활동을 자국 내에서 조직하거나 이것을 지원, 재정원조 또는 묵인하는 것은 단순히 영역국에 이러한 행위의 방지, 배제의 의무를 과할 뿐만 아니라[27] 그 자체가 위법적 간섭이 된다. 또한 내전에 있어서는 제3국이 쌍방의 당사자에 대하여 공평 및 불원조를 내용으로 하는 중립의무를 지며, 설사 합법정부로부터 지원요청이 있더라도 이에 대한 협력이나 원조는 불법적 간섭이 된다.[28]

---

25) I.L.M., Vol.14(1975), pp.1292-1297.

26) UN GA Res. 31/91; UN Document A/31/414.

27) 1837년의 Caroline호 사건, 1934년의 Alexander 국왕암살사건에 대한 국제연맹 이사회의 결의.

28) 우호관계원칙선언 제1, 3원칙.

제2절 타국의 비국제적 무력분쟁에 대한 무력간섭

1. 합법정부에 대한 원조

전쟁을 원칙적으로 금지하여 이를 불법화, 범죄화하고 있는 현행국제법의 태도에도 불구하고 국제법상 비국제적 무력분쟁을 금지하는 규정은 없다. 국제연합 헌장 제2조 4항은 단지 국제관계에서만 무력의 사용 및 위협을 금지한다.[29] 그리고 인민이 자기의 운명을 스스로 결정할 수 있는 자기결정권과 관련하여 중앙정부에 불만이 있을 때 그것을 시정하는 한 방법으로서 비국제적 무력분쟁은 국제법상 허용되고 있다.[30] 이처럼 원래 비국제적 무력분쟁(내전)은 국내문제로 간주되었던 것이다.[31]

그렇다면 제3국은 타국의 내전에 있어 어떠한 경우에도 합법정부에 대한 원조가 금지되는가? 이에 대해서는 종래 긍정설, 제한적 긍정설 및 부정설 등 3가지 학설이 첨예하게 대립되어 왔다. 물론 긍정설 및 제한적 긍정설의 경우에도 합법정부의 명시적인 요청 또는 묵시적인 동의가 전제되어야 함은 부언을 요하지 않는다. 요청이나 동의가 없는 개입은 침략이기 때문이다.

긍정설은 내전에서 합법정부에 대한 원조는 항상 합법적이라고 보는 입장이다. 국가의 대외적 대표기관은 정부이기 때문에 한 나라의 정부는 필요한 경우 외국에 대해 군사원조를 요청할 수도 있고 군대파견을 요청할 수 있다는 것이다.[32]

---

29) Michael B. Akehurst, *A Modern Introduction to International Law*(5th ed.)(George Allen and Unwin, 1985), p.240.
30) 김찬규, "일국의 내란에 타국이 무력개입할 수 있는가?", 경희대학교 논문집, 제5집(1967), p.437.
31) 藤田久一, 國際人道法(有信堂, 1980), pp.219-220.
32) J. G. Starke, *Introduction to International Law*(10th ed.)(Butterworths, 1989), p.153.

이러한 입장은 Grotius와 Vattel에까지 거슬러 올라간다. Grotius는 정당한 측에 가담한 간섭을 허용하고 있고, Vattel은 군주가 기본법을 위반하여 신민에게 그에 저항할 적법한 원인을 제공한 경우 군주는 국민적 저항에 부딪히게 되고 어떠한 외부세력도 원조를 요청한 압제받는 인민을 원조할 수 있다고 하였다.33) 또한 합법정부에 대항한 반란을 진압할 목적으로 타국의 합법정부에 원조를 제공하는 것을 금지하는 국제법원칙이 없다는 이유에서 합법정부에 대한 원조를 정당화하기도 한다.34)

그러나 이러한 원칙에는 하나의 예외가 있는데 그것은 한 나라에 비국제적 무력분쟁이 일어나 혁명군이 교전단체로서의 승인을 얻게 되면 외국은 중립을 지켜야 하고 기존당국이나 교전단체 어느 쪽에도 여하한 군사원조이든 이를 해서는 안된다는 것이 그것이다.35)

제한적 긍정설은 교전단체 승인이라는 제도를 매개로 하여 교전단체 승인 전에는 합법정부에 대해 원조를 자유로이 할 수 있지만 일단 교전단체 승인이 있고 난 후에는 원조를 제공할 수 없다는 입장이다.

비국제적 분쟁에 있어서 반란단체가 교전단체로 승인되면 그 분쟁은 국제법상의 전쟁으로 간주되고 타국은 중립의무를 부담하기 때문에 분쟁에 개입할 수 없다. 하지만 교전단체 승인이 있기 전인 분쟁 초기단계에서는 반란 조직체의 국제법상 지위가 없기 때문에 다른 나라들은 자유롭게 기존정부를 원조할 수 있으며36) 이 단계에서는 국내문제 불간섭원칙이 오직 반란군에 대한 원조금지에만 적용될 뿐이며 기존정부를 원조하는 것은 문제가 되지 않았다고 보는 것이다. 그리고 분쟁이 상당히 진전되어 기존정

---

33) E. de Vattel, Le Droit des Gens, BK. Ⅱ, Ch. Ⅵ, Sec.56, trans., C. G. Fenwick, CIL, 1916, 성재호, "국제법상 불간섭원칙에 관한 연구", 성균관대학교(박사)(1990), p.122에서 재인용.

34) L Oppenheim, *op. cit.*, p.305.

35) Gerhard von Glahn, *Law Among Nations: An Introduction to Public International Law*(5th ed.)(1986), p.88.

36) R. Higgins, "International War and International Law", in *International Law and World Order*, by ed. B. H. Weston, R. A. Falk and A. A. D'Amato(West Publishing, Co., 1980), p.315.

부 및 외국정부가 반란군을 교전단체로 승인하면 다른 나라들은 내전에 대하여 중립의무를 지기 때문에 기존정부와 반란단체 어느 쪽도 원조할 수 없다는 것이다.[37]

이러한 주장이 기초하는 근거는 국가의 대표적 기관은 정부이기 때문에 중앙정부는 완전하게 전복되기 전까지는 그 국가의 법적 대표자이며 따라서 자국영토 내에 외국군대를 들여오고 그 나라의 정치적 장래에 어떠한 영향을 미칠 수도 있는 여타 형태의 원조를 추구할 권리가 있다는 것이다.

하지만 이러한 견해는 몇 가지 이유에서 정부의 대외적 대표기관성을 일응 수긍하면서도 이는 비국제적 분쟁의 발생으로 제한 내지 박탈된다고 주장하는 부정설의 도전을 받고 있다.

첫째, 분쟁의 발생원인 등 비국제적 무력분쟁에 있어서의 양 당사자의 관계를 구분치 않고 국제법상 금지된 원조까지도 허용하고 있어 너무 포괄적이다. 만약 합법적인 자결권의 이행을 좌절시키기 위하여 중앙정부가 불법적으로 무력을 사용한다면 그 정부에 주어진 어떤 원조도 마찬가지로 불법적인 것이 된다. 식민제국에 대항하여 피식민지 인민들이 민족자결권을 행사하는 경우 즉, 민족해방전쟁에서 식민제국의 요청으로 타국이 무력원조를 한다면 그것은 민족자결권을 부인하는 공범행위가 되는 것이다.

둘째, 반도들이 교전단체로 승인되지 않았다면 중앙정부를 원조하는 것이 합법적이라는 견해는 중앙정부는 전복될 때까지 국가의 이름으로 행동할 권능이 있다는 관념에 기초하고 있다. 하지만 국가의 이름으로 행동할 정부의 권능은 내전의 발생에 의해 의문시 된다.[38] 정부는 대다수 국민이 일상적으로 복종하고 앞으로도 그럴 것이라고 기대할 수 있는 경우에만 당해 국가를 대표할 수 있기 때문이다.[39] 외국에 원조를 요구할 필요가 있다는 것은 분쟁의 귀추가 외국원조가 없다면 불명확하다는 것을 보여주는 것이며 누가 국가의 법적 대표자로 최종적으로 확립되었는지 명확하지 않다

---

37) *Ibid.*, pp.315-316.

38) Q. Wright, "The Prevention of Aggression", 50 *AJIL*(1956), p.121.

39) Oppenheim, *op. cit.*, p.151.

는 것을 보여준다.[40] 비국제적 무력분쟁이 발생했다는 사실만으로써 기존 당국은 이미 국가의 대외적 대표능력을 잃었다고 볼 수 있는 것이다. 그리하여 그 국가를 대표할 능력이 없는 기존당국의 요청에 따라 외국이 그 기존당국에 군사원조를 함은 그 나라에 대한 불법간섭이라고 하지 않을 수 없는 것이다.[41]

셋째, 확립된 당국에 대한 외국의 원조는 타국들로 하여금 반란자들에게 원조하도록 자극할 위험이 있다. 오늘날과 같은 상황하에 있어서는 일국의 개입은 필연적으로 타국의 개입을 유발하여 국제적 무력분쟁으로 확대될 가능성이 짙기 때문이다.[42] 이것은 많은 유럽국가들이 스페인 내전(1936~1939)에서 비개입 정책을 채택한 이유이다. 그러나 파시스트와 공산주의 독재자들이 이에 구속되는 것을 거부하였기 때문에 그 정책은 실패했었다.

합법정부의 요청에 의한 개입에 대해서는 이와 같이 의견대립이 첨예하다. 하지만 합법정부는 현실적으로 국가를 대표하고 있고, 비록 그것이 내전의 발생에 의하여 제한되고 있더라도, 그 제한의 정도를 유권적으로 판단할 수 있는 법적 기준과 절차 및 기관이 부재한 현 국제사회에서 정부 권능의 제한이 명백한 경우가 아니고서는 합법정부가 갖는 타국에 대한 원조요청과 이에 따른 원조제공이 불법이라는 것은 실효성없는 공허한 주장이다.

따라서 국민의 다수가 반란세력을 지지하여 내전이 전면적 반란운동(an insurgent movement of large proportions)으로 발전하고 충돌의 결과가 불명확한 경우에는 합법정부의 대표성이 의문시되기 때문에 이에 대해 원조를 제공해서는 안 되지만[43] 그 외의 경우 즉, 반란군이 조직화되지 않았거나 조직화되어 있더라도 그 목적이 정부의 특정한 정책에 대한 반대인 경우, 단순한 국내적 긴장 및 소요와 폭동의 경우에는 합법정부의 요청과 이

---

40) A. Pearce Higgins (ed.), *Hall's International Law*(8th ed.)(1924), p. 347.

41) 김찬규, "내전과 간섭권", 고시연구(1992. 4), p.97.

42) I. Brownlie, *International Law and the Use of Force by States*(Oxford, 1963), p.323.

43) Q. Wright, "United States Intervention in the Lebanon", 53 *AJIL*(1959), p.122.

에 따른 원조는 합법적인 것으로 인정하여야 할 것이다.[44]

이러한 이론상의 대립에도 불구하고 타국의 분쟁에 대한 불개입 원칙은 어느 정도 지지를 받았다. 예를 들면 1963년 제6차 국제연합 총회 직전에 영국대표는 "만약 어느 일국에 분쟁이 발생하였고 반란단체가 외부의 원조나 지지를 받지 못했다면 법과 질서를 유지하는 데 도움을 주기 위해 권력을 잡고 있는 정부의 요청이 있다고 하여 외국이 개입하는 것은 불법이라는 것이 고려되었다"는 정책표명을 한 바 있다.[45]

그러나 각국의 관행은 결코 일치하지 않는다. 불개입원칙 성명을 발표한 몇 년 후에 영국정부는 나이제리아 내전(1967~1970)동안 반도들에게 무기판매를 거부하면서 나이제리아 정부에 무기를 제공하였다. 영국은 반도들이 교전단체로 승인되지 않았다는 이유로 나이제리아 정부를 원조할 권한이 있다고 주장했다. 그리고 영국정부는 의회증언에서 오랫동안 Common Wealth 회원국이었던 나이제리아에 내부 반란이 발생해 도저히 중립을 지킬 형편이 못되었다고 하였다.[46]

또한 미국과 소련은 각각 자신의 직접 세력하에서 이념체제가 변동되는 것을 막기 위하여 타국의 국내분쟁에 직접 개입하는 것이 지금까지의 관행이었다. 소련이 1956년 Hungary사태 및 1968년 체코사태에 개입하였고 1980년대 폴란드 자유노조를 탄압한 것이나, 미국이 1980년대 Nicaragua에 개입한 것, 1983년 10월 25일 Grenada에 개입한 것이 모두 그러한 예다.[47]

2. 반란단체에 대한 원조

일국에 비국제적 무력분쟁이 발생했을 때, 타국의 반란단체에 대한 원조

---

44) I. Brownlie, *op. cit.*, p.372.

45) British Practice in International Law(1963), p.87.

46) Higgins, *op. cit.*, p.316.

47) 유병화, 국제법 Ⅱ(진성사, 1991), pp.585-586.

는 일반 국제법 규칙으로 금지되어 왔다. 비국제적 분쟁은 기존당국에 대한 무력적 대항이기 때문에 타국이 반란단체를 지원하는 것은 타국의 분쟁을 고무, 선동하는 것이 될 수도 있기 때문이다.

이러한 원칙은 거듭된 국제연합 결의에서 확인되고 있다. 예를 들면 1965년 12월 21일 국제연합 총회에서 결의 2131(XX)로 채택된 '타국의 국내문제에 대한 간섭 금지 및 독립과 주권에 관한 선언'(Declaration on the Inadmissibility of Intervention in the Domestic Affairs of States and the Protection of their Independence and Sovereignty)[48]은 "어떠한 국가도 타국의 정권을 폭력적으로 전복하기 위한 파괴활동, 전복적인 테러활동 및 무장활동을 조직, 원조, 재정지원, 선동 또는 묵인하거나 타국의 국내분쟁에 개입해서는 안된다"고 선언하였으며, 1970년 10월 24일에 채택된 총회의 '우호관계결의'(Declaration on Principles of International Law concerning Friendly Relations and Cooperation among States in accordance with the Charter of United Nations)[49]는 "모든 국가는 내란이나 테러활동을 조장, 촉진 또는 이에 참여하거나 자신의 영토 내에서 동항에 언급된 무력의 위협이나 사용을 포함하는 그런 활동을 추구하는 조직화된 활동을 승인해서는 안 된다. 어떠한 국가도 타국의 무력전복을 추구하는 테러나 무장활동을 조직하거나 재정 지원을 하거나 선동할 수 없다"고 강조하고 있다. 이러한 결의들에서 말해진 이 규칙은 그 이후의 결의들에서 반복되었다.[50]

또한 1928년의 "내전시 국가의 권리의무에 관한 협약"(Convention on the Rights and Duties in the Event of Civil Strife) 제1조 1항, 1972년 4월 21일 미주기구 총회에서 채택된 결의 78에도 다음과 같은 유사한 원칙이 재확인되고 있다.

---

48) UN Yearbook(1965), p.94.
49) UN GA Res 2625(XXV).
50) I. Brownlie, Basic Documents in International Law(3rd. ed.)(1983), pp.39-40.

> 회원국들은 타국에 대한 전복활동, 테러활동 또는 무장활동을 조직하거
> 나 지원하거나 촉진하거나 자금을 제공하거나 교사하거나 용인하지 않아야
> 하며 그리고 타국의 국내분쟁 또는 대내적 투쟁에 간섭하지 않아야 할 의
> 무가 있다.[51]

또한 반란단체에 대한 지원은 국제범죄를 구성한다. 1954년 국제연합 국
제법위원회에서 채택된 '인류의 평화와 안전에 대한 범죄에 관한 법전
안'(Draft Code of Offences against the Peace and Security of Mankind)
제1조는 "본 법전에 규정된 인류의 평화와 안전에 대한 범죄는 국제법상의
범죄이며 이러한 범죄에 대해 책임있는 개인은 처벌된다"면서 인류의 평화
와 안전에 대한 범죄로서

> (4) 타국 영토에의 침입을 위해 자국 영토 또는 다른 어떤 영토에서 일
> 국의 관헌에 의해 이루어지는 무장단의 결성. 그 결성의 장려 또는 자국 영
> 토에 있어서의 그와 같은 무장단 결성의 용인 혹은 작전기지나 타국 영토
> 에의 침입의 출발지점으로서 자국영토를 그와 같은 무장단이 사용하는 것
> 을 용인하는 것. 그리고 그와 같은 침입에의 직접 참가 또는 원조.
> (5) 일국의 관헌에 의한 타국에 내전을 일으키게 할 것을 의도하는 조직
> 적 활동의 계획 또는 장려, 또는 타국에 내전을 일으키게 할 것을 의도하는
> 조직적 활동의 일국의 관헌에 의한 용인.

을 들고 있다.

하지만 반란단체에 대한 원조금지 원칙에는 한 가지 예외가 있다. 그것
은 확립된 당국이 이미 외국의 원조를 받고 있는 경우이다. 이러한 상황에
서 반도들에게 동정적인 국가들은 확립된 정부에 대한 타국의 원조에 대항
하여 반도들에게 원조할 권리가 있다고 종종 주장하는 바, 이를 대항간섭
권(right of counter-intervention)이라 한다. 1979년 말 아프가니스탄에 대
한 소련의 개입이후 이집트는 회교도 반란자들에게 소련원조를 받는 정부

---

51) ICJ Reports(1986), p.102.

에 대항하여 군사훈련과 무기를 공급하였으며 사우디아라비아는 반도들에게 자금을 지원하였는데 이것이 바로 대항개입의 한 사례이다.

대항간섭의 근거는 내전국의 독립을 보호하는 데 있다고 할 것이다. 한 나라에 비국제적 무력분쟁이 일어났다는 사실은 기존당국이 국민적 지지를 상실했다는 증거이며 이러한 판국에 외국의 군사지원을 받는다면 그것은 곧 기존당국이 당해 외국의 괴뢰임을 입증하는 것이라는 논리가 그 배후에 잠재하고 있는 것으로 생각된다.[52]

대항간섭은 외국의 간섭에 대한 그 국가의 독립의 방어조치로 정당화되었다. 이것은 무력공격에 대한 '집단적 자위'라고 강조되었다. 사실 대항간섭은 지역분쟁을 더욱 "국제화시키는" 것이며, 국제평화에 대한 위협을 증가시킨다. 베트남 전쟁이 명백한 사례이다. 그러한 위험에도 불구하고 법은 이를 금지시키지 않는다.[53]

하지만 대항간섭이 합법적인 간섭으로 인정되기 위해서는 일정한 수준에서 제한되어야 한다. 첫째로, 대항간섭은 국내분쟁이 발생한 국가의 영토에 한정되어야 한다. 이전의 간섭이 불법적이라는 사실이 위반국의 영토에서 제3국에 의한 군대의 사용을 정당화하지 않는다. 대항간섭에 대한 이러한 영토적 제한은 몇몇 분쟁들에서 준수되었지만, 엘살바도르 내전에서 일방에 대한 헌장 제51조의 자위권으로 그 정당성을 주장한 미국의 대항간섭은 니카라구아 영토 내에서 싸우고 있는 反산디니스타의 지원으로까지 확대되기도 했었다.[54] ICJ는 니카라구아의 불법적인 행위들은 무력공격에까지는 이르지 않으므로 미국의 집단적 자위의 정당화는 적용될 수 없다고 판결하고, 계속해서 무력공격에 이르지 않은 불법적인 무력사용으로 인한 희생자는 불법행위자에 대항하여 강제조치를 포함하는 대항조치에 호소할 수 있지만 제3국은 일반국제법하에서 불법행위자들에 대항하여 희생자를

---

52) 김찬규, "내전과 간섭권", *op. cit.*, p.103.

53) O. Schachter, *International Law in Theory and Practice*(Martinus Nijhoff Publishers, 1991), p.159.

54) *Ibid.*

원조할 수 없기 때문에 "집단적인" 대항조치는 허용되지 않는다고 판결하였다.[55]

대항간섭에 대한 두 번째 제한은 비례성 원칙이다. 이것은 대항간섭에 사용되는 무기들의 기술적 수준에 대한 제한을 요구한다. 대량파괴용 첨단무기들은 간섭할 권리가 있다하여도 비국제적 무력분쟁에 사용되어서는 안된다. 하지만 국가관행이 분쟁의 일방 또는 타방에 대한 군사원조의 양과 관련하여 비례성의 원칙을 따르는지는 분명하지 않다. 비례성은 대항간섭과 타방에 지원된 불법적인 원조 간에 대략적인 균형을 요구한다. 하지만 확립된 정권이 외부의 원조를 받는 강력한 무자비한 반란자들을 직면할 때, 그 정권에 호의적인 정부는 그 정부에 대한 막대한 지원을 제공하도록 큰 압력을 받게 될 것이다. 미국은 반란단체와 싸우고 있는 중앙아메리카 정부를 지원했었으며 소련 역시 아프가니스탄 정부에 막대한 지원을 했다. 이것은 외부원조의 양과 성격에 관해 양측의 합의된 제한이 없으면 비례성 원칙의 적용이 어렵다는 것을 보여준다.[56]

3. 동의에 의한 무력간섭

각국 정부의 외국 군사원조 요구는 아주 오래된 관행이다. 그들은 일반적으로 공격이나 공격의 위협에 직면하였을 때나 국내의 반대를 침묵시키거나 자국의 법과 질서를 보호하기 위하여 외국에 군대를 요청했다.

---

55) ICJ Reports(1986), pp.110, 127. 동 판결에 대해서는 무력공격의 범위를 너무 축소하였다는 이유에서 비판이 제기되었다. 이에 대한 자세한 설명은 J. L. Hargrove, "The Nicaraguan Judgement and the Future of the Law of Force and Self-Defence", 81 *AJIL*(1987), pp.135-143 참조.

56) O. Schachter, International Law in Theory and Practice, *op. cit.*, p.162. 중앙아메리카 분쟁과 관련하여 라틴 아메리카 제국들의 분쟁 중인 양측에 대한 외부원조를 상호 억제키로 했었다.(38 UNSCOR(2437 Mtg), p.16; S.C. Res.530(1983.5.19)). 그 결과 중앙아메리카 협정은 양측에 대한 외부의 군사원조 배제를 요구했다.

국제연합이 창설되기 이전에는 일반적으로 파병을 요청받은 국가는 요청국의 동의에 따라 군대를 파병할 법적 권리를 가지고 있다고 주장되었지만 국제연합 헌장이 채택된 이후에는 이에 대한 새로운 해석이 가능하게 되었다. 즉, 제2조 4항은 "요청에 의한 간섭"에 제한을 부과하는가? 또한 제2조 4항은 일국에게 그 목적이 오직 반란을 진압하거나 또는 질서를 유지하기 위하여 요청국이 타국에서의 군대사용을 삼가할 것을 요구하는가? 하는 문제이다.

비록 내전에 있어 불간섭 원칙이 일반적인 국제법으로 대다수의 국제법학자들에 의해 수락되었을지라도 많은 국가들은 합법정부는 일반적으로 내부의 반대자에게 사용될 군사원조를 받을 권리를 가지고 있다는 것을 인정하고 있다. 따라서 제3국은 합법정부가 자국 영토의 대부분을 통제하고 있는 것으로 보이는 한 그 정부에게 무기 또는 심지어 군대를 제공할 때 불법행위로 비난받지 않는다.[57] 승인된 정부가 국내안보의 유지를 위하여 외국에 군대를 요청할 때, 외국군이 요청국의 "영토적 통일에 반하거나" 또는 "정치적 독립에 반하여" 사용되지 않고 그들의 역할이 국제연합의 목적에 반하지 않는다면 이는 제2조 4항의 위반이 아니기 때문이다.

하지만 동의에 의한 간섭이 합법적이기 위해서는 요구되는 일정한 조건을 충족하여야 한다. 그러한 요건의 하나는 요청국의 이름으로 행동한다고 자칭하는 기관이 그러한 권능을 가지고 있어야 한다는 것이다. 몇몇 사례의 경우 그러한 기준들이 충족되었지 의문시 되었는데, 타국에 대한 간섭의 요청 또는 동의가 '요청받은' 국가의 지원을 받는 자에 의해 행해진 경우가 그 하나이다. 1956년 헝가리 정부에 의해 그리고 1978년 아프가니스탄 정부에 의해 소련군의 요청이 있었다는 소련의 주장은 대다수의 국가와 세계여론에 의해 거부된 것도 그러한 권능이 의문시 되었기 때문이다.[58]

---

57) DosWald-Beck, "The Legal Validity of Military Intervention by Invitation of the Government", 56 *BYIL*(1985), pp.190-191.

58) 이에 대한 국제사회의 반응에 대해서는 UN GA Res.1004(ES-II 1956), UN GA Res. 37/37(1983) 참조.

1983년 미국은 그레나다 대한 간섭을 그레나다의 Governor General의 요청에 의한 것이라고 주장하였다. 하지만 이 주장에 대해 영국 여왕이 임명한 Governor General은 간섭을 요청할 권한이 없다는 이의가 국제연합에서 제기되었다. 또한 혹자들은 미국의 간섭은 Governor General의 요청이 있기 전에 취해졌다고 주장하였다. 국제연합에서의 논쟁과 미국의 조치를 불법적이라고 비난한 이후의 결정은 대부분의 국가들, 미국의 가까운 동맹국들조차도 그레나다가 '요청한' 간섭이라는 미국의 주장에 대해 회의적이었다.[59]

또한 동의에 의한 '간섭'은 내전중인 주민의 다수에 의해 반대될 때 금지되어야 한다. 이러한 경우 기존정부에 의한 외국의 군대 요청은 두 가지 이유에서 문제가 될 수 있다. 첫째, 그 결과가 의문시되는 내전에 의해 상당할 정도로 권능이 제한된 정부는 대체로 국가나 인민들을 대표한다고 말할 수 없다.[60] 둘째, 실제적인 군사원조는 그들 자신의 정치적 운명을 스스로 결정할 인민의 권리를 손상시키는 것이다. 이러한 이유들 때문에 반란단체가 대다수의 인민에 의해 지지되거나 또는 영토의 상당 부분을 점령한 분쟁에서 각국은 어느 일방을 대해 간섭하는 것을 금지되어야 한다.[61]

그리고 원조를 요청하는 정부에 대한 군사원조는 요청 정부가 그러한 원조를 헌장과 양립하지 않는 목적을 위하여 사용해서는 안된다.[62] 집단학살 또는 기본적인 인권의 광범위한 체계적인 부정에 관련된 정권에게 군사

---

59) UN GA Res.38/7 (1983). 찬성 108, 반대 9, 기권 27. UN Doc. A/38 PV 43, pp.45-50.

60) Q. Wright, The Role of International Law in the Elimination War(1961), p.61; W. Friedmann, The Changing Structure of International Law(1964), pp.265-267.

61) Resolution of Institute de Droit International on the Principle of Non-Intervention in Civil Wars, 56 *Ann. Inst. Dr. Int.* pp.544-549; A. V. Thomas and A. J. Thomas, Non-Intervention(1956), p.215; J. N. Moore, "The Lawfulness of Military Assistance to the Republic of Vietnam", 61 *AJIL*(1967), p.31.

62) O. Schachter, "United Nations and Internal Conflicts", in *Law and Civil War in the Modern World*, ed. by J. N. Moore(The Johns Hopkins University Press, 1974), pp.401-445 참조.

원조를 제공하는 것은 헌장의 선언된 목적과 일치하지 않는 군사력의 사용이다. 그러한 정권의 요청에 의한 군사지원은 명백한 불법이다.[63] 남아프리카공화국에 대한 군사원조를 금지시키는 국제연합의 결의들은 이러한 결론에 따른 것이다.[64]

4. 인도적 간섭

인도적 간섭(humanitarian intervention)[65]이란 어떤 국가가 자국민에 대해 '그들의 기본적 인권을 부인하고 그리고 인류의 양심에 충격을 주는 방법으로'(in such a way as to deny their fundamental human rights and to

---

63) L. Cutler, "The Right to Intervene", 64 *Foreign Affairs*(1985), p.64.

64) U.N. Sec. Council Res. 418(1977).
외국이 식민주의자, 인종차별주의자 또는 억압정권에 대항하여 싸우는 민족해방운동을 원조하기 위하여 군사력을 사용하는 문제는 내전에서의 타국의 개입과는 분리된 취급을 요하는 관련된 문제이다. 따라서 이러한 문제에 대한 언급은 논외로 하였다.

65) 인도적 간섭은 해외에 거주하는 자국민 보호를 위한 간섭과 구분된다. 외국의 자국민을 보호하기 위한 간섭은 문명국들이 자국민이 어디에 있든 생명, 자유, 재산에 관련하여 일정한 최소기준을 보장하려고 함으로써 촉진된 것이다. 이것은 그러한 최소기준을 밝히는 국가가 상대적으로 낙후된 주변국에게 강제할 수 있는 유효한 힘을 가진 데서 나타난다. 따라서 외국에 재류하는 자국민 보호의 정당성은 19세기 제국주의의 산물이요, 해외영토 취득에 대한 실질적 필요성에서 나온 것이었다. 그러므로 자국민 보호의 법구조는 인도적 고려에서라기보다는 국가의 이익보호라는 측면이 더욱 강하게 나타난다(H. S. Fairly, "State Actors, Humanitarian Interventions and International Law: Reopenin Pandora's Box", 10 *Georgia Journal of International and Comparative Law*(1980), pp.33-34, 성재호, "인도주의와 인도적 간섭", 인도법논총, 제10,11 호(1991), p.242에서 재인용). 외국에서 침해를 당한 자국민 보호를 위한 간섭은 일반적으로 국제관습법으로 허용되어 온 자위(self-defence)의 한 내용으로 인정되어 왔다(D. W. Bowett, "The International of Theories of Intervention and Self-Defence", in Law and Civil War in the Modern World, *op. cit.*, p.41.). 따라서 여기에서는 인도적 간섭을 자국민 보호를 위한 간섭을 제외한 의미로 사용하였다.

shock the conscience of mankind) 잔악행위를 하거나 박해를 가할 때,[66] 당해 국가가 이러한 사태를 스스로 수습할 능력이 없거나 혹은 수습을 원하지 않을 경우 타국 혹은 국제조직이 필요시에는 강제력을 동원하여 그 사태의 종식을 위해 개입하는 것을 말한다.[67]

타국의 국내분쟁에 대한 인도적 간섭의 허용여부는 논의의 다양성만큼이나 그 결론 또한 다양한 문제이다. 이는 인도적 간섭이 실제로는 여러 가지 문화적 이질성의 결과이며 법보다는 오히려 정치의 문제로서 법의 영역 밖에 놓여있다는 선입견 때문이다.

인도적 간섭의 적법성에 대한 논의의 핵심은 대립되는 여러 가치의 상호관계를 어떻게 해석하느냐 하는 문제에 달려있다.[68] 타국 내에서 발생한 인권유린에 대해 인도적 간섭을 허용함으로써 방지되는 인권침해와 강제적 간섭에 수반되는 국제평화와 안전의 위협을 어떻게 해결할 것인가 하는 것이다. 이러한 연유로 인도적 간섭은 정의를 취하느냐, 평화를 취하느냐의 문제라고 일컬어지기도 한다.[69]

이 문제는 결국 수단이 목적을 정당화할 수 있는가 하는 문제이다. 인권의 보장이 그 어느 때보다 절실히 요청되고 있는 현 국제사회에서 인권의 보호라는 목적을 위해 무력이라는 수단을 사용하여 타국의 주권을 어느 정도까지 침해할 수 있느냐 하는 인도적 간섭의 합법성 문제는 이와 같은 관

---

66) Oppenheim, *op. cit.*, p.312. 인도적 간섭의 개념에 대한 자세한 설명은 I. Brownlie, *International Law and the Use of Force by States, op. cit.*, p.338; Glahn, Law among Nations(Macmillan Company, 1965), p.163; Thomas M. Franck and Niegel S. Rodley, "After Bangladesh: The Law of Humanitarian Intervention by Military Force", 67 *AJIL*(1973), p.277을 참조할 것.

67) Richard B. Lillich, "Humanitarian Intervention: A Reply to Ian Brownlie and a plea for constructive Alternative", in *International Law and World Order, op. cit.*, pp.332-340.

68) J. N. Moore, "Toward on applied theory for the Regulation of Intervention", in *Law and Civil War in the Modern World, op. cit.*, pp.18-24.

69) 이승헌, "국제기구와 평화유지기능", 국제법학회논총, 제5권 제1호(1960), p.57; T. M. Frank and N. S. Rodley, *op. cit.*, p.276.

점에서 특별한 관심을 끌고 있다.[70]

근대 초기의 국제법에서 발아된 인도적 간섭은 보편적인 인류법으로서의 국제법이 역사적 발전과정에서 근대민족국가의 성립에 따라 국가주권의 절대성, 독립성이 강조되면서 퇴색하기 시작하다가 19세기 말에 이르러 빈발했던 종교적 자유의 억압이나 자국민에 대한 비인도적인 잔악행위를 막기 위한 인도적 간섭권은 국제법 학자들 간에 인정받기 시작하였다. 그 후 20세기에 들면서 이는 일반적으로 인정받기 시작하였는데 특히, 2차대전 이후의 각종 인권관련 조약의 채택[71]과 국제사회의 노력이 결집되어 인권문제는 법적 차원으로 승격되고 국제관할사항으로 변모되어 인도적 간섭의 법적 기초는 확고히 마련되었다고 볼 수 있다.[72]

인도적 간섭의 합법성에 대해서는 부정론과 긍정론이 심각하게 대립하고 있는바, 이는 간섭이론의 모호성 및 불투명성과 충돌하는 가치의 해석 차이에 기인한다.

이의 합법성을 부정하는 이론의 근거는 대체로 다음과 같이 요약될 수 있다. 인도적 간섭은 강대국들의 정치경제적 이해와 밀접한 관계가 있기 때문에 강대국들이 자기목적을 달성하기 위하여 군사적 조치(인도적 간섭)를 취하는 경향이 있어 비록 어떤 사태가 아무리 비인도적 이라하더라도 자국에 이익이 없으면 이에 관심을 갖지 않고 외면하는 경향이 있으며[73] 또한 인도적 간섭이 정당화될 수 있는 비인도적 행위와 이에 대해 허용되는 간섭의 수준에 대한 기준이 결여되어 있고[74] 기본적인 인권의 존중을

---

70) G. von Glahn, *op. cit.*, p.168.

71) 1945년 국제연합헌장(제55 및 56조), 1948년 세계인권선언, 1951년 집단살해죄 방지협약과 난민의 지위에 관한 협약, 1953년 유럽인권협약, 1965년 국제연합 인종차별철폐협약, 1966년 국제인권규약(A규약 및 B규약) 및 선택의정서와 비호권선언, 1967년 난민의정서 등.

72) 이에 대한 자세한 설명은 제성호, "국제법상 인도적 간섭의 합법성에 관한 일고찰", 국제법학회논총, 제32권 제2호(1987), pp.117-120 참조.

73) I. Brownlie, *International Law and the Use of Force by States, op. cit.*, pp.338-339.

74) Frank and Rodley, *op. cit.*, p.276.

위해 국내문제불간섭과 무력사용금지원칙을 침해하는 것은 확립된 국제법 원칙을 부정하는 행위라는 것이다.[75] 이러한 이유들 외에도 인도적 간섭을 부정하는 가장 현실적이면서도 강한 이유는 인도적 간섭은 그 성질상 강대국에 의해서 가능한 것이어서 타국의 국내문제에 개입하기 위한 구실로 이용되기 쉬울 뿐만 아니라 그것은 다른 국가의 대항간섭을 유발하여 국내분쟁을 확대시켜 국제분쟁화할 가능성이 높다는 것이다.[76]

그러나 일반적으로 수락된 인간의 존엄에 대한 참을 수 없는, 인류의 양심에 충격을 주는 비인도적 행위가 제국들의 항의에도 불구하고 계속적으로 자행될 때 이를 중지시키기 위한 간섭은 인정되어야 할 것이다.

국가 간의 상호 의존관계가 더욱 긴밀하여지고 있고 국가의 권리보다는 개인의 권리와 국가의 의무를 강조하는 현대 국제사회의 구조적 특질을 감안해 볼 때, 주권절대주의를 너무 고집하여 국제법이 보호해야 할 또 다른 가치, 즉 인권의 보호라는 가치를 국제법이 스스로 포기하는 오류는 지양되어야 한다.[77] 결국 중대하고 심각한 인권침해를 중단시키기 위한 강제적 행동은 국제법상 적절한 행동으로 인정된다 할 것이며, 특히 관련되는 조약 내용과 국가관행에 대한 최선의 해석은 인도적 간섭이 현행 국제법질서에 부합된다고 보아야 한다.[78]

그렇다고 해서 또한 인권의 보호라는 미명하에 국가주권을 자의적으로 제한할 수 있는 길을 열어 놓아서는 안 된다. 무력에 의한 인도적 간섭을 간섭국의 주관적 판단기준에 맡겨두는 것은 강대국의 간섭을 용인해 주는

---

75) G. von Glahn, *op. cit.*, p.173.

76) Derek W. Bowett, "The Interrelation of Theories of Intervention and Self-Defence", in *Law and Civil War in the Modern World*, *op. cit.*, p.45.

77) 제성호, *op. cit.*, p.114.

78) M. J. Bazyler, "Reexamining the Doctrine of Humanitarian Intervention in the Right of the Atrocitice in Kampuchea and Ethiopia", *Stanford Journal of International Law*(1986), p.570, 성재호, "인도주의와 인도적 간섭", *op. cit.*, p.248에서 재인용. 성재호 교수는 인도적 간섭이 국제법상의 확립된 원칙은 아니라 할지라도 인권에 대한 심각한 침해 사태가 발생한 경우에는 강제적 수단이 허용되어야 할 것이라고 주장한다.

결과를 초래할 수 있어 인도적 간섭이 악용될 소지가 있다. 이러한 현상은 인권보호보다는 자국이익의 추구를 위한 간섭이 더 많았다는 역사적 사실에서도 증명된다.[79] 따라서 간섭이 허용되는 상황과 간섭의 한계에 대한 구체적인 기준에 대한 신중한 고려가 선행되어야 한다. 하지만 불행히도 이러한 문제들에 대해서는 아직껏 확립된 국제법 원칙이 존재하지 않으며 이를 확인할 수 있는 국가관행도 명백하지 못한 실정이다. 하지만 인도적 간섭이 현실적으로 행해지고 있는 상황하에서 다음의 기준과 절차를 통한 통제가 합리적이라 생각된다.

첫째, 집단살해에 관한 절박한 위험이 있거나 그 밖에 국제법에 위반된 광범위하고도 자의적인 인명탈취가 있을 때, 둘째 이를 바로잡기 위한 이용가능한 모든 외교적, 평화적인 방법을 다하였는데도 사태가 시정되지 않을 때, 셋째 국제연합 또는 그 밖의 국제적 기관에 의한 실효적 조치가 불가능 할 때, 넷째 발동된 조치로 해서 인권보호보다 더 큰 가치가 파괴될 위험이 없고 발동된 조치와 보호하려는 대상 간에 비례관계가 성립될 수 있을 때, 다섯째 발동된 조치가 목적달성을 위해 필요한 최소한의 것일 때 등이다.[80]

그러나 이들 기준에 대한 판단자는 궁극적으로 간섭행위자 자신이다. 그러므로 이러한 난점을 극복하기 위해서는 몇 가지의 절차적 요건이 부가되어야 한다. 그것은 평화적 해결수단에 의한 우선적인 해결시도가 있은 다음이어야 하며, 사후에 국제조직에 대한 신속한 보고 및 제출이 요청되어야 할 것이다.[81]

---

79) Frank and Rodley, *op. cit.*, pp.304-305.

80) J. N. Moore, "Toward an Applied Theory for the Regulation of Intervention", in *Law and Civil War in the Modern World*, *op. cit.*, pp.24-25.

81) 성재호, *op. cit.*, p.249 참조.

제3절 전복활동과 집단적 자위권

중앙정부에 대한 원조금지 원칙에 대한 예외의 하나로써 간접침략이 주장되고 있다. 즉 일국 내의 분쟁이 타국의 교사, 방조 등 이른바 간접침략의 결과로 일어난 것일 때에는 타국은 이에 개입할 수 있다는 것이다.

반도가 교전단체로 승인되지 않았고 외국원조를 받고 있지 않다면 중앙정부에 타국이 원조를 제공할 수 있는 권한이 있는가 하는 것은 불확실하다. 그러나 만약 반도가 이미 외국의 원조를 받고 있다면 중앙정부를 원조하는 것이 합법적이라는 것이 학자들의 사실상 일치된 의견이다. 불개입규칙에 대한 영국의 지지성명도 '만약 반란자들이 외부의 원조나 지지를 받지 않았다면 ……'이라는 조건에 따르고 있다.

반도들에게 주어진 외국의 원조는 종종 전복활동(subversion)으로 묘사된다. 전복활동은 반란의 개시를 돕거나 이미 개시된 반란을 원조하는 것을 말한다. 실제로 모든 국가들은 자국이 집단적 자위권(Collective self-defence)하에서 외국의 전복활동에 대항하여 중앙정부를 방어할 권리가 있다고 확신한다.

집단적 자위권은 각국의 관행에서 확인되고 있다. 미국은 1965~1973 사이에 베트남 전투에의 참여를 북베트남의 지원에 대항하여 남베트남을 방어하기 위한 것이었다는 근거에서 정당하다고 주장했다. 북베트남은 사실 미군이 1965년 전쟁에 참여하기 전부터 여러 해 동안 남베트남의 반란자들을 지원하기 위하여 인원과 무기를 제공하고 있었다. 그러나 북베트남이 반란자들을 돕기 시작한 오래전부터 미국은 1954년 이후 남베트남의 확립된 당국에 자금, 무기 및 군사교관을 지원하고 있었다. 미국은 반란(revolt)은 북베트남에 의해 조장되었다고 주장했지만 대부분의 증거들은 반란자들은 1950년대에는 북베트남으로부터 아무런 원조도 받지 않았다는 것을 보여주었다. 따라서 반란자들에 대한 북베트남의 원조는 확립된 당국에 대한 이전의 미국의 원조에 대해 정당화되었다고 주장되었다.

이 외에도 미국은 레바논(1958), 도미니카공화국(1965)에 대한 군사개입을 집단적 자위권이라고 주장하였으며, 소련도 헝가리(1956), 체코슬로바키아(1968), 1979년 이후의 아프가니스탄에 대한 군사개입에 대해 똑같은 주장을 했다.

많은 국가들이 이러한 주장을 불법적인 것이라고 비난했다. 하지만 그러한 비난이 결코 전복활동에 대한 집단적 자위권의 존재를 부인하는 것이 아니라 타국의 전복활동이 없었기 때문에 집단적 자위권의 행사가 정당하지 못하다는 것이었다.

일반적으로 자위권의 범위가 논쟁이 되긴 하지만 무력공격의 발생이라는 자위권 발동의 가장 기본적인 요건(무력공격의 발생)을 충족하지 않는 상황에서 타국을 전복시키기 위하여 일국 내의 반도가 무장반란을 일으키도록 지원하는 것은 간접적인 무력공격에 해당하기 때문에 전복에 대한 집단적 자위는 정당하다고 보아야 할 것이다.

그러나 전복활동에 대한 집단적 자위권의 인정에는 몇 가지 어려움이 따른다. 전복활동에 대한 집단적 자위권의 허용은 앞의 사례들이 보여주는 바와 같이 전복을 증명하기보다는 전복이라고 주장하는 것이 더욱 쉽기 때문에 남용되기 쉽고 일반적으로 전복활동의 존재를 증명하기란 매우 어렵기 때문에 어떤 국내분쟁이 순수하게 국내적인 것인지 타국의 전복활동에 의한 것인지를 판별하기기 곤란하고 전적으로 토착적이고 외국원조를 받지 않은 반란단체를 외국으로부터의 전복활동에 의한 것이라고 주장하여 우호적인 정부에 대한 원조를 합법화하는 수단으로 이용될 위험이 있다. 이러한 상황하에서 전복활동에 대한 집단적인 자위권을 인정한다면 일방의 도움은 타방의 도움을 유발하여 내전을 국제전으로 확대시킬 수도 있을 것이다.

따라서 자위권은 다음과 같이 제한적으로 인정되어야 할 것이다. 첫째, 타국의 전복활동이 집단적 자위에 선행할 때만 전복에 대한 집단적 자위권 행사는 합법적이다. 그러나 이러한 규칙은 실제로 시행하기에는 어렵다. 왜냐하면 외국의 개입이 양 당사자 모두에 있을 때 각 개입국은 그 개입이 단지 타 당사자에 대한 이전의 외국개입에 대응한 것이라고 주장할 것이기 때문이다.

둘째, 전복활동에 대해 집단적 자위권의 행사가 합법적이기 위해서는 타국의 전복활동을 위한 반란단체에 대한 지원과 집단적 자위권하에서 중앙정부에 주어진 원조가 비례하여야 한다. 대부분의 경우 반란단체는 한편으로는 외국의 원조와 다른 한편으로는 내부의 지지에 의존한다. 그러한 단체에 대하여 집단적 자위권을 행사하기 위해서는 중앙정부에 대한 외국의 원조가 반란자들에게 이미 주어진 외국원조와 비례하여야 한다. 개별적, 집단적 자위에서 사용된 무력이 타 당사자에 의해 사용된 무력에 항상 비례해야 한다는 것은 자위권 행사의 기본원칙이기 때문이다. 게다가 중앙정부에 대한 지나치게 불균형적인 외국원조는 반란자들에게 대한 외국의 원조를 증가시키고, 국내전을 국제전으로 비화시킬 위험이 있기 때문이다. 하지만 양 당사자에 대한 원조의 비례를 말하는 것은 너무 작위적일 수 있다. 왜냐하면 반란자들이 받는 외국원조는 주로 은밀하게 제공되기 때문에 그 양을 정확하게 측정하는 것은 사실상 불가능하기 때문이다.

제4절 결 언

국가는 외부의 전복에 대항하여 투쟁하고 있는 타국의 확립된 당국을 원조할 수 있다는 것은 일반적으로 확립되어 있다. 반란자에 대항하여 확립된 당국에 대한 유사한 원조에 대한 국가관행은 일치하지 않는다. 일부 국가들이 어느 한 관행을 따르고 타국들이 다른 관행을 따르는 것이 아니라 시대와 상황에 따라 다른 관행을 따르고 있는 것이 현실이다. 1945년 이래 각국 정부들은 자신들을 외국의 전복에 대항하는 확립된 당국이라고 주장하였다. 이는 레바논(1958), 도미니카공화국(965), 베트남(1965~1973)에의 미국개입, Ogaden(1977~1978)에 대한 쿠바의 개입에서 사실로 나타났다. 소련도 서방의 전복에 대항하여 방어하기 위한 것이라 주장하면서 헝가리(1956), 체코슬로바키아(1968), 아프가니스탄(1979) 침입을 정당화하려고 시도했었다. 그러한 '정당화'가 종종 사실과 다르다는 사실은 요점 밖의 것이다. 중요한 것은 그러한 '정당화'가 너무 자주 있다는 것이다.

비록 비국제적 무력분쟁에 대한 외국의 무력적 간섭 형태가 현대사회에서는 복잡하고 그 근거의 법적 합법성도 모호한 경우가 많으나 회원국들의 주권적 평등 원칙을 규정한 국제연합 헌장 제2조 1항, 국제사회의 무력행사금지를 규정한 제2조 4항, 국내문제 불간섭원칙을 규정한 제2조 7항 등을 고려할 때 국제사회의 무력간섭은 엄격히 규제되어야 할 것이다.

1975년 Wiesbaden에서 개최된 국제법협회(Institut de Droit International)의 결의도 비국제적 무력분쟁에 대한 외국의 개입과 관련하여 인도주의적 원조나 국제연합 헌장에 따른 원조를 제외한 어떤 원조도 금지된다고 강조한다.

이와 같이 비국제적 무력분쟁에서의 무력간섭에 관한 현대 국제사회의 관행은 매우 다양하고 혼란스럽다. 한 가지 분명한 것은 어느 국가의 국내문제에 대한 불간섭의무와 무력행사금지를 규정하고 있는 유엔헌장 등 국제법원칙에 비추어 가능한 한 외국의 간섭을 엄격히 제한하고 규제하는 것이 현재와 같이 불완전한 국제사회의 현실속에서 가장 바람직하다고 할 것이다. 다만 모든 국제간섭을 일률적으로 금지하거나 허용하는 식으로 처리할 수는 없고, 구체적인 경우에 따라 개별적으로 판단할 수밖에 없다. 이에 대한 국제법원칙을 정립하려면 타국의 국내문제에 대한 불간섭원칙, 무력사용금지원칙 등을 일반적 원칙으로 하고 구체적인 경우에 적용되는 예외문제는 개별적으로 판단하여 적절한 규칙을 적용할 수밖에 없을 것이다.

간섭과 관련된 문제의 실질적 중요성은 어떤 종류의 군사원조가 불법적인 간섭을 이루는가를 명확히 하는 것이다. 불간섭에 대한 국제연합 결의들은 이것을 *ad hoc judgement*에 미루고 있지만 역사적으로 누적된 사례들은 허용되지 않는 행위들을 상세하게 하고 있다. 그러한 상세화는 불간섭원칙의 핵심적인 내용을 보완할 뿐만 아니라 강화시킨다. 국제법협회는 불간섭에 관한 결의에서 국내분쟁중인 어느 당사자를 지원하기 위해 취해질 때 다음의 행위들을 허용되지 않는 것으로 규정했다: (a)분쟁의 어느 당사자에게 군대 또는 지원병(의용병), 교관 및 기술자들을 보내는 것, (b)

분쟁의 어느 당사자를 원조할 목적으로 정규군 또는 비정규군을 준비하거나 훈련시키는 것 또는 그들을 준비하거나 훈련시키는 것을 허용하는 것. (c) 분쟁의 어느 당사자에게 무기 또는 기타의 전쟁물자를 공급하는 것 또는 그것들이 공급되는 것을 허용하는 것, (d) 그들의 영토를 내전의 어느 당사자가 이용하게 하는 것, 또는 작전 또는 병참기지, 피난지, 정규군 또는 비정규군의 통로 및 전쟁물자의 이동로로서 그들의 영토가 사용되도록 허락하는 것.

그리고 동 협회는 "모든 국가는 자국인이든 외국인이든 자국 영토 내에서 무장단체를 결성하거나 장비들을 모으거나 국내분쟁을 야기하기 위하여 국경을 통과하거나 그들의 영토 내에서 전쟁물자를 적재하는 것을 금지하기 위하여 모든 수단을 사용하여야 한다. 또한 모든 국가들은 자국 영토 내에 들어오는 국내분쟁 당사자의 군대를 무장해제하고 억류해야할 의무가 있다"고 하였다. 그러나 동 협회의 결의는 분쟁 희생자의 보호를 위한 인도적 원조를 금지시키지 않으며 분쟁의 결과에 실제적인 영향을 미치지 않을 경제적 또는 기술적 원조는 금지하지 않는다. 한편 동 협회의 이러한 선언들은 분명하게 그것들이 세세한 분야까지 불간섭에 반하는 일반규칙의 설득력 있는 해석이며 국가관행에 영향을 미쳐야 하는 현존하는 법이라고 말할 수 없다.

요컨대 국내분쟁에서는 제3국이 어느 편에도 가담하지 않는 것이 바람직하다. 한쪽에 대한 개입은 반대 개입을 불러 일으켜 분쟁이 국제전으로 화할 가능성이 있기 때문이다. 1936년-1939년까지의 스페인 내전 때 유럽국가들은 불간섭정책을 채택했다. 이 정책은 독일, 이탈리아 및 소련의 불협화로 유야무야 하게 되었지만 이것은 내전에 외국이 개입치 않겠다는 각국의 신념의 표명이었다.

그러나 동의가 간섭의 위법성을 조각한다 할지라도 분쟁당사자중 어느 측이 합법인지에 대한 또 하나의 확인문제가 제기된다. 따라서 이 문제의 해결이 선행되어야 한다. 이 문제에 관하여는 유권적 사법기준이 없으나, 과거의 많은 중재결정과 오늘날의 국가관행은 국가에 대하여 사실상의 통제를 행하는 정부가 주민의 의지를 반영하고 있을 것을 요구하고 있다.

제2편 희생자 보호를 위한 인도적 규정의 발전

제4장 전통국제법과 분쟁희생자 보호

제1절 국제관습적 인도법의 규제

인류역사와 더불어 시작된 내전(비국제적 무력분쟁)에서 인도주의는 법 이전부터 있어온 인류일반의 기본율[1]로써, 분쟁의 잔혹성을 감소시키고 희생자의 보호증진에 상당한 기여를 해왔다. 물론 고대인들은 잔인하고 야만적이었다. 남녀노소를 불문하고 살해하거나 노예로 삼았으며, 전투원과 민간인 및 군사목표물과 민간물자를 구별치 않았고, 무방수도시를 파괴하고 농지를 황폐화시키기도 했다. 그러나 인도주의는 전쟁법규의 발전에 상당한 영향을 미쳤으며 오늘날까지 그 면면을 이어 오고 있다.

그리스·로마인들은 전쟁에서도 특정의 사람과 건물을 파괴하지 않았으며, 그 사용이 비겁한 것으로 간주되거나 불법적인 것으로 인정된 무기 및 독무기의 사용을 금지시켰고, 사자(死者)에 대한 약탈을 금하고 매장을 위하여 휴전하기도 했으며, 포로교환과 비전투원 보호가 허용되었다. 물론 이러한 인도적 관행을 강제하는 법규도 없었으며 이것들을 일관되게 준수하지도 않았지만, 그들은 이러한 관습들을 규칙적으로 준수함으로써 피정복민을 자신들에게 동화시키고 확장된 영토를 지켜나갈 수 있었다.[2]

고대 인도에서도 적대행위에는 상당한 인도적 제한이 있었는데, 구체적으로 동종부대 간 전투원칙(principle of fighting like to like), 전투원과 비전투원을 구별치 않는 고성능 파괴무기 및 불필요한 고통을 야기하는 무기의 사용금지, 비군사목표물에 대한 공격 및 약탈금지, 전투에 참가하지 않았거나 참가할 능력이 없는 자에 대한 공격 및 살해금지, 배신행위의 금지,

---

1) 김정균, "인권과 인도법", 정운장박사화갑기념논문집(1989), p.59.
2) James E. Bond, *The Rules of Riot*(Princeton University Press, 1974), pp.8-12 참조.

전쟁포로 및 상병자의 대우 등에 관한 매우 상세한 인도적 내용들이 관행 및 명문으로 확립되어 있었다.[3]

이러한 인도적 고려는 중세시대에서도 마찬가지였다. 로마제국의 폐허위에 솟아난 중세시대의 교회와 학자들은 정전론을 통해 '전쟁의 인도화'에 기여했다. 그들은 정당하지 못한 전쟁은 단지 대규모적인 강탈일 뿐이라고 보았으며, 기사도 정신에 기초해 교회와 성직자들은 어떠한 경우에도 보호하는 등 병사들의 적대행위를 규율했다.[4]

그러나 인도주의적 정신이 무력분쟁에서의 희생자 보호를 위한 구체적 관행으로 발전된 것은 근대국가의 성립이후였다. 1648년 웨스트팔리아조약 이후 근대국가에서 강조되었던 인도적 관습규칙들은 그 후 실제 분쟁들에서 상당한 영향을 미쳤는데, 특히 그로티우스의 공헌이 지대했다. 그는 적 군사력의 약화와 관련없는 파괴금지(이 원칙은 1868년 피터스버그 선언 서문에서 명문화되었다), 아동, 부녀자, 성직자, 학자, 농부, 상인, 장인 등 분쟁과 관련없는 비전투원들의 보호 및 투항군의 생명보호를 주장했다. 이러한 그로티우스의 주장들은 관습법적인 것으로 받아들여져 학자들은 이를 권위적인 것으로 인용하였고, 군지휘관들은 이를 관행화하였으며, 각국의 군사교범 및 국제조약에 명문화되기도 하였다.[5]

이러한 인도주의적 전통은 19세기 후반부터 시작된 전쟁법의 법전화 과정에서 구체적 규정으로 다듬어 졌다. 분쟁희생자의 보호를 위한 국제구호단체의 설립 및 이의 활동을 보장하기 위한 국제조약의 채택을 주장한 앙리 뒤낭의 호소에 이어, 1864년 '부상자의 상태개선에 관한 제2차 제네바협약'에서 상병자의 보호 및 치료에 중점을 두어 병원·의료요원·의료기구 및 장비의 보호, 상병자 운송민간인의 보호 및 상병자의 송환에 대한 기본

---

3) N. Singn, "Armed Conflicts and Humanitarian Laws of ancient India", in *Studies and Essays on International Humanitarian Law and Red Cross Principles in honour of Jean Pictet*, ed. by Christophe Swinarski(Martinus Nijhoff Publishers, 1984), pp.531-536 참조.

4) James E. Bond, *op. cit.*, pp.12-13.

5) *Ibid.*, pp.15-19.

적인 권리를 보장했으며(1906년 개정으로 인도적 보호 확대), 1868년 피터스버그 선언은 특정무기의 사용을 금지시켰고, 1874년 브뤼셀선언은 포로의 억류 및 대우에 관한 체계를 확립했으며, 1907년 '육전법규 및 관례에 관한 협약' 및 '부속규칙'은 불필요한 고통을 일으키는 무기의 사용과 무차별 폭격을 금지시켰다. 제1차대전에서 분쟁국들을 이들 규칙들에 법적으로 구속되지는 않았지만 이것들을 존중하기도 하였고, 민간인과 포로의 대우에 관한 협정을 체결하기도 하였다. 그 후 대전에서의 경험에서 노정된 문제점들을 보완하기 위한 노력이 꾸준히 지속되어 1929년 '육전에서의 부상자와 병자의 상태개선에 관한 협약'과 '포로대우에 관한 제네바협약'을 채택하여 1906년의 제네바협약을 대체하였다.

이상에서 살펴본 고대로부터 이어져 온 인도주의적 정신은 분쟁당사자들의 고의적 부인과 무지로 거부되기도 했었지만 실제 분쟁들에서 승인되기도 했는바, 이는 미국내전에서의 리버 코드, 프랑스혁명에서의 제네바협약 준수선언, 러시아내전에서의 ICRC의 활동보장과 수감자 보호에 관한 혁명정부의 훈령, 중국내전에서의 민간인 및 수감자의 존중에 관한 인도적 법규의 적용노력 특히, '3대원칙 및 8대 권고사항'에 잘 나타나 있다.6)

비국제적 무력분쟁에서의 국제관습적인 인도적 규칙의 적용에 있어 가장 주목해야 할 것은 스페인내전이다. 국제관습적 인도법의 발전은 교전단체 승인제도가 쇠퇴해지자 그 법적 공백을 메우기 위한 가장 중요한 시도의 하나로 진행되어 왔던바, 그 중요한 전환점이 된 것이 바로 스페인내전이었던 것이다. 스페인내전은 그 파괴적 특성 때문에 국제전과 유사한 특성을 보였다. 그 결과 물론 분쟁규모나 강도가 국제전에 상당해야 된다는 제한이 있긴 했지만, 국제전에서 인정되던 인도적 규칙들이 내전에서도 적용되도록 하는 데 상당한 기여를 했다. 스페인내전을 통해 내전에의 적용

---

6) 이들 분쟁들에서의 인도적 규칙의 구체적 적용에 대해서는 M. Veuthy, "Les Conflicts Armes de Caractére Non-International et le Droit Humanitaire", in *Current Problems of International Law*, ed. by A. Cassese(Dott A. Giuffre Editore, 1975), pp.227-233 참조.

이 인정된 것으로 볼 수 있는 것은 민간인에 대한 고의적 폭격의 금지, 비군사목표물에 대한 공격의 금지, 군사목표물에 대한 공격 시 사전예방조치 및 적민간인에 대한 보복의 제한 등을 들 수 있다.[7]

제2절 전통국제법적 규제와 새로운 법규의 형성

1. 전통국제법적 규제와 그 변화

1949년 제네바협약이 채택될 때까지 비국제적 무력분쟁은 국제적 법규의 규제대상이 아니라 발생영역국의 국내적 관할권하에서 국내법에 의해 배타적으로 규제된다는 것이 일반적인 견해였으며, 제3국과 반도와의 통교는 국내분쟁에 대한 간섭행위로 간주되었다.[8]

하지만 비국제적 무력분쟁의 희생자에 대한 인도적 보호가 1949년 제네바협약 공통3조에 의해 처음으로 규율된 것은 아니다. 비국제적 무력분쟁은 공통3조의 성립이전에도 전통국제법에 의해 다루어졌는바, 교전단체 승인이론이 바로 그것이다. 내란상태가 장기화해서 실전규모에 이르고 국권실태에도 큰 이변이 있어 본국이나 제3국과의 이해관계가 예민해지는 일정시점부터 일정요건을 갖춘 반도에게 국제법(전쟁법) 적용을 가능케 하는 매체인 교전단체 승인제도를 두어온 것이 오늘의 국제법 체계의 원형인 것이다.[9]

---

7) A. Cassese, *International law in a divided World*(Clarendon Press, 1986), pp. 281-282. 스페인내전에서의 이들 관습적 규칙의 적용에 대한 자세한 설명은 A. Cassese, "The Spanish Civil War and The Development of Customary Law concerning International Armed Conflicts", *Ibid.*, pp.298-312 참조.

8) G. Abi-Saab, "Non-International Armed Conflicts", in *International Dimensions of Humanitarian Law*, ed. by UNESCO(Martinus Nijhoff Publishers, 1988), p.217.

9) 김정균, "전쟁법, 인도법과 내란", 인도법논총 제13호(1993), p.7.

그러나 남북전쟁을 계기로 형성된 교전단체 승인이론은 그 후 구체적 관행으로 정착되지 못했고, 비국제적 무력분쟁에 대한 전쟁법 적용문제는 이론적으로나 실행적으로 그다지 발전하지 못했다. 그것은 교전단체 승인은 순전히 임의적 행위여서 매우 드물었으며, 그것이 행해진 몇몇 사례들조차도 무력분쟁의 상황이 상당히 진전되었을 때, 즉 반도가 국가영역의 일부에 대해 통제를 확보하고 당사자들이 공해에서의 교전단체의 권리를 주장하는 등 분쟁양상이 국가 간 무력분쟁과 유사하게 되었을 때 행해졌기 때문이다.

이러한 와중에서도 새로운 방향이 맹아적이기는 하지만 시사되었다. 그것은 교전단체 승인과는 구별하여 분쟁당사자, 특히 반도의 법적지위를 무시한 채 전쟁법의 일정규칙과 원칙의 적용을 꾀하는 타협적 해결책이었다. 즉, 비국제적 무력분쟁에서의 희생을 최소화하기 위하여 교전단체 승인이 행해지지 않는다 해도 국제법을 적용할 수 없겠는가 하는 것이 대두되기에 이르렀던 것이다. 교전상태 미승인의 비국제적 무력분쟁의 경우 적용법규의 흠결을 이유로 비인도적 행위가 자행되는 것이 통상적이었기 때문에 이들 분쟁에 인도적 법규를 적용해야 할 필요성이 절실했던 것이다.

우리는 이러한 현상을 스페인내전에서 볼 수 있다. 스페인내전에서 양당사자(특히 중앙정부)와 제3국은 이 해결방법을 실질적으로 인정하였다. 반도(프랑코정권)는 승인조건을 모두 구비했다면서 제국에 반복하여 승인을 요구하였지만 중앙정부(공화국정부)는 반도에 대한 교전단체 승인을 끝까지 거부하였다. 그러나 중앙정부는 1929년 상병자조약(제3회적십자조약) 원칙의 적용과 포로조약이 정하는 정보국의 설치를 인정하였고, 반도 측의 최고평의회도 양 조약을 준수하고 존중할 의도를 선언하였다. 이처럼 양당사자는 약간의 전쟁법 규칙의 적용을 일찍이 인정하였던 것이다.

그리고 내전 초부터 반도를 합법적인 정부로 승인(상조의 승인)한 독일과 이탈리아를 제외한 대다수 서구제국들도 공식적으로는 교전자의 지위를 거부하고 반도를 승인하지 않았다. 그러나 이들 제국이 맺은 불간섭협정 및 그 실시를 위한 런던불간섭위원회가 입안한 규칙은 스페인에서 적대행위가 존재한다는 사실의 집단적 확인, 분쟁당사자에 대한 무기·탄약 등의 제공금지, 전쟁법의 인도적 규칙 위반에 대한 항의 등을 포함하고 있었다. 이는 전통적 이론에 비추어 볼 때 일종의 중립선언으로 스페인에서의 교전상태의 존재를 인정한 전례없는 정책으로 제국의 공식적 태도와 모순되는 것이었다.[10]

스페인내전을 둘러싼 양 당사자와 제국의 이러한 태도는 명확성이 결여되긴 했지만 전통적 승인제도에 비춰볼 때 모순되는 점이 있고 내전에 대한 근대국제법의 경직성 내지 한계를 반영하는 것이다.[11] 이러한 실질과 형식의 유리는 내전에 적용되어야 하는 새로운 규칙이 아직 명확하게 형성되지도 않은 상태에서 당시까지 기능하고 있던 형해화된 교전단체 승인제도도 각국간에 타당한 것으로 받아들여지지 못했다는 점에서 유래하였다.

2. 새로운 법규의 형성 노력

'전쟁법규와 관례'의 최초의 법전화는 미국내전(1860년-1863년)에서 시도되었다. 링컨대통령은 내전 초 엄청난 사상자가 발생하자 정치철학자 Francis Lieber로 하여금 북부 연합군의 군사행위규칙(code of military conduct)을 초안토록 했으며, 그 결과 1863년 Lieber Code(Instructions for the Government of Armies of the United States in the Field)가 채택되었다.

원래 내전에 참여한 연방군대가 사용하기 위한 전투수단과 방법을 규제하기 위해 작성된 군사교범이었던 이 규칙은 특히 유럽제국의 거의 모든

---

10) 한형건, "국제법에 있어서의 전쟁과 내란", 국제법학회논총, 제30권 제1호(1985), p.222.

11) 藤田久一, 國際人道法(有信堂, 1993), p.214. 전통국제법하에서의 비국제적 분쟁에 대한 국제법적 규제 및 국가관행에 대해서는 L. Moir, "The historical development of the Application of Humanitarian Law in Non-International Armed Conflicts to 1949", 47 *International and Comparative Law Quarterly* (1998), pp.337-350 참조.

군사교범에 영향을 미쳤다.[12] 그러나 동code는 비국제적 무력분쟁에 적용되는 규범과는 무관한 '국가 간 전쟁에 적용되는 전쟁법규'로 이해되고 있다. 하지만 이것은 그 선구적 성격으로 인하여 비국제적 무력분쟁에 적용될 법규의 필요성과 기초를 제공했다는 것은 분명한 사실이다.

그 이후 1898년과 1900년의 국제법학회 및 1928년의 범미회의가 내전문제를 검토했지만 그 주된 내용은 내전당사자 간의 전쟁법 적용문제에 대한 것이 아니라 중앙정부에 대한 제3국의 권리·의무와 반란진압을 위한 제3국의 중앙정부에 대한 협력의무를 취급하는 데 지나지 않았고, 교전단체 승인을 받지 않은 반도의 지위는 전혀 언급하지 않고 있다. 따라서 내전당사자에게 전쟁법을 적용하려고 하는 노력이나 시도는 거의 이루어지지 않았다.[13] 이러한 노력과 시도에 큰 기여를 한 것은 국제적십자였다.

ICRC와 각국적십자사가 19세기말과 20세기 초 서구는 물론 동유럽, 발칸반도, 스페인 등에서 발생한 많은 비국제적 무력분쟁에서 인도적 원조활동을 전개하자 ICRC내에서 그리고 국제적십자회의에서 각국적십자사 대표들은 그러한 분쟁에까지 ICRC의 활동을 확대시키자는 의견을 제시하였다.

1912년 제9차 국제적십자회의(워싱턴)에서 미국 적십자사는 최초로 내전에 있어서의 적십자사의 역할을 제안했다. 미국의 제안은 내전에 있어서 각국 적십자사의 권리의무와 외국 적십자사의 원조활동에 적용될 규칙에 관해 당시에는 매우 진보된 독자적인 견해를 전개하고 있었다. 예를 들면 내전에서 외국적십자사가 제공하는 원조는 군부상자뿐만 아니라 민간상병자에게도 미치며 교전단체 미승인의 내전에도 적용될 규칙이 존재한다는 주장은 전통국제법의 틀을 뛰어넘는 견해였다. 그러나 동 제안은 그것을 국내문제에 대한 외국적십자사의 간섭이며 국가주권을 침해하는 것으로 받아들인 대다수 대표로부터 격렬한 반발을 받아 회의에서는 토의조차 되지

---

12) L. C. Green, "Enforcement of the Law in International and Non-International Conflicts : the Way Ahead", 24 *Denver Journal of International Law and Policy*, No.3/4(1996), pp.295-296.

13) 藤田久一, "國際的性質を有しない武力紛争-1949Geneva諸條約第3條をめくつて(1)", 金澤法學 제14권 2호(1970), pp.19, 28-29 주5, 6 참조.

못했다.[14)]

　국제적십자는 동회의 이후 분쟁당사자의 비협조속에서도 비국제적 무력분쟁에서 인도적 활동을 수행하였다. 그 결과 1921년의 제10차 국제적십자회의(제네바)는 제1차대전 말과 그 후의 러시아와 헝가리에서 발생한 국내적 격변에서의 각국적십자사와 ICRC의 활동과 그들이 제출한 일련의 보고를 기초로 토의한 후, 내전 등에서의 희생자 구호활동에 대한 각국 적십자와 ICRC의 권리와 의무를 인정하는 결의(XIV)를 채택하였다.[15)]

　동 결의는 전문에서 내전, 사회적 또는 혁명적인 혼란에 있어서 적십자는 구호활동을 행할 권리와 의무를 지닌다는 것과 그 경우 희생자는 적십자의 일반원칙에 따라 구호를 받을 권리가 있다는 것을 선언하고, 자국적십자사의 원조가 제공되지 못할 경우의 ICRC 및 각국적십자사의 구호조치에 관하여 상당히 구체적으로 규정하였으며, 본문에서 "내전상태가 국제법위반을 정당화하는 것은 아니며, 내전에 있어서의 정치적 억류자는 1907년 헤이그협약의 원칙에 따라 존중되거나 취급되어야 한다"고 하였다. 동 결의는 협약으로서의 효력은 갖지 못했지만 국내분쟁상황에서 요구되는 인도주의적인 정신을 반영한 진일보된 것으로, 상부실레지아(Upper Silesia)분쟁과 스페인내전에서 ICRC활동의 근거가 되었다.[16)]

　이로부터 17년 후 1938년 제16차 국제적십자회의(런던)는 1921년의 결의를 보충, 강화한 '내전 시 적십자의 역할과 활동'(Role and Activity of the Red Cross in Time of Civil War)에 관한 새로운 결의(XIV)를 채택했다. 동 결의는 ICRC와 각국적십자사에 대하여 내전의 경우 (1) 1929년 제네바협약 및 1907년의 제10헤이그협약(제네바협약 원칙의 해전에의 적용협약)에 규정된 인도적 원칙, 특히 부상자, 병자 및 포로의 대우와 의무요원

---

14) *Ibid.*, pp.19-20: J. Siotis, *Le droit de la guerre et les conflits armes d'un caractere non-international*(Librairie Generale de Droit et de Jurisprudence, 1958), pp.136-142.

15) Heather A. Wilson, *International Law and the Use of Force by National Liberation Movements*(Clarendon Press, 1988), p.42.

16) J. Siotis, *op. cit.*, pp.148-149, 151-156.

및 의료저장품의 안전에 관한 것을 적용할 것, (2) 모든 정치범의 인도적 대우, 교환 및 가능한 한 석방할 것, (3) 비전투원의 생명과 자유를 존중할 것, (4) 개인적 성질의 정보전달 및 가정에의 복귀에 대한 편의를 도모할 것, (5) 아동보호에 관한 유효한 조치를 취할 것 등의 사항들을 확보하기 위해 협력할 것을 요청하고 있다.

이처럼 동 결의는 1929년 제네바협약 및 1907년의 제네바협약의 원칙을 해전에 적용하는 협약의 일부규칙이 내전에 적용된다는 것을 처음으로 분명히 인정하였다. 이러한 결의가 채택된 배경에는 상부실레지아분쟁과 스페인내전에 개입해 온 ICRC의 활동으로부터 얻어진 결과인데, 특히 당시 분쟁중이든 스페인내전에 있어서의 적십자의 활동에 대한 여러 가지 장애가 크게 작용했던 것으로 생각된다. 이러한 ICRC의 일련의 노력과 그에 힘입어 채택된 결의들 및 상부실레지아분쟁과 스페인내전에서의 경험과 성과는 내전에 관한 규정을 1949년 제네바협약에 삽입토록 하는 데 중요한 기여를 하였다.

제5장 국제인도법의 발전과 분쟁희생자 보호

제1절 1949년 제네바협약 공통3조

1. 채택과정

가. 외교회의 준비단계

제2차대전 이후 ICRC는 제네바협약의 근본적인 개정을 준비하면서 내전에 각별한 관심을 두고 있었다. 1946년 ICRC는 1929년 제네바협약의 개정과 신협약의 작성준비를 위해 소집된 각국적십자사 예비회의(Preliminary Conference of National Red Cross Societies)에서 새 협약에 다음과 같은 조문을 삽입할 것을 제안했다.[1]

일국내의 내전의 경우 분쟁당사자는 본 협약의 원칙을 상호주의 조건하에서 적용할 것을 선언하도록 요청된다.

ICRC안은 검토한 동 예비회의는 내전에 협약규정 전체의 적용을 예정하며, 당사자의 일방이 협약의 적용을 거부하면 협약이 적용되지는 않지만 상호주의를 명시적으로 요구하지 않는 등 그 내용에 있어 상당히 개선된 다음과 같은 안을 채택했다.[2]

---

1) A. Schlögel, "Civil War", 108 *IRRC*(1970), p.127.
2) *Ibid.*

일국내의 무력분쟁의 경우 당사자의 일방이 명시적으로 그 적용의 거부
를 선언하지 않는 한, 본 협약은 각 당사자에게 동등하게 적용된다.

1947년 ICRC는 15개국이 참석한 제네바협약 개정문제에 관한 정부전문
가회의(제네바)에서 전년의 예비회의안을 토의자료로 제출하였다. 하지만
동 회의는 당사자들에게 내전 시 상호주의에 기초한 제네바협약 원칙의 이
행을 의무지우는 구절 때문에 이를 거부하고 적용규정의 범위를 협약전부
가 아니라 협약의 인도적 원칙만에 한정하는 다음과 같은 새로운 안을 채
택했다.[3]

체약당사자의 본국 영토 또는 식민지에서의 내전의 경우에도 협약의 원
칙은 타 당사자도 동등하게 그것에 따른다는 조건하에서 양 당사자에게 동
등하게 적용된다.

동 초안은 내전의 경우 협약전부가 아니라 협약의 원칙만이 적용되며,
상호주의를 인정하고 있다는 한계에도 불구하고 교전단체 승인을 받지 않
는 내전에도 협약의 원칙이 적용되고, 정부대표들이 처음으로 협약의 적용
범위를 본국영토, 식민지를 불문하고 내전에까지 확대한다는 원칙을 인정
한 점은 주목할 가치가 있다.[4]

1948년 제17차 국제적십자회의(스톡홀름)에서 ICRC는 '전쟁희생자 보호
를 위한 협약초안'(The Draft Conventions of the Protection of War
Victims)에서 당시까지 회의에서 제시된 안과 토론을 기초로 작성된 다음과
같은 4개 조약안 공통 2조 4항을 제안했다.

국제적 성질을 갖지 않는 모든 무력분쟁, 특히 하나 또는 그 이상의 체
약국 영역 내에서 발생하는 내전·식민지투쟁·종교전쟁의 경우 각 당사자

---

3) *Ibid.*
4) 藤田久一, "國際的性質を有しない武力紛争-1949Geneva諸條約第3條をめくつて
   (2)", 金澤法學, 제16권 1/2호(1972), p.74.

는 본 협약의 제 규정을 적용하지 않으면 안 된다. 이러한 상황하에서의 협약의 적용은 어떠한 방법에 의해서도 분쟁당사자의 법적지위에 좌우되지 않고 또한 그 지위에 어떠한 영향도 미치지 않는다.

이 안(스톡홀름안)은 제네바협약의 내전에의 적용여부 및 적용요건 등에 관한 검토과정에서 이루어진 것으로 '국제적 성질을 갖는 분쟁'과 '국제적 성질을 갖지 않는 분쟁' 간의 법적지위에 있어서의 차이를 유지하고 있긴 하지만 처음으로 '국제적 성질을 갖지 않는 무력분쟁'이라는 용어를 사용하고 있고, 내전에 대한 협약 원칙의 적용과 소위 상호주의를 강조한 1947년 정부전문가안과는 달리 협약전부의 적용을 제안하고 있고 규정의 적용범위를 과도하게 제한할 가능성이 있는 상호주의를 삭제하고 있다.[5]

나. 1949년 외교회의

(1) 특별위원회 설치와 제1안 채택

1949년 외교회의에서 스톡홀름안은 먼저 혼합위원회(Joint Committee)에 제출되었다. 동위원회에서 각 대표들의 견해는 스톡홀름안을 지지하는 견해와 동안을 삭제하여 '비국제적 무력분쟁'에 협약의 적용을 거부하자는 견해로 나누어졌다.[6] 이들 견해의 대립이 심각해지자 스위스대표의 제안으로 스톡홀름안에 대한 단일수정안을 채택하기 위한 특별위원회가 설치되었다. 특별위원회에서는 벽두부터 스톡홀름안에 대한 수정안들이 제출되었지

---

5) 각국들은 이러한 상호주의 삭제를 반도에게 교전단체의 지위를 부여하는 것과 같다고 보았으며 만약 반도가 전투원의 지위를 갖는다면 분쟁종료 후 석방을 요구할 수 있는 전쟁포로로 인정해야 하므로 반란을 진압하는 정부의 권능이 손상될 것을 우려했다. L. Lopez, "Uncivil Wars: The Challenge of applying International Humanitarian Law to Internal Armed Conflicts", 69 *New York University Law Review*(1994), p.930.

6) 스톡홀름안에 대한 지지국과 비판국 및 그들의 견해의 주된 내용에 대한 자세한 설명은 *Actes de la Conférence diplomatique de Genève de 1949*, Tome Ⅱ, Section B, pp.11-15; 대한적십자사, 제네바협약해설I(1987), pp.47-48 참조.

만 논의의 주된 대상이 된 것은 호주수정안과 프랑스수정안이었다. 양수정안은 스톡홀름안 찬성안과 반대안의 중간적인 것으로 스톡홀름안을 적용하기 위해 분쟁당사자가 충족해야 하는 조건이나, '국제적 성질을 갖지 않는 무력분쟁'의 성질이나 한계를 규정하려는 것이었다.[7]

미국은 모든 정부는 그의 영토 내에서 반도를 진압, 국내형법에 따라 처벌할 수 있으며 반도의 교전상태 승인은 중앙정부에 대한 간섭으로 국제법 위반이라면서도 각 협약들은 (1) 반란단체가 국가의 특징을 갖는 조직을 갖고, (2) 반란당국이 점령영역 내의 자들을 사실상 지배하고, (3) 군대의 행위가 조직된 민간당국의 지휘하에 있고 전쟁법 규칙을 준수하며, (4) 반란당국이 협약의 규정에 구속된다는 것에 동의하는 경우 협약당사국 내의 무력분쟁에도 적용되어야 한다고 했다.[8] 한편 소련대표는 내전에 대한 협약적용의 전제로서 일정의 조건을 들고 있는 양수정안을 비판하면서 스톡홀름안을 지지하고 "일부 대표들의 우려와는 달리 스톡홀름안은 반도에 대해 국내법의 적용을 인정하고 있으며, 따라서 국가의 주권적 권리를 제한하는 것이 아니다. 우리가 달성해야 할 목적은 국내분쟁에서도 국제전에서와 동일한 보호를 민간인에게 부여하는 것이다"라고 했다.[9]

이러한 심각한 견해 차이에 직면하자 제대표의 견해를 조정하여 새로운

---

7) 호주수정안은 체약국의 본국 또는 식민지에서 발생하는 내전의 경우에 본 협약이 적용되기 위해서는 '(1) 정부에 의한 반도의 교전자격 인정, (2) 정부 자신의 교전자격 요구, (3) 정부의 반도에 대한 본 조약 적용만을 위한 교전자격 인정, (4) 분쟁이 국제평화에 대한 위협, 평화의 파괴 또는 침략행위를 구성하는 것으로서 국제연합 안전보장이사회 또는 총회의 의사일정에 포함될 것'이라는 제조건의 어느 하나가 충족되어야 함을 강조하였으며(*Actes de la Conférence diplomatique de Genève de 1949*, Tome Ⅲ, Annexe, No.11, p.27.), 프랑스는 "하나 또는 그 이상의 체약국의 영역 내에서 발생하는 국제적 성질을 갖지 않는 무력분쟁의 경우 각 분쟁당사자는 적당사자가 조직된 군대, 일정 영역에서 행해지는 행위에 책임을 지고 그리고 협약을 존중하고 그 존중을 확보할 수단을 지닌 책임있는 당국을 갖고 있다면 본 협약의 규정을 적용하지 않으면 안 된다"라는 수정안(*Ibid.*, Annexe, No.12, p.27.)을 제출했다.

8) *Actes de la Conférence diplomatique de Genève de 1949*, Tome Ⅱ, Section B, p.12.

9) *Ibid.*, p.42.

안을 작성하기 위해서 미국, 프랑스, 호주, 노르웨이, 스위스 대표로 구성되는 실무반이 설치되었으며, 이 실무반에 의해 일정한 요건을 갖춘 분쟁의 경우 협약규정 전부가 각 분쟁당사자들에게 적용된다는 것을 인정하는 다음과 같은 초안(제1안)이 작성되었다.

1. 체약국의 영역 내에서 생기는 국제적 성질을 갖지 않는 무력분쟁의 경우 분쟁당사자는 다음의 조건하에서 본 협약의 규정을 준수하지 않으면 안 된다.
(1) 중앙정부가 반도를 교전자로 승인할 것.
(2) 반도가 국가영역의 일부주민에 대하여 사실상 정부권한을 행사하는 조직적인 당국, 그 당국의 지휘를 받는 조직적인 군대를 가지고, 본 협약 및 기타 전쟁법규 및 관례를 실시할 수단을 가질 것. 본 협약의 적용이 분쟁당사자의 법적 지위 여하에 관계가 없을 것.
2. 전기 의무는 반도도 본 협약 및 기타의 전쟁법규와 관례에 따를 의무를 승인할 것을 필요조건으로 한다.
3. 이익보호국에 관한 규정은 분쟁당사자 간에 특별협정이 있는 경우 외에는 적용하지 않는다. 협정이 없는 경우 ICRC와 같은 공정한 인도적 기관이 그 역무를 제공할 수 있다.
4. 체약국의 영역 내에서 전기의 조건을 갖추지 않은 국제적 성질을 갖지 않는 무력분쟁이 발생한 경우, 분쟁당사자는 특별협정에 의하여 본 협약의 전부 또는 일부를 실시하도록 노력하여야 하며, 모든 경우 본 협약의 기초로 되어 있는 인도상의 법칙에 따라 행동하지 않으면 안 된다.
5. 이상의 모든 경우, 본 협약 전부 또는 일부의 적용이 분쟁당사자의 법적 지위에 영향을 미치는 것은 아니다.

제1안은 협약(특히 민간인보호협약)의 전부를 '국제적 성질을 갖지 않는 무력분쟁'에 적용하는 것은 불가능할 뿐만 아니라 부적절하다는 비판(프랑스, 영국), 반도가 '국가의 특징'을 구비할 것을 요구하고 있어 실제 적용될 수 없을 것이라는 비판(이탈리아) 및 각 분쟁당사자는 자신들이 중앙정부라고 주장할 것이기 때문에 어느 쪽이 중앙정부인지를 결정하는 것이 곤란할 것이라는 비판(ICRC)을 받았다.[10]

(2) 제2안(제1실무반안)의 채택

제1안의 구조의 복잡성, 용어의 부정확 또는 그 자의적 해석의 위험성을 지적하는 많은 비판이 제기된 결과, 보다 제한적인 성질의 새로운 안을 작성할 것이 실무반에 요구되었다. 이 요구에 따라 실무반은 민간인보호협약에서는 '국제적 성질을 갖지 않는 무력분쟁'에 협약전부가 아니라 그 기초를 이루는 인도적 원칙만을 적용한다는 즉, '국제적 성질을 갖지 않는 무력분쟁'에 적용될 협약규정을 제한하는 방식을 택하고, 다른 3개 협약에서는 협약전부가 적용될 '국제적 성질을 갖지 않는 무력분쟁'의 경우를 제한하는 방식을 택하여 상병자, 해상상병자 및 포로협약에 적용될 복잡한 형식과 민간인협약에 포함될 간단한 형식의 2개의 새로운 안(제2안)을 제출하였다.11) 제2안 중 상병자, 해상상병자 및 포로협약에 관한 안은 제1안과 거의 동일하며, 민간인보호협약에 관한 안은 다음과 같다.

> 체약국의 영역 내에서 발생하는 국제적 성질을 갖지 않는 무력분쟁의 경우 각 분쟁당사자는 특별협정에 의해 본 협약의 전부 또는 일부를 실시하도록 노력하여야 한다. 그리고 당해당사자는 모든 경우 본 협약의 기초를 이루는 인도적 원칙에 따라야 한다.

제2안도 제1안과 마찬가지로 많은 비판을 받았다. 그것들은 주로 3개 협약에 포함될 안에 집중되었는데, 비판의 핵심은 문제가 된 분쟁이 '국제적 성질을 갖지 않는 무력분쟁'이 갖추어야 하는 조건들에 합치되는지 여부를 결정하지 않으면 안 되고, 이 결정을 둘러싸고 끝없는 논쟁이 벌어져 협약전부 또는 인도적 원칙의 자동적 또는 신속한 적용이 방해받게 될 것이라는 것이었다. 이 경우 그 분쟁이 협약전부의 적용에 필요한 조건들을 충족하고 있는지 여부를 결정할 어떠한 기관도 예정되어 있지 않으면, 그 결정은 중앙정부의 자의적 재량에 맡겨져 버리는 경우가 되고 또 그 조건들이

---

10) *Ibid.*, pp.42-47.
11) *Ibid.*, pp.73-74.

실제로 충족될 경우는 극히 희박할 것이라고 지적되었다.[12]

(3) 제3안(제2실무반안)의 채택

제1안과 제2안에 대해 각국은 심각하게 대립하였다. 그 결과 새로이 채택될 협약의 비국제적 무력분쟁에의 적용문제는 어려운 난관에 봉착하여 그 진전이 지지부진하였다. 이 어려운 상황을 타개한 것이 프랑스수정안이었다. 프랑스는 '체약국의 영역 내에서 발생하는 국제적 성질을 갖지 않는 무력분쟁의 경우 각 분쟁당사자는 민간인보호협약 전문의 규정을 적용하지 않으면 안 된다'라는 수정안을 제출했다. 이것은 '국제적 성질을 갖지 않는 무력분쟁'의 정의는 부여하지 않고, 이들에 4개 협약의 인도적 원칙만을 적용한다는 것이었다. 그러나 아직 채택되지도 않은 전문 초안이 인용되어 있었고 더욱이 이 전문 초안은 일정한 금지규정을 규정하고 있는 데 불과하였으며, 그것도 원칙을 제시하고 있을 뿐 구체적 규정은 결하고 있었다.[13] 동수정안을 검토한 제2 실무반은 제2안과 프랑스수정안을 기초로 하여 적용분쟁을 제한하지 않는 대신 이들 분쟁에 적용될 인도적 규정을 제한하는 다음과 같은 제3안을 작성했다.[14]

　1. 체약국의 영역 내에서 발생하는 국제적 성질을 갖지 않는 무력분쟁의 경우, 각 분쟁당사자는 적어도 다음의 규정을 적용하지 않으면 안 된다.
　(1) 적대행위에 직접 참가하지 않는 자(무기를 버린 군대의 구성원 및 병, 부상, 억류 기타 사유에 의해 전투 외에 놓인 자를 포함한다)는 모든 경우에 있어서 인종, 피부색, 종교 또는 신앙, 성별, 문벌 또는 빈부에 의한 차별을 받지 않고 인도적으로 대우되지 않으면 안 된다. 이를 위하여 다음의 행위는 전기한 자에 대하여 금지된다.
　(a) 생명 및 신체에 대한 폭행, 특히 모든 종류의 살인, 상해 및 고문

---

12) *Ibid.*, pp.75-76.

13) 대한적십자사, *op. cit.*, p.50.

14) *Actes de la Conférence diplomatique de Genève de 1949*, Tome Ⅱ, Section B, p.79.

(b) 인질

(c) 개인의 존엄성에 대한 침해, 특히 모욕적이고 체면을 손상시키는 대우

(d) 정규로 구성된 법원에서 문명국민이 불가결하다고 인정하는 재판상
  의 보장을 부여하고 사전판결에 의하지 아니한 판결의 언도 및 형의
  집행

(2) 부상자 및 병자는 수용하여 간호하여야 한다.

2. ICRC와 같은 공정한 인도적 기관은 그 역무를 분쟁당사자에게 제공
할 수 있다.

3. 분쟁당사자는 특별협정에 의하여 본 협약의 전부 또는 일부를 적용하
도록 노력하여야 한다.

4. 전기 규정의 적용은 분쟁당사자의 법적지위에 영향을 미치지 않는다.

한편, 동 안에 대한 본국으로부터의 훈령을 기다리기 위해 토의에 참가
하지 않은 소련은 다음과 같은 수정안을 제출했다.[15]

본 협약 당사국의 영역 내에서 발생한 국제적 성질을 갖지 않는 무력분
쟁의 경우 각 분쟁당사자는 다음과 같은 보장하에 본 협약의 규정전부를
적용하지 않으면 안 된다.

(1) 부상자 및 병자에 대한 인도적 대우

(2) 포로제도와 관련된 이미 확립된 모든 규칙의 준수

(3) 인종, 피부색, 종교, 성별, 문벌 또는 빈부 차에 의한 포로의 차별대
  우금지

이 소련안은 기본적으로는 제3안과 마찬가지로 조약전부의 적용이 아닌
그 본질적 원칙의 적용을 예정하고 있지만, 제3안이 적용될 기본적 원칙을
구체적으로 열기하는 방법을 취하고 있는 데 비하여, 일반적 정의방법으로
적용될 규정을 언급하고 있는 점이 다르다.

---

15) 대한적십자사, *op. cit.*, pp.51-52.

(4) 혼합위원회의 표결과 공통3조의 채택

특별위원회는 그때까지 제출되어 있던 모든 안들을 표결에 회부하였는데, 투표 결과 모두 부결되었다. 이렇게 되자 특별위원회는 이 제안들을 혼합위원회에 대한 보고서에 첨부하여 제출했다. 혼합위원회에서도 제안이 순차적으로 표결에 부쳐졌는데, 표결 결과 제3안이 찬성 12, 반대 6, 기권 14로 채택되어 전체 회의에 넘겨졌다. 그런데 전체 회의에서 소련은 제3안의 결점을 지적하면서, 재차 앞의 수정안을 제안했다.[16] 이 양안에 대한 토의 후 표결에 들어가 소련수정안은 찬성 11, 반대 20, 기권 7로 부결되고, 제3안이 찬성 34, 반대 12, 기권 1로 채택, 공통3조로 성립되었다.[17]

---

16) 소련은 수정제안 이유로써 "내전은 국제전 이상으로 잔혹하기도 하기 때문에 분쟁희생자 보호에 관한 제네바협약안에 의해 규제되지 않으면 안 된다. 제3안에 의하면 분쟁희생자 보호에 관한 중요한 규정의 대부분이 특별협정이 없는 한 적용 외에 놓이게 되는데, 이는 협약적용을 거부하기 위한 구실이 된다. 그러나 우리의 수정안은 '국제적 성질을 갖지 않는 무력분쟁'의 경우에도 분쟁당사자에게 피보호자의 인도적 정신에 따른 대우를 보장하기 위해 4개 협약의 모든 규정을 적용할 것을 요구하고 있기 때문에 내전의 희생자에 대한 폭넓은 보호를 제공할 수 있다"라는 점을 들고 있다. 이에 대한 자세한 설명은 藤田久一, "國際的性質を有しない武力紛爭-1949Geneva諸條約第3條をめぐつて(2)", 金澤法學, 제16권 1/2호(1972), pp.95-96.

17) *Ibid.*, p.96. 공통3조의 성립과정에 대해서는 L. Moir, "The historical development of the Application of Humanitarian Law in Non-International Armed Conflicts to 1949", 47 *International and Comparative Law Quarterly* (1998), pp.353-361 참조.

〈공통3조의 채택과정 및 주요 내용〉

구 분		주요 내용
1946년	각국적십자예비회의제출안	일국에서 내전의 경우 상호주의하에서 협약의 원칙 적용
	각국적십자예비회의안	일국 내의 무력분쟁에서 일방의 명시적 거부 없는 경우 협약 전부 적용
1947년	정부전문가회의안	본국 영토 또는 식민지에서의 내전의 경우 상호주의하에서 협약의 원칙 적용
1948년	제17차 국제적십자회의안	국제적 성질을 갖지 않는 모든 무력분쟁(내전·식민지투쟁·종교전쟁 포함)의 경우 협약 전부 적용
1949년	외교회의 채택안	제1안	국제적 성질을 갖지 않는 무력분쟁의 경우 상호주의하에서 분쟁당사자는 (1) 중앙정부가 반도를 교전자로 승인하고, (2) 반도가 국가영역의 일부주민에 대해 사실상 정부권한을 행사하는 조직적인 당국 및 그 지휘를 받는 조직적인 군대, 본 협약 및 기타 전쟁법규 및 관례를 실시할 수단을 가지는 경우 협약 전부 준수
		제2안	(제1, 2, 3협약) 제1안과 거의 동일 (제4협약) 국제적 성질을 갖지 않는 무력분쟁의 경우 각 분쟁당사자는 특별협정에 의해 조약의 전부 또는 일부 실시토록 노력하고 모든 경우 협약의 기초를 이루는 인도적 원칙 준수
		제3안	1. 국제적 성질을 갖지 않는 무력분쟁의 경우 적대행위불참 자는 인도적으로 대우되며, 다음의 행위는 절대적으로 금지된다. (a)생명 및 신체에 대한 폭행, 특히 모든 종류의 살인, 상해, 고문 (b)인질 (c)개인의 존엄성에 대한 침해, 특히 모욕적이고 체면을 손상시키는 대우 (d)정규로 구성된 법원에서 문명국민이 불가결하다고 인정하는 재판상의 보장을 부여하고 사전판결에 의하지 아니한 판결의 언도 및 형의 집행 2. 상병자의 수용 및 간호의무

2. 내용 및 의의

가. 내 용

(1) 인적 적용범위

공통3조1항은 피보호자를 '적대행위에 직접 참여하지 않은 자(무기를 버린 군대의 구성원 및 질병, 부상, 억류 기타 사유에 의해 전투 외에 놓인 자 포함)'로 규정하고 있다. 즉 공통3조의 피보호자는 중앙정부나 반도 측의 군 구성원 중 자의에 의해 또는 부상 등의 불가피한 사유(force majeure)에 의해 전투 외에 놓인(hors de combat)자와 전투에 직접 참가하지 않은 군의 구성원 및 민간인이다.

동 조를 엄격하게 해석하면 비국제적 무력분쟁에 흔한 사례인 적극적 전의가 없거나 항복의사가 있어도 기회를 얻지 못해 아직 무기를 버리지 못하고 있을 뿐인 어중간한 군의 구성원이나 분쟁의 목적이나 실상에는 어두우면서도 인민봉기 같은 군중행위로 해서 적대행위에 가담한 민간인까지는 가려내지 못해 이들은 공통3조의 보호대상에서 제외된다. 어느 의미에서 실제로는 이들이야말로 가장 보호를 필요로 하는 피보호자들이다.[18]

(2) 인도적 대우

공통3조는 불리한 차별없는 인도적 대우의 기본적 보장으로서 어떤 경우 어떠한 장소에서도 금지되는 행위로 (1) 생명 및 신체에 대한 폭행, 특히 모든 종류의 살인·상해·학대 및 고문, (2) 인질, (3) 인간의 존엄에 대한 침해, 특히 모욕적이고 치욕적인 대우, (4) 정규재판에 의하지 않은 판결과 형의 집행 등의 4가지를 열거하고 있다. 이것들은 본질적으로 인도적 요구에 기초한 것으로 반드시 비국제적 분쟁의 성질이나 특징의 검토를

---

18) 김정균, "전쟁법, 인도법과 내란", 인도법논총 제13호(1993), p.10; 藤田久一, 國際人道法(有信堂, 1993), p.228.

통해 이루어진 것이 아니고 제2차세계대전의 경험에 비추어 제기된 것이기는 하나, 반란진압이라는 이름으로 자행되기 쉬운 수단방법을 가리지 않는 절대적 진압작전이 상례인 비국제적 무력분쟁 상태를 생각하면 상당히 소망스러운 요항들이었다.[19] 하지만 동조가 규정하고 있는 인도적 대우는 4개의 금지사항에 한정되지 않는다. 왜냐하면 그것은 예시규정으로 분쟁에서 적용되지 않으면 안 되는 인도적 대우의 최소한으로 제네바협약의 축소이기 때문이다.[20]

이상의 인도적 대우를 받는 자는 인종, 피부색, 종교 또는 신앙, 성별, 문벌이나 빈부 기타 유사한 기준에 의한 어떤 종류의 차별도 받지 않아야 한다.

(3) 상병자의 보호

공통3조는 상병자에 대해 '부상자 및 병자는 수용하여 간호하여야 한다'고 간략하게 언급하고 있는바, 이는 1864년 제1회 적십자조약의 원칙을 재확인한 것이다. 부상자 및 병자를 수용하고 간호하는 의무는 절대적이고 무조건적인 것이므로 이 의무와 합치되지 아니하는 행위는 일절 금지될 뿐만 아니라 이 의무는 '인도적 대우'의 규정에 의거한 일반의무 및 그로부터 발생되는 금지에 의하여 보완, 강화되고 있다. 따라서 실제 본조의 규정은 1929년 협약 이래 채택되어 온 그러나 동조에서는 언급되지 않은 1949년 제네바협약 제12조의 '존중 및 보호'를 부상자 및 병자에게도 부여한다.

동조에서 '존중 및 보호'라는 표현이 생략된 것은 동조가 채택되기 위해서는 가능한 한 간명한 것이었어야 했으며, 반란자의 대우에 있어 모든 자들이 수락할 것이라고 인정되는 최소한의 원칙을 표명하는데 그치지 않으면 안 되었고, 아무리 경미한 것이라 하더라도 반란자를 진압하는 국가의 권리 및 정당한 국가의 형벌권을 제한하는 것으로 의심받을 염려가 있는

---

19) 김정균, *op. cit.*, p.10.
20) ICRC, *Basic Rules of the Geneva Conventions and their Additional Protocols* (ICRC, 1983), p.52.

표현을 사용하지 않을 필요가 있었기 때문이다.[21]

(4) 인도적 발의권 인정

비국제적 무력분쟁에서 희생자의 보호 및 존중을 위한 규정의 실시를 도모하고 그들에게 원조를 제공하기 위해 ICRC와 같은 공정한 인도적 기관들은 분쟁당사자에게 역무를 제의할 수 있다.

이러한 외부로부터의 원조는 기본적으로 보충적이다. 공통3조의 규정을 적용하고 그 준수를 확보할 일차적 책임은 분쟁당사국에 있으며, 분쟁당사국 적십자사는 인도적 요구에 대응한 활동을 해야 할 것이다. 그러나 분쟁국과 그 적십자사가 그러한 요구를 다 수용할 수 없는 경우가 있을 수 있고 또 여러 곳에서 필요한 효과적인 활동을 할 수 없는 경우도 있을 수 있다. 그런 경우에는 추가적인 원조, 즉 외부의 인도적 역무제공이 필요하며 이의 거부는 분쟁당사자에게 중대한 도덕적 책임을 지우게 될 것이다.[22]

역무의 제공이 합법적이고 수락할 수 있는 것이 되기 위해서는 그것이 인도적이고 공정한 기관에 의한 것이어야 하고, 제공되는 역무도 역시 인도적이고 공정한 것이 아니면 안 된다. 또 ICRC 등의 분쟁당사자에 대한 역무제공 신청이 비우호적 행위를 구성하는 것도 분쟁당사자가 그 신청을 수락할 의무를 지는 것도 아니다.[23]

(5) 특별협정을 통한 인도적 규정의 적용확대

분쟁당사자는 법률상으로는 오직 공통3조의 규정만을 준수할 의무가 있으며 여타의 규정은 무시할 수 있다. 그렇지만 공통3조의 존중만으로 충분하지 못한 상황이 있을 수도 있고, 비국제적 무력분쟁이 국제적 무력분쟁으로 발전할 가능성을 차단하고 조기에 분쟁을 해결하기 위해 공통3조 이

---

21) 대한적십자사, *op. cit.*, pp.63-64.

22) *Ibid.*, p.65.

23) *Ibid.*

외의 규정에 의존해야 할 필요성이 있을 수 있다. 이러한 경우 분쟁당사자는 특별협정을 통해 공통3조 이외의 전부 또는 일부를 적용할 수 있다.

중앙정부는 협정의 체결에 노력해야 할 것이지만 최종적 결정은 전적으로 중앙정부의 자유이며, '협정의 체결이 반도의 지위를 승인하는 것이 아니다'라는 취지의 규정을 명시할 수도 있기 때문에 분쟁당사자가 부정할 수 없는 비인도적 상황이 현실적으로 존재하고 적용규정의 확대를 통해 그러한 상황을 개선할 가능성이 있을 경우에는 특별협정을 체결하여 분쟁희생자의 보호를 한층 강화시킬 수 있기 때문에 본 조항은 매우 유용할 것이다.

그러나 본 조항은 특별협정의 체결이 교전자의 지위를 묵시적으로 승인하는 것으로 이해될 수도 있고, 반란자의 힘을 증강시켜주는 결과를 초래할 수도 있다는 우려 때문에 실제 실현에는 어려움이 많았으며, 협정이 체결되더라도 협약전부를 분쟁에 적용하기 위해서라기보다는 분쟁 중 발생하는 특정문제를 해결하기 위해 임시적으로 체결되는 것이 일반적이었다.

(6) 분쟁당사자의 법적지위에 미치는 효과의 부존재

'전기 규정의 적용은 분쟁당사자의 법적지위에 영향을 미치지 않는다'라는 공통3조의 최종 항은 1947년 정부전문가회의에서 처음으로 제안된 것[24]으로 본 협약의 적용이 반도를 합법적으로 진압하는 것을 간섭하거나 반도들에게 교전자로서의 지위를 부여하고 따라서 그들의 전력을 증강시켜 주지 않을까 하는 우려를 불식시키기 위해 필요했었다.

이 규정에 따라 공통3조의 승인은 반도의 승인을 의미하거나 특별한 보호나 면제를 부여하는 것이 아니며, 중앙정부가 자국의 법률에 의거하여 반도를 진압할 권리를 제한하는 것도 아닐 뿐만 아니라 정부가 자국의 법률에 의거하여 범죄자를 기소하고 형을 언도할 권리에 하등의 영향을 미치지 않는다. 본 협약의 목적이 결코 국내문제에의 간섭에 있는 것이 아니라

---

24) ICRC, *Report on the Work of the Conference of Government Experts for the Study of the Convention for the Protection of War Victims*(Geneva, April 14-26, 1947), 1947, p.9.

언제 어떤 상황하에서든지 최소한의 인도적 원칙의 존중을 확보하는 데 있다는 것에 비추어 볼 때 이는 당연하다.[25]

나. 의 의

공통3조의 채택으로 그때까지 국제인도법 적용분야에 명백하게 포함되지 않았던 비국제적 분쟁에 최소한의 법규가 공식적으로 적용, 그 희생자가 법적 보호를 받게 되기에 이르렀으며, 교전단체 승인을 받지 않은 반도도 공통3조분쟁의 당사자로서 적어도 동조에 규정된 일정한 권리의무를 갖게 되고, 그 한도 내에서의 법적지위를 인정받게 되었다. 게다가 동조를 적용해야 할 의무는 분쟁당사자들에게 있어 절대적이며 타 당사자의 적용여부와는 관계가 없다.[26] 이것은 확실히 국가 또는 교전단체승인을 받은 반도만을 법 주체로 하는 기존 법구조의 틀을 초월하는 것이며 여기에 공통3조의 혁신점이 있다.[27]

국제사회의 공통3조의 수락은 전쟁법과 비국제적 무력분쟁의 관계를 말하는 기점이요, 기본적 장치인 교전단체 승인제도가 허다한 허점으로 해서 유명무실했던 것에 비하면, 국가와 그 국가에 속하는 국민간의 관계에 인도법 규율을 적용하여 국가가 그의 국민이면서 감히 무기를 들고 국가권력에 저항하는 자(반도)라 할지라도 국가의 이름으로 자의로만 취급할 수 없게 했다는 것은 실로 놀라운 발전이어서 이를테면 '위대한 협약'의 탄생이라 할 만한 크나큰 업적이었던 것이다.[28]

---

25) 대한적십자사, *op. cit.*, p.68.

26) Josef L. Kunz, "The Geneva Conventions of August 12, 1949", in *Law and Politics in the World*, edited by George A. Lipsky(University of California Press, 1953), p.307.

27) J. Siotis, *op. cit.*, p.218.

28) 김정균, *op. cit.*, pp.9-10 공통3조는 비국제적 무력분쟁에 대한 국제법 개입이 합법성을 확립하였고, 국제적인 기준에 따라 자국민을 다룰 것을 일국에 요구하는 전 지구적으로 수락된 최초의 국제법으로 내용에 있어 혁명적인 것이었

그러나 공통3조는 피할 수 없는 결점도 가지고 있다. 그것은 '국제적 성질을 갖는 무력분쟁'의 희생자와 '국제적 성질을 갖지 않는 무력분쟁'의 희생자간의 불평등한 인도적 보호가 법에 의해 확고해졌다는 것이다. 국가주권의 저항을 넘지 못한 당연한 결과였다.[29] 이러한 보호의 이중기준은 당시 국제사회의 의식을 반영한 현실적인 선택이었겠지만 여기에서 동조의 본질적인 흠결이 생성되었다.

이처럼 종래의 교전단체 승인제도를 지키려고 하는 견해와 그 틀을 깨고 국제인도법이라 불리는 제네바협약 전체를 비국제적 무력분쟁에 적용하려고 하는 인도주의적 견해의 합의로 성립[30]된 공통3조는 전통국제법의 보수적 틀을 벗어나지 못한 대국들의 입김으로 해서 협약 전체의 무조건 적용을 말한 모처럼의 ICRC초안을 후퇴시켜 한정된 기본적 인도규칙의 적용으로 바꾸어 놓은 타협의 산물이어서 성격의 모호성이나 적용대상의 한계성이 계속 지적되지 않을 수 없는 면을 지니고 있다.[31]

3. 주요 논점

공통3조의 성립과정에서 가장 쟁점이 되었던 것은 제네바협약의 비국제적 무력분쟁에의 적용여부, 적용방식, 및 적용범위 문제였다. 적용여부 및 범위와 관련해서는 세 가지 이견, 모든 비국제적 무력분쟁에도 협약전체를

다. 부족함이 있긴 하지만 만약 동조가 존재하지 않았다면, 국내분쟁을 위한 더욱 효과적인 법의 추구에 있어서의 국제적 노력은 더욱 어려웠을 것이다. David P. Forsythe, "Legal management of Internal War : The 1977 Protocol on Non-International Armed Conflict", 72 *AJIL*(1978), p.274.

29) S. Junod, "Additional Protocol Ⅱ: History and Scope", 33 *The American University Law Review*(1983), p.29.

30) C. Lysaght, "The Scope of Protocol Ⅱ and its relative to Common Article3 of the Geneva Conventions of 1949 and Other Human Rights Instruments", 33 *The American University Law Review*(1983), p.11.

31) 김정균, *op. cit.*, p.9.

무조건 적용하자는 인도주의 입장과 비국제적 무력분쟁에 대한 협약의 적용자체를 반대하는 보수적 입장 그리고 협약적용의 전제로서 반도가 구비해야 하는 조건을 명시하자는 전통적 입장이 첨예하게 대립되었다. 적용방식과 관련해서는 협약이 적용될 분쟁범위를 제한하자는 입장과 분쟁에 적용될 협약규정을 제한하자는 입장이 대립하였다.

1946년 각국적십자 예비회의부터 1948년 스톡홀름회의에 이르는 준비단계에서는 제네바 4개 협약의 내전에의 적용범위와 상호주의의 삽입문제가 반복적으로 논란된 반면에, 내전(스톡홀름안이 처음으로 사용한 '국제적 성질을 갖지 않은 무력분쟁'의 정의 포함)의 정의와 성질에 관한 검토는 거의 이루어지지 않았다. 이 과정에서 내전에 적용되는 규정의 범위는 '협약의 원칙'(1946년 예비회의안 및 1947년 전문가회의안)에서 '협약의 전부'로 확대되었으며, 상호주의는 1946년안과 1947년안에서는 인정되었지만 1948년 스톡홀름안에서는 삭제되었는바, 이는 분쟁희생자 보호에 대한 인도적 보호를 최대한 확대하려는 ICRC의 열망을 잘 보여준다.

1949년 외교회의에서도 논란의 중심이 된 것은 인도적 규정이 적용되는 분쟁을 제한(협약적용의 전제로 분쟁이 구비해야 하는 일정요건 제시)할 것인가 아니면 적용규정을 제한(적용법규를 협약전부, 인도적 원칙 또는 일정규칙의 어느 하나에 한정)할 것인가 하는 것이었다. 1949년 외교회의에서 전자는 일정요건의 부과(제1안 및 제2안 제1, 2, 3협약안)에서 삭제(제2안 제4협약안 및 제3안)로, 후자는 협약전부의 적용(제1안 및 제2안 제1, 2, 3협약안)에서 인도적 원칙의 적용(제2안 제4협약안)으로, 다시 최소한의 인도적 규정의 적용(제3안)으로 변화되어 왔다.

이상과 같은 공통3조 채택과정에서의 각 안들의 타협결과 '국제적 성질을 갖지 않는 무력분쟁'이라는 표현에 제한적 정의를 부여한다거나 동 협약 적용의 전제로서 반도에 어떤 조건을 부과하지 않는 대신에 분쟁에 적용될 규정을 제한하는 방향으로 해결이 이루어졌다. 반도의 법적지위의 강화 및 반란진압권의 제한을 우려한 국가주권의 강력한 저항으로 적용법규는 엄격히 제한되었으나 적용분쟁에는 어떠한 제한도 두지 않음으로써 모든 비국제적 무력분쟁에 최소한의 인도적 규칙이 적용되게 되었다. 이러한 특성상 동조는 축소협약이라고도 불린다.

이로써 전통국제법이 전쟁법에 있어서의 내전의 위치를 소극적으로 풀이했던 것과는 달리 새로운 인도법 체계로 마련된 제네바협약에서는 '국제적 성질을 갖지 않는 무력분쟁'인 내전의 위치를 적극적으로 논의한 끝에 마침내 명문차원의 것으로까지 발전시키게 되었다.[32]

제2절 1977년 제2추가의정서

1. 채택과정

가. 채택배경

제2차대전 이래 발생한 무력분쟁들 중의 대다수가 비국제적 성격의 것으로 이러한 분쟁들은 극심한 고난을 야기하였고, 그 결과 수많은 희생자를 냈다. 비록 1949년 제네바협약 공통3조가 희생자 보호를 위한 기본적인 인도적 원칙을 규정하고 있긴 하였지만 그것만으로는 긴급한 인도적 필요에 충분히 대응할 수가 없었다.

1949년에 채택된 공통3조는 국가주권에의 소심한 침입으로 법규의 내용과 실제적 적용에서 한계를 가지고 있었다. 먼저 법규의 내용에서 간결하고 때로는 엄격한 해석을 요구하는 동조는 단지 최소한의 기본규칙을 규정하고 있으며, 피보호자의 범위도 매우 제한적이었으며, 사법적 보장과 자유가 박탈된 자의 요건이 명확하지 않고, 반도의 법적지위는 불명확, 불완전하였으며, 의료요원뿐만 아니라 의료단체와 의료수송기관의 보호에 대해서

---

32) *Ibid.*, p.8.

는 침묵하고 있다. 또한 비록 동조가 적대행위에 참여하지 않았거나 더 이상 참여하지 않는 자들은 보호되어야 한다는 원칙을 규정하고 있기는 했지만, 민간인 거주지역은 반도들이 피난처로 이용하기 때문에 이들이 희생되기 쉽고, 그렇기 때문에 민간주민 보호규칙이 더더욱 필요했지만 채택되지 못했다.

다음으로 공통3조의 적용도 만족스럽지 못했다. 물론 일부 무력분쟁에서 동 조가 분쟁당사자 간의 적대행위가 일정한 정도에 달한 후 적용되는 경우도 있었지만 발생분쟁의 비국제적 특징이 객관적으로 확인될 경우에는 자동적으로 적용되어야 함에도 불구하고, 적용여부는 분쟁당사자의 광범위한 자유재량에 맡겨져 있어 거부되기도 하였다.33) 또한 제국들은 공통3조의 모호한 용어를 핑계로 명백한 경우를 제외하고 동조의 위반사실을 부인했다.

이처럼 공통3조의 채택에도 불구하고 불충분, 불명확한 내용과 소극적, 회피적인 적용으로 비국제적 무력분쟁에서의 야만성은 사라지지 않았으며, 증가되는 분쟁희생자의 인도적 보호를 위해서는 동조가 더 발전되어야 한다는 요구를 낳았다.34) 이에 ICRC는 수년간의 각고 끝에 1974년 제2추가의정서 초안이 작성하였으며, 드디어 1977년 6월 10일 '비국제적 무력분쟁의 희생자에 관한 1949년 8월 12일의 제네바협약의 추가의정서'(제2추가의정서)를 채택하였다.

---

33) Y. Sandoz, C. Swinarski and B. Zimmermann, *Commentary on the Additional Protocols of 8 June 1977 to the Geneva Conventions of 12 August 1949* (Martinus Nijhoff Publishers, 1987), pp.1325-1326. 제네바협약 추가의정서 채택을 위한 1975년 제2차 외교회의에서 미국대표는 "공통3조의 비준수는 보편적이다"라고 하였으며(CDDH/Ⅲ/SR.32, p.9.), 이라크 대표는 "공통3조는 아직 일반적으로 수락되거나 적용되지 않고 있다"고 하였다(CDDH/Ⅰ/SR.29, p.9.).

34) C. Lysaght, *op. cit.*, p.14 참조. 1974-77년 제네바에서 개최된 국제인도법에 관한 외교회의에서 서독대표는 ICRC의 자료를 인용하면서 제2차대전 이후 무력분쟁 희생자의 80%가 비국제적 무력분쟁에서 발생했다고 지적하였으며(CDDH/Ⅰ/SR.23, p.10), 소련대표는 90%가 될 것이라고 주장했다(CDDH/Ⅰ/SR.34, p.16). 이들 추정의 정확성이 어떻든 1970년 중반이후 국제사회는 비국제적 무력분쟁에서의 인간가치의 파괴를 우려했으며 그러한 폭력의 형태에 대한 제한을 경주했다.

나. 채택과정

(1) 국제적십자회의의 노력

공통3조 채택 이후 국제적십자회의는 비국제적 무력분쟁의 희생자 보호에 지속적인 관심을 보였다. The Board of Governors of the League of Red Cross Societies는 제23회기(Oslo, 1954)에서 민간주민의 효과적인 법적 보호의 필요성을 강조하고 적절한 법문서를 초안할 것을 요구하는 결의를 만장일치로 채택했다.[35] 그 결과 ICRC는 1956년 '전시 일반주민이 입는 위험을 제한하기 위한 규칙안'(Draft Rules for the Limitation of Dangers incurred by the Civilian Population in Time of War)을 작성하여 다음해 1957년 뉴델리에서 개최된 제19회 국제적십자회의에 제출했다.

20개 조문으로 구성된 이 규칙안은 국가 간의 무력분쟁뿐만 아니라 내전과 같은 '국제적 성질을 갖지 않는 무력분쟁'에도 적용할 것을 의도하고 있었으며(제2조), 제네바법과 헤이그법을 보완하고(제5조), 목표구역 폭격금지(제10조)와 '특히 소이적, 화학적, 세균학적, 방사적 및 기타 작용으로 피해효과가 예견할 수 없는 정도로 확대되고 통제할 수 없게 되어 일반주민을 위험하게 하는 병기'의 사용금지(제14조) 등을 규정하고 있었다. 이는 극히 의욕적인 내용을 지니는 안이었으나 국제회의는 단지 'ICRC에 대해 이 규칙안, 토의기록, 제안의 text 및 제수정안의 심의를 위해 각국 정부에 송부하도록 요구한다'는 결의를 채택하는데 그쳤다.

이외에도 제19회 국제적십자회의는 공통3조를 보충하고 부상자에 대한 효과적인 치료를 보장하기 위하여 필요한 조치들을 취할 것을 제 정부에 긴급호소하고, 의사의 의료행위 보호 및 효과적인 구호조치의 보장을 위한 기본원칙 등을 규정한 '국내소요에 있어서의 구호'(Relief in the Event of Internal Disturbance)라는 결의XIX를 채택했다.

---

35) S. Miyazaki, "The Application of the New Humanitarian Law", 217 *IRRC* (1980), p.184.

1965년 제20차 국제적십자회의(비엔나)는 수감자 및 감금자 등 비국제적 무력분쟁의 희생자 보호의 불충분성을 주목하여 "무력분쟁에 책임있는 모든 정부와 당국은 적어도 다음의 원칙에 따라야 한다"면서 민간인 구호에 관한 4개 원칙으로 '(1) 해적수단을 선택할 분쟁당사자의 권리는 무제한적이지 않다, (2) 일반주민에 대한 공격은 금지된다, (3) 전투원과 일반주민은 항상 구별되어야 한다, (4) 전쟁법의 일반원칙은 핵 및 유사병기에도 적용된다'를 들고 이 문제의 조속한 해결을 위한 제 정부의 협력과 국제적십자에의 지원을 촉구하는 2개의 결의36)를 채택하였다.

이 결의들에 기초하여 연구를 계속해 온 ICRC는 1968년 9월 각국적십자 대표에게 1949년 제네바협약과 적대행위 관련법규간에 균형이 결여되어 많은 결함이 엄존하고 있어 이를 보완하기 위한 무력분쟁에 적용될 국제인도법의 재확인과 발전을 위한 새로운 노력이 개시되었다는 것을 통보했으며,37) 1969년 2월에 전문가회의를 소집하여 의견을 청취하고, 이를 참고하여 '비국제적 무력분쟁에서의 희생자보호'(Protection of victims of non-international conflicts)를 하나의 장으로 포함한 '무력분쟁에 적용될 법규 및 관례의 재확인과 발전'(Reaffirmation and Development of the Laws and Customs applicable in Armed Conflicts, Geneva, 1969)이라는 제목의 보고서를 동 년 9월 이스탄불에서 개최된 제21차 국제적십자회의에 제출했다.

동 회의에서는 1949년 제네바협약에 규정된 기본적인 인권의 보호강화를 위한 모든 무력분쟁에 적용되는 인도적 규칙의 재확인 및 발전의 필요성과 긴급성을 강조한 결의XⅢ(Reaffirmation and Development of Laws and Customs applicable in Armed Conflicts), ICRC에게 비국제적 무력분

---

36) Res.XXVⅢ(Protection of Civilian Population against the Dangers of Indiscriminate Warfare), Res.XXXI(Protection of Victims of Non-International Conflicts). 이들 결의의 구체적 내용에 대해서는 ICRC, *International Red Cross Handbook*(12th ed.)(ICRC, 1984, pp.626-627, 643-645참조: 김명기, "Geneva제협약 제1추가의정서 비준상의 문제점", 인도법논총, 제3호(1980), p.37.

37) ICRC, *Draft Additional Protocols to the Geneva Conventions of August 12, 1949: Commentary*(ICRC, 1973), p.1.

쟁에서의 국제인도법의 발전에 특별한 주의를 기울일 것을 요구하고 공통3조를 보충하고 명료하게 할 필요성을 광범위하게 승인한 결의XVII(Protection of Victims of Non-International Armed Conflicts) 및 비국제적 무력분쟁에 참여한 전투원은 비인도적인 대우로부터 보호되어야 하며, 일정조건하에서 전쟁포로 대우를 인정할 것을 제안한 결의XVIII(Status of Combatants in Non- International Armed Conflicts)이 채택되었다.

또한 동 회의는 ICRC에게 (1) 현 국제인도법을 보완한 규칙을 가능한 빨리 제안할 것, (2) 이 제안에 관해 세계의 주요한 법적 및 사회적 체계를 대표하는 정부, 적십자 및 전문가를 초청하여 회의를 개최할 것, (3) 이 제안에 대한 제 정부의 의견을 구할 것, (4) 이 제안을 포함한 국제규약을 채택하기 위해 제네바협약 당사국 및 기타 관계국이 참가한 외교회의를 개최할 것을 권고하였다. 이 권고에 의해 ICRC의 새로운 협약안 작성은 급속도로 진전되었다. 1970년 ICRC는 당시까지의 견해들을 기초로 하여 다음 해에 개최될 정부전문가회의에 제출할 비국제적 무력분쟁과 게릴라전에 관한 구체적인 안을 작성하기 위하여 전문가회의를 개최하였다.

(2) 국제연합의 역할

국제연합의 후원하에 1968년 4월 22일부터 5월 13일까지 테헤란에서 개최된 국제인권회의(International Conference of Human Rights)는 인권과 국제인도법 간의 관계를 확립함으로써 중요한 전환점을 이루었다. 동 회의는 새로운 규칙의 발전을 고무하는 '무력분쟁에 있어서의 인권의 보호'(Human Rights in Armed Conflicts)에 관한 결의XXIII에서 모든 무력분쟁에 대하여 유효성을 갖는 '(1) 민간주민에 대한 공격금지, (2) 군사작전시 최대한의 민간주민 보호'라는 민간주민의 보호에 관한 일반원칙을 채택함으로써 국제인도법을 인권법의 확대로 평가하고 국제인도법의 발전을 국제연합의 관심사에 포함시켰다. 또한 동 결의는 국제연합 총회로 하여금 사무총장에게 (1) 모든 무력분쟁에서 국제인도법의 보다 나은 적용을 확보하기 위한 조치, (2) 모든 무력분쟁에서 민간주민, 포로 및 전투원의 보호 및 특정 전투방법을 금지시키기 위한 국제인도법의 개정 또는 추가의 필요성을 연구하도록 요구할 것을 요청했다. 총회는 그 요청을 받아들여 사무총장에게 ICRC 등과 협력하여 이를 행할 것을 요청했다.[38] 이에 따라 국제연합 내에서 '무력분쟁에서의 인권존중'에 대한 활발한 연구가 진행되었는데 사무총장은 1969년 11월(UN, Doc.A/7720), 1970년 9월(UN, Doc.A/8052) 및 1971년 6월(UN, Doc.A/8370)에 각각 이와 관련한 보고서를 제출했다.[39]

이러한 국제연합의 일련의 움직임은 1965년 국제적십자회의 이후 전문가회의 등을 통해 전쟁법의 재확인과 발전을 추진하고 있던 ICRC에 대해 심각한 충격을 주었다. 왜냐하면 ICRC가 1864년의 제1회 적십자조약 이래 제네바법의 발전에 있어 주도적 역할을 수행해왔고, 특히 제1차 대전 후 전투수단 및 방법의 규제에 관한 헤이그법의 개정을 주장해 온 반면에,[40] 국제연합은 전쟁법을 문제삼으면 국제연합이 무력행사를 정당한 것으로 인정하는 듯한 인상을 줄 우려가 있다는 이유로 핵무기 등과 같은 대량파괴무기에 관한 약간의 문제를 제외하고 무력분쟁 관련법규 일반에 대한 검토를 피해왔었는데, 이러한 종래의 소극적 태도를 일변하여 국제연합이 전쟁법 문제에 적극적으로 나섰기 때문에 이제까지 제네바법의 분야에서의 ICRC의 역할을 국제연합에게 빼앗기는 것이 아닌가하는 우려가 있었던 것

---

38) U.N.G.A. Res.2444(XXⅢ). 이외에도 국제연합 총회는 '무력분쟁에서의 인권존중'에 관한 결의들을 채택했다. 그 대표적인 것들에는 Res.2597(XXIV), 2625(XXV), 2675(XXV), 2853(XXVI) 등이 있다.

39) Robin S. Myren, "Applying International Law of War to Non-International Armed Conflict : Past Attempt, Future Strategies" 37 *Netherlands International Law Review* (1990), p.350. 이처럼 국제인도법과 인권법의 결합관계는 1968년 국제인권회의 이후 주요한 관심분야로 등장했지만 그러한 경향은 PLO의 합법성을 지원하기 위한 제3세계의 압력으로 채택된 1967년 6월의 안보리 결의237에서 최초로 공식적으로 제기되었다. M. Mushkat, "The Development of International Humanitarian Law and the Law of Human Rights", 21 *German Yearbook of International Law*(1978), p.157.

40) J. Pictet, "The need to resort the Laws and Customs relating to armed conflicts", 102 *IRRC*(1969), pp.459-483 참조.

이다.[41] 이를 계기로 ICRC는 국제인도법 보완작업에 박차를 가했다.

(3) 정부전문가회의

ICRC는 1970년 초부터 비국제적 무력분쟁과 게릴라전, 전투의 위험으로부터의 민간인보호 및 상병자보호의 3가지 문제에 관하여 전 세계 약 50명의 전문가로부터 문서 또는 구두의견을 청취하고 국제연합과 많은 비정부간제기구와도 긴밀한 협력을 유지하면서 작업을 진행했다. 그 후 1971년 3월 헤이그에서 34개국 적십자사에서 약 70명의 전문가가 참석한 적십자사 전문가회의(Conference of Red Cross Experts)를 개최하여 ICRC가 준비한 초안에 관한 의견을 청취한 후, 1971년 5월 24일부터 6월 11일까지 3주간에 걸쳐 제네바에서 제1회 '무력분쟁에 적용될 국제인도법의 재확인과 발전을 위한 정부전문가회의'(Conference of Government Experts on the Reaffirmation and Development of International Humanitarian Law Applicable in Armed Conflict)를 개최했다. ICRC는 회의에 실제적인 초안을 제출하지 않았지만 비국제적 무력분쟁에 적용될 국제인도법의 향후발전에 핵심이 될 중요문제들의 리스트를 제출했으며, 동 회의에 참석한 41개

---

41) 이러한 우려는 1969년 9월의 제21회 국제적십자회의에 제출하기 위해서 ICRC가 동년 5월에 작성한 문서 중에서 국제연합과의 협력관계를 설명하면서 특히 ICRC의 전통적 역할을 강조한 점에도 나타나 있다. ICRC, *Reaffirmation and Development of The Law and Customs Applicable in Armed Conflicts* (ICRC, 1969), pp.26-30. 특히 1971년의 제1회 정부전문가회의 시 국제연합 대표는 국제인도법의 발전작업에 관하여 국제연합이 독점을 주장하는 것은 아니지만 ICRC와 국제연합이 별개의 2개의 조약을 만드는 것은 바람직스럽지 않다는 견해를 표명하면서 각국의 전문가에 대해 이 작업을 국제연합에 위임하는 것에 찬성하도록 개별적으로 비공식적인 활동을 했다. 이러한 활동에 반발하여 브라질, 미국, 이디오피아, 인도, 일본 및 영국은 공동으로 결의안을 제출하고 국제인도법의 발전에서의 ICRC의 법적 지위와 경험을 존중하여 제2회 정부전문가회의를 개최한다는 ICRC의 결정을 환영한다고 하였다. ICRC, *Report on the Work of the Conference of Government Experts on the Reaffirmation and Development of International Humanitarian Law Applicable in Armed Conflicts* (Geneva, 24 May-12 June 1971), 1971, pp.119-121 참조.

국 200여 명의 전문가들은 이것들을 기초로 토의했다.[42]

하지만 논의 영역이 광범하고 의견이 대립되는 등 3주간의 짧은 기간에 작업을 완료하는 것은 불가능했으며, 그 결과 국내소요가 인권법규에 의해 규제되어야 한다는 것이 대다수 정부전문가들에 의해 지지된 것을 제외하고는 어떠한 결론도 얻지 못했다.

ICRC는 1972년 비엔나에서 개최된 제2회 정부전문가회의에서 비국제적 무력분쟁에서의 인도적 보호의 최대한의 확장을 목적으로 1971년에 제시된 다양한 의견을 고려하여 공통3조에 대한 추가의정서 초안(136개 조문)과 부속서를 제출했다.

동 초안은 첫째(적용범위), 반도들이 일정 정도 이상의 조직을 갖추고 영토의 일부에 대해 유효한 통제를 행사하며, 외부의 군사적 개입이 있는 국내분쟁에는 제네바협약의 전부가 적용된다. 둘째(적당사자에 체포된 군의 구성원), ICRC는 그들에게 인도적 대우를 보장하기 위하여 (1) 제3협약 제4조2항에 명시된 조건들을 갖추고 적의 권력 내에 떨어진 정부군 또는 반란단체의 구성원은 동 협약에서 전쟁포로에 제공하는 것과 동일한 대우를 받는다. 제3협약 제4조의 조건을 구비한 자 또는 적어도 민간주민과 구별되었거나 의정서의 규칙을 존중한 자는 적대행위에 참여했다는 또는 군대의 일부를 구성했다는 이유만으로 사형에 처해져서는 안 된다; (2) 이러한 조건들을 갖추지 못한 자들과 일반적으로 무력분쟁에 관련되었다는 이유 때문에 자유가 박탈된 모든 자들은 만족스러운 억류조건을 보장받는다. 셋째(민간주민의 보호), 생존에 필수불가결한 것은 보호되고 보장되어야 한다. 넷째(구호), 봉쇄의 경우에서도 주민들에게 보급품이 제공되어야 하며, ICRC와 각국적십자는 주민의 이익을 위해 행동해야 한다는 등의 내용을 규정하고 있었다.[43]

---

42) 竹本正幸, 1949 Geneva諸協約に追加されるこつの議定書について(一), 國際法外交雜誌, 제77권 제2호(1978), p.46.

43) ICRC, *Report on the Work of the Conference of Government Experts on the Reaffirmation and Development of International Humanitarian Law Applicable in Armed Conflicts*(Geneva, 3 May-3 June 1972, second session), Vol. I,

동 초안을 둘러싸고 1개월에 걸친 심의에서 4개 위원회에서 총395개, 전체 회의에서 4개안이 제출되어 이에 대한 활발한 심의가 행해졌지만 상병자문제를 취급한 제1위원회를 제외하고 나머지 3개위원회에서는 의견이 크게 나누어져 특별한 진전이 없었다.[44]

동 회의에서는 적용범위와 체포된 전투원의 법적 지위문제가 중점적으로 논의되었지만 합의에 이르지 못했다. 민간주민의 보호 또는 인도적 원조문제도 마찬가지였다. 비국제적 무력분쟁에 있어서 민간주민의 보호 및 이들에 대한 인도적 원조는 제1추가의정서의 내용을 어느 정도까지 제2추가의정서에서도 인정하느냐 하는 것과 불간섭원칙의 보장과 같은 문제들로 인하여 당시에는 일반적으로 승인되지 못했으며, 1974년 이후의 외교회의에서 비로소 다루어 질 수 있었다.[45]

(4) 국제인도법의 재확인과 발전에 관한 외교회의

ICRC는 국제적십자회의 및 2번에 걸친 정부전문가회의에 기초하여 1949년 제네바협약의 추가의정서 초안(Draft Additional Protocols to the Geneva Conventions of August 12, 1949:Commentary)을 작성, 1973년 테헤란에서 개최된 제22차 국제적십자회의에 재출했다. 이 최종초안이 1974년부터 스위스 정부의 초청으로 개최된 외교회의의 기초안이 되었다.

47개 조문으로 구성된 이 초안은 전문가회의에서 주장된 견해들을 대체로 고려한 것이었지만 이전의 초안과는 달리 적대행위와 전투의 수단과 방법에 관한 일부 규칙들을 포함함으로써 공통3조를 발전시키고 보완하였으며, 분쟁당사자가 더 이상 분쟁의 부존재를 구실로 그 적용을 거부할 수 없

---

pp.15-45.

44) R. R. Baxter, "Humanitarian Law or Humanitarian Politics? The 1974 Diplomatic Conference on Humanitarian Law", 16 *Harvard International Law Journal* (1975), p.8.

45) ICRC, *Report on the Work of the Conference of Government Experts on the Reaffirmation and Development of International Humanitarian Law Applicable in Armed Conflicts*, pp.72-73; pp.84-87.

게 객관적인 물적 기준을 제시함으로써 무력분쟁의 개념을 더욱 명확하게 규정하였다.[46]

ICRC가 성안한 추가의정서안을 검토하기 위하여 1949년 제네바협약 수탁국인 스위스의 초청으로 제네바에서 1974년부터 1977년까지 4차례에 걸쳐 총 136개국, 11개 민족해방단체, 52개 옵서버자격의 국제기구가 참여한 '무력분쟁에 적용되는 국제인도법의 재확인 및 발전에 관한 외교회의'(The Diplomatic Conference on the Reaffirmation and Development of International Humanitarian Law Applicable in Armed Conflict)가 개최되었다.

1974년 제1회기에서는 민족해방단체의 참가자격 문제 및 위원 수 배분문제 등 절차문제의 대립으로 정작 초안에 대한 심의는 진전되지 못했다. 기니아·비사우(Guinea·Bissau)와 베트남 임시 혁명정부(Provisional Revolutionary Government of Republic of South Vietnam: PRG)는 제네바협약 가입서를 스위스 정부에 기탁하면서 회의참가를 요구하였고, 아프리카의 13개 민족해방단체와 팔레스타인해방기구(PLO)도 회의참가를 희망했다. 스위스 정부는 이러한 문제를 주최국의 판단만으로 결정할 수는 없고 참가국 전체의 협의에 의해 정해야 된다고 하여 외교회의에 앞서 참가국 수석대표자회의를 개최했다. '인도적 노력에의 보편적 참여'를 주장하는 베트남민주공화국(Democratic Republic of Vietnam), PRG 및 이들에 우호적인 국가들은 PRG를 참여시켜야 한다고 주장했으나 개회식 후에도 계속된 1주일간 협의 끝에 기니아·비사우 초청결의안은 콘센서스로 채택[47]되었으나, PRG 초청결의안은 찬성 37, 반대 38, 기권 33으로 부결[48]되었다. 또 지역기구에 의해 승인된 민족해방단체는 그들이 제출한 제안 및 수정안이 외교회의 공식문서로 회람되기는 하지만 국가 또는 정부를 대표하는 자만이 투표권을 갖고 민족해방단체는 투표권을

---

46) S. Junod, *op. cit.*, pp.31-32. 초안의 분석 및 평가에 대해서는 M. Veuthey, "Les Conflits Armes de Caractére Non-International et le Droit Humanitaire", in *Current Problems of International Law*, ed. by A. Cassese(Dott A. Giuffre Editore, 1975), pp.253-259 참조.

47) CDDH/SR.4, p.3.

48) CDDH/SR.5, p.17.

갖지 않는다라는 조건으로 참가가 인정되었다.[49]

또한 당초 전부 48개로 예정된 본회의와 각종 위원회[50]의 임원 및 위원 수의 지역적 배분을 둘러싸고 개회식 직후부터 의장과 각 지역그룹 대표 간에 비공식 절충이 행해졌는데 특히 아시아그룹으로부터 배분수가 적다고 하여 재배분요구가 제기되어 그 조정에 1주일이 소요되었다. 그 과정에서 본회의 부의장이 당초 6명에서 15명으로, 다시 17명으로 증가되었다가 최종적으로 19명으로 하는 것으로 합의되어 아시아 4, 아프리카 5, 라틴아메리카 3, 동구 2, 서구 5로 배분되었다.[51]

참가자격 문제 및 위원 수 배분문제로 제1회기가 공전하던 중에서도 다만 민족해방전쟁에 대한 논의는 실질적으로 이루어져 사회주의 국가들의 지지를 받은 제3세계 국가들의 노력으로 이제까지 비국제적 무력분쟁이라고 인정되어온 민족해방전쟁을 국제적 무력분쟁의 개념에 포함시킨 제1추가의정서 제1조가 제1위원회에서 찬성 70, 반대 21, 기권 13으로 채택되었다.[52] 그렇게 되자 제2추가의정서에 대한 관심은 줄어들었는데 이는 모리

---

49) CDDH/SR.7, p.2. 1973년 테헤란에서 개최된 제22회 국제적십자회의에서도 국제연합의 관행에 따라 정부 간 지역기구에 의해 승인된 민족해방단체는 Observer 자격으로 참가했었으며(Res.XⅢ), 국제연합 총회도 외교회의에 앞서 동일한 입장을 밝혔다(U.N.G.A. Res.3102(XXVⅢ)). 국제연합의 관행이 원용되었다는 사실은 외교회의에 참여하고 있던 다수 개도국들의 요구가 동 회의에서 받아들여졌다는 것을 의미한다.

50) 외교회의는 3개 위원회와 특별위원회를 설치하여 심의를 행했는데, 제1위원회는 주로 총칙규정과 최종규정, 제2위원회는 상병자, 난선자에 관한 문제와 민방위, 제3위원회는 전투방법과 전투원에 관한 규정을 취급하고 특별위원회는 특정통상무기의 규제문제를 검토했다.

51) 竹本正幸, *op. cit.*, pp.48-49.

52) 이 문제에 대해서는 R. R. Baxter, supra note 60, pp.11-18 참조. 제1추가의정서 제1조는 1977년 외교회의 본회의에서 찬성 87, 반대1(이스라엘), 기권11(주요 서구제국)로 최종 채택되었다. 동조는 인민들이 'UN헌장 및 UN헌장에 따른 제국가 간의 우호관계와 협력에 관한 국제법원칙선언'(Declaration on Principles of International Law concerning Friendly Relations and Co-operation among States in accordance with the Charter of the United Nations)에 규정된 자결권의 행사로서 식민지지배, 이방인점령 및 인종차별정권에 항거하여 투쟁하고 있는 무력분쟁에도 적용된다고 규정하고 있는바, 이는 식민지지배, 이방인점령 및 인

타니아 이슬람공화국(Islamic Republic of Mauritania) Ould Dada대통령이 외교회의에서 행한 연설에 잘 나타나 있다. 그는 "제3세계 인민은 부정의의 희생자이며, 이들에게는 적어도 세계인권선언의 기본적인 권리가 인정되어야 한다. 외교회의의 심의대상이 국제인도법에 한정된다는 점은 알고 있으나 보호를 필요로 하는 희생자의 발생원인을 밝혀내지 않으면 올바른 결과를 얻을 수 없다. 제3세계가 요구하는 것은 단지 자유전사의 보호이다"라면서 시오니스트(the Zionists), 로데지아, 남아프리카를 비난하고 캄보디아 및 베트남의 민족해방운동, 팔레스타인해방기구 및 자유전사를 지지했다.53) 이러한 Dada 대통령의 연설은 외교회의의 분위기를 그대로 반영한 것이었으며, 민족해방전쟁에 많은 관심을 가지고 있었던 제국들은 소기의 목적을 달성하고 나자 비국제적 무력분쟁에는 소극적인 입장을 취했다. 이러한 분위기를 반영하여 ICRC초안에 대한 비판, 나아가 무용론까지 제기되었다.54)

1975년 제2회기에서도 PRG의 참가문제가 또다시 제기되었으나 2일간의 심의 끝에 부결되고 각위원회의 심의가 개시되었다. 동 회의에서는 제2추가의정서의 적용범위에 관한 다양한 의견들이 제시되었다. 중국, 인도네시아, 필리핀, 이란, 일부 라틴아메리카 및 아프리카 국가들은 매우 제한적인 적용요건 또는 내용축소를 제의하였다. 국내문제를 국제화하고 외국간섭의 근거로 의정서가 인정되어서는 안된다는 많은 제3세계 국가들의 관심을 반

종차별정권하에 있는 인민들이 자결 및 독립에 대한 권리를 위해 투쟁하는 것은 합법적이며 국제법 원칙과 완전히 일치한다고 한 1973년 12월 12일 UN총회에서 채택된 '식민지지배 및 이방인지배와 인종차별정권에 대항하여 투쟁하는 전투원의 법적 지위에 관한 기본원칙'(Basic Principles of the Legal Status of the Combatants struggling against Colonial and Alien Domination and Racist Regimes)에 관한 결의(3103(XXVII)) 제1항을 유력한 기초로 하고 있다.

53) CDDH/SR.1, pp.10-11.
54) F. Kalshoven, "Reaffirmation and Development of International Humanitarian Law applicable in Armed Conflicts: The first Session of the Diplomatic Conference(Geneva, 20 February-29 March 1974)", 5 *Netherlands Yearbook of International Law*(1974), pp.3-34.

영한 이러한 제한적인 접근은 사회주의국가 및 일부 서구제국 특히 캐나다에 의해 지지되었다.[55] 반면에 스칸디나비아제국과 서구제국은 적용범위의 확대와 제1추가의정서와 유사한 상세한 규칙들을 주장하였으며, 여타 국가들은 용이하게 적용될 수 있는 규칙들만이 포함되어야 하며 전투행위에 관한 규칙들을 포함해서는 안 된다고 하였다. 특히 노르웨이는 무력분쟁으로 인한 고통은 동일하다면서 희생자들은 국제적이든 비국제적이든 모든 무력분쟁에서 동일한 보호를 받을 권리를 가지고 있다는 것을 주장하면서 단일의정서를 채택할 것을 주장했다.[56] 하지만 엄격한 적용요건을 선호한 국가들이 많았으며 따라서 ICRC에 의해 제안된 정의도 매우 제한적이며 간단하였다.[57]

1976년 제3회기에서는 이미 베트남전이 종결되고 포르투칼령 앙골라, 모잠비크가 독립을 달성하는 등 국제정세의 소강사태도 한 몫 하여 비교적 냉정한 분위기속에서 조문심의가 진행되었다. 그러나 앙골라에서의 외국인 용병문제가 표면화되어 아프리카제국이 용병의 포로자격을 부인하는 제안을 하는 등 실질적인 심의는 이루어지지 못한 채 상당수의 조문안이 미심의 또는 심의중인 채 남겨졌다.

1977년 제4회기에서 각위원회는 양의정서에 공통 또는 유사한 규정이 많아 제1추가의정서의 각 편 또는 각장의 조문을 심의한 후, 그것에 대응하는 제2추가의정서의 각 편 또는 각장을 검토하는 심의방식을 채택했다. 이렇게 하여 각위원회는 제1추가의정서를 모방한 꽤 상세한 제2추가의정서 규정(CDDH/402)들을 채택할 수 있었다. 하지만 최종회의 하루 전 파키스

---

55) G. Abi-Saab, "Non-International Armed Conflicts", in *International Dimensions of Humanitarian Law*, ed. by UNESCO(Martinus Nijhoff Publishers, 1988), p.227.

56) S. Junod, *op. cit.*, pp.32-33.

57) 제2추가의정서 채택에 대한 제국의 입장 차이에 대해서는 박재섭, "1949년의 제네바협약들에 대한 1977년의 제2부가의정서: 내란에 적용될 전시법규의 새로운 발전", 법률행정논총, 제18집, 고려대학교 법률행정연구소(1980), p.28; David P. Forsythe, "The 1974 Diplomatic conference on Humanitarian Law: Some Observation", 69 *AJIL*(1975), pp.279-282.

탄 대표단장이었던 Hussain은 위원회에 제출된 초안이 너무 상세하고 국제문서가 관여할 수 없는 영역까지 포함하고 있어 일부 대표들이 수락하지 않을 것이라고 판단, 대표들과 협의한 후 28개 조문으로 구성된 제2추가의 정서 '간략화안', 즉 Hussain Draft(CDDH/427)를 작성, 캐나다대표 및 ICRC대표와 상의한 후 외교회의에 제출했다. Hussain Draft는 공식적으로는 위원회안의 수정안으로 제출된 것이었지만 실제로는 이를 대체해 버렸으며 약 2주 만에 이전의 3년여 동안(외교회의 이전의 협상을 포함할 경우 약7년)의 작업결과를 변경시켰다.

반란단체에 대한 의정서의 적용, '분쟁당사자'라는 용어 및 전투의 수단과 방법 등에 관한 대부분 규칙들이 삭제된 간략화안은 현실주의와 '인도적 이유'를 앞세운 외국간섭의 가능성에 대한 극단적인 경계를 반영한 것으로 그 중심적 논거의 하나는 의정서는 "법과 질서의 유지 및 국가영역의 방위를 위한 체약국의 주권 또는 그 정부의 책임에 영향을 미치지 않으며, 외부의 간섭을 정당화하기 위해 원용되어서도 안 된다"는 것이었다.[58]

외교회의 본회의에서 이 안은 콘센서스에 의해 채택되어 제2추가의정서가 되었다. 4년 이상을 끈 외교회의에서 위원회안에 규정되었던 희생자의 인도적 보호에 관한 일부규정이 채택되긴 했지만 분쟁당사자의 많은 의무들이 약화, 삭제되었다.[59] 그것은 비국제적 무력분쟁에 관한 각국의 일반적 이해관계가

---

58) CDDH/Ⅰ/SR.49, p.5. 개도국 및 분리요구에 직면해 있던 일부 서구제국들은 특히 전투수단과 방법에 대한 규제 및 민간인 보호규정에 반대했는데 이들 규정들이 반란을 조장할 것을 우려했다. A. Cassese, "The Geneva Protocols of 1977 on the Humanitarian Law of Armed Conflict and Customary International Law", 3 *UCLA Pacific Basin Law journal*(1984), p.109.

59) 제2추가의정서는 그 채택과정에서 조문 수에 있어서 상당한 변화를 겪었다. 1974년 ICRC가 제안한 초안은 47개 조문으로 구성되어 있었으나, 1975년 제2회기에서 제2추가 정서 자체에 대한 무용론을 비롯한 비판이 거세지는 분위기에서 제출된 캐나다안(CDDH/212, 동안은 작업문서로써 제1회기에서 이미 회람되었었지만 외교회의에는 공식적으로 제출되지 않음)은 29개 조문이었으며, 4년간의 외교회의 끝에 3개의 위원회에서 채택된 최종초안(CDDH/402)의 조문 수는 49개에 달했고, 제2추가의정서 간략화안'이라는 제목으로 제출된 파키스탄안(CDDH/427)은 28개 조문이었으며, 외교회의에서 최종적으로 채택된 제2추가

달랐고, 동서냉전이라는 이데올르기 및 제3세계의 등장이라는 국제사회의 세력변화가 외교회의에서 대립되어 그 타협의 결과물로 동의정서가 채택되었기 때문이다. 이러한 불비와 미흡에도 불구하고 제2추가의정서는 비국제적 무력분쟁에서의 희생자 보호에 있어서 커다란 진보로 평가될 수 있을 것이다.[60]

〈제2추가의정서 채택과정 및 주요 내용〉

구 분		주 요 내 용
국제적십자회의 의 초기노력	제19차 국제적십자 회의 (1957)	공통3조를 보충하고 부상자에 대한 효과적인 치료를 보장하기 위하여 필요한 조치들을 취할 것을 각 정부에 긴급호소하고, 의사의 의료행위 보호 및 효과적인 구호조치의 보장을 위한 기본원칙 등을 규정한 '국내소요에 있어서의 구호'(Relief in the Event of Internal Disturbance)라는 결의(XIX) 채택
	제20차 국제적십자 회의 (1965)	수감자 및 감금자 등 비국제적 무력분쟁의 희생자 보호문제의 조속한 해결을 위한 제 정부의 협력과 국제적십자에의 지원을 촉구하는 2개의 결의를 채택하였으며, 1969년 2월에 전문가회의를 소집하여 의견을 청취하고, 이를 참고하여 '비국제적 무력분쟁에서의 희생자보호'를 하나의 장으로 포함한 '무력분쟁에 적용될 법규 및 관례의 재확인과 발전'이라는 제목의 보고서를 동년 9월 이스탄불에서 개최된 제21차 국제적십자회의에 제출
	제21차 국제적십자 회의 (1969)	1949년 제네바협약에 규정된 기본적인 인권의 보호강화를 위한 모든 무력분쟁에 적용되는 인도적 규칙의 재확인 및 발전의 필요성과 긴급성을 강조한 결의XⅢ(Reaffirmation and Development of Laws and Customs applicable in Armed Conflicts), ICRC에게 비국제적 무력분쟁에서의 국제인도법의 발전에 특별한 주의를 기울일 것을 요구하고 공통3조를 보충하고 명료하게 할 필요성을 광범위하게 승인한 결의XVII(Protection of Victims of Non-International Armed Conflicts) 및 비국제적 무력분쟁에 참여한 전투원은 비인도적인 대우로부터 보호되어야 하며, 일정조건하에서 전쟁포로 대우를 인정할 것을 제안한 결의XVⅢ(Status of Combatants in Non- International Armed Conflicts) 채택

의정서는 28개 조문이다. 이 중 최종규정이 10개 조문이므로 실질적인 규정은 18개 조문에 지나지 않는다.

60) F. Bory, *Origin qnd Development of International Humanitarian Law*(ICRC, 1982), p.38.

구 분		주 요 내 용
정부전문가회의	제1회 정부전문가 회의 (1971)	ICRC는 초안을 제출하지 않았지만 비국제적 무력분쟁에 적용될 국제인도법의 향후발전에 핵심이 될 중요문제들의 리스트를 제출했으며, 동 회의에 참석한 41개국 200여 명의 전문가들은 이것들을 기초로 토의했다. 하지만 논의영역이 광범하고 의견이 대립되는 등 3주간의 짧은 기간에 작업을 완료하는 것은 불가능했으며, 그 결과 국내소요가 인권법규에 의해 규제되어야 한다는 것이 대다수 정부전문가들에 의해 지지된 것을 제외하고는 어떠한 결론도 얻지 못함
	제2회 정부전문가 회의 (1972)	비국제적 무력분쟁에서의 인도적 보호의 최대한의 확장을 목적으로 1971년에 제시된 다양한 의견을 고려하여 공통3조에 대한 추가의정서 초안(136개 조문)과 부속서를 제출했지만, 1개월에 걸친 심의에서 4개 위원회에서 총395개, 전체 회의에서 4개안이 제출되어 이에 대한 활발한 심의가 행해졌지만 상병자문제를 취급한 제1위원회를 제외하고 나머지 3개위원회에서는 의견이 크게 나누어져 특별한 진전이 없었음

2. 내용 및 의의

가. 내 용

(1) 인적 적용범위

제2추가의정서의 피보호자는 '분쟁에 의해 영향을 받는 모든 자'(제2조1항)로써 군인·민간인 또는 전투원·비전투원의 구별이나 국적여하를 불문하며 공통3조의 피보호자뿐만 아니라 동조에서 제외된 자도 포함한다.

분쟁에 의해 '영향을 받는 자'는 그 분쟁지역 내의 어디에 있든 또한 전투지역 외에서 체포되었든 본 의정서의 이익을 향유하며, '인종, 피부색, 성, 언어, 종교 또는 신앙, 정치적 의견 또는 기타의 견해, 국가적 또는 사회적 출신, 빈부, 가문 또는 기타의 지위, 또는 기타 모든 유사한 기준에 의한 어떠한 불리한 차별을 받지 않는다. 그 밖에 제2추가의정서는 무력분쟁 종료 후에도 자유가 박탈된 모든 자 또는 그러한 분쟁에 관련된 이유 때문에 자유가 제한된 모든 자뿐만 아니라 분쟁 후에도 동일한 이유 때문에 자유가 박탈 또는 제한되고 있는 자들에게도 그러한 자유의 박탈 또는 제한이 종식될 때까지 제5조 및 제6조의 보호가 향유된다는 것을 인정하고 있다(제2조2항). 이것은 승자의 자의로부터 자유가 박탈된 자를 보호하기 위한 것이다.

(2) 분쟁당사자의 권력 내에 있는 자의 인도적 대우

① 기본적 보장

제2추가의정서는 제4조에서 기본적 보장을 더욱 확대하고 동시에 보다 명확하게 규정하고 있다. 제4조는 무력분쟁이 발생한 영역에 있는 모든 주민의 보호를 목적으로 분쟁당사자가 그들의 권력 내에 있는 자들에 대하여 준수해야 하는 일반적인 제한을 규정하고 있다. 일반적으로 수락된 보편원칙을 포함하고 있는 동조는 제네바협약 공통3조, 제네바 제4협약 제33조(테러행위 및 약탈의 금지) 및 '시민적 정치적 권리에 관한 국제규약' 제8조(노예제도 및 노예매매의 금지)에 기초를 두고 있다.[61]

'적대행위에 직접참가하지 않은 또는 참가를 중지한 모든 자'는 자유가 제한되었는지 여부를 불문하고 신체, 명예, 신조 및 종교적 관행을 존중받을 권리를 가진다. 그들은 모든 상황에 있어 어떠한 불리한 차별도 받지 않고 인도적으로 대우되며 전멸명령이 금지된다(제4조 1항). 또한 이들에 대해서는 (a) 인간의 생명, 건강 및 신체적 또는 정신적 안녕에 대한 폭력행위, 특히 살인 및 고문, 신체절단 또는 모든 형태의 체벌과 같은 잔인한 취급, (b) 집단적 처벌, (c) 인질, (d) 테러행위, (e) 인간의 존엄에 대한 침해, 특히 모욕적이고 치욕적인 취급, 강간, 강제매음 및 모든 형태의 저열한 행위, (f) 노예제도 및 모든 형태의 노예매매, (g) 약탈, (h) 전기의 행위 중 어느 것이라도 행하도록 하는 위협은 항시 그리고 장소를 불문하

---

61) 제2추가의정서 제4조 1항 a, c, e호는 공통3조, b, d, g호는 1949년 제네바 제4협약(민간인보호협약) 제33조, f호는 '시민적 및 정치적 권리에 관한 국제규약' 제8조 1항에 기초하고 있다.

고 금지된다(제2항).

또한 아동에 대해서는 특별한 보호가 부여되고 있다. 아동은 그들이 필요로 하는 양호와 원조를 받으며, 특히 (a) 부모의 희망에 부합하는 교육 또는 부모가 없을 경우에는 그들의 양호책임이 있는 자의 희망에 부합되는 교육(종교적 및 윤리적 교육 포함)을 받고, (b) 일시적으로 분산된 가족의 재결합을 용이하게 하기 위하여 모든 적절한 조치가 취해져야 하며, (c) 15세 미만의 아동은 군대 또는 무장집단에 징모되지 아니하며 적대행위에 가담하는 것이 허용되어서는 안 되고, (d) 15세 미만의 아동에게 부여된 특별보호는 만일 그들이 (c)항의 규정에도 불구하고 적대행위에 직접 가담한 경우에도 계속 적용되며, (e) 필요할 경우 그리고 부모, 법률 또는 관습에 의하여 그들의 양호에 관하여 일차적 책임을 지는 자들의 동의를 얻어 가능할 경우 한시라도 아동들을 적대행위가 발생한 지역으로부터 국내의 보다 안전한 지역으로 이동하기 위한 그리고 그들의 안전과 복지에 관하여 책임을 지는 자들과의 동반을 보장하기 위한 조치가 취해져야 한다(제3항).

② 자유가 제한되고 있는 개인

제4조의 기본적 보장 외에 '자유가 제한된 자'에게는 공통3조에는 없는 일정한 보호가 주어지고 있다. 억류(intern) 및 구금(detain)된 자들의 대우에 대한 최소기준을 규정하고 있는 제5조가 그것이다. 제1항은 모든 상황에서 적용되어야 하는 최소한의 규칙들을, 제2항은 다소 약화된 형식, 즉 억류 및 구금에 책임있는 자의 능력의 한도 내에서 존중해야 하는 추가적인 보장을 규정하고 있다.[62]

'무력분쟁에 관련되는 이유 때문에 자유가 박탈된 자'들은 억류되고 있든 또는 구금되고 있든 불문하고 최소한 (a) 부상자 및 병자는 제7조(부상

---

62) 제2추가의정서도 적에게 체포된 전투원에게 포로지위를 인정하고 있지 않는데 비국제적 무력분쟁이라는 것을 고려하여 동조가 제네바 제3협약의 포로의 대우에 관한 규정들을 약화 및 단순화시켜 규정된 것으로 보는 견해도 있다. David. P. Forsythe, *op. cit.*, p.293.

자, 병자 및 난선자의 보호 및 가료)에 따라 대우되며, (b) 현지 민간주민과 동일한 정도로 식량과 음료수의 공급을 받고 건강과 위생에 관한 보호 그리고 기후의 혹렬함과 무력분쟁의 위험에 대한 보호를 부여받으며, (c) 개인적 또는 집단적 구호를 수령하는 것이 허용되며, (d) 종교의식을 행하는 것이 허용되고, 만일 요청이 있고 적절한 경우에는 군종과 같은 종교적 임무를 수행하는 자들로부터 정신적 원조를 받는 것이 허용되며, (e) 만일 노동을 하여야 할 경우에는 현지 민간주민이 향유하는 것과 동일한 노동조건 및 보호를 향유한다(제5조 1항). 또한 제1항에서 말하는 자들의 억류 또는 구금에 대하여 책임을 지는 자들은 그들의 능력 한도 내에서 전기의 자들에게 일정한 보호를 존중해야 하며(제2항), 제1항의 적용을 받지 않지만 무력분쟁에 관련되는 이유로 방법의 여하를 불문하고 자유가 제한된 자들은 제4조 및 제5조 제1항 (a), (c), (d) 및 제2항 (b)에 따라 인도적으로 대우되고(제3항), 만일 자유가 박탈된 자들을 석방하는 경우, 그러한 결정을 행하는 자는 그들의 안전을 보호하기 위한 필요한 조치를 취하여야 한다(제4항).

③ 형사소추

제4조 및 제5조의 보장이나 대우를 받는 피보호자도 무력분쟁과 관련된 형사범죄의 처벌을 면하는 것은 아니다. 일반적으로 반도는 무력분쟁에 참가한 그 자체가 국내법에 위반되는 행위로 간주되어 국내법에 따라 처벌된다. 하지만 형사소추를 분쟁당사자의 국내법에만 위임한다는 것은 자의적인 법집행을 묵인하는 것과 다름없다. 따라서 형사소추 및 처벌에 국제인도법의 규제가 필요한바, 제6조가 그러한 역할을 하고 있다.

인도법체계에 있어 중요한 원칙들을 포함하고 있는 제6조는 무력분쟁에 관련된 범죄인의 형사소추 및 처벌에 적용된다(제6조 제1항). 독립성과 공정성이 보장되는 법원에 의하여 언도되는 유죄판결에 따르는 경우를 제외하고 어떠한 선고가 언도되어서도, 어떠한 처벌이 집행되어서도 아니 된다. 특히 (a) 피고인은 그의 혐의사실에 관하여 지체없이 통지받고 재판전과 재판 중에 필요한 항변의 권리와 수단을 제공받으며, (b) 누구도 개인적인 형사책임에 근거한 것을 제외하고는 유죄판결을 받지 않고, (c) 누구도 범행 당시의 법에 의하여 범죄행위가 되지 않는 작위 또는 부작위를 이유로 유죄로 인정되어서는 안 되고, 행위 당시에 적용되는 것보다 더 중한 형벌이 과해져서는 안 되며, 만일 범행 후에 형벌이 경해졌을 때에는 개정 법률이 적용되며, (d) 피의자는 법에 의하여 유죄가 입증될 때까지 무죄로 추정되며, (e) 피의자는 출석재판을 받을 권리가 있으며, (f) 누구나 자신에게 불리한 증언을 하거나 또는 유죄를 자백토록 강요되어서는 아니 된다(동조 제2항). 이러한 2항의 각 호는 공정한 재판을 보장하기 위한 방법으로 이해될 수 있지만 일국 내에서 사회적 긴장과 정치적 갈등이 증대될 때 가장 일반적인 특징들의 하나는 민간인들도 (특별)군사법원에서 재판을 받게 되는데, 이 경우 이러한 법원들은 자의적인 정치적 통제를 위한 체계로 전락하는 경우가 많아 독립성과 공정성을 제공하지 못하는 것이 일반적이다. 또한 긴급사태 기간 중 제정된 법률은 매우 모호하고 일반적이어서 악의적인 해석이 가능하게 되는 경우가 많다. 따라서 제6조가 행위 시 법률주의를 규정하고는 있지만 이것은 비상사태가 선언된 후 그러나 그 행위이전에 발표된 모호하고 비합리적인 법률에 의한 유죄선고로부터 개인을 보호하는 데에는 한계가 있다.[63]

이외에도 유죄판결을 받은 자는 언도 즉시 사법적 및 기타 구제책과 그 행사기한을 통지받으며(동조 제3항), 사형은 범행 당시 18세 미만의 자에게 언도되어서는 아니 되고 임산부 또는 유아의 모에게는 집행되어서는 안 된다(동조 제4항). 제4항은 아이를 출산한 후 오래지 않아 母를 사형집행할 가능성을 열어두고 있는바, 이것은 아이의 입장에서는 매우 비인도적인 것이다. 유아와 모의 감정적, 신체적 접촉은 아이의 미래를 위해서 대단히 중요하므로 비록 의정서상의 의무는 아니지만 유아의 모를 일정조건하에

---

63) A. Eide, "The New Humanitarian Law in Non-International Armed Conflict", in *The New Humanitarian Law of Armed Conflict*, edited by A. Cassese (Editoriale Scientifica, 1979), p.285.

사면하는 것은 다소나마 이러한 문제를 감소시킬 것이며, 인도주의적 관점에서 최선의 해결책은 18세 이하에 대해 사형선고를 금지하는 것과 마찬가지로 임산부나 유아의 모에 대한 사형선고를 금지하는 것이다.[64]

적대행위의 종료 시 권한있는 당국은 무력분쟁에 가담하였던 자들 또는 무력분쟁에 관련된 이유 때문에 자유가 박탈된 자들에 대하여 그들이 억류되고 있든 구류되고 있든 불문하고 가능한 한 최대의 광범위한 사면을 부여하도록 노력하여야 한다(동조 제5항). 이 규정은 분쟁당사자(특히 승자)에게 그 권력 내에 있는 적개인의 적대행위 참가를 이유로 하는 처벌 시 참작하게 하고, 그 개인이 적대행위에 있어서 인도규칙을 준수하도록 촉구하는 것과 관계있는 것으로 적대행위 종료 후 통상상태로의 신속한 회복을 용이하게 하는 효과가 있다.[65]

(3) 부상자, 병자 및 난선자 등의 보호

부상자, 병자 및 난선자의 보호에 대해 공통3조는 '상병자 및 병자를 수용하여 간호하여야 한다'라고 간략하게 규정하고 있지만, 제2추가의정서는 보호내용을 명확히 하였을 뿐만 아니라 나아가 위생요원의 의료임무 등의 보호에 관한 내용에 있어 제1추가의정서의 상병자에 관한 규정과 상당히 유사한 새로운 규정을 두고 있다.

'모든 부상자, 병자 및 난선자'는 무력분쟁에의 가담 여부를 불문하고 존중·보호되고, 모든 상황에서 인도적으로 대우되며 최대한 그리고 가능한

---

64) *Ibid.*, p.286.

65) 藤田久一, 國際人道法(有信堂, 1993), p.232. ICRC 초안은 '오로지 적대행위에 참가한 것을 이유로 소추가 행해질 경우 법원은 형을 판결함에 있어서 피고인이 본의정서의 규정을 준수한 사실을 가능한 한 최대한으로 고려하지 않으면 안 된다'(제10조 5항), '무력분쟁에 관한 위반행위에 대해서 사형이 선고될 경우에도 적대행위가 종료할 때까지 집행되어서는 안 된다'(동조 제3항)라고 규정하고 있었다. ICRC, *Draft Additional Protocols to the Geneva Conventions of August 12, 1949: Commentary*(ICRC, 1973), pp.146-148. 하지만 외교회의 위원회(제3회기 제1위원회)에서 후자는 삭제되고 전자는 동일한 취지의 다른 규정으로 채택되었으나 이것도 제2추가의정서 간소화안에서 삭제되었다.

한 지체없이 의학적 가료 및 간호를 받으며, 의학적 이유외의 어떠한 이유를 근거로 차별되어서는 안 된다(제7조). 상황이 허용하는 경우, 특히 교전 후에는 지체없이 그들을 수색하여 수용하고, 약탈과 학대로부터 보호하고 충분한 가료를 보장하며, 나아가 사망자를 수색하고 그들에 대한 약탈을 방지하고 그들을 품위있게 처리하기 위하여 모든 가능한 조치가 취해져야 한다(제8조).

또한 의무요원은 존중되고 보호되며 그들의 업무수행을 위하여 모든 가용한 협조가 부여되고 자신의 인도적 임무와 상용하지 아니하는 직무를 수행하도록 강요되어서는 안 되며(제9조 제1항), 의료윤리에 위배됨이 없이 의료활동을 수행하는 모든 자는 어떠한 상황에서도 처벌되어서는 안 되고 (제10조 제1항), 의료활동 종사자들은 반윤리적인 강요를 받지 않으며(동조 제2항), 의료활동에서 입수되는 정보에 관련된 직업상 의무는 국내법에 따를 것을 조건으로 존중되며(동조 제3항), 그러한 정보의 제공을 거부 또는 불이행한다는 이유로 결코 유죄선고를 받아서는 안 된다(동조 제4항). 의무부대 및 수송기관은 항시 존중되고 보호되며 공격의 대상이 되어서는 안 되며, 그러한 보호는 일정한 경우를 제외하고는 정지되어서는 안 된다(제11조 제1, 2항). 권한있는 당국의 지시하에 적십자, 적신월 또는 적사자태양의 식별표장은 의무요원, 의무부대 및 수송기관에 의하여 착용 또는 부착된다. 그것은 모든 상황에 있어서 존중되며 부당하게 사용되어서는 안 된다(제12조).

(4) 민간주민의 보호

민간주민의 보호에 관해 공통3조에서는 직접 언급하지 않았으나 제2추가의정서에서 처음으로 약간의 그러나 중요한 기본적 규정들을 포함하고 있다. 하지만 ICRC초안이 제의했던 규정들이 만족스러울 정도로 채택되지는 않았다.66)

---

66) ICRC가 초안에서 제의했던 민간인 보호규정(제24-29조)중에서 채택되지 못한 것으로는 제24조(민간인과 전투원의 구별, 군사활동의 적군사력 약화에의 한정,

제2추가의정서에 민간주민의 보호에 관한 규정들을 도입하는 것에 대해 가장 명백하게 반대한 국가는 캐나다였다. 캐나다는 제2추가의정서는 오로지 '개략적이고 골격적인 규정'(summary and skeleton regulation)만을 가져야 하고, 필요한 경우 '민간인들에게도 영향을 미치는 전투수단의 사용'(use of means of combat which would effect civilians in discriminately)이 허용되어야 하며, 정부군은 반란군의 경무기 및 식량보급을 공격목표로 할 수 있다고 주장하여 전투수단과 방법의 규제를 통한 민간주민의 보호를 상당히 제한하고자 했다.[67]

하지만 제2추가의정서에는 국제인도법의 비국제적 무력분쟁에로의 발전에 있어 괄목할 만한 성과를 가져온 규정들이 상당수 포함되었다. 민간주민 및 민간인은 군사작전에 따른 위험으로부터 일반적 보호를 향유하며, 민간주민 사이에 테러를 만연시킴을 주목적으로 하는 폭력의 행사 또는 그 위협은 금지되며, 민간인은 공격의 대상이 되지 아니하고 적대행위에 직접 가담하지 않는 한 보호되며(제13조), 전투방법으로서 민간인의 기아는 금지되며, 식료품·농경지역·농작물·가축용 음료수 시설·관개사업장 같은 민간주민의 생존에 불가결한 물자를 공격, 파괴, 이동 또는 무용화하는 것은 금지되며(제14조), 위험한 물리력을 포함하는 사업장 또는 시설(댐·제방·핵발전소 등)은 군사목표물인 경우에도 그러한 공격이 위험한 물리력을 방출하여 민간주민에게 극심한 손상을 야기하는 때에는 공격의 대상이 되어서는 안 된다(제15조). 또한 국민의 문화적 또는 정신적 유산을 형성하는 역사적 기념물, 예술작품 또는 예배장소를 표적으로 하는 모든 적대

군사공격으로부터의 민간주민 및 민간물자의 보호)와 제26조 일부규정(민간인에 대한 무차별적 공격금지) 및 제28조 일부규정(근로자에 대한 공격금지)이 있으며, 제국들의 반대에도 불구하고 채택된 것에는 제27조(민간주민의 생존에 필수적인 물자의 보호), 제29조(민간인의 강제이주 금지), 제26조 일부규정(공격목표로부터의 민간인 제외) 및 제28조 일부규정(위험한 물리력을 포함한 시설물에 대한 공격금지)이 있다.

67) A. Eide, *op. cit.*, p.291 참조. 전투수단과 방법의 규제문제와 민간인 보호문제에 관한 캐나다 대표의 주장에 대해서는 CDDH/Ⅲ/SR.4, p.32: CDDH/Ⅲ/SR.9, pp.70-71 참조.

행위와 군사적 지원을 위해 그것들을 이용하는 것은 금지된다(제16조). 그리고 민간인의 안전 또는 긴급한 군사적 이유가 없는 한, 민간주민의 이주는 분쟁에 관계되는 이유 때문에 명령되어서는 안 된다. 만일 그러한 이주가 불가피할 경우에는 민간주민이 대피장소, 위생, 보건, 안전 및 영양의 만족할 만한 조건하에서 수용되도록 가능한 모든 조치가 취하여져야 한다. 또한 민간인들은 분쟁에 관계되는 이유 때문에 자국영역으로부터 퇴거하도록 강요되어서는 안 된다(제17조).[68]

(5) 민간주민에 대한 구호활동

ICRC초안은 제33조(구호활동), 제34조(기록과 정보) 및 제35조(각국적십자사와 기타 구호단체)에서 민간주민에 대한 구호를 규정했었다. 초안은 제33조 1항에서 "만약 민간주민이 특히 식료품, 의복, 의료 및 병원물품 및 피난처 등을 불충분하게 제공받으면 분쟁당사자들은 오로지 인도적이고 공정한 적아 구분없이 행해지는 구호조치에 합의하고 이를 용이하게 해야 한다. 위의 조건을 구비한 구호조치는 분쟁에 대한 간섭으로 간주되어서는 안 된다"고 하였다.

이 규정의 인도적 구호활동에 대한 제3세계의 부정적인 반응으로 위원회는 "만약 분쟁당사자의 통제하에 있는 영역에서 민간주민이 특히 식료품 및 의약품 같은 생존에 필수적인 물품의 부족으로 지나친 고통을 겪는다면 오로지 인도적이고 공정한 적아 구분없이 행해지는 민간주민에 대한 구호조치는 당사국 또는 관련당사국의 동의에 따라 취해져야 한다. 위의 요건을 충족한 구호활동 또는 구호물자 제공은 무력분쟁에 대한 간섭으로 간주되어서는 안 된다"라는 안을 채택했다. Hussain초안은 위원회안 제13조 1

---

68) 적으로부터의 공격을 방지하고자 고의적으로 민간인들을 일정장소에 집중시키는 경우도 있어 이 금지는 매우 바람직한 것이었다. 이주가 예외적으로 허용되는 경우로서 민간인의 안전 외에 분쟁당사자의 절대적 군사이유를 인정한 것은 민간인 보호에 있어서의 중요한 흠결일 뿐만 아니라 분쟁당사자의 군사요구의 관점이 어느 정도 작용할 수 있음을 나타내고 있다.

항(국내구호단체의 구호활동에 관한 규정)은 유지하면서도 국제적 구호에 대해서는 아무런 언급을 하지 않았으나 핀란드의 수정안 제출로 최종회의에서는 영역 내의 구호단체나 일반주민의 자발적 활동의 신청과 당해체약국의 동의를 조건으로 일반주민에 대한 구제활동을 인정하는 다음과 같은 제18조 2항이 채택되었다.

> 만약 민간주민이 식료품 및 의약품과 같은 생존에 불가결한 물자의 부족으로 극심한 고난을 당하고 있는 경우 오로지 인도적이고 공정한 성질을 띠며 어떠한 불리한 차별없이 행해지는 민간주민을 위한 구호활동이 당해 체약국의 동의에 따를 것을 조건으로 취해져야 한다.

이처럼 동 조항과 관련하여 ICRC초안은 구호수락을 의무적인 것에 가깝게 규정하였으나 위원회안 및 최종규정은 관련당사자의 동의에 따르도록 했다. 이것은 동의라는 조건부적 구호를 규정함으로써 동규정의 채택 자체가 불가능해져 버릴 가능성을 피하기 위해서였다. 이에 따라 만약 중앙정부가 구호활동에 반대한다면 설사 반란단체가 실효적 영역통제를 하고 있더라도 구호활동이 그들에게 행해질 수 없다. 이런 면에서 볼 때 제18조2항은 인도법에 있어서 퇴보했다고 볼 수 있다.[69] 그리고 ICRC초안과 위원회안에 규정되었던 '무력분쟁에 대한 간섭으로 간주되어서는 안 된다'는 구절도 삭제되었다.

또한 적십자와 같은 체약국의 영역 내에 있는 구호단체들은 무력분쟁의 희생자에 관계되는 그들의 전통적인 권능을 발휘하여 역무를 제의할 수 있으며 민간주민은 자발적으로 부상자, 병자 및 난선자의 수용 및 가료를 제의할 수 있다(제1항).

동 조는 처음으로 영역 내의 적십자사를 구호단체로 명시적으로 인정하면서도 ICRC의 활동을 허용하는 명시적 규정은 두지 않고 있다. 그러나

---

69) D. Plattner, "Assistance to the Civilian Population: The development and present state of International Humanitarian Law", 288 *IRRC*(1992), pp. 258-261.

제2추가의정서는 공통3조를 보완하고 발전시킨 것이므로 동조에 기초한 ICRC의 역무제의는 가능하다. 다만 국별 적십자사나 ICRC의 분쟁희생자를 위한 역무제공은 '당해체약국의 동의'를 전제로 하는 것은 변함없다. 그러나 일반주민의 생존에 불가결한 물자가 극도로 궁핍한 경우 등에서의 구호활동은 절대적 성질을 갖는 것으로 볼 수 있어 당해체약국의 동의는 자의적으로 거부되어서는 안 될 것이다.

나. 의 의

ICRC는 공통3조 채택 이래 비국제적 무력분쟁이 빈번하게 발생하고 희생자가 급격히 증가하자 국제적 무력분쟁에 적용되는 것과 비슷한 보호를 비국제적 무력분쟁에도 부여하고자 동조를 개선, 발전시킨 새로운 국제규범을 채택하고자 노력했다. 그 결과 1977년 제2추가의정서가 채택되었다. 비국제적 무력분쟁에 적용되던 인도법 규칙의 소체계이든 공통3조를 확대한 의정서의 채택은 국제인도법 발전에 있어 획기적 진전일 뿐만 아니라 국제인도법의 새로운 역동적인 출발을 의미하는 것이며,[70] 분쟁희생자의 존중, 보호 및 인도적 대우를 기본목적으로 하는 적십자운동에 있어 중대한 전기였다.[71]

이러한 제2추가의정서에 대해서는 인종적, 종교적 동기로 인한 민간인 학살을 불법화했다는 등의 긍정적 평가가 있는가 하면, 참된 인도주의적 실질과 잠재적 성격을 결여한 좋은 내용을 가진 성명일 뿐이라는 비판이 맞서고 있다.[72] 비국제적 무력분쟁의 희생자 보호규정에 있어서의 제2추가

---

70) C. Sepùlveda, "Interrelationships in the implementation and Emplacement of International Humanitarian Law and Human Rights Law", 33 *The American University Law Review*(1983), pp.117-118.

71) J. Pictet, "New aspects of International Humanitarian Law", 199 *IRRC* (1977), p.401.

72) M. Veuthey, "Implementation and Enforcement of Humanitarian Law and Human Rights Law in Non-International Armed Conflicts : The Role of the

의정서가 갖는 구체적 의의는 다음과 같이 정리해 볼 수 있겠다.

(1) 공통3조와의 동시적인 유효성

국제법의 발전과정이 그렇듯 오랜 진화과정의 산물인 국제인도법의 점진적인 발전의 특징 중 하나는 이전의 규범을 계승·개선하고 있다는 것이다. 공통3조와 제2추가의정서의 동시적 유효성과 자동적 적용은 사실상 본질적인 것으로 ICRC초안에서도 분명하게 규정되었었다. 제2추가의정서 전문도 "제네바협약 공통3조에 규정된 인도적 원칙이 비국제적 무력분쟁에서 인간존중의 기초를 형성함을 상기하며"라면서 이를 인정하고 있다.

이러한 공통3조와 제2추가의정서의 동시적 유효성의 근본적인 중요성은 그들 각각의 적용범위문제, 즉 양자에서 비국제적 무력분쟁의 정의문제를 살펴 볼 때 더욱 잘 이해될 수 있다. 제2추가의정서가 적용되지 않는 '국제적 성질을 갖지 않는 무력분쟁'은 물적 적용범위가 상대적으로 넓은 공통3조에 의해 규제되기 때문이다.

(2) 국제인권법과의 결합

제2추가의정서는 인권관련 국제법규의 내용을 상당히 수용하고 있다. 인권규범에 규정된 대다수의 인간고유의 기본적 권리들은 일반적인 용어로 규정되었던 공통3조와는 달리 제2추가의정서에서 보다 구체적으로 규정되었다.

국제인도법의 인권법 내용의 수용은 국가의 일반적 의무와 관련하여 상당한 의의를 가진다. 비록 제 정부가 비국제적 무력분쟁이라는 특정상황에 공통3조와 제2추가의정서의 적용가능성을 문제삼는 경우에도 그들은 국제인권법에는 구속되기 때문이다. 하지만 국제인권법은 '시민적 및 정치적 권리에 관한 국제규약' 제4조처럼 '국가의 존립을 위협하는 공공비상사태의 경우에는 기본적이고 비례외적인 권리를 제외한 모든 권리를 정지할 수 있다'는 것을 허용하고 있다. 즉 그 대부분의 경우가 긴급상황으로 선언될 수

Red Cross" 33 *The American University Law Review*(1983), p.88.

있는 무력분쟁의 상황에서는 오로지 기본적인 인권의 핵심, 즉 생명권, 고문금지, 노예금지, 양심과 종교의 자유, 및 형벌불소급원칙 등만이 보장된다는 것이다.

이러한 제한에도 불구하고 제2추가의정서에는 인권법규를 보완하는 규정도 포함하고 있다. 예를 들면 의정서 제6조(형사소추)가 그 한 예이다. '시민적 및 정치적 권리에 관한 국제규약' 제14조(공정한 재판을 받을 권리)는 비상사태의 경우 동 규약 제4조에 의해 정지할 수 있는 규정인데 그 경우에도 의정서 제6조가 규정하고 있는 의무는 부담해야 한다. 이처럼 비국제적 무력분쟁을 규제하는 더욱 포괄적인 의정서를 희망했던 자들의 실망에도 불구하고 의정서는 공통3조와 국제인권규약, 유럽인권협약, 미주인권협약 등에서 적용정지금지사항으로 규정된 것 이상으로 중요한 진전을 이룬 면도 있다.

(3) 분쟁희생자 보호 강화

제2추가의정서는 전투원의 지위, 체포된 적 전투원의 대우 및 민간인 보호를 위한 전투수단과 방법의 제한과 같은 ICRC가 희생자 보호에 있어서 가장 본질적인 것이라고 생각했던 것들을 채택하지 못했지만 공통3조에 비해 상당한 발전을 가져왔고, 그 자체 본질적으로 새로운 것이 아니지만 일반적인 용어로 규정되었던 공통3조보다 매우 상세하게 규정되었다.

제2추가의정서의 가장 중요한 발전은 무엇보다도 민간주민과 민간물자의 보호에 관한 규정들이다. 예를 들면 전멸명령, 집단처벌, 테러, 노예, 약탈 등의 금지 및 아동의 보호(제4조), 민간인에 대한 공격금지(제13조), 전투방법으로서의 기아, 민간주민의 생존에 필수불가결한 물자의 파괴금지(제14조), 댐·제방 같은 위험한 물리력을 포함하는 시설물에 대한 공격금지, 주민의 강제이주금지(제15조) 등이 그것이다.

또한 ICRC에 의해 분쟁희생자 보호를 위해 본질적인 것으로 간주되었던, 그러나 공통3조에서는 매우 간략하게 규정되었거나 전혀 언급되지 않았던 부상자, 병자 및 난선자 등은 분쟁에의 가담여부를 불문하고 존중·보호되고 모든 상황에서 인도적으로 대우되며 치료를 받아야 한다(제7조)는 것과 이를 보다 구체적이고도 실효성있게 하기 위한 의무요원, 의무부대 및 수송수단의 존중과 보호(제9조-제11조)를 의무화했으며, 무력분쟁과 관련된 형사소추(제6조)는 공통3조와 비교하여 상당히 진전되었고, 억류되거나 구금된 자에 대한 보호(제5조)는 국제인권규약보다 더욱 상세하게 규정하고 있어 이를 능가하는 측면도 있다.

(4) 제네바법과 헤이그법의 통합

무력분쟁에 적용되는 국제적 법규(*jus in bello*)는 통칭 제네바법과 헤이그법으로 구분되어 왔다. 제네바법이 인도적인 입장에서 분쟁희생자의 보호 및 인도적 대우를 목적으로 하는 반면에 헤이그법은 주로 전투수단 및 방법의 규제를 주목적으로 한다. 헤이그법의 논리구조는 분쟁목적에 필요한 수단은 '원칙적으로' 허용한다는 전제하에 다만 목적을 달성할 때도 불필요한 참화나 고통을 경감하고 과도한 가해는 제한하려 하는 것이다.

이와 같은 '군사적 필요'의 윤리는 전쟁의 결과로 발생된 희생자에 대한 보호를 확대하고 인도적 대우를 강화하려는 제네바법의 윤리와는 대립되는 것이다. 하지만 제1차대전 이후 전쟁법에 관한 각국의 소극적인 태도에도 불구하고 ICRC는 제네바협약을 중심으로 그 대상의 확대와 보호내용을 개선하여 왔으며 그 결과 헤이그법이 제네바법에 도입되었다. 육전에 있어서의 상병자로부터 해상의 상병자, 난선자, 포로, 적 권력하의 민간인을 경유하여 전투시의 일반주민 및 전투원의 보호 등으로 그 대상이 확대되어 헤이그법의 거의 모든 영역들이 제네바법의 대상이 되었다.[73]

1977년 제2추가의정서의 중요한 특색중의 하나도 종래의 '헤이그법'과 '제네바법'을 통합하고 있다는 점이다. 이러한 통합은 분쟁희생자의 인도적

---

73) 제네바법과 헤이그법의 특징에 관한 자세한 설명은 G.I.A.D. Draper, "Humanitarian Law and Internal Armed Conflicts", 13 *Georgia Journal of International and Comparative Law*(1982), pp.253-269 참조.

보호를 위해서는 양자가 불가분의 일체적 관계에 있다는 인식을 반영한 것으로, 순수한 의미에 있어서의 국제인도법으로 볼 수 있는 제네바협약의 확충이라는 관점에서 중요한 의의가 있다.[74] 제2추가의정서(제네바법)에 도입된 간접적이나마 헤이그법적 성격을 규정들로는 민간주민 사이에 테러를 만연시킴을 주목적으로 하는 폭력의 행사 또는 위협금지(제13조), 전투방법으로서 민간인의 기아 금지, 민간주민의 생존에 불가결한 물자에 대한 공격, 파괴, 이동 또는 무용화 금지(제14조), 위험한 물리력을 포함하는 시설물에 대한 공격 금지(제15조), 국민의 문화적 또는 정신적 유산에 대한 적대행위와 군사적 지원에의 이용 금지(제16조) 등이 있다. 이러한 제네바법과 헤이그법의 통합은 제2차 대전 후 전자와는 달리 후자의 성문화 및 발전이 없었으므로 현실적으로는 부득이한 것이었으며 양자의 본질에 비추어 보아도 당연한 것이다.[75]

이와 같이 제2추가의정서가 헤이그법과 제네바법을 통합한 것은 ICRC의 노력과 각국의 호응에 따른 것으로 양자간의 윤리의 차이는 여전하지만 전쟁의 위법화에 따라 혼돈상태에 있는 전쟁법의 개정·강화가 급선무라는 주장을 실증하여 주는 것으로서 장래 무력분쟁 관련 단일조약안 같은 것을 기대할 수 있는 계기가 되었다고 보아도 무방할 것이다.[76]

3. 주요 논점

제2추가의정서 채택과정에서 주된 논란의 대상이 되었던 것은 적용범위(적용요건 및 적용규정), 민족해방전쟁의 법적지위, 단일추가의정서 채택문제, 체포된 적 전투원의 지위문제 등 이었다.

---

74) 김종수, "1949년 제네바제협약의 추가의정서에 관한 약간의 분석", 인도법논총, 제3호(1980), p.8.
75) 박재섭, *op. cit.*, p.6.
76) 김종수, *op. cit.*, pp.8-9.

적용범위와 관련하여 제2회 정부전문가회의에서는 13개의 제안이 있었다. 그것들은 대체로 적용범위를 명확하게 하고 실질적인 규칙들을 매우 상세하게 규정하자는 견해와 일반적 정의를 선택하고 약간의 일반적인 규칙들만 규정하자는 두 가지 경향을 나타냈다. 또한 많은 전문가들은 국내소요를 명확하게 배제시키기를 원했으며 지나치게 협소한 정의에 의해 공통3조의 범위가 축소될 위험을 피하기 위해 공통3조와 의정서의 정의를 분리하자는 제안도 있었다. 외교회의 제2회기에서 이에 대한 다양한 의견들이 제출되었는데, 국내문제를 국제화하고 외국간섭의 근거로 의정서가 인정되어서는 안 된다면서 적용요건의 강화 또는 내용축소를 주장하는 입장, 적용범위의 확대와 제1추가의정서와 유사한 상세한 규칙들을 규정할 것을 주장하는 입장 및 적용이 용이한 규칙들만을 규정해야 하며 전투행위에 관한 규칙들을 포함해서는 안 된다고 주장하는 입장이 대립되었다. 하지만 엄격한 적용요건을 선호한 국가들이 많았다. 그 결과 최종적으로 채택된 제2추가의정서의 물적 적용범위는 엄격한 요건을 요구하고 있으며, 국내적 소요 및 긴장사태를 제외하는 등 매우 제한적이다.

민족해방전쟁의 법적지위 문제(국제전인가 비국제전인가의 여부)는 국제연합 헌장에 규정된 자결원칙에 기초하여 민족해방전쟁을 국제분쟁으로 간주해야 한다는 견해와 분쟁이 국제적인가 또는 비국제적인가를 구분하는 기준은 '분쟁의 원인'이 아니라 오로지 '객관적 사실의 존재'여야 한다는 비판이 대립되었다. 1949년 제네바협약에서는 아무런 언급이 없었지만 국제사회에서 이미 국제적인 문제로 승인되고 있었던 민적해방전쟁은 국제연합의 관행을 기초로 민족해방전쟁을 국제적 무력분쟁으로 하자는 주장도 있었으나 분쟁의 목적이 분쟁의 성격을 결정하는 근거가 되어서는 안 된다는 반대가 있었지만, 사회주의 국가의 지지를 받은 제3세계 국가들의 노력으로 1974년 외교회의 제1회기에서 국제적 무력분쟁으로 인정되었다. 제2추가의정서는 비국제적 무력분쟁에서 가능한 한 많은 형태의 상황들을 추출하여 그러한 상황들이 국제적 무력분쟁에 부여되는 보호를 받을 수 있도록 하였다. 민족해방전쟁을 국제적 무력분쟁으로 인정한 것도 그러한 발전 중의 하나였다.

단일추가의정서의 채택문제와 관련하여 노르웨이대표는 분쟁의 성격이 어떻든 모든 무력분쟁 희생자는 동일한 정도의 고통을 받기 마련이므로 동일한 방법으로 원조되어야 한다는 순수한 인도주의적 이상에 기초하여 국제적이든 비국제적이든 모든 무력분쟁에 적용되는 단일추가의정서안을 제출했다. 그러나 이 제안은 너무 이상적이어서 광범위한 정치적 지지를 받지 못했으며, '국제적 성질을 갖지 않는 무력분쟁에 관한 1949년 제네바협약 의정서초안'(Draft Protocol to the Geneva Conventions of 1949 relative to conflicts not of an international character)을 분리하자는 캐나다의 제안[77]으로 취소되었다. 이 문제에 대해 대다수 전문가들은 국제적 무력분쟁과 비국제적 무력분쟁을 분리하고 객관적 기준에 의한 비국제적 무력분쟁의 명확한 개념정의와 그것에 기초한 국제인도법의 발전을 선호하였으며, 반면 ICRC는 국가의 자의적인 판단을 줄이기 위하여 정의는 포괄적이고 유연해야 한다고 제의했다.[78] 이러한 입장의 대립결과 추가의정서는 제1추가의정서(국제적 무력분쟁에 적용)와 제2추가의정서(비국제적 무력분쟁에 적용)로 분리, 채택되었다.

체포된 전투원의 대우문제(이들에 대한 형사소추 문제 포함)에 관한 ICRC의 제안은 반도에게 더욱 확대된 보장을 부여한다는 이유로 받아들여지지 않았다.[79] 형사소추, 특히 사형에 있어서 체포된 자들에게 어느 정도

---

77) ICRC, *Report on the Work of the Conference of Government Experts on the Reaffirmation and Development of International Humanitarian Law applicable in Armed Conflict*(Geneva, 24 May-12 June 1971), 1971, pp.57-61.

78) ICRC, *Report on the Work of the Conference of Government Experts on the Reaffirmation and Development of International Humanitarian Law Applicable in Armed Conflicts*(Geneva, 24 May-12 June 1971), 1971, V, Protection of victims of non-international armed conflicts, submitted by the ICRC(January 1971), p.43.

79) ICRC, *Report on the Work of the Conference of Government Experts on the Reaffirmation and Development of International Humanitarian Law Applicable in Armed Conflicts*(Geneva, 3 May-3 June 1972, second session), I, Texts, Documentary material submitted by the ICRC, Geneva, January 1972, pp.40-42.

까지의 보장이 실제로 부여되어야 하는가에 의문이 제기되었다. 일부 전문가들은 상당한 정도에 이른 무력분쟁에서 체포된 전투원들에게는 특별한 보호를 부여하자고 했지만, 일반적으로 적대행위에서 체포된 자들에게 전투원 지위를 부여하는 것은 국가주권원칙 및 반란을 절대범죄로 보는 국내법과 양립하기 어려운 비현실적인 것으로 이해되었다. 하지만 국제법을 준수한 군대구성원 또는 구성집단의 구성원을 적대행위에 참여했다는 이유만으로 사형에 처해서는 안 된다는 ICRC의 제안은 논쟁을 불러 일으켰는데, 일부는 사형폐지와 긴급한 국가안보의 필요를 조화시키는 것이 어렵다고 주장했으며, 일부는 권한남용과 자의적 형벌부과방지를 위한 절차적 수단 및 집행유예를 제시하기도 하였다. 이러한 와중에 미국대표는 (1) 기본적인 사법보장 및 상소허용, (2) 적대행위에 참가했다는 이유만으로 부과된 사형판결의 적대행위 종료 시까지 집행유예, (3) 적대행위 종료 시 일반사면 부여 노력 등을 권고하는 제안을 했다.[80] 이 타협안의 일부가 이후 제2추가의정서에서 대개 채택되었다.

제3절 인도적 국제관습법과 분쟁희생자 보호

1. 국제인도법에서의 관습의 의의

오늘날 공통3조와 제2추가의정서의 채택과정에서 마주친 어려움, 재래식 무기의 사용금지에 관한 의정서의 적용을 제한하려는 일부국가들의 유보 및 무력분쟁의 희생자들에게 제공되는 보호의 심각한 침해 및 비국제적 무력분쟁의 수적 증가 및 이로 인한 희생자의 급증과 규제법규간의 불균형으로 국제인도법의 관습적인 내용에 관심이 점증하고 있다.[81] 특히 관습인도법이

---

80) *Ibid.*, Vol. Ⅱ, p.41.

조약법과 동등한 지위를 갖는다는 것을 인정한 1986년의 Military and Paramilitary Activities in and against Nicaragua사건에 대한 ICJ 판결은 국제관습인도법의 필요성과 법적 기능을 더욱 확고히 하였다.[82] 이 판결로 국제인도법의 일반원칙에 일치하는 관행은 관습법의 지위를 획득할 수 있게 되었고 그 결과 모든 사회에서 구속적일 수 있게 되었다.

이러한 국제관습인도법은 조약에 의해 충분한 규칙이 확립되지 못한 영역에 있어서 조약을 보충하거나 대체하고 인도적 활동영역을 확대·발전시키고자 하는 국제여론과 인도적 기관의 이론적 근거가 되며, 구체적 분쟁에서 국제조약인도법 규정의 규범적 가치와 충돌하지 않으면서도 제국의 관행에 국제적인 영향을 미칠 수 있으며, 비체약당사자에게 협약상의 일부 의무를 부과시키고 그것에 의해 규제되지 않는 상황에까지 그러한 의무의 적용을 확대시킴으로써 인적 및 물적 적용범위를 확대하기도 한다.[83]

무력분쟁의 희생자보호를 위해 제국들에게 입법을 미룰 수도 있지만 과거의 경험에서 알 수 있듯이 새로운 입법은 많은 시간을 필요로 한다. 따라서 오늘날 국제사회는 관습법의 발전을 통해 인도법을 보충하고 희생자보호를 강화할 것이 절실히 요구되고 있다. 국제관습인도법의 발전은 개인의 기본적 권리에 관한 국제사회의 인식변화와 그를 둘러싸고 있는 정치적, 사회적 및 경제적 상황을 통해 이루어 질것이다. 이에는 국제여론과 ICRC와 같은 인도적 기관의 역할이 중요하다. 이들은 긴급상황에서 제국들에게 지속적인 압력을 행하고 국제사회의 구성원들 사이에 확립된 관행을 확인, 규범화시킴으로서 분쟁희생자들의 기본적인 권리를 존중할 수 있게 한다.[84]

---

81) C. Bruderlein, "Custom in International Humanitarian Law", 285 *IRRC*(1991), pp.579-580.

82) 동 사건과 국제인도법의 적용관계에 대한 ICJ의 견해에 대한 자세한 설명은 Stephen M. Schbewel, "The Roles of the Security Council and the International Court of Justice in the application of International Humanitarian Law", 27 *New York University Journal of International Law and Politics*(1995-1996), pp. 738-744.

83) ICJ Report(1986), pp.580-581.

84) C. Bruderlein, *op. cit.*, pp.594-595.

2. 국제관습법적 성질을 갖는 인도적 규정

국가·정권의 존립 자체를 위협하는 국내분쟁을 겪었거나 겪고 있는 국가들이 국제관습인도법이 존재하고 있고, 이들 규칙들에 의하여 그들의 행위가 제한된다는 것을 인정하기란 사실 어려운 일이다. 관습적 규칙은 성문의 그것보다 상당히 앞서 생겨났지만 그 불명확한 특징과 자연적인 발생 때문에 오늘날의 성문법 중심의 법률문화에서 그 의의나 연구가 그다지 주목받지 못했고, 성문적 기준에서 관습적 규칙의 규범적 성격을 명확하게 구현하는 것도 상당히 어렵기 때문에 국제관습인도법의 물적 내용을 정확하게 결정하기란 쉽지 않다. 또한 국제관습인도법은 인도적 협약과 같은 공식적인 국제적 문서들에 강제적인 기초를 두지 않고 '인도적 관행'이 '법'에 일치한다는 생각을 갖는 국가의 정책결정과정에 깊이 뿌리를 두고 있기 때문에 관습적 규칙의 물적 내용은 제국의 관행을 해석하는 방법에 따라 달라질 수 있다.

그렇다면 오늘날 인도적 규칙들 중 국제관습인도법의 지위를 갖는 것으로 인정할 수 있는 것에는 어떤 것들이 있는가? 먼저 무력분쟁에 적용되는 일반원칙을 들 수 있겠다. 오늘날의 비국제적 무력분쟁은 적대행위의 파괴적 효과 등 여러 면에서 국제적 무력분쟁에 비유될 수 있으며 이러한 특징 때문에 국제적 무력분쟁에 적용되는 인도적 규칙은 규모와 희생 면에서 국제적 분쟁과 유사한 비국제적 분쟁에도 적용되어야 한다는 확신이 점차 강화되고 있다. 그리고 국제적 무력분쟁과 비국제적 무력분쟁은 특징이나 규제법규 등에서 차이가 있긴 하지만 분쟁의 본질상 기본적인 특징을 공통으로 가지고 있으며 실제로 중요한 규범들에서 상당히 공통적인 면도 있는 바, 무력분쟁 일반에 적용되는 일반원칙은 비국제적 무력분쟁에 적용될 수 있는 국제관습인도법이라 볼 수 있다.

그 구체적 내용으로는 첫째, 민간인보호를 위한 일반원칙이 있다. 민간인들은 분쟁수행의 특성상 국제적 무력분쟁보다 비국제적 무력분쟁에서 더 큰 위험을 겪는 경우가 많다. 정부군이나 반도들은 보호규정의 준수를 약속했으면서도 분쟁에서 고통을 겪는 민간인들이 자국민이라는 사실에도 불구하고 실제로는 민간인 보호규정을 준수하지 않는다. 그것은 민간주민들이 종종 분쟁에서 어느 일방에 우호적이며, 실제로 다양한 수준에서 분쟁에 기여하고 있고, 인종적·문화적 집단으로 나누어져 있어 동일국가에 속해있다는 공동체의식을 결여하고 있는 탓도 있지만 무엇보다도 분쟁당사자들의 반인권적 의식과 수단과 방법을 가리지 않는 분쟁결과에의 집착 때문이다. 따라서 이들의 희생을 최대한으로 줄이기 위해서는 국제적이든 비국제적이든 모든 무력분쟁에서 전투원과 민간인의 구별, 민간인에 대한 공격금지, 군사목표물에 대한 공격전 예방조치강구 및 적민간인에 대한 보복금지 등이 준수되어야 한다. 둘째, 전투수단과 방법의 제한에 관한 일반원칙이 있다. 전투수단과 방법을 선택할 교전자의 무제한적 권리 불인정, 무차별효과를 갖는 전투수단과 방법의 사용금지, 화생무기 등 대량파괴무기 사용금지, 불필요한 고통을 야기하도록 고안된 전투수단의 이용과 배신적 수단 및 방법의 이용금지 등 전투수단과 방법의 제한에 관한 규칙들은 인도적 성격을 가지며 문명사회에서 타당한 일반적 기준에 의해 부과된 것으로 간주되어 비국제적 무력분쟁에도 적용된다는 것이 일반적으로 수락되고 있다. 셋째, 부상자, 병자, 난선자 및 적당사자에게 체포된 전투원은 인도적으로 대우되어야 한다. 동 원칙의 적용가능성은 공통3조 및 제2추가의정서에서 그 일부가 이미 명문으로 인정되었다.

또 다른 인도적 관습규칙에는 1949년 제네바협약 공통3조가 있다. 반도의 법적지위에 영향을 미치지 않음을 강조한 동조는 오직 적대행위의 희생자, 즉 적대행위에 능동적으로 참여하지 않는 자들에게 기본적인 인도적 보호들을 부여한다. ICJ는 니카라구아 사건에서 공통3조에 규정된 규칙들을 국제인도법 또는 국제관습법의 일반원칙을 반영한 것으로 보았으며, 이는 무력분쟁의 법적 성격과는 관계없이 모든 분쟁에 적용된다는 것을 확실히 하였다. 또한 제네바협약을 이러한 원칙들의 '발전'이라고 하여 원칙들과 제네바협약 간의 직접적인 관련성을 확인하였으며, '기본적인 인도주의의 고려'(elementary considerations of humanity)를 반영한 규칙들이라는 것도 강조하였다.[85] 또한 구유고형사법원 항소법정(Appeals Chamber)은 "비국제적 무력분쟁의 희생자 보호에 관한 일반원칙 및 규정들에 의해 보충되는 공통3조의 중대한 위반행위 및 국내분쟁에서의 전투수단과 방법에 관한 기본원칙 및 원칙의 위반은 형사책임을 수반한다"고 했다.[86] 이처럼 공통3조가 규정하고 있는 인도적 규정들은 이를 비준하지 않은 모든 분쟁당사자들에게도 관습법상의 구속적 효력을 가지는바, 어떤 분쟁에서도 존중되어야 한다.

다음으로 제2추가의정서를 들 수 있다. 제2추가의정서는 이전의 성문규범들 뿐만 아니라 관습적으로 통용되어 오던 제국의 관행들을 법전화하고 점진적으로 발전시켰다. 물론 법전화와 점진적 발전이 혼합된 이러한 규범들에서 성문규범의 점진적 발전과 관행의 법전화를 구분하는 것이 어려운 일임에는 틀림없지만, 이들 협약의 일부규정이 이전의 관습적 규칙들을 법전화 했다는 것은 분명하다. 따라서 제2추가의정서 자체가 국제관습법적 지위를 갖는다고 보기는 어렵지만 그 속에 포함된 기본적인 인도적 규칙들은 국제관습인도법의 지위를 가지며 본의정서에의 가입여부에 관계없이 비국제적 무력분쟁의 모든 당사자들에게 구속력이 있다고 볼 수 있다.[87] 제2추가의정서의 비당사국들조차도 공통3조의 기본적인 핵심을 반영한 제2추가의정서의 규정들이 관습법의 일부라는 것을 인정한다.[88] 또한 구유고형

---

85) Military and Paramilitary Activities in and against Nicaragua(Nicaragua v. U.S.), Merits, Judgement of 27 June 1986, ICJ Report, paras.218-220.

86) Prosecutor v. Tadic, Decision on the Defence Motion for Interlocutory Appeal on Jurisdiction, Case No. IT-94-1-AR72, 2 October 1995, para.134. 동 사건이 국제관습인도법의 발전에 미친 영향에 대한 자세한 설명은 T. Meron, "The continuing Role of Custom in the formation of International Humanitarian Law", 90 *AJIL*(1996), pp.239-244 참조.

87) F. Kalshoven, "Applicability of Customary International Law in Non-International Armed Conflicts", in *Current Problems of International Law*, edited by A. Cassese(A. Giuffre Editore, 1975), pp.268-269.

88) Michael J. Matherson, "Humanitarian Law Conference, Remarks", 2 *American*

사법원 상소재판부는 "오늘날 제2추가의정서의 규정들은 현존하는 국제관습법의 선언 또는 생성중인 국제관습법을 구체화한 것 또는 일반원칙으로 발전 중에 있는 것들이다"라고 하여 제2추가의정서의 국제관습법적 성격을 인정하고 있다.[89]

마지막으로 제2추가의정서 서문에서 언급되고 있는 관습규칙인 마르텐스조항(Martens Clause)을 들 수 있겠다. 저명한 국제법 학자로써 헤이그전쟁법회의 제2위원회 제2소위원회 의장이던 러시아 대표 Fodor Fedorovitch Martens는 1907년 '육전의 법규와 관례에 관한 헤이그협약'(Convention on Respecting the Laws and Customs of War on Land) 전문 제8항에 도입된 소위 마르텐스조항을 기초했다(동 조항은 1949년 제네바협약(공통조항, 제1협약 제163조) 및 1977년 제1추가의정서(제1조 2항)에서도 그대로 계승되고 있다). 실제 발생할 수 있는 모든 상황을 다룰 수 있는 규칙을 제정하는 것이 가능하지 않음을 확인한 동 조항은 협약에 의해 규제되지 않는 경우에도 "교전자는 인도의 법칙 및 공공양심의 명령부터 유래되는 문명화된 인민들 사이에 확립된 관습상의 국제법 원칙의 보호 및 지배하에 있다"라고 하여 '인도적 이익 및 점진적인 문명화의 필요성'을 강조하고 인도적 원칙이 무력분쟁에 관한 모든 법전에까지 확대된다는 것을 분명히 하고 있다. 이는 제국들이 국제인도법의 정신과 실질을 준수해야 할 의무가 있다는 것을 인정하고 있다는 것을 의미한다.[90] 따라서 마르텐스조항은 명문의 규정이 없더라도 모든 무력분쟁에 적용되는 관습적 성격을 갖는 일반원칙이라고 볼 수 있을 것이다.

University Journal International Law and Policy(1987), pp.419, 430-431.

89) Prosecutor v. Tadic, *op. cit.*, para.117.

90) M. Lippman, "Crime Against Humanity", 17 *Boston College third World Law Journal*(1997), pp.173. M. Lippman은 이 논문에서 '인도에 대한 죄'의 의의와 기원, 발전과정 및 관련판례를 상세하게 설명하면서 논문의 말미에서 민족적, 인종적 및 종교적 폭력과 적대에 있어서의 적대행위의 발흥은 일국뿐만 아니라 국제사회의 안정을 직간접적으로 위협하고 있다면서 위험에 처한 민간주민을 보호하고 잔악행위를 억제하기 위해서는 '인도에 대한 죄 금지협약'의 채택이라는 과감하고 역사적인 조치를 취할 것을 촉구하고 있다. *Ibid.*, p.273.

제3편 분쟁희생자 보호규정의 적용

제6장 분쟁희생자 보호규정의 적용 및 문제점

제1절 적용 경향

국제인도법의 본질은 '무력분쟁으로 인한 희생자의 보호'에 있다. 그 당연한 결과로 국제인도법이 보다 관심을 두어야 하는 대상은 패배한 측일 수밖에 없으며 국제적 무력분쟁보다 더욱 잔인하고 무자비한 그러면서도 법의 침투가 더욱 어려운 비국제적 무력분쟁에 인도적 법규가 더욱 철저하게 준수되어야 한다는 것은 너무나도 당연한 것이다. 그렇다면 비국제적 무력분쟁에서의 희생자 보호규정들은 현실분쟁에서 어떻게 적용되고 있는가? '희생자 보호'라는 목적을 충분히 달성하고 있는가?

공통3조와 제2추가의정서는 각각 1950년과 1978년 발효된 이후 채택과정에서 제시된 제국의 입장 대립과 그 후에 전개된 국제정치적 상황 등으로 인하여 그 적용을 의무지우는 것이 매우 어려울 것이라는 이들 규정들의 유효성에 대한 회의적인 견해가 지배적이었다.[1] 이러한 견해들은 부분적으로는 근거가 있는 것이었으며 실제적용에서도 그러한 경향이 나타났었다. 당사자들의 합의에도 불구하고 실제로 적용되지 않는 경우가 많았고, 적용되더라도 인도적 규정들이 악용되거나 의도적으로 회피되어 실효적이지 못한 경우가 많았다.[2]

하지만 이들 규정들은 일부 분쟁에서 긍정되고 적용되어 왔다. 물론 그러한 경우에도 대부분은 그 이행이 철저하지 못했지만 그 유효성과 필요성

---

1) Raymunt T. Ying and Robert W. Ginnane, "The Geneva Conventions of 1949", 49 *AJIL*(1952), p.396.

2) E. M. Wheeler, "Humanitarian Law, El Salvador and Protocol Ⅱ: Do these Equal Substantive International Law?", 21 *Case Western Reserve of Journal International Law*(1989), p.204.

을 무의미하게 만들 정도는 아니었으며, 적용분쟁에서의 희생자 보호에 있어 제한적 역할을 수행해왔다는 사실은 긍정적으로 평가되어야 할 것이다.3) ICRC도 그 역할이 때때로 과소평가되거나 심지어 무시되기도 했지만 비국제적 무력분쟁이 발생하면 분쟁당사자에게 역무를 제의하고, 국제인도법의 적용을 촉구하여 왔다. 그 결과 문제가 된 상당수의 분쟁에서 ICRC의 역무제의가 수용되어 상당한 성과를 거두었다. 따라서 비국제적 무력분쟁을 규율하는 법규들의 법적 내용과 그 적용에 있어서의 불충분이 그것들의 실효성에 대한 신념을 퇴색시키는 했지만 이를 지나치게 강조하여 그 무효성을 주장하는 것은 너무 성급한 결론이다.

비국제적 무력분쟁의 정의와 분쟁존부에 대한 객관적 판단기관 및 적용감시기관의 부재로 비국제적 무력분쟁이 얼마나 발생하였으며, 그러한 분쟁에 국제인도법이 어떻게 적용되었는가 하는 것을 확인한다는 것은 매우 어렵긴 하지만,4) 불완전하게나마 무력분쟁에서 실제 적용된 이들 법규들의

---

3) David P. Forsythe, "Legal Management of Internal War:The 1977 Protocol on Non-International Armed Conflict", 72 *AJIL*(1978), pp.276-277. Forsythe는 공통3조는 일반적으로 인식되고 있는 것보다 더 많은 관심을 받았다면서 동조는 국내전에의 국제법 개입의 합법성을 확립하였고, 국제적인 기준에 따라 자국민을 다룰 것을 일국에 요구하는 전 지구적으로 수락된 최초의 국제법으로 내용에 있어 혁명적인 것으로 부족함이 있긴 하지만 만약 동조가 존재하지 않았다면, 국내전을 위한 더욱 효과적인 법의 추구에 있어서의 국제적 노력은 더욱 어려웠을 것이라고 전망하고 1949년부터 1975년까지 공통3조의 적용에 대한 제국의 관행을 1부류: 1949년 4개 제네바협약의 전부 또는 기본원칙의 적용을 위한 특별협정이 체결된 경우(콩고, 예멘(1963-67), 나이제리아), 2부류: 중앙정부가 공통3조의 적용을 명시적으로 수락한 경우(*표한 분쟁은 반란 단체도 공통3조의 적용을 명시적으로 수락한 경우)(과테말라, 프랑스(*), 레바논(*, 1958), 쿠바(*), 예멘(*, 1962), 도미니카공화국, 우루과이, 칠레), 3부류: 중앙정부가 승인하지 않았지만 ICRC가 억류자를 방문하여 공통3조의 적용이 가능했던 경우(알제리, 키프러스, 헝가리, 말레이시아, 케냐, 남베트남, 로데지아, 라오스, 인도네시아, 아덴, 볼리비아, 북아일랜드, 기니아 비사우, 모잠비크, 브룬디, 필리핀, 앙골라, 타일랜드, 이라크(1974-75), 이디오피아, 레바논(1975 이후))로 나누고 있다. *Ibid.*, pp.273-276.

4) 藤田久一, "內戰と1949年Geneva條約", 國際法外交雜誌, 제71권 제2호(1972), pp. 38-39.

대체적인 적용경향은 일반적으로 다음과 같이 분류해 볼 수 있을 것이다.

첫째, 비국제적 무력분쟁에 적용되는 인도적 규정들의 적용요건이 구비되었다고 판단되는 분쟁에서 분쟁당사자(특히 중앙정부)가 '국제적 성질을 갖지 않는 무력분쟁'의 존재를 부정하고 이들 규정들을 적용하지 않은 사례가 많았다.5)

공통3조의 '국제적 성질을 갖지 않는 무력분쟁'이나 제2추가의정서의 '비국제적 무력분쟁'이 제한적이 아닌 융통성있는 개념으로 정의된 결과, 정부는 그 불명확함을 이유로 자국내의 분쟁이 국제인도법이 적용되는 '무력분쟁'이 아니라고 자의적으로 판단하고 주장할 구실을 제공하였고, 인도적 규정을 적용하지 않음으로써 반도에게 법적지위를 인정하지 않고 그들을 진압하기 위한 우월적 지위에 있을 수 있었던 것이다.6) 반면에 반란단체는 공통3조나 제2추가의정서는 물론 특히 그들이 체포되었을 경우 포로대우와 같은 국제적 무력분쟁에 적용되는 인도적 규칙을 정부 측에 요구하고 자신들이 이의 준수를 선언하기도 했다. 왜냐하면 군사적으로 열세인 반도들은 인도적 법규의 보호 아래 들어감으로써 국내적으로나 국제적으로 손실을 입을 것이 아무것도 없었고, 그들의 행위에 정당성을 부여하고 국제사회의 여론과 주민지지를 유도하여 정부군의 항복을 이끌어 낼 수 있기 때문이었다.

〈아프가니스탄분쟁〉

1978년 가을 Taraki정부에 대한 정치적 반대가 무력저항으로 바뀌자 아프가니스탄정부는 1978년 12월 5일 소련과 '선린, 우호 및 협력조약'을 체결함으로써 소련의 정치적, 군사적 지원을 받았다. 1979년 12월 말부터 사태는 급속도로 변화되었으며, Karamal이 대통령에 취임한 이후 소련은 아프가니스탄에 군대를 주둔시켰다. 중앙정부와 반란단체들 간의 무력분쟁은 상당한 인명의 손실과 재산의 파괴를 가져왔지만 정부는 그 상황이 무력분쟁

---

5) R. Geraldson, "What is International Humanitarian Law? The Role of the Int'l Committee of the Red Cross", 31 *The American University Law Review*(1982), p.817; M. Bothe, "Article 2 and Protocol Ⅱ : Case Studies of Nigeria and El Salvador", 31 *The American University Law Review*(1982), p.899.

6) H. McCoubrey, *International Humanitarian Law*(Dartmouth, 1996), p.175.

법의 대상이 아니라고 주장했다. 반면에 소련은 반란군에 체포된 자국병사를 보호하기 위해 아프가니스탄분쟁에 국제적 무력분쟁에 적용되는 규칙들을 적용하고자 했고, 분쟁을 아프가니스탄에 국한된 국내적 분규가 아닌 국제문제로 만들고자 한 반란단체는 소련군의 개입이 분쟁을 국제적 분쟁으로 만들었다면서 체포된 반군들을 '전쟁포로'라고 주장, 정부군에게도 그 보호규칙을 준수할 것을 요구하였다.[7]

ICRC는 반란단체에 대해 계속해서 공통3조를 상기시켰으며 분쟁당사자들에게 기본적인 인도적 규칙들을 존중할 것을 요구했다.[8] 또한 소련군이 군사작전에 참여하는 한 국제인도법을 존중해야 한다고 결론 내렸는데, 아프간정부와 반군간의 관계가 공통3조에 의해 규율되는 것처럼 소련정부가 만약 반군에 대한 군사활동에 참여하면 적어도 공통3조는 존중해야 하고, 아프가니스탄과 소련간의 우호조약은 소련군의 아프가니스탄 주둔에 대한 법적 기초는 되지만 그러나 이것이 분쟁의 타 당사자에 대한 국제의무로부터 자유롭게 하지 않으며, 군사원조를 포함한 원조를 약속한 양자조약이나 다른 어떠한 형태의 권한위임도 무력분쟁에의 국제인도법의 적용가능성에 영향을 미칠 수 없다고 본 것이다.[9]

〈엘살바도르분쟁〉

1979년 10월 15일 무혈 구데타 이후 2명의 중도적인 군인과 3명의 개혁성향의 민간인으로 구성된 5인위원회가 엘살바도르를 통치하게 되었으나 동 위원회는 좌익인 '민족해방전선'(The Farabundo Marti National Liberation Front: FMLN)과 우익인 '민족공화주의자동맹'(National Republicn Alliance: ARENA) 양측으로부터 정치적인 공격을 받았다. FMLN은 토지개혁과 재분배 및 민주적인 정치체제를 지지했으며 이를 위해 공격적인 게릴라전법을 채택했다. 또한 선거제도 개선요구가 수용되지 않는 한 선거에 참여할 것을 거부했는데, 모든 투표권자들은 그들이 투표했다는 것을 나타내기 위하여 도장이 찍힌 신분증을 가지고 있어야 하고 누가 투표했는지 역추적될 수 있기 때문에 동 선거를 반민주적인 것으로 간주했던 것이다. 한편 ARENA군

---

7) H. P. Gasser, "Internationalized Non-International Armed Conflicts: Case Studies of Afghanistan, Kampuchea and Lebanon", 33 *The American University Law Review*(1983), p.151.

8) ICRC Annual Report(1980), p.45.

9) H. P. Gasser, *op. cit.*, pp.151-152.

은 정부참여에 적극적이어서 총선에 참여, 제헌의회 의장과 수상 등 정부고 위직에 많은 회원들을 진출시켰다. 또 준군사조직체인 "death squad"와 긴밀한 관계를 유지, 이들로 하여금 농촌지역에서 민간인들이 FMLN에게 물자를 제공하는 것을 막기 위하여 주어지는 이들을 위협토록 했다.

엘살바도르정부는 ICRC에게 그 영역 내에 대표부를 설치할 것을 허용했지만 정부는 공통3조에 정의된 바와 같은 비국제적 무력분쟁의 존재를 공식적으로 인정하지 않았다.[10] 또한 제2추가의정서 당사국이었지만 이의 적용 또한 거부했다. 동의정서의 적용이 반도에게 교전단체의 권리를 부여하여 반도의 국제적 지위가 증가될지도 모른다는 우려 때문이었다.[11] 한편 FMLN은 국제인도법, 특히 체포된 자들의 대우에 관한 국제인도법을 존중할 것을 ICRC에게 약속하였다.[12] 게다가 ICRC에게 민간인 구호활동을 행할 것을 허용하면서 그 대표들에게 체포된 전투원과 민간인 억류자들을 방문하는 것을 허용했으며, ICRC에게 이들의 일부를 인도하기도 했다.[13]

〈니카라구아분쟁〉

니카라구아분쟁에서 콘트라반군(Contras)은 미국으로부터 무기, 군사훈련 및 재정원조를 받았으며 혼두라스와 코스타리카로부터 약간의 병참지원을 받았다. 혼두라스정부는 콘트라반군에게 자국영토 내에서 콘트라반군을 재보충하고 특히, 군사작전을 수행할 수 있도록 기지와 훈련장소를 설치, 유지하는 것을 허용했다.

니카라구아 정부는 ICRC의 대표소 설치를 허용하면서도 공통3조가 적용되는 비국제적 무력분쟁의 존재를 인정하지 않았다. 하지만 니카라구아정부가 ICRC 대표들이 전투지역에서 민간인 구호활동에 참여하고 체포된 반군들을 방문하는 것을 허용했다는 사실은 분쟁의 또 다른 당사자가 존재한다는 사실을 묵시적으로 인정하고 있다는 것을 의미한다. 반면 콘트라반군은 국제인도법의 준수를 선언했다.[14]

---

10) ICRC Annual Report(1986), pp.36-41.

11) Americas Watch, *The Civilian Toll:1986-1987*(1987), p.26.

12) ICRC Annual Report(1983), p.29. 하지만 FMLN은 국제인도법을 존중해야 할 의무가 있다는 것을 인정했으면서도 의정서의 인도적 법규를 심각하게 위반했다. 위반행위에 대한 자세한 설명은 Americas Watch, *op. cit.*, pp.121-154 참조.

13) ICRC Annual Report(1986), pp.37-38.

14) Robert K. Goldman, "International Humanitarian Law and the Armed Conflicts

둘째, 폭동 또는 반란을 진압하는 정부는 적어도 분쟁초기에는 공통3조를 구속적인 것으로 받아들이지 않는 대신에 긴급사태라고 보아 국내법에 따라 분쟁을 처리하려고 하고, 분쟁이 장기화되면 공통3조 또는 여타 국제인도법의 적용 압력을 받게 되어 반란단체를 인도적으로 취급한다는 약간의 의무를 수락하였다.[15]

하지만 이런 경우에도 결코 공통3조 또는 제2추가의정서의 명시적 수락 형태를 취하지 않는 대신에 ICRC의 역무제의를 수락하는 선에서 그치는 경우가 많았다. 실제로 많은 분쟁에서 정치적 제스추어였든 법적 신념의 표출이었든 기존정부와 반도들은 인도적 법규를 승인하고 존중하여 그 보호의 그늘속으로 들어가기를 희망하기도 했었지만 대부분의 경우 너무나도 늦게 인도적 법규의 유용성을 확인하곤 했다.

〈알제리분쟁〉

1954년 11월 프랑스의 식민지지배에 대한 알제리아인의 무장봉기로 시작된 알제리분쟁에서 독립달성(1962년 7월 3일)에 이르기까지 계속된 분쟁에서 프랑스정부가 공통3조의 적용을 인정한 것은 1956년 6월 23일이 되어서이며 그것도 단지 ICRC의 역무제공을 허가하고 그 대표의 수용소 방문을 허용했을 뿐 동조가 규정하는 인도적 대우의 보장에 관해서는 언급조차 하지 않았다. 한편 프랑스군에 의해 반도로 간주된 알제리아민족해방전선(FLN) 측은 1955년에 명시적으로 공통3조의 적용을 승인하였다.[16]

이와 같이 비록 프랑스는 매우 소극적, 제한적이기는 했지만, 알제리분쟁의 양 당사자는 공통3조의 준수에 동의했으며, 그 이후 대체적으로 동조를 위반하였음에도 불구하고 공개적으로 그리고 반복적으로 상대방에게 동조의

---

in El Salvador and Nicaragua", 2 *The American University Journal of International Law and Policy*(1987), p.544.

15) James E. Bond, *Rules of Riots: Internal Conflict and the Law of War* (Princeton University Press, 1974), pp.60-61.

16) Eldon V. C. Greenberg, "Law and the Conduct: Algerian Revolution", 11 *Harvard International Law Journal*(1970), pp.49-50.

인도적 규정들을 존중할 것을 요구했으며, ICRC도 프랑스와 FLN 간의 협정 체결을 주선하는 등 수 차례 인도적 제의를 제안했었다.[17] 실제로 프랑스는 불충분하나마 전투원과 민간인을 구별하고 ICRC에게 억류자를 방문하도록 허용했으며 프랑스법원은 알제리인 억류자에게 엄격한 프랑스법을 적용받지 않을 법적 지위를 인정했다. 또한 FLN은 포로들에게 가족들과 서신왕래를 허용했으며 분쟁종식 전에 억류자들을 본국으로 송환하였다.[18]

〈나이제리아분쟁〉

나이지리아에서 적대행위가 일어나기 전 양 분쟁당사자는 국제인도법의 존중을 확인하였다. 정부군 지도자 Gowon 장군은 ICRC의 역무제공이 Biafra의 법률적 승인을 의미하지 않는다는 보장을 받은 후 제네바협약의 존중을 보장하였으며, Biafra분리운동의 지도자 Ojukwu대령도 Biafra는 제네바협약을 준수할 것이라고 선언했다.[19] 하지만 나이제리아정부는 비록 ICRC에게 어떤 인도적 기능을 행사할 것을 허용하고 자신이 인도적으로 군사활동을 할 것을 합의했음에도 불구하고 협약의 규정을 준수할 어떤 법적 의무를 인정하지 않았다.[20]

셋째, 공통3조는 비국제적 무력분쟁이 존재하기만 하면 교전단체 승인여부와는 관계없이 적용되는 것이다. 따라서 분쟁당사자들은 무력분쟁이 발생한 경우 공통3조의 적용을 우선적으로 요구하기도 하였으나 일부분쟁에서 반란단체는 기본적인 인도적 규정만 적용되는 공통3조보다 오히려 제네바협약의 원칙과 여타 기본적 규정의 적용을 요구하였으며, 더 나아가 반란단체가 일정한 지배지역을 획득하거나 국제연합 결의 등에서 전쟁의 합

---

17) ICRC는 1958년 5월 28일 공통3조 준수, 보복금지, 포로의 인도적 대우 등을 골자로 하는 협정초안을 제의했으며, 이후 같은 해 10월 1959년 12월에도 반복하여 제의했지만 반군의 국제적 법인격을 인정하는 것으로 오해될 수 있다는 프랑스의 입장과 알제리분쟁을 공통3조 분쟁에 한정하기를 꺼리는 반군 측의 입장 차이로 채택되지 못했다. *Ibid.*, p.51.

18) David P. Forsythe, *op. cit.*, p.277.

19) J. Freymond, "Aid to the Civil War in Nigeria", 109 *IRRC* (1970), p.66.

20) T. Farer, "Humanitarian Law and Armed Conflicts: Toward the Definition of International Armed Conflict", 71 *Columbia Law Review*(1971), pp.37-43.

법성을 인정받게 되는 경우에는 그 분쟁이 공통3조 분쟁이 아니라 국제적 무력분쟁(제2조 분쟁)이라 주장하여 협약전부의 적용을 요구하는 경우도 있었다.[21] 마찬가지로 제2추가의정서가 적용될 수 있을 정도로 조직화된 분쟁에서도 반란단체들은 제2추가의정서 이상의 국제적 무력분쟁에 적용되는 국제인도법의 적용을 요구하였고 그러한 주장의 일부는 받아들여지기도 했었다.

또한 과테말라분쟁, 예멘분쟁 및 도미니카분쟁에서 볼 수 있듯이 비교적 단기간의 무력분쟁이나 외부의 대규모적인 군사개입이 없는 분쟁에서는 공통3조의 적용만에 그치는 경우가 많았지만, 반도가 사실상의 국가적 조직을 갖추고 분쟁이 장기화할 경우 또는 외국군이나 국제연합군이 상당히 대규모로 군사개입한 알제리아, 콩고, 베트남 및 나이제리아분쟁 등에서는 공통3조 이상, 즉 제네바협약의 원칙 나아가 동 협약 전부의 적용이 권유되고 인정받은 경우도 있었다. 그러나 이 구별도 그다지 엄격히 일반화할 수 없고, 전자의 경우에서도 예멘분쟁에서 볼 수 있듯이 상대방에 체포된 전투원이 처벌되지 않고 교환, 석방되는 사례도 있어 공통3조의 보호규정을 능가하는 실행도 있었으며, 후자의 경우 제네바협약의 적용가능성에 대해 분쟁당사자 간의 태도가 대립되거나 각자가 주장하는 적용법규가 다른 경우도 있었다.[22]

　〈예멘분쟁〉
　예멘에서는 1962년 9월 일단의 장교들에 의해 쿠데타가 발생하여 예멘아랍공화국이 선언되었으며 10월에 혁명정부와 기존정부 간의 무력분쟁이 실질적으로 시작되었다. 분쟁초기 수감자의 사형집행, 민간인에 대한 공중폭격, toxique가스의 사용 등 국제인도법의 위반이 있었다.[23]

---

21) 藤田久一, 國際人道法(有信堂, 1993), p.217.

22) 藤田久一, "內戰と1949年Geneva條約", *op. cit.*, pp.41-42, 주)3 참조.

23) K. Boals, "The Internal War in Yemen", in *The International Law of Civil War*, edited by Richard A. Falk(The Johns Hopkins University Press, 1971), pp.314-317.

ICRC는 제네바협약의 존중을 요구하기 위해 양 당사자에 대표단을 보내 동년 12월 중앙정부로부터 부상자와 수감자의 대우에 관한 제네바협약의 본질적 규정의 존중을, 공화국대통령으로부터는 제네바협약 주요규칙들의 준수를 확약받았다. 이러한 공통3조의 준수약속은 예멘이 아직 제네바협약 당사국이 아닌 때인 만큼 주목할 만한 것이다(1970년 7월 16일 가입). 양 분쟁당사자들은 ICRC가 수감자를 방문하여 그들을 교환하고, 민간인들에게 원조를 제공하는 것을 허용하였으며 국제인도법의 존중에 협조하는 등 분 쟁초기에 취해진 약속을 존중하고자 노력했다.[24]

〈콩고분쟁〉

콩고(현재의 자이레)는 1960년 6월 30일 벨기에로부터 독립했지만 1주가 지나기도 전인 7월 5일 폭동이 발생했다. 그 이후 벨기에와 국제연합 등 외 부의 개입은 정치적으로 뿐만 아니라 국제인도법의 적용을 더욱 복잡하게 했다. 콩고분쟁에서 특별히 문제가 된 것은 국제연합군(ONUC)에 대한 제 네바협약의 적용문제였는데, 국제연합 사무총장(UThant)은 ONUC는 '무력 분쟁에 관한 원칙과 일반적인 국제협약의 정신을 존중'할 것을 피력했다.[25]

ICRC는 의료구호활동을 전개하면서 제네바협약, 특히 공통3조를 승인·적용시키기 위해 분쟁당사자들과 교섭을 계속하는 동시에 민간인 대량학살 의 방지 및 국제인도법 원칙의 존중을 ONUC를 포함한 각 분쟁당사자에게 촉구하였다.[26] 1961년 2월 20일 중앙정부는 1949년 제네바협약의 적용을 재확인하는 선언을 하였으며, 카탕가당국도 2월 22일 인도주의 제 원칙에 동의함을 선언함으로써 ICRC의 요청에 호의적으로 답변했으며 ICRC대표 의 수용소 방문을 허용하였고, 정기적으로 포로를 석방하기도 하였다.[27]

〈베트남분쟁〉

베트남분쟁이 1965년 2월 미국의 대규모 북폭개시로 무력분쟁으로 표면

---

24) *Ibid.*, pp.315-316.

25) Donald W. McNamar, "The Post-independence War in the Congo", in *The International Law of Civil War, op. cit.*, pp.260-262.

26) M. Veuthey, "Implementation and Enforcement of Humanitarian Law and Human Rights Law in Non-International Armed Conflicts: The Role of the International Committee of the Red Cross", 33 *The American University Law Review*(1983), p.83.

27) Donald W. McNamar, *op. cit.*, p.260.

화 되자, ICRC는 동년 6월 11일 모든 분쟁당사자에게 '베트남에서의 적대행위는 무력분쟁으로 확대되었으므로 이에는 국제인도법 규칙의 전부가 적용되지 않으면 안 되고, 분쟁당사국 -베트남공화국(남베트남), 베트남민주공화국(북베트남), 미국 및 민족해방전선(National Liberation Front)- 은 비준 또는 가입한 제네바협약에 구속되며 해방전선도 베트남이 서명한 협약에 구속된다'는 취지의 입장을 전달했다. 특히 유니폼을 착용하고 군소속을 명확히 표시하는 표식을 부착한 전투원이 체포된 경우 포로자격을 지니며, 인도적 대우를 받지 않으면 안 된다는 점도 강조했다.

이에 대해서 남베트남, 미국 및 뉴질랜드정부는 제네바협약 규정에 따라 긍정적으로 답했지만, 북베트남 및 민족해방전선의 회답은 부정적이었는데, 그 이유로 자신들이 제네바협약에 서명하지 않았다는 것과 동 협약은 해방전선의 행동 및 군사조직에 부합하지 않는 규정을 포함하고 있다는 것을 들었다. 그러나 자신들의 권력 내에 빠진 포로에게는 인도적 대우를 보장한다고 했다.[28] 이 부정적 해답을 받은 ICRC는 해방전선에게 제네바협약의 본질적 규정의 적용을 요구하였고, 1968년 2월 9일 재차 모든 분쟁당사자들에게 보낸 'appeal'에서 제네바협약 전부의 적용보다 '보편적으로 승인된 인도적 원칙'의 구체적 내용을 열거하고 그 준수를 요구했다.[29]

제2절 적용상의 문제점

이상의 적용경향에서 살펴본 바와 같이 인도적 제 규정은 실제 일부 무력분쟁에서 긍정되고 적용되어 왔지만 법의 실효성과 강제성이라는 일반적 관점에서 볼 때 만족스럽지 못했다고 평가할 수 있을 것이다. 그렇다면 그 이유는 무엇인가? 이에는 다음과 같은 요인들을 들 수 있다.

---

28) Richard A. Falk, "The Geneva Convention and the Treatment of Prisoners of War in Vietnam", in *The Vietnam War and International Law*, edited by Richard A. Falk(Princeton University Press, 1969), pp.402-415.

29) 藤田久一, "內戰と1949年Geneva條約", *op. cit.*, pp.45-46.

1. 분쟁 환경의 특성

비국제적 무력분쟁은 전통적인 국제적 무력분쟁과는 달리 분쟁당사자 간 전술, 조직, 영역통제 등에서 불평등하다. 따라서 전력이 우세한 자(주로 중앙정부)는 열세 측을 완전 소탕하여 장래의 불안요인을 제거하려 하고 열세측은 생존과 정부전복을 위해 필사적으로 저항하기 마련이어서, 그 과정에서 전투수단과 방법의 제한, 민간주민의 보호와 같은 인도적 규정은 무시되는 것이 일반적이었다.

이처럼 대부분의 비국제적 무력분쟁은 적어도 초기단계에서는 소위 '불균형적인 분쟁'(asymmetrical conflicts)일 수밖에 없으며, 이러한 분쟁당사자 간 전력에 있어서의 심한 불균형은 대개 약자인 반도들을 비전통적인 전투방법, 즉 게릴라전에 의존케 함으로써 '빈자의 전쟁'(poorman's war)을 수행케 한다.[30] 게릴라전술은 통상적인 수단에 의한 정규군간의 적대행위와는 달리 산개한 게릴라에 의한 위장성과 은밀성을 주요 특징으로 하는 기습전법을 취하는데, 민간주민들 속에서 행해지기 때문에 전투원과 비전투원의 구별이 어렵고 이에 따라 민간주민들의 희생이 클 수밖에 없다.[31]

이러한 게릴라전의 성행은 분쟁기간에도 영향을 미치고 있다. 과거의 비국제적 무력분쟁은 성공하건 실패하건 단기간의 승부였지만, 오늘날의 비국제적 무력분쟁들에서는 게릴라전 등 비정규적 전투방식의 채택으로 대개 장기적 투쟁형태를 띠고 있다. 이러한 분쟁의 장기화는 게릴라전과의 결합으로 인도적 제법규의 적용에 대한 지속적인 감시와 적용의지를 좌절시키게 되고

---

30) 게릴라라는 용어는 소규모 전투방법 내지 전투형태, 그러한 방법 내지 형태로 전투를 수행하는 자 및 분쟁의 성질을 표현하는 의미로 사용되는바, 게릴라를 전투방법 내지 형태로 파악할 때 그것은 경무기를 사용하고 기습방법에 의존하며 정면대결을 피하는 이동집단에 의해 수행되는 것을 특징으로 한다. 따라서 게릴라전은 은밀성과 야행성을 띠지 않을 수 없다. 김찬규, "전쟁법상의 새로운 개념", 경희법학, 제19권 제1호(1984), pp.4-5.

31) 최은범, "제네바협약 추가의정서에 있어서의 전시 민간인 보호의 강화", 국제법학회논총, 제27권 제1호(1982), p.367 참조.

따라서 희생자 예방이나 구호활동의 부족으로 희생을 증대시키고 있다.

2. 적용요건 및 법규내용의 불명확성

공통3조는 모든 '국제적 성질을 갖지 않는 무력분쟁'에 '당연히(ipso jure)', '자동적(automatic)'으로 적용되기 때문에 '무력분쟁'을 결정하기 위한 객관적인 요건들이 확립되어야 했으나 실체적이고 절차적인 기준들을 규정하고 있지 않은 채 단지 '국제적 성질을 갖지 않는 무력분쟁'만을 언급하고 있다.

이러한 분쟁의 실체적 정의에 대한 침묵은 동조의 최저적용요건, 즉 '국제적 성질을 갖지 않는 무력분쟁'의 존재를 확인하기 위한 필요하고도 충분한 최소한의 조건은 무엇인가? 그러한 분쟁은 최저적용요건에 도달하지 않은 저수준의 폭력사태와 국내질서의 붕괴(국내적 소요 및 긴장)와는 어떻게 구별되는가? 하는 문제와 중앙정부에 의해 그러한 분쟁의 존재가 부정될 수 있는 여지를 남겨, 공통3조의 적용여부에 대해 분쟁당사자 간 및 분쟁당사자와 국제사회(국제연합, ICRC, 기타 인도적 기관 및 개별국가)간 마찰을 빚게 하고 동조의 적용거부를 정당화하기도 하였다.

이러한 문제는 제2추가의정서도 마찬가지다. 반란군에 의한 '영역의 일부에 대한 통제'의 기준이 통제의 정도(양)보다는 통제의 내용(질)까지 포함하는지라 일반적으로 무기준, 무질서로 다양하게 해석되고 있다. 무력분쟁, 특히 비국제적 무력분쟁에서의 전황은 계속적, 유동적으로 변하기 때문에 어느 정도의 시간, 범위 및 강도의 점령이 그 지역을 통제했다고 할 수 있을 것인가 하는 것은 분명하지 않다.[32]

또한 군대 또는 특수 경찰력이 개입하는 간헐적인 폭력행위로 특징지워지는 국내소요 및 대량체포로 특징지워지는 국내긴장과 비국제적 무력분쟁의 초기단계를 명확하게 구분하는 것도 어렵다. 멀리 떨어진 곳에서 발생

---

32) S. Junod, "Additional Protocol Ⅱ : History and Scope", 33 *The American University Law Review*(1983) p.37.

하는 사태의 범위와 특징은 정보의 부족으로 정확한 판단이 어려울 뿐만
아니라, 정치적 이유 등으로 의도적으로 과소평가되는 경우가 많고 전쟁선
언 또는 국가의 영토적 통일에 대한 위반과 같은 방법에 의해 상대적으로
무력분쟁의 개시시점의 확인이 쉬운 국제적 무력분쟁과는 달리 비국제적
무력분쟁은 단순한 국내적 소요 및 긴장에서 무력분쟁으로 서서히 변해가
는 경향이 강하기 때문이다.[33] 이처럼 공통3조와 제2추가의정서의 적용분
쟁을 결정하기 위한 객관적인 요건과 절차의 부재는 이들 법규들의 적용을
어렵게 하는 중요한 요소 중의 하나라는 것을 보여준다.

비록 이러한 문제들이 해결된다 하더라도 국제인도법을 적용하는 데 있어
어려움은 여전히 남는다. 비국제적 무력분쟁을 규율하는 법규들은 매우 간
결한 형태로 희생자 보호를 위한 필수적인 것으로 간주되는 소수의 원칙들
만을 규정하고 있다. 국제적 무력분쟁은 약 500개의 조문으로 규제되지만 비
국제적 무력분쟁은 극소수의 조문만으로 규제되기 때문에 불명확하다. 그래
서 체포된 전투원과 민간억류자들의 대우, 보호 및 무차별 공격으로부터의
민간인 보호와 같은 수많은 중요한 문제들을 언급하지 않았거나 언급하더라
도 간접적으로 표현하고 있다. 이러한 간결하고 일반적 조문은 법규정으로
서 '자기집행력'(self-executing)이 부족하고, 국제인도법이 적용되기 위해 가
장 필요로 하는 '조건과 상황의 명확한 규정'(a clear regulation of specific
hypotheses and situation)을 결여하고 있어 이들 규정이 제공하는 보호의
내용과 정도에 관하여 해석의 여지를 많이 남기고 있다. 이처럼 비국제적 무
력분쟁을 규율하는 법규정의 불명확성은 이들 법규들의 적용을 저해하는 또
다른 중요한 하나의 원인이 되고 있다.[34]

---

33) Richard N. Kiwanuka, "Humanitarian Norms and Internal Strife : Problems
   and Prospects", in *Implementation of International Humanitarian Law*,
   edited by F. Kalshoven and Y. Sandoz(Martinus Nijhoff Publisher, 1989),
   p.234.

34) Robert K. Goldman, *op. cit.*, pp.552-557 참조.

3. 국가주권의 저항

공통3조와 제2추가의정서는 비국제적 무력분쟁이 일국의 영토 내에서 발생하면 반란단체에 대한 승인여부와는 상관없이 최소한의 인도적 규정이 적용될 수 있다는 원칙을 확립함으로써 배타적인 국내문제로 간주되어온 비국제적 무력분쟁에도 적용할 수 있게 되었다. 그러나 원칙수준에서의 이러한 의의에도 불구하고 그 적용은 국가주권원칙에 의해 많은 어려움을 겪고 있다.[35]

비국제적 무력분쟁의 당사자들은 분쟁정도에 관계없이 그것들을 '제한된 범위 내에서 국제적 규칙과 요건에 의해 영향을 받는 국내적 관심사항'으로 간주하며, 국제인도법과 관련된 어떠한 제안도 그 국가의 국내문제에 대한 간섭으로 보는 경향이 있다.[36] 또한 국제적 무력분쟁에 적용되는 규정들과 비교해 볼 때 비국제적 무력분쟁을 규율하는 법규정에는 중대한 위반행위 규정, 이익보호국 제도 및 사실조사 절차 등 관련법규의 적용을 강제할 수단들이 없다.[37] 이는 전통적으로 국내관할사항이라고 인정되어온 비국제적 무력분쟁의 규제에 있어 주권행사를 제한할 수도 있는 강력한 인

---

35) 외교회의 벽두부터 일부국가(이라크, 인도, 인도네시아, 필리핀, 브라질 및 나이제리아 등)들은 국내분쟁에 대한 국제적 규정의 적용에 관한 거의 모든 제의에 반대했다. 이들 국가의 대표들은 주권은 국내법 질서에 대한 국가기관의 최고권을 의미한다면서 국제적 규제는 이러한 최고권을 침해한다는 것과 국내법은 인도적 고려와 안보적 이익 간 적절한 균형을 유지하는 데 있어 국제법보다 더욱 적절하다는 것을 주장했다. 대표적으로 이라크의 주장에 대해서는 CDDH/ I /SR, p.9 참조. 이러한 입장에 반대한 소수의 국가(노르웨이, 스칸디나비아제국 및 Holy See 등)들은 분쟁의 법적 범주가 어떠하든 무력분쟁의 희생자에게 동일한 보호가 주어져야 한다고 주장했다.

36) D. E. Graham, "The 1974 Diplomatic Conference on the Law of War: A Victory for Political Causes and a Return to the 'Just War' Concept of the Eleventh Century", 32 *Washington and Lee Law Review*(1975), pp.25-26.

37) Y. Sandoz, "Implementing International Humanitarian Law", *International Dimension of Humanitarian Law*, edited by UNESCO(Martinus Nijhoff Publishers, 1988), p.280.

도적 법규의 출현을 원치 않았기 때문이다. 공통3조와 제2추가의정서가 채택된 외교회의는 정치적 고려와 군사적 이유를 들어 인도적 고려를 희생시켰던 것이다.

공통3조는 그 적용이 분쟁당사자의 법적지위에 영향을 미치지 않는다고 하여 반도에 대한 국제적 지위부여의 가능성을 차단하였고, 더 나아가 제2추가의정서는 "불간섭"이라고 명명된 제3조에서 이를 더욱 확실히 하고 있다.

1. 본 의정서의 어떠한 규정도 모든 합법적인 수단으로 국내의 법과 질서를 유지 또는 회복하거나 국가의 통일성 및 영토보전을 수호하는 국가의 주권 및 정부의 책임에 영향을 미칠 목적으로 원용되어서는 안 된다.
2. 본 의정서의 어떠한 규정도 체약국의 무력분쟁이나 대내 또는 대외문제에 어떠한 이유로든지 직접 또는 간접으로 간섭하는 것을 정당화시키기 위하여 원용되어서는 안 된다.

동조에서 언급된 국가주권에 대한 유일한 제한은 '합법적인 수단'뿐이다. 하지만 분쟁에서 사용된 수단의 합법성을 평가하는 것은 분쟁국 자신이기 때문에 이는 매우 제한적일 수밖에 없다.

하지만 국제인도법을 이행할 절대적인 필요성은 국가주권원칙에 대한 제한을 요구할 수밖에 없다. 이는 장차 합리적으로 해결하여야 할 난제이지만 국가의 기본적인 권리로서의 확고한 지위를 갖고 있는 주권의 양보를 얻어낸다는 것은 과거의 경험으로나 현실의 제국의 태도에 비추어 볼 때 결코 쉬운 일도, 가까운 장래에 가능한 일도 아닌 것 같다. 따라서 현시점에 있어 중요한 것은 국가주권의 실체와 지위를 인정하는 기초 위에서 인도적 원칙과 규칙의 현실적 적용을 확보하는 문제에 대한 진지한 노력을 계속하면서 주권의 양보와 이해를 이끌어내기 위한 합리적 설득을 병행해 나가는 것이다.

4. 이행 및 강제규범의 허약

제네바협약 및 제1추가의정서에 규정된 이행 및 강제체계가 공통3조 및 제2추가의정서에서는 아무런 언급이 없거나 있더라도 매우 축약된 형태를 띠고 있다. 공통3조는 비국제적 무력분쟁에서 "ICRC와 같은 공정한 인도적 기관들은 그 역무를 분쟁당사자에게 제공할 수 있다"라고 규정하고 있지만 이 규정은 ICRC에게 그 역무를 제공할 것을 의무지우는 것도, 분쟁당사자에게 그것을 받아들일 의무를 부과하는 것도 아니다.[38] 이러한 제한적 접근은 제 정부의 공통3조의 수용을 위해 불가피한 것이었다. 공통3조 4항이 "전기 규정의 적용은 분쟁당사자의 법적 지위에 영향을 미치지 않는다"라고 명시적으로 규정하고 있는 것도 그러한 이유에서였다.

제2추가의정서도 강제와 이행 면에서 매우 허약하다. 많은 결점에도 불구하고 제2추가의정서는 국내분쟁에 적용되는 실제적인 인도적 규범에 있어 상당히 발전했지만 주권에 집착한 외교회의 참여국들은 강제적 이행규범의 채택을 꺼려 이행 및 강제문제에 대한 매우 완곡하게 표현된 몇몇 조항들조차 의정서가 채택되기 전 ICRC초안의 토의과정에서 모두 삭제되었다.

분쟁당사자는 ICRC와 같은 공정한 인도적 기관에 의해 억류된 자들에 대한 방문을 용이하게 하도록 노력해야 한다고 규정한 제8조 5항, 분쟁당사자는 그 영역 내에 있는 군사 및 민간기관과 개인들에 의한 의정서의 준수를 보장하기 위하여 조치를 취할 의무를 가진다고 규정한 제36조, 체약국은 군대와 민간주민 교육프로그램에 의정서 교육을 포함시켜 그들이 의정서를 알 수 있도록 해야 한다고 규정한 제37조 1항, 분쟁당사자는 협정 또는 일방적 선언에 의해 제네바협약과 제1의정서의 일부 또는 전부를 시행하도록 노력해야 한다고 규정한 제38조 및 분쟁당사자는 본 의정서 규정

---

38) 실제로 분쟁당사자들은 ICRC의 역무제의를 항상 수락하지는 않았으며 비록 수락하더라도 ICRC의 역할과 활동영역을 제한하였기 때문에 역무제의 및 이의 수용이 공통3조의 정신 및 인도적 제법규의 준수에 대한 확실한 보장이 되지 못했다. G. Abi-Saab, "Non-International Armed Conflicts", *Ibid.*, p.224.

의 준수에 있어 협력하기 위하여 ICRC와 같은 공정하고 유효한 모든 보장을 제공하는 단체에 요청할 수 있으며 그러한 단체는 또한 그 역무를 분쟁당사자에게 제공할 수 있다고 규정한 제39조 등을 삭제하였다. 이 규정들을 비국제적 무력분쟁에서의 의정서 적용의 '감시' 또는 '통제'수단으로 본 국가들은 이를 국내문제에 대한 용인할 수 없는 간섭으로 이해하여 외교회의에서 거부하였다. 그 결과 제2추가의정서에는 국제조약에서 가장 일반적이고 구속력이 약한 이행규정인 '당사자는 그 준수를 보장하여야 한다'는 일반적인 조항조차도 없다.[39]

다만 제18조에서 '본의정서는 가능한 한 넓게 보급되어야 한다'고 하여 국제인도법의 내용을 널리 교육할 필요성을 인정하고 있을 뿐이며, 이것이 제2추가의정서 이행을 위한 체약국의 책임을 말하고 있는 유일한 규정이다. 이러한 비강제적, 불구속적인 규정이 분쟁당사자에게 인도적 의무를 강제하는 것으로, 분쟁희생자에게 인도적 보호를 가져올 것으로 보기는 어려울 것이다.

---

39) L. C. Green, "Enforcement of the Law in International and Non-International Conflicts: The Way Ahead," 24 *Denver Journal of International Law and Policy*, No.2/3 (1996), p.314.

제7장 사례연구: 코소보 분쟁과 희생자 보호
-코소보 사태에서의 국제인도법의 적용-

제1절 서 언

북대서양조약기구(North Atlantic Treaty Organization: NATO)는 99년 1월 코소보내 라차크 마을에서 발생한 유고군의 알바니아계 주민에 대한 대량학살 사건 이후 유고연방과 알바니아 대표를 프랑스 랑부예(Rambouillet)로 불러 평화협상을 개최, 양측에게 평화안[1]을 수용할 것을 촉구했다.

유고연방이 해체된 이후 줄곧 독립을 요구해온 코소보는 독립포기와 코소보해방군(Kosovo Liberation Army: KLA)의 해체에 강력하게 저항하다 미국 등 중재자의 압력에 밀려 '3년 동안의 자치'를 받아들여 결국 평화안을 수용하였지만, 코소보지역을 14세기 세르비아인들이 오스만투르크의 침략을 지켜내 민족성지로 여기고 있는 유고연방은 독립국인 유고연방에 나토군이 주둔하는 것을 절대로 받아들일 수 없다며 이를 거부하였다. 이에 나토군은 코소보주 알바니아계 주민에 대한 인종청소와 강제추방을 중단시킨다는 명분으로 1999년 3월 24일 유고연방에 대해 공습을 감행했다.

국제사회의 끈질긴 노력에도 불구하고 끝내 무력분쟁을 초래한 코소보 사태의 근본적인 원인은 크게 두 가지로 요약될 수 있다. 하나는 알바니아계와 세르비아계로 구성된 약 2백만 명의 코소보 주민 중 약 90%에 달하는 알바니아계가 세르비아공화국의 지원을 받는 소수의 세르비아계에 의해 핍박을 받고 있었고, 다른 하나는 알바니아계는 코소보주를 역사적으로 알

---

1) 중재그룹의 코소보 평화협상안의 구체적 내용은 다음과 같다. ① 코소보지역 자치권 부여, ② 3년 후 자치권 재검토, ③ 코소보평화군(KLA) 해체, ④ 세르비아 경찰 철수·연방군 축소, ⑤ 민족구성대비 새로운 경찰조직 창설, ⑥ 평화안 이행감시를 위한 나토군 주둔.

바니아인의 땅이라고 주장하는 반면 세르비아인들은 1389년 코소보주도인 프리슈티나 일원에서 10만 대군이 오스만터키군에 전멸당한 뒤 이 지역을 '세르비아 자유의 무덤', '세르비아인의 심장이며 핵심', '민족의 성지'로 여기는 등 코소보 지역에 강한 집착을 갖고 있었다는 것이다.[2]

사회주의 정권의 붕괴 이후 연쇄적인 민족분쟁의 소용돌이에 휩싸여 온 유고지역은 구성민족과 관련국들의 이해관계가 매우 복잡하게 얽혀 있어 나토공습에 대한 각국의 입장은 큰 차이를 보였다.[3] 세르비아공화국의 한 행정구역(주)인 코소보의 분리독립투쟁과 그 이후에 전개된 상황(기본적으로는 국내분쟁임)에 대한 나토공습의 국제적 정당성에 의문이 제기되었으며, 그 외에도 나토의 공습과 유고의 대항과정에서 야기된 유고연방군 및 나토군의 전투행위와 전쟁법 또는 국제인도법과의 양립여부 및 민간주민과 난민 등 분쟁희생자의 인도적 보호문제 등에 대해서도 논란이 일었다.

이러한 제반 국제법적 문제 중에서 본 연구는 코소보에 대한 나토공습 기간(1999. 3. 24~1999. 6. 9) 중의 국제인도법의 적용문제에 초점을 맞춰 분쟁과정에서 야기된 당사자들의 위반사례들을 검토해 보고자 한다. 여기서 검토될 위반사례들은 주로 나토군과 유고연방군에 의해 행해진 것들에 한정할 것이다. 다만 KLA에 의해 자행된 비인도적 행위들은 반란단체에 의한 국제인도법 위반의 심각성을 지적하기 위하여 6월 9일 나토와 유고 간에 코소보 평화안 이행을 위한 군사협정 서명 이후 발생된 것들을 개괄적으로 언급하는 수준에서 그칠 것이다. 왜냐하면 나토공습 기간 중의 전투상황은 나토와 유고군을 중심으로 전개되었으며, 그 결과 KLA의 활동

---

2) 코소보는 1389년 세르비아의 라자르왕과 10만 명의 세르비아 병사들이 북진하는 이슬람세력에 맞서 싸우다가 몰살당한 전장이었다(코소보 폴레(검은새의 평원)전투). 그 후 발칸반도는 500여 년간 오스만투르크의 지배를 받았다. 이로써 동서로마의 경계에 위치해 동방교회(정교회)와 서방교회(카톨릭)의 각축장이었던 발칸반도는 이슬람이라는 또 다른 세력의 유입으로 더욱 복잡한 민족과 종교구성을 갖게 되었다.

3) 나토의 유고연방 공습에 대한 국제연합 및 주요국의 입장에 대한 자세한 설명은 국제문제연구소, "유고 공폭에 대한 각국의 입장", 국제문제, 통권 제348호(1999. 8), pp.74-87 참조.

은 상대적으로 위축되어 국제인도법 위반행위도 단발적이고 개인적인 것들이 많았으며, 공습기간 중 KLA에 의해 자행된 비인도적 행위도 공습 이후의 그것에 비해 그 정도도 훨씬 덜 했기 때문이다.[4]

제2절 코소보 분쟁의 배경 및 과정

1. 배 경

세르비아 민족주의는 오스트리아 황태자 암살로 표출, 제1차세계대전의 도화선이 되었지만 전후 전승국으로서 세르비아는 크로아티아와 슬로베니아까지 아우른 '유고슬라비아'(남슬라브)의 출현을 주도하였다. 그러나 제2차세계대전 이후 티토는 민족주의를 철저히 금지하면서 세르비아 주도의 유고슬라비아를 민족, 언어, 역사적 경계선에 따라 6개 공화국으로 구성되는 유고연방으로 변모시켰다. 이 시기 민족갈등은 수그러들었지만 코소보는 세르비아공화국 내 자치지역으로 남아 장차 분쟁이 발생될 불씨를 안고 있었다.

1980년 티토 사망 1년 뒤 코소보에서 독립을 요구하는 폭동이 일어난 후, 알바니아계의 독립요구가 계속되자 코소보에 대한 세르비아人들의 반감도 고양되었다. 당시 코소보문제를 담당하고 있던 밀로세비치는 세르비아人들의 이런 민족감정을 이용하여 자신의 정치적 기반을 강화하였으며, 1989년 세르비아 대통령이 된 후 민족문제를 금기시해 왔던 유고연방의 전통을 깨고 세르비아 민족주의자로 변신하여 코소보와 보이보디나(헝가리인 자치주)의 자치권을 박탈하고 직접 통치에 나섰다.[5]

---

4) 나토공습 개시(1999. 3. 24) 이전 KLA에 의한 국제인도법 위반행위에 대해서는 Human Rights Watch, "Humanitarian Law Violation in Kosovo", Report Vol.10, No.9(D) (October 1998) 참조.

1989년 밀로세비치가 '코소보 풀레'에서 연 대규모 군중집회는 '大세르비아주의'를 부추기고 유고내전을 촉발한 기폭제가 되었다. 이때 코소보 내 알바니아계 지도자들은 크로아티아, 슬로베니아, 보스니아 등 옛 유고연방의 4개 공화국이 분리독립하는 제1차 유고내전의 와중에서도 세르비아 민족주의를 의식해 유고연방으로부터의 독립대신에 자치권 회복에 주력했다. 과거 세르비아인들이 저지른 알바니아인들에 대한 학살을 잊지 못하는 그들은 또다시 발생될 수도 있는 그러한 잔혹한 학살을 두려워했던 것이다. 이 때문에 내전의 소용돌이는 코소보를 비켜갔었다.[6)]

그러나 세르비아의 억압정책과 무기력한 알바니아계 지도부에 반발한 KLA의 무장투쟁에 대해 세르비아가 무자비한 소탕전으로 맞서면서 코소보문제는 국제사회의 주요 이슈로 등장했다.

직접적인 코소보 분쟁은 1989년 세르비아대통령이 된 밀로세비치가 코소보의 자치권을 박탈하면서 시작되었다. 1990년 세르비아가 코소보 자치정부를 해산하자 알바니아계는 무장독립투쟁을 시작하였고, 1991년에는 코소보공화국의 독립을 선언하였으며, 1996년에는 KLA를 창설하였다.

하지만 1997년 신유고대통령에 당선된 밀로세비치는 KLA를 용인하지 않고 탄압을 한층 강화했으며, 연방군을 동원해 KLA와 알바니아계 인종에 대한 학살을 자행하기 시작했다. 세르비아와 KLA 간의 교전은 1999년 들어 더욱 치열해졌는데, 동년 1월 알바니아계 주민 45명 피살되는 사태를 계기로 국제사회의 여론에 밀려 2월 6일 코소보 평화회담이 개막되었지만 아무런 소득도 없이 결렬되고 말았다. 알바니아계는 미국의 강력한 설득으로 코소보 평화안에 서명했지만 세르비아계는 거부했던 것이다. 결국 3월 24일 나토는 신유고에 대한 공습을 명령하였다.

---

5) 서병철, "나토의 유고슬라비아 개입", 국제문제, 제346호(1999. 6), p.35 참조.
6) 세르비아계와 알바니아계간 피의 보복의 역사에 대해서는 T. Judah, "Kosovo's Road to War", 41 *Survival*, No.2(1999), pp.6-11 참조.

2. 전개과정

코소보에서 알바니아계 반군과 정부군간의 무력충돌이 격화되고 있는 가운데 1999년 2월 23일을 타결시한으로 하여 평화협상이 진행되었다. 그러나 알바니아계는 서방측이 제시한 평화안중 '3년 후 자치권 재검토'와 관련하여 3년간의 자치 후 투표를 통한 독립보장과 코소보해방군의 해체반대를 이유로, 밀로세비치 신유고연방 대통령과 세르비아측은 평화협정안 이행감시를 위해 미군 4천명을 포함 3만 명으로 구성되는 나토군의 코소보 진주반대를 이유로 각각 평화안에 반대하였다.

리처드 홀브룩 미국특사와 밀로세비치 신유고연방 대통령간의 코소보 평화협정 최종담판이 결렬됨에 따라 하비에르 솔라나(Javier Solana) 나토 사무총장은 23일 "코소보 위기에 대한 정치적 해결방안을 찾으려는 모든 시도들이 실패했으며, 코소보 주민에 대한 고통과 억압 및 폭력을 방지하기 위해서는 군사행동 외의 다른 대안은 없다"면서 웨슬리 클라크 나토군 총사령관에게 유고공습을 명령했다.7) 이에 나토는 24일 저녁 8시경과 25일 새벽 2시경 전폭기와 토마호크 순항미사일로 베오그라드, 프리슈티나, 포드고리차 등 유고연방 내 20여 곳의 군사시설을 공습했다. 이는 나토 창설 50년 만에 주권국가에 대한 첫 무력행사였다. 유고연방은 공습 뒤 곧바로 2차대전 이후 처음으로 전시비상사태를 선포하면서 전시동원체제에 들어갔으며, 러시아와 중국은 나토의 공습을 국내문제에 대한 무력사용과 내정간섭이라며 맹렬히 비난하고 즉각적인 공습중지를 촉구했다.8)

---

7) Press Statement by Dr Javier Solana, Secretary General of NATO, 23 March 1999(NATO Press Release(1999) 040).

8) 3월 24일부터 27일까지 1차공습 결과 나토군은 B-52 전략폭격기 등을 최소 400회 이상 출격하여 코소보 주둔 세르비아 군병력을 집중공격하고 유고의 미그전투기 5대 이상 격추(나토 측 주장)했으며, 유고의 민간인과 군인 100여 명이 사망하고 4백여 명이 부상(러시아 주장)당했으며, 베오그라드 인근 화학공장 파괴 등 50곳 이상이 피해를 입었다. 한편 27일 제4차 공습에서 미국의 F-117A 스텔스 전폭기 1대가 격추되었다.

나토 사무총장은 27일 성명을 통해 "나토의 對유고 공격범위를 확대하는 2단계 공습작전으로 들어가도록 나토군 사령관에게 명령했다"고 밝혔으며, 클린턴 미국 대통령도 코소보 사태 악화 등 새로운 상황변화에 맞춰 유공공습 목표를 1) 나토 공격의 심각성 주지, 2) 코소보 민간인에 대한 유혈탄압 억제, 3) 세르비아의 코소보에 대한 군사능력 약화로 제시했다. 코소보 내 알바니아계에 대한 유고군의 공격이 '민족청소' 단계까지 심화되고 있다는 판단에 따라 이를 막는 것이 시급했으며, 유고 공습이 해결점없이 대결상태로 계속 치달을 경우 인접국들을 자극해 자칫하면 세르비아와 알바니아의 군사적 대결로까지 확대될 염려가 있었기 때문이었다.[9]

이러한 나토의 2단계 공습작전은 공습대상과 범위를 공중 및 해상발사 순항미사일을 동원한 방공시스템 타격작전에서 병영·공군기지·병력집결지로 확대하고, 공습목표도 애초의 '유고연방의 평화협정 서명 유도'에서 유고연방의 파괴적 군사력을 격퇴하는 것으로 수정되었음을 의미한다.

공습대상을 유고지상군으로 전환한 나토는 코소보 지역을 중심으로 공습강도를 높였으며 3월 28일 5차 공습에 나섰다. 특히 베오그라드에선 28일 오전 8시부터 공습경보가 울려 나토의 공습시간이 새벽이 아닌 전일공격으로 바뀌고 있음을 보여주었다. 유고는 이에 맞서 코소보 내 알바니아계에 대해 조직적이고 광범한 탄압작전을 펴 주민 2만 명을 강제추방하여 코소보난민들이 주변국으로 피난하기 시작했으며, 알바니아계 지도자 및 주민들을 학살하는 등 민족청소의 의혹을 사기에 충분한 비인도적 행위를 감행하기 시작했다. 이러한 상황의 전개는 미국과 나토 지도부가 의도한 것과는 달리 나토의 유고공습이 코소보 사태를 유고군으로 하여금 알바니아계에 대한 전쟁상황으로 변질시켰음을 의미하였다.

---

9) 이러한 공격목표의 변화는 나토가 실익없는 전쟁을 벌이고 있다는 비난을 야기하기도 했다. 밀로세비치 신유고연방 대통령을 코소보 평화협상 서명에 끌어들인다는 애초 목표와는 달리 밀로세비치가 코소보내의 알바니아계에 대한 탄압 중단만을 제시하더라도 나토가 공습을 멈출 수 있는 길을 열어놓았기 때문이었다. 이는 최소한 자치와 평화유지군 파견이라는 애초 '랑부예 평화협상'의 조건에 미치지 못하는 것이었다.

상황이 이렇게 변하자 나토는 3월 30일 유고연방 공습수위를 최고단계인 3단계로 높였다. 밀로세비치 신유고연방 대통령은 3월 30일 러시아 총리 프리마코프와의 회담에서 나토가 유고공습을 중단하면 평화협상 재개, 코소보주둔 세르비아군 병력 감축 및 알바니아계 난민의 귀환보장 등 우선 공습을 중단한 후 협상을 제의하였다.

그러나 나토 19개국 회원국은 동일 비공개회의를 열고 밀로세비치가 잔악한 민족청소를 즉각 중단하고 코소보 평화안을 수용할 때까지 공습을 계속할 것이라면서 '선 공습중단, 후 유고군 철수'라는 밀로세비치의 제의를 거부했다. 이러한 밀로세비치의 조건은 코소보주둔 유고군 및 민병대 철수, 난민의 자유롭고 안전한 귀환 보장 및 나토 평화유지군 코소보 내 주둔 허용 등 나토의 기존 공습중단 조건과는 상당한 괴리가 있었기 때문이었다.

3단계 공습으로 나토의 공격은 유고연방의 수도인 베오그라드의 국방부, 내무부 등 정부시설과 베오그라드 군지휘본부 등으로 확대되었다. 사실상 유고 심장부에 대한 공격시작이라고 볼 수 있는 3단계 공습은 밀로세비치에 대한 나토의 단호한 의지표명이었다. 나토가 이처럼 강공으로 유고사태를 밀어붙이기로 한 것은 밀로세비치가 제시한 휴전조건이 받아들일 수 없는 내용인데다, 코소보의 알바니아계에 대한 잔악행위가 극에 달했다고 판단했기 때문이었다.

3. 정치적 해결 모색과 분쟁종식

나토의 공습이 계속되는 가운데서도 한편으로는 분쟁의 정치적 해결을 위한 중재가 계속되었다. 새로운 평화안의 원안은 랑부예案이었지만 나토의 공습에도 불구하고 유고 측이 물러설 기미를 보이지 않자 나토는 공습의 강도를 높이는 한편 평화안의 일부규정을 완화했다.

4월 13일 미국은 코소보 내 군대주둔 부분을 수정하여 나토군 위주의 평화유지군에 러시아군을 포함시키는 방안을, 독일은 국제연합의 감독아래 러시아도 포함하는 국제군을 파견하되 지휘권은 나토가 갖는다는 한결 완화된 방안을, 코피 아난 국제연합 사무총장은 난민귀환을 위해 국제연합군을 배치하자는 방안을 제시했다. 그러나 밀로세비치 유고대통령은 "평화유지를 위한 국제감시단을 받아들일 용의가 있다"면서도 "감시단에는 나토회원국이나 무장요원들이 포함되어서는 안 된다"고 맞섰다.

그 이후에도 국제사회의 평화적 중재노력은 계속되었다. G7과 러시아는 5월 6일 독일 본에서 열린 회의에서 코소보평화안에 잠정합의했다.[10) 8개국 회의에서 러시아가 평화유지군 주둔에 합의함으로써 발칸사태 해결에 돌파구가 마련되었지만 나토와 러시아는 평화유지군의 구성·지휘권 및 무장정도 등의 코소보 주둔군의 성격, 나토공습과 유고연방군 철수 간의 선후문제 등 본질적 쟁점들에 대해서는 여전히 이견을 보였다.

코소보 주둔군 성격과 관련하여 미국 측은 코소보주둔군 관련 조항에서 나토를 명시하지 않는 대신 러시아 측은 민간요원 배치주장을 철회, '국제 민간·보안 병력'이라는 애매한 문구로 슬쩍 넘어갔다. 유고 측은 합의안에 대해 주둔군 구성문제는 유고와 직접 협상해야 할 사항이라는 점을 분명히 하였다. 공습중단과 유고연방군 철수문제와 관련하여서는 유고군의 코소보 철수가 선행되어야 한다는 것이 나토의 입장인 반면 유고는 선 나토공습의 중단을 요구하였다.

G7과 러시아의 평화안 합의로 급류를 타던 코소보 사태의 외교적 해결노력은 5월 7일 나토의 주유고 중국대사관 오폭이라는 뜻밖의 악재로 난관에 봉착했다. 그 이후 미국과 중국간의 첨예한 대립으로 코소보 사태의 외교적 해결이 좌초될 위기에 빠지기도 했었으나, 1999년 5월 31일 전격적으로 G8 평화안이 수용됨으로서 2개월 이상을 끌어오던 코소보 사태는 극적으로 해결국면을 맞았다. 랑부예 평화회담 결렬 이후 나토의 끊임없는 공습에 완강

---

10) G8 외무장관 공동성명 초안의 구체적 내용은 다음과 같다. ① 코소보 내 전투 행위 금지, ② 코소보 내 치안부대 등 유고군 철수, ③ 코소보 내 유엔 평화유지군 주둔, ④ 국제연합 안전보장이사회 결의를 통한 코소보 잠정통치기구 설립, ⑤ 난민의 자유롭고 안전한 귀환 보장, ⑥ 코소보 자치를 위한 정치적 협의기구 추진, ⑦ 유고의 경제적 발전과 안정을 위한 포괄적 노력.

하게 저항해 오던 밀로세비치는 이날 정부 공식성명을 통해 "유고는 G8평화안을 수용하기로 결정했다"면서 "코소보 위기에 대한 정치적 해결을 위해 국제연합 안전보장이사회가 결의안을 채택해야 한다"고 주장했다.

밀로세비치의 이러한 입장변화는 사회간접자본의 파괴, 병참지원 부족 및 유고인들의 평화재건 요구 등으로 더 이상 나토의 공습을 견뎌낼 수 없었으며, 경제위기에 처한 러시아가 코소보 사태에 대한 입장에 변화를 보여 서방 측 지지로 선회하였고, 미국과 나토회원국들이 코소보 사태의 해결에 있어 국제연합의 역할을 인정하는 등 다소 양보했기 때문이었다.

이어 6월 3일 세르비아 의회는 G8 평화안을 승인하였으며, 5일에는 나토와 유고 간에 군사회담이 개최되어 9일 양자는 코소보 평화안 이행을 위한 군사협정에 서명하였다.[11] 이에 따라 3월 나토의 공습으로 시작된 코소보 사태는 사실상 일단락되었으며, 군사협정의 타결로 세르비아군의 코소보 철수, 국제평화유지군의 진주 및 알바니아계 난민의 귀환을 보장할 수 있는 길이 열렸다. 국제연합 안전보장이사회는 6월 10일 국제연합 감시하에 코소보국제평화유지군(KFOR)을 코소보에 배치하는 내용의 결의안을 찬성 14, 기권 1(중국)로 통과시켰다.

---

11) 철군협정의 주요 골자는 다음과 같다. ① 10일 날이 밝는 대로 유고 군/경/민 병대의 검증가능한 단계적 철수 개시. ②철수 시작 24시간 내 유고 군용기의 코소보 상공비행 및 방공망, 레이더 작동 중지. ③ 철수 시작 48시간 내 유고의 지뢰, 폭발물, 부비트랩 등 매설위치 나토에 통보. ④ 철수 시작 72시간 내 유고의 모든 방공포, 지대공 미사일, 항공기 철수 완료. ⑤ 철수 시작 6일내 유고군 병력 알바니아, 마케도니아 접경지역에서 철수. ⑥ 철수 시작 11일내 코소보에서 완전 철수.

제3절 코소보 분쟁의 법적 성격 및 적용법규

1. 법적 성격

가. 비상사태의 분류 및 법적 의의

국제법상 평시에 대비되는 비상사태는 '국제적 무력분쟁'(international armed conflict), '비국제적 무력분쟁'(non-international armed conflict) 및 무력분쟁으로 인정되지는 않는 '국내적 소요 및 긴장사태'(internal disturbance and tension)로 구분된다. 이러한 구분은 1949년 제네바협약에서 비롯되어 1977년 추가의정서가 제1추가의정서(국제적 무력분쟁에 적용)와 제2추가의정서(비국제적 무력분쟁에 적용)로 분리·채택됨으로써 확고해 졌다.

(1) 국제적 무력분쟁

국제적 무력분쟁은 양국간, 일국과 다수국 간 또는 다수국과 다수국 간 대규모 군사적 대결인 고전적 의미의 '전쟁'과 제1추가의정서에서 국제적 무력분쟁에 포함된 '민족해방전쟁'(wars of national liberation)을 말한다. 고전적 의미의 '전쟁'을 뜻하는 국제적 무력분쟁은 전의를 가진 국가 간의 무력수단에 의한 투쟁으로써 전의를 수반한다는 점에서 무력복구와 다르며, 국가 간의 무력분쟁이라는 점에서 비국제적 무력분쟁과 다르고, 무력을 사용한다는 점에서 보복이나 비무력적 복구와도 다르다.[12]

1949년 제네바협약 공통2조는 국제적 무력분쟁을 "둘 또는 그 이상의 체약국간의 선언된 전쟁 또는 기타 무력분쟁"을 포함한다고 규정하고 있다. 협약 주석서도 동조에서 말하는 '무력분쟁'을 군대가 개입하는 양국간의 충돌이라고 광의로 해석하고 있다.[13]

---

12) 이병조·이중범, 국제법신강(일조각, 2003), p.976.

민족해방전쟁은 전통국제법에서는 내전으로 간주되었으며, 1949년 제네바협약 채택당시에도 공통3조가 적용되는 비국제적 무력분쟁으로 이해되었다. 하지만 사회주의 국가들의 지지를 업은 제3세계 국가들은 국제연합에서 민족해방전쟁을 국제적 무력분쟁으로 승격하여 모든 전쟁법이 적용되도록 해야 한다고 주장했다. 이러한 주장은 식민지지배, 인종차별 및 외국인 점령정권에 대한 '자결을 위한 투쟁'이라는 이념적 고려에 기초한 것으로 중세에 지배적이었던 정전개념을 국제법에 새로이 도입한 측면이 있다. 이러한 사회주의 국가들과 제3세계의 지속적인 주장은 1974년부터 제네바에서 개최된 '국제인도법의 재확인과 발전을 위한 외교회의' 제1회기에서 승인되었으며, 1977년 최종회기에서 민족해방전쟁을 국제적 무력분쟁으로 인정하는 제1추가의정서 제1조4항이 채택되었다.

(2) 비국제적 무력분쟁

인류역사에 있어서 비국제적 무력분쟁은 그 명칭과 형태에 관계없이 계속되어 왔지만 다양한 분쟁형태, 일정치 않은 폭력수준, 국제적 무력분쟁 및 국내적 소요긴장사태와의 구분불명확 등으로 아직 일반적인 정의는 아직 확립되어 있지 않다. 이를 고려해 볼 때 희생자 보호를 위한 인도적 제 규정들이 적용되기 위한 객관적인 적용요건들을 기초로 비국제적 무력분쟁의 개념을 구체화하는 것이 현실적인 방법의 하나라고 할 수 있겠다.

비국제적 무력분쟁에는 1949년 제네바협약 공통3조와 1977년 추가의정서가 적용된다. 공통3조는 "체약국의 일영역 내에서 발생하는 국제적 성질을 갖지 않는 무력분쟁(Armed Conflict not of an International Character)에 적용된다"라고만 규정할 뿐, 그 적용기준이나 조건에 대해서는 아무런 언급도 하지 않아 '국제적 성질을 갖지 않는 무력분쟁'의 개념에 대한 해석상의 많은 문제점을 남기고 있다.

'국제적 성질을 갖지 않는 무력분쟁'의 개념은 외교회의에서 격론을 불러

---

13) ICRC, *Commentary, Ⅲ Geneva Convention*(1960), p.23.

일으킨 문제였다. 이 표현은 관념적이고 또 막연한 것이었기 때문에 많은 대표들은 소란, 폭동 또는 단순한 도적행위 같은 것들까지 그 형태의 유무를 불문하고 무력에 의한 일체의 행위를 포함하게 되지도 모른다는 점을 우려했었다. 그 결과 동조를 적용하여야 할 일정한 조건을 열거하려는 시도는 성공하지 못했다.[14] 공통3조를 기초한 외교회의 특별위원회에서 표명된 의견들을 보아도 일정한 지역에 국한되고 시간적으로 제한된 폭동에는 동조가 적용되지 않으며, 인민봉기 및 군대의 반란이 일정지역에 국한되거나 단시일 내에 끝나지 않고 타 지역으로 확대되고 장시간 지속될 때 비로소 동조가 적용된다는 것에 각국대표의 견해가 일치했음을 알 수 있다.[15]

동 조에서 '국제적 성질을 갖지 않는 무력분쟁'이 명확하게 정의되지는 않았지만 그 기초과정에서 판단하는 한, '무력분쟁'이라는 표현이 갖는 객관적 요소인 조직된 군대 또는 무장단체 간의 공공연한 군사적 대치를 의미하고, '간헐적인 폭력행위'에 의해 특징지워지는 단순한 국내적 소요 및 '대량체포'에 의해 특징지워지는 국내적 긴장은 포함되지 않고,[16] 또한 교전단체 승인이 이루어진 무력분쟁은 포함되지 않는다라는 소극적 방법으로 공통3조 분쟁의 범위에 관한 경계선을 그을 수밖에 없을 것 같다.

제2추가의정서는 노르웨이 대표가 의정서의 "심장"[17]이라고도 칭한 제1조에서 물적 적용범위를 규정하고 있다. 동조는 의정서의 인도적 규정들이 적용되는 비국제적 무력분쟁을 판단하는 기준으로 (1) 합법정부와 반란단체 간의 무력분쟁일 것, (2) 책임있는 지휘관이 존재할 것, (3) 반란단체에

---

14) 대한적십자사, 제네바협약해설 Ⅲ, 1985, p.39. 하지만 토의에 부쳐졌던 각종 수정안에 포함되었던 조건들을 일람표로 만들어 놓은 주석서의 내용은 편리한 표준을 제시한 것으로 볼 수 있다. 이 일람표에 대한 자세한 내용은 *Ibid.*, pp.39-40 참조.

15) J. Siotis, *Le droit de la guerre et les conflits armés d'un caractére non-internationl, Librairie Générale de Droit et de Jurisprudence*(1958), p.26.

16) F. Kalshoven, ""Guerilla" and "Terrorism" in Internal Armed Conflict", 33 *The American University Law Review*(1983), p.67.

17) Diplomatic Conference on the Reaffirmation and Development Law Applicable in Armed Conflicts, Geneva, 1974-77(CDDH)/Ⅰ/SR.23, p.13.

의한 영역의 일부에 대한 통제가 행해질 것, (4) 지속적(sustained)이고 일치된(concerted) 군사작전이 존재할 것, (5) 반란단체가 의정서를 이행할 능력이 있을 것 등의 다섯 가지를 제시하고 있다.

여기서 책임있는 지휘는 군대의 계층조직에 기초한 조직을 의미하는 것은 아니며, 구체적이고 지속적인 군사작전을 계획·수행하며 군사훈련을 시키기에 충분한 사실상의 당국이면 족하고, 통제되는 영역의 범위에 대한 기준은 규정되어 있지 않지만 통제는 반란군이 지속적이고 일치된 군사활동을 수행하고 의정서를 적용시킬 수 있을 정도로 충분해야 하며, 의정서의 이행능력은 그것이 적용되는 분쟁을 판단하는 기초적인 기준으로 반란단체가 책임있는 지휘관의 명령하에서 행동하고 영역의 일부에 대한 통제를 행사하는 경우 의정서의 이행능력이 있다는 것은 합리적으로 기대되며, 분쟁의 기간과 강도를 의미하는 '지속적' 및 '일치된' 군사작전의 평가는 객관적인 기준에 따라야 할 것이다. 하지만 실제 판단에 있어서는 자의적 주관의 영향을 받기 쉽다.[18]

이처럼 제2추가의정서상의 비국제적 무력분쟁은 정규군과 조직된 무장집단(반도) 간의 무력분쟁과 같은 중앙정부와 반란단체 간의 무력분쟁이며(정부가 소멸되었거나 너무 약해 개입하지 못하는 일국 내의 둘 또는 그 이상의 무장집단간의 무력분쟁에는 오직 공통3조만 적용), 반도들은 어느 정도 조직화된 집단적 성격을 가져야 하며 고립된 개인의 구체적이지 못한 행위는 배제된다.

(3) 국내적 소요 및 긴장사태

제2추가의정서 제1조 2항은 초안과 마찬가지로 '무력분쟁이 아닌 폭동, 고립되고 산발적인 폭력행위 및 기타 유사한 성질의 행위와 같은 국내적

---

18) 몽고대표는 "제2추가의정서는 정부에 대한 무력적 적대행위가 상당한 정도의 영역에 대한 지속적이고 효과적인 통치를 행하는지 아닌지를 누가 결정하는지 분명하게 밝히지 않고 있다"(CDDH/Ⅰ/SR.23, p.17)고 하였으며, 헝가리대표도 "국내 무력분쟁의 발생으로 간주되기 위해서는 어느 정도의 기간이 경과되어야 하며 누가 이를 결정할 수 있는가?"(CDDH/Ⅰ/SR.40, p.25)라고 의문을 표시했다.

소요 및 긴장사태'를 의정서의 적용범위로부터 제외하고 있다.[19]

그렇다면 국내적 소요 및 긴장사태는 구체적으로 어떤 상황을 의미하는가? 이를 상세하게 정의하는 것은 그러한 사태의 유동성, 다양성을 감안해 볼 때 어려운 일이며 또 너무 엄격하게 정의하면 유연성을 결하게 되어 현상에 적합하지 않을 수도 있다. 그러나 국내적 소요 및 긴장사태의 정의는 국제인도법 적용의 유무와 그 범위결정 및 이러한 사태의 존부에 대한 관계국의 자의적인 판단을 배제하고 희생자의 보호를 강화하기 위한 불가결한 전제가 되므로 필요하다.[20]

일반적으로 국내적 소요 및 긴장사태는 단순한 폭동 및 지휘 또는 일치된 목표가 없는 시위, 군대 또는 무장집단에 의해 수행되는 고립되고 산발적인 폭력행위, 그들의 태도 및 정치적 신념으로 인한 대량체포를 포함하는 기타 유사한 행위들을 특징으로 한다.[21] 이들 국내적 소요 및 긴장사태는 국제인도법에 의해 규율되지는 않으며, 국내법과 국제인권법 중 효력정지가 금지되는 인권법규만이 적용된다. 그럼에도 불구하고 ICRC는 그러한 사태의 희생자를 원조하기 위하여 그 역무를 제공할 수 있는 발의권을 국

---

19) 이것은 동독대표에 의해 강하게 주장된 것으로(CDDH/Ⅰ/SR.28: CDDH/Ⅰ/SR.29, p.30.) 국내분쟁의 최저적용요건에 관한 사회주의국가들의 제한적인 태도를 반영하고 있다. 그 목적은 비무력적인 분쟁에서의 인도적 간섭의 위험을 피하고 특히 최저적용요건을 더 낮추는 방향으로 공통3조가 장차 발전될 가능성을 미리 차단하여 추가의정서가 최저적용요건이 더 낮은 제네바협약 공통3조로 이행되는 것을 막는 것이었다. CDDH/Ⅰ/SR.29, p.5 (Federal Republic of Germany); CDDG/Ⅰ/SR.29, p.25(Italy).

20) 국내적 소요 및 긴장사태에 대한 개념정의 및 이러한 사태에 있어서의 국제인도법과는 국제인권법의 적용을 통해 인권을 보호하려는 노력은 ICRC의 주요 활동 중의 하나였다. ICRC는 국제인도법 외교회의 준비를 위한 1971년 제1차 정부전문가회의에 제출한 보고서에서 '국내적 소요' 및 '국내적 긴장'의 개념을 정의하고 있다. 이에 대한 자세한 설명은 ICRC, "Protection and Assistance in Situations not covered by International Humanitarian Law", 262 *IRRC*(1988), pp.12-13 참조.

21) Robert K. Goldman, "International Humanitarian Law: Americas Watch's Experience in Monitoring Internal Armed Conflicts", 9 *American University Journal of International Law and Policy*(1993), pp.54-55.

제적십자규약에서 부여받았다(제6조). 하지만 이러한 사태가 발생한 국가는 ICRC의 역무제의를 수락할 의무가 없으며, 따라서 ICRC의 자국 내의 출입을 합법적으로 거부할 수 있다.

나. 코소보 분쟁의 법적 성격

코소보의 분리·독립을 둘러싸고 그동안 전개되어온 투쟁상황과 분쟁당사자(특히 코소보해방군)의 조직 및 무장 등을 고려해 볼 때 코소보 사태의 법적 성격을 명확하게 확정하기란 여간 어려운 일이 아니다. 더군다나 나토의 무력개입은 이 분쟁의 성격 결정을 더욱 어렵게 한다.

나토가 유고연방에 대해 군사작전을 감행한 이후 유고에서는 2개의 분쟁이 동시에 그리고 중복되어 발생하였다. 3월 24일에 시작된 유고와 나토 간의 분쟁 및 그 이후 전개된 유고와 코소보해방군의 분쟁이 그것이다. 코소보 사태는 이중적 성격을 갖는 분쟁인 것이다.[22]

(1) 유고와 나토 간의 분쟁

유고와 나토 간의 분쟁은 앞에서 살펴본 국제적 무력분쟁에 관한 일반적 개념 및 국제인도법상의 개념을 고려해 볼 때 국제적 무력분쟁이라고 볼 수 있다. 양 분쟁당사자의 일방인 유고연방은 독립주권국이며 타방인 나토도 독립주권국으로 이루어진 집단방위기구로서 유고연방과 나토간의 분쟁은 일국과 다수국 또는 다수국으로 구성된 지역적 안보기구간의 군사적 대결로 볼 수 있기 때문이다.

(2) 유고와 코소보해방군 간의 분쟁

유고연방은 주권국가이며, 코소보는 유고연방 구성국인 세르비아공화국

---

22) ICRC, "The Balkan Conflict and respect for International Humanitarian Law", 23 April 1999, p.1.

의 한 행정구역(주)이다. 따라서 코소보 지역을 분리·독립하려는 알바니아계와 이를 저지하려는 세르비아 간의 투쟁인 코소보 분쟁은 기본적으로 유고연방 내의 국내분쟁이다. 문제는 이 분쟁이 무력분쟁, 즉 '비국제적 무력분쟁'인지 아니면 무력분쟁에는 이르지 않는 '국내적 소요 및 긴장사태'인가 하는 것이다.

유고연방(중앙정부)에 맞서는 반란단체는 코소보해방군이다. 코소보해방군은 하심타치 총사령관의 지휘하에 2~3백 명 규모의 무장게릴라 부대들로 나뉘어져 세르비아군을 배후에서 기습하는 전술을 구사하였다. 비록 무기를 갖춘 병사는 5명당 1명꼴이었지만 규율과 훈련은 정규군에 못지않으며, 알바니아의 조직적인 물적 지원을 받아 동유럽과 독일 무기중개상으로부터 방공기관총, 대전차 로켓포 발사시설 등 각종 중화기들을 구입, 전투력을 강화하였다.

1998년 이전 코소보에서 유고연방군에 의해 자행된 경찰력의 남용, 자의적인 불법체포 및 적정절차의 위반 등의 인권유린 행위들은 국제인권법규를 위반한,[23] 즉 국내적 소요 및 긴장사태라고 볼 수 있었지만, 1988년 봄부터 시작된 코소보해방군의 무장강화 및 정부군과의 전투가 격화됨에 따라 코소보 사태의 성격은 변화되기 시작했다. 이러한 상황은 나토의 유고 공습 이후에도 지속되었다. 정부군에 의해 사법절차에 의하지 않은 처형, 과도한 무력의 사용, 민간주민에 대한 무차별 공격 등이 행해졌으며, 코소보해방군에 의해서도 민간인들의 인질 및 즉결처형 등이 행해졌다.

이러한 상황을 고려해 볼 때 코소보해방군은 세르비아 경찰과 유고군에 대항하여 지속적이고 일치된 군사작전을 수행하였고, 비록 일시적이기는 하였지만 코소보의 상당한 지역을 통제하는 등 정부군과 무장투쟁 상태에 있었다고 볼 수 있다. 국제법적 관점에서 볼 때 이러한 무장상태는 '무력분쟁'(armed conflict)이라고 간주할 수 있을 것이다. 즉 공통3조 및 제2추가의정서의 물적 적용범위에 관한 규정(국제인도법상의 비국제적 무력분쟁의 개념규정) 및 '국내적 소요 및 긴장사태'의 정의와 코소보 내에서의 유고연방과

---

23) Human Rights Watch, *op. cit.*, Appendix 참조.

코소보해방군의 충돌상황을 연결시켜 볼 때, 코소보 사태는 단순한 '국내적 소요 및 긴장사태'의 수준을 넘은 비국제적 무력분쟁이라고 할 수 있겠다.

2. 적용법규

가. 국제화된 비국제적 무력분쟁과 적용법규

국제화된 비국제적 무력분쟁은 외국군의 개입에 의해 특징지워지는 내전이다. 물론 외부원조를 받는 분쟁당사자들은 그러한 사실을 인정하지 않는 경향이 강하지만 이러한 형태의 무력분쟁은 상당히 빈번하게 일어나고 있으며, 오늘날의 거의 모든 내전이 이러한 형태의 무력분쟁이다.

비국제적 무력분쟁에서 외부의 개입은 국제인도법의 적용과 관련하여 많은 복잡한 문제를 일으킨다. 국제인도법상 무력분쟁은 국제적 무력분쟁과 비국제적 무력분쟁으로 나누어져 있다. 이러한 두 조직화된 폭력유형을 규제하는 규칙들은 매우 다르며, 엄격하게 구분되어 있다. 그러므로 일국의 무력분쟁에 제3국이 개입하는 경우(국제화된 비국제적 무력분쟁) 이는 법적으로 잘 분리되어 있어야 할 2개의 서로 다른 상황을 혼합해 놓은 것이어서 분쟁의 법적 성격과 그에 대한 적용법규의 결정에 있어 피할 수 없는 혼란을 초래한다.

이러한 문제를 해결하기 위해 국제사회는 관련법규의 개정을 제안한 바 있다. 1974년부터 1977년까지 개최되었던 국제인도법의 재확인과 발전을 위한 외교회의에서 노르웨이 대표는 단일의정서의 채택을 주장했다.[24] 분쟁의 국제성, 비국제성을 구분하지 않고 모든 무력분쟁에 동일한 내용의 규정을 적용케 함으로써 이러한 문제를 해결하자는 의도였다. 그러나 이

---

24) Diplomatic Conference on the Reaffirmation and Development of International Humanitarian Law Applicable in Armed Conflicts, Official Records, 5 Summary Record 91(CDDH/SR.10, 1998) 참조.

제안은 문제해결을 위한 근본적인 해결책을 찾기 위한 흥미있는 시도였음에도 불구하고 성공하지 못했다. 국가 간(국제적) 무력분쟁들에 적용하기 위해 작성된 규정들과 국내적(비국제적) 무력분쟁을 적용하기 위해 각국들이 수용할 수 있는 규정들 간에는 너무 큰 괴리가 있었던 것이다.

ICRC도 정부전문가회의 제1회기에서 만약 일국 내의 무력분쟁에 제3국이 개입한다면 국제인도법 전체를 동 분쟁에 적용할 수 있도록 하자는 초안을 제출했다. ICRC는 그러한 외부개입은 적대행의의 범위를 확대시키고 희생자의 수를 증가시킨다고 주장했다. 하지만 정부전문가들은 그러한 규정은 반도들이 자신들의 법적 지위를 높이기 위해 의도적으로 외국의 개입을 유도할 수도 있다면서 이 제안에 반대했다.[25] ICRC는 1972년 정부전문가회의 제2회기에서도 제1회기에서의 제안을 보다 자세하게 규정한 제안을 했지만 또다시 성공하지 못했다.[26] 이러한 실패 후, ICRC는 외교회의에 제출된 추가의정서 초안에 국제화된 비국제적 무력분쟁과 관련있는 어떠한 규정을 포함시키고자 하는 의도를 포기했다. 따라서 외교회의에서의 논의는 비국제적 무력분쟁에서 제3국의 개입에 의해 야기되는 문제들에 대해 아무런 언급을 하지 않았다. 이로써 제3국이 개입한 비국제적 무력분쟁에 적용될 국제인도법은 지금까지 불분명한 상태로 남겨지게 되었다.[27]

한편 많은 국제법 학자들은 국제화된 비국제적 무력분쟁에 대한 국제인도법의 적용가능성에 대해 자신들의 견해를 나타냈다. 이 문제에 대한 관심은 특히 1960년대 베트남 전쟁 중에 매우 높았다. Meyrowitz는 국제인도법 전체가 베트남전의 모든 무력분쟁에 적용되어야 한다고 주장하였지만, 다른 학자들은 분쟁의 성격을 구별하여 그에 적용되는 법규를 구분하여 결

---

25) ICRC, *Report on the Work of the Conference of Government Experts on the Reaffirmation and Development of International Humanitarian Law Applicable in Armed Conflicts*(1971), paras.290-311, pp.50-52 참조.

26) *Ibid*(1972), paras.332-353, pp.97-100 참조.

27) Hans-Peter Gasser, "Internationalized Non-International Armed Conflict:Case Studies of Afghanistan, Kampuchea and Lebanon", 33 *American University Law Review*(1983), p.508.

정해야 한다고 보았다. 즉, 국제화된 비국제적 무력분쟁은 국제적 요소와 비국제적 요소로 구분되어야 한다는 것이다.[28]

현 국제인도법은 국제적 무력분쟁과 비국제적 무력분쟁을 구분하여 이에 적용되는 인도적 법규를 엄격하게 분리하고 있고, 앞서 지적한 바와 같이 오늘날과 같이 국가 간의 관계가 긴밀해진 상황에서 일국 내의 무력분쟁이 타국과 전혀 무관할 수 없고 실제 외부의 개입이 완전 차단된 순수한 비국제적 무력분쟁이란 존재할 수 없으며, 외교회의에서도 단일의정서의 채택이 거부되었었다. 이러한 현실에 비추어 볼 때 국제화된 비국제적 무력분쟁의 법적 성격 결정은 논란의 여지가 있기는 하지만 분쟁당사자들을 기준으로 구별하여야 한다고 본다.

이러한 구별적 접근은 2개의 국제적 관계와 1개의 비국제적 관계를 전제로 한다. 국제적 관계의 하나는 비국제적 무력분쟁에 개입하는 국가들 간의 것이고, 다른 하나는 중앙정부 및 반란단체의 어느 일방을 위해 개입하는 제3국과 타방당사자(중앙정부 또는 반란단체)간의 것이다. 이러한 관계들 각각은 필연적으로 국제적 무력분쟁의 성격을 가지며 따라서 양 경우 국제인도법 전체가 적용된다. 중앙정부와 반란단체 간의 관계는 비록 제3국의 개입이 있지만 비국제적 관계를 이룬다고 보아야 하며, 이에는 제네바협약 공통3조와 제2추가의정서가 적용된다.

나. 코소보 분쟁과 적용법규

(1) 유고와 나토간의 분쟁

위에서 살펴본 바와 같이 코소보 사태는 두 종류의 무력분쟁이 존재하는바, 유고연방과 코소보해방군 간의 무력충돌은 비국제적 무력분쟁으로 인정되지만, 유고연방과 나토 및 나토 회원국들 간의 무력충돌은 국제적 무력분쟁으로 인정된다.

---

28) *Ibid.*, p.509.

국제적 무력분쟁에는 헤이그법이라고도 불리는 전투의 수단과 방법을 규제하는 기존의 법규들과 1949년 제네바협약과 이를 보충, 발전시킨 1977년 제1추가의정서가 적용된다. 하지만 공통3조 및 제2추가의정서가 제네바협약과 제1추가의정서를 구성하는 규칙들 중 최소한의 기본적인 인도적 내용만을 발췌한 것으로 볼 수 있기 때문에 실질적으로는 이들 분쟁에는 모든 전쟁법이 적용된다고 볼 수 있다.

또한 국제관습적인 인도적 규칙들도 적용된다. 국제연합 총회 결의 2444(1969. 12. 19 채택) '무력분쟁에서의 인권존중'도 관습적인 민간인 면제규칙과 분쟁당사자에게 전투원과 민간인을 구별할 것을 요구하는 규칙을 인정하면서 결의 서문에서 이러한 기본적인 인도적 원칙들은 국제적 및 비국제적 무력분쟁 모두를 의미하는 '모든 무력분쟁'에 적용된다고 명시한 바 있다. 이러한 관습적인 민간인 면제규칙 및 민간인과 전투원의 구별원칙은 양자간의 분쟁에도 당연히 적용된다.

(2) 유고와 코소보해방군간의 분쟁

일국 내에서 중앙정부와 반란단체 또는 반란단체 간의 지속적이고 조직적인 무력분쟁이 발생하게 되면 분쟁당사자들은 국제법상의 일정한 의무를 지게 된다. 이에 관련되는 규칙들로는 '국제적 무력분쟁'을 규율하는 포괄적인 일련의 규칙들과는 달리 매우 축소된 형태의 2군의 규칙들, 즉 공통3조와 이를 보완, 발전시킨 제2추가의정서가 있다.

유고와 코소보해방군 간의 분쟁은 비국제적 무력분쟁이다. 따라서 동 분쟁에는 공통3조가 당연히 적용된다. 왜냐하면 동조는 '일국의 영역 내'에서 '무력분쟁'상황이 존재하기만 하면 적용되기 때문이다. 공통3조는 비록 반군이 제네바협약에 서명할 법적 능력을 갖지 못했더라도 반군을 포함한 모든 분쟁당사자에게 적용되므로 양 분쟁당사자인 정부군과 KLA는 공통3조에 구속된다. 문제는 동 분쟁이 보다 엄격한 요건을 요구하며 보다 강화된 법적 보호를 부여하는 제2추가의정서가 적용되는 분쟁인가 하는 점이다.

Human Right Watch는 1998년 5월 분쟁이 격화된 이후 KLA과 정부군간의 전투행위가 제2추가의정서에 명규된 기준에 합치된다고 보았다. Human Right Watch는 그 근거로 다음을 들고 있다.

첫째, KLA와 정부군은 군사적 적대행위에서 일정한 전선을 형성하고 공격용 헬기 및 중화기를 사용(주로 정부군에 의해 사용)하였다. 둘째, KLA는 비록 엄격한 계급조직을 갖추지 못한 게릴라부대였지만 내부적으로 조직단위가 구분되어 있었고, 총사령관을 대리하여 각 지역을 책임지는 부사령관을 두고 5-6개의 '작전구역'(operative zones)을 운영하였으며, 이러한 구조를 통해 말단 병사들에게까지 지휘부에서 결정된 내용을 전달하였다. 셋째, KLA는 코소보 전역을 체계적으로 공격할 수 있을 정도로 조직적이었고, 서유럽과 미국에 거주하는 알바니아계들로부터 병참 및 재정지원을 받았으며, 코소보 내 전략지역과 주요도로를 따라 거점지를 확보하고 있었다. 넷째, KLA 제2추가의정서가 적용되는 비국제적 무력분쟁의 존재를 결정함에 있어 고려되는 요소의 하나인 전쟁법규의 존중을 반복하여 강조하였으며, 알바니아어로 발행되는 Koha Ditore지와의 인터뷰에서 KLA 대변인 Jakup Krasniqi는 "우리는 분쟁 초기부터 내부적인 작전지침을 갖고 있었다. 이 지침은 KLA가 제네바협약과 전투행위를 규제하는 여타 협약들을 승인한다는 것을 명확히 규정하고 있다"고 하였으며, 'KLA General Headquarter'가 발행하는 KLA Communique 51호는 "KLA는 점차 전문화되어 가고 있으며 싸워 승리할 수 있는 준비가 갖추어진 제도화되고 조직화된 군대"라고 강조하였다.[29]

이상에서 살펴본 바와 같이 KLA의 조직 및 전투능력과 인도적인 전쟁관련 국제법규들의 준수선언 등을 종합하여 볼 때 유고군과 KLA간의 분쟁에 제2추가의정서의 적용을 인정함에는 무리가 없다고 보여진다. 또한 유고와 나토간의 분쟁에서와 마찬가지로 국제관습적인 인도적 규칙들도 당연히 적용된다.

---

29) http://www.hrw.org/hrw/reports/1999/kosovo/Obrinje6-08.htm

3. ICRC의 국제인도법 존중 요구

국제적십자위원회(International Committee of the Red Cross, ICRC)는 나토 사무총장 하비에나 졸라나(Javier Solana)가 유고연방에 대한 군사조치를 승인함에 따라 국제인도법의 규칙 및 원칙들의 비준수, 특히 민간주민에 미치는 영향을 우려하여 적대행위에 참여하고 있는 모든 당사자들에게 국제인도법을 존중할 것을 계속하여 상기시켰다.

ICRC는 나토의 무력사용 승인이 있었던 1999년 3월 24일 나토와 나토회원국들 뿐만 아니라 유고 당국에 국제인도법, 특히 1949년 제네바협약상의 의무를 상기시키는 서한을 발송했다.[30] ICRC는 이 서한에서 국제인도법하에서 적대행위 당사자들은 민간인을 분쟁의 영향으로부터 보호하고 자기의 권력하에 들어온 자를 인도적으로 대우하며 상병자의 의학적 치료를 보장하고 의료장비 및 의료요원들을 보호하며 적십자사와 그 표식이 존중되도록 필요한 모든 예방조치를 취하여야 한다고 강조하는 한편 국제사회가 위임한 권한에 따라 모든 희생자들에게 원조와 보호를 제공하기 위하여 Belgrade, Podgorica 및 Pristina에 대표부를 상주시켰다.

그리고 ICRC는 이틀 후인 1999년 3월 26일 성명을 발표, 분쟁당사자들에게 제네바협약과 추가의정서뿐만 아니라 코소보 사태에 적용될 수 있는 조약에 기초하거나 관습적인 규칙 및 원칙들에 대한 완전한 준수를 보장토록 하기 위하여 모든 노력을 다해 줄 것을 요구하였다.[31]

또한 ICRC는 유고연방 내에서 행해지고 있는 적대행위에 연루된 모든 당사자들에게 국제인도법의 위반을 조사하고 그러한 위반을 종식시키며 재발을 방지하기 위한 조치를 취할 것을 긴급히 요구하였으며, 제네바협약 188개 체약국에 동 협약 및 인도적 관습규칙의 존중을 보장해야 할 의무가 있다는 것을 상기시켰다.[32]

---

30) ICRC Press Release 99/15, 24 March 1999.

31) ICRC, "The Balkan Conflict and respect for International Humanitarian Law", 23 April 1999, p.1.

제4절 코소보 분쟁과 *jus ad bellum*

1. 국제법 위반 논쟁

1999년 3월 24일 밤 8시에 개시된 유고연방 세르비아 공화국 수도 베오그라드에 대한 나토의 공습은 나토회원국에 대한 침략이나 국제연합의 군사력 사용승인이 없는 상황에서 강행된, 주권국가에 대한 일방적 공격이라는 '새로운 전례'를 만들었다는 점에서 국제사회에 그 정당성에 대한 논쟁을 불러 일으켰다.

공습직후 러시아의 요구로 소집된 안전보장이사회에서 공습의 정당성을 둘러싸고 심각한 의견대립이 있었다. 러시아는 코소보 공습은 전 세계에 대한 공습이며 그러한 공습은 유럽 내 불안과 전쟁 더 나아가 더욱 나쁜 결과를 가져올 수도 있다는 것을 지적하고, 국제법상 무력사용이 정당화되는 경우는 침략에 대한 자위권 행사와 안전보장이사회 강제조치만이라면서 정치외교적 노력을 다하지 않은 나토의 공습은 그 어느 경우에도 해당되지 않는 불법적인 군사행동이므로 즉각 중단되어야 한다고 촉구했다.[33]

중국도 국제평화와 안전의 유지를 목적으로 하는 국제연합과 그 중심기구인 안전보장이사회의 승인을 받지 않은 나토의 독단적인 공습행위는 국제법 위반이라고 강력히 규탄했다. 또한 코피 아난 유엔사무총장도 코소보 사태가 무력사용을 정당화할 수 있는 측면도 있지만 국제평화와 안전에 관

---

32) *Ibid.*, p.3.

33) 옐친 대통령은 24일 공습이 개시된 직후 나토와 모든 협력관계의 중단을 선언하고 나토주재 대사를 소환하면서 최근 악화된 러시아의 대서방 관계가 당분간 파국으로 치달을 수 있음을 경고 했다. 이는 탈냉전 이후 동서공존의 새로운 협력관계의 틀로 설정되었던 '평화를 위한 동반자관계'의 중단을 의미한다. 26일 러시아 정부는 ① 모스크바 주재 나토 대표부를 추방하고, ② 보스니아 파견 평화유지군의 지휘권을 회수했으며, ③ 유고에 대한 인도적 지원결정을 발표했다. 또 국가두마는 제2차전략무기감축협정(START Ⅱ) 심의를 무기한 연기하기로 결정했다.

해서는 안전보장이사회에 제1차적 책임이 있으므로 공습여부는 안보리에서 결정되었어야 했다며, 이러한 과정을 거치지 않은 유고공습에 대해 불만을 표시했다.

이에 대해 미국과 나토 측은 유고군의 공세중단과 협상에 의한 해결을 요구했던 2월의 안전보장이사회 결의 1199 및 1203이 지역평화와 안전을 위협하는 경우 무력사용을 규정한 국제연합 헌장 제7장의 발동요건이 된다고 주장하고(이들 결의안에는 러시아와 중국의 거부권을 우려해 무력사용의 허용절차는 언급하지 않았음), '집단학살금지'와 '인도적 간섭'을 공습의 명분으로 내세웠다. 코소보의 인도적 참사가 발칸반도 주변국으로 확산되는 것을 막기 위해 나토공습은 불가피 했다는 것이다. 특히 클린턴 미국 대통령 '미국은 코소보 유혈사태를 종식시켜야 한다는 도덕적 명령을 이행하고 있으며, 이는 미국의 국익을 위해서도 중요하다. 금세기 들어 두 번이나 큰 재앙을 몰고 왔던 유럽중심부의 화약고가 폭발해 더 큰 전쟁으로 번지는 것을 예방하기 위해서도 유고연방에 대한 공습이 필요하다'고 강조하였다.

2. 나토공습의 정당성

이상에서 살펴본 바와 같이 나토공습의 정당성에 대한 분쟁당사자, 이해관계국들 및 국제연합의 입장은 극명하게 대립되었다. 공습을 반대하는 측에서는 안전보장이사회의 승인을 받지 않은 사실을 강조하였으며, 찬성하는 측에서는 '인도적 간섭'을 내세웠다. 그렇다면 국제법상 나토는 유고에 무력을 행사할 수 있는 권리가 있는가? 이를 알아보기 위해서는 먼저 '인도적 간섭'이 허용되는지 살펴보고, 허용된다면 미국과 나토 측이 주장하는 바처럼 나토의 對코소보 공습을 '인도적 간섭'으로 볼 수 있겠는가 하는 것을 확인하면 될 것이다.

가. 인도적 간섭

인도적 간섭(humanitarian intervention)이란 어떤 국가가 자국민의 '기본적 인권을 부인하고 인류의 양심에 충격을 주는 방법으로'(in such a way as to deny their fundamental human rights and to shock the conscience of mankind) 잔악행위를 하거나 박해를 가할 때, 당해국가가 이러한 사태를 스스로 수습할 능력이 없거나 혹은 수습을 원하지 않을 경우, 타국 혹은 국제조직이 필요시에는 강제력을 동원하여 그 사태의 종식을 위해 개입하는 것을 말한다.

인도적 간섭의 허용여부는 타국 내에서 발생한 인권유린에 대해 개입함으로써 얻는 인권침해방지와 그 목적이 인도적인 것이기는 하지만 강제적 성격을 갖는 인도적 간섭으로 초래되는 국제평화와 안전의 위협을 어떻게 조화시킬 것인가 하는 문제에 연계되어 있다. 이러한 연유로 인도적 간섭은 정의를 취하느냐 평화를 취하느냐의 문제라고 일컬어지기도 한다.[34] 인권의 보장이 그 어느 때보다 절실히 요청되고 있는 현 국제사회에서 인권의 보호라는 목적을 위해 무력이라는 수단을 사용하여 타국의 주권을 어느 정도까지 침해할 수 있느냐 하는 인도적 간섭의 합법성 문제는 이와 같은 관점에서 특별한 관심을 끌고 있다.

타국의 내전에 대한 인도적 간섭의 허용여부에 대해서는 간섭이론의 모호성 또는 불투명성과 충돌하는 가치의 해석차이로 부정론과 긍정론이 심각하게 대립하고 있다. 이는 인도적 간섭이 실제로는 문화적 이질성의 결과이며, 법적 문제라기보다는 오히려 정치적 문제로 인식되고 있기 때문이다.

이의 합법성을 부정하는 이론의 근거는 대체로 다음과 같이 요약될 수 있다. 첫째, 인도적 간섭은 강대국들의 정치경제적 이해와 밀접한 관계가 있기 때문에 비록 어떤 사태가 아무리 비인도적이라 하더라도 자국에 이익이 없으면 이에 관심을 갖지 않고 외면하는 경향이 있다.[35] 둘째, 인도적

---

34) 이승헌, "국제기구와 평화유지기능", 국제법학회논총, 제5권 제1호(1960), p.57.

35) I. Brownlie, *International Law and the Use of Force by States*(Clarendon

간섭이 정당화될 수 있는 비인도적 행위와 이에 대해 허용되는 간섭의 정도에 대한 기준이 결여되어 있다. 셋째, 기본적인 인권의 존중을 위해 국내문제불간섭원칙과 무력사용금지원칙을 침해하는 것은 확립된 국제법 원칙을 부정하는 행위이다.[36] 넷째, 이는 가장 현실적인 이유인데, 인도적 간섭은 그 성질상 강대국에 의해서만 가능한 것이어서 강대국에 의한 약소국의 국내문제에 개입하기 위한 구실로 이용되기 쉬울 뿐만 아니라, 제3국의 대항간섭을 유발하여 국내분쟁을 국제분쟁으로 학대시킬 가능성이 높다.[37]

그러나 일반적으로 수락된 인간의 존엄에 대한 참을 수 없는 그리고 인류의 양심에 충격을 주는 비인도적 행위가 제국들의 항의에도 불구하고 계속 자행될 때 이를 중지시키기 위한 간섭은 인정되어야 할 것이다. 국가 간의 상호의존관계가 더욱 긴밀해지고 있고, 국가의 권리보다는 개인의 권리와 국가의 의무를 강조하는 현 국제사회의 구조적 특질을 감안해 볼 때, 주권절대주의를 너무 고집하여 국제법이 보호해야 할 또 다른 가치, 즉 인권보호라는 가치를 국제법이 스스로 포기하는 오류는 지양되어야 한다.[38] 결국 중대하고 심각한 인권침해를 중단시키기 위한 강제적 행동은 국제법상 적절한 행동으로 인정된다 할 것이며, 특히 관련되는 조약 내용과 국가관행에 대한 최선의 해석은 인도적 간섭이 현 국제법질서에 부합하는 것으로 보는 것이다.[39]

Press/Oxford University Press, 1963), pp.338-339.

36) Gerhard von Glahn, *Law Among Nations: An Introduction to Public International Law*(5th ed.)(Macmillan Company, 1986), p.173.

37) Derek W. Bowett, "The Interrelation of Theories of Intervention and Self-Defence", in *Law and Civil War in the Modern World, ed. by John N. Moore*(The Johns Hopkins University Press, 1974), p.45.

38) 제성호, "국제법상 인도적 간섭의 합법성에 관한 일고찰", 국제법학회논총, 제32권 제2호(1986), p.114.

39) M. J. Bazyler, "Reexamining the Doctrine of Humanitarian Intervention in the Right of the Atrocities in Kampuchea and Ethiopia", 22 *Stanford Journal of International Law*(1986), p.570; Richard A. Falk, "The Haiti Interdiction: A dangerous World Order Precedent for the United Nations", 36 *Harvard International Law Journal*(1995), p.341; Stephen J. O'hanlon, "Humanitarian

그렇다고 해서 인권보호라는 미명하에 국가주권을 자의적으로 제한할 수 있는 길을 열어 놓아서는 안 된다. 무력에 의한 인도적 간섭을 간섭국의 주관적 판단기준에 맡겨두는 것은 강대국의 간섭을 용인해 주는 결과를 초래할 수 있어 인도적 간섭이 악용될 소지가 있다. 이러한 현상은 인권보호 보다는 자국이익 추구를 위한 간섭이 더 많았다는 역사적 사실에서도 증명된다. 따라서 간섭이 허용되는 상황과 간섭의 한계에 대한 구체적인 기준에 대한 신중한 고려가 선행되어야 한다. 하지만 불행히도 이에 대해 아직껏 확립된 국제법 원칙이 존재하지 않으며 이를 확인할 수 있는 국가관행도 명확하지 못한 실정이다.

그렇지만 인도적 간섭이 현실적으로 행해지고 있는 오늘날의 상황에서 (1) 집단살해에 관한 절박한 위험이 있거나 국제법을 위반한 광범위하고도 자의적인 인명탈취가 있을 때(긴급성의 원칙), (2) 이용가능한 모든 외교적, 평화적인 방법을 다하였는데도 사태가 시정되지 않을 때(최종성의 원칙), (3) 국제연합 및 기타 국제적 기관에 의한 실효적 조치가 불가능할 때(보충성의 원칙), (4) 발동된 조치로 해서 인권보호보다 더 큰 가치가 파괴될 위험이 없고 발동조치와 보호대상간에 비례관계가 성립될 때(비례성의 원칙), (5) 발동조치가 목적달성을 위해 필요한 최소한의 것일 때(최소성의 원칙) 등의 기준을 통한 통제가 합리적이라 생각된다.[40]

그러나 이들 기준에 대한 판단자는 궁극적으로 간섭행위자 자신이다. 그러므로 이러한 난점을 극복하기 위해서는 몇 가지의 절차적 요건이 부가되어야 한다. 그것은 평화적 해결수단에 의한 우선적인 해결시도가 있은 다음이어야 하며, 사후에 국제조직에 대한 신속한 보고 및 제출이 요청되어야 할 것이다.[41]

인도적 간섭과 관련하여 주목할 것은 최근의 경향은 국제연합에 의한

Intervention: When is Force justified?", 20 The *Washington Quarterly*, No.4(1997), pp.13-14.

40) John N. Moore, "Toward an applied Theory for the Regulation of Intervention", in *Law and Civil War in the Modern World, op. cit.*, pp.24-25.

41) 성재호, "인도주의와 인도적 간섭", 인도법논총, 제10/11호(1991), p.249.

집단적 간섭의 사례가 증가하고 있다는 것이다. 1991년 국제연합 안전보장이사회는 이라크의 쿠르드족 박해로 인한 대규모 난민이 발생한 것과 관련하여 결의688에서 합법적 개입의 길을 확실히 하였다.[42] 동 결의는 헌장 제2조 제7항에 명확하게 언급되어 있는 국제평화와 안전의 유지에 대한 국제연합의 책무를 강조하고, 헌장 제7장을 직접 명시하지는 않았지만 쿠르드족에 대한 이라크의 박해를 국제평화 및 안전에 대한 위협이라고 했다. 인도적 위기에 처한 자에 대한 '인도적 원조 및 인권존중'과 '국제평화와 안전유지' 간의 관계를 확립한 동 결의는 안전보장이사회가 사상 처음으로 인도적 관심을 국제평화 및 안전과 결부하여 불간섭보다 인도에 중점을 두고 있음을 보여주었으며,[43] 국내문제불간섭의 대원칙이 인도라는 또 하나의 대원칙 앞에서 후퇴해가는 현실을 확인할 수 있었다는 점에서 획기적인 것이었다.[44] 그 후 국제연합은 소말리아, 구유고, 르완다 및 아이티분쟁 등에서 인도적 동기에 의한 간섭으로 평화유지군을 파견, 필요한 모든 수단(무력사용 허가)을 허용하는 등 이러한 경향을 더욱 확고히 하였다.[45]

---

42) 이라크의 쿠르드족에 대한 인도적 원조를 결정한 동 결의의 배경, 이행과정 및 제반 문제점에 대해서는 M. Stopford, "Humanitarian Assistance in the Wake of the Persian Gulf War", 33 *Virginia Journal of International Law*(1993), pp.491-502.

43) Thomas G. Weise, "New Challenge for UN Military Operations: Complementing on Agenda for Peace", 16 *The Washington Quarterly*(1993), p.57.

44) 小野里サンドラ光江, "現代國際法における不干涉原則", 法學政治學論究, 제25호(1995), 慶應義塾大學大學院 法學政治學論究刊行會, p.303. 하지만 그는 국제관계에서 인권과 자결권의 관계에서 강대국은 前者를 우월한 위치에 두는 반면에 약소국은 後者를 강하게 주장하고 있고, 국제연합 회원국들의 실행에서도 자결권이 여타 권리에 우선하고 있다면서 인권, 민주주의, 자유선거 등은 국제정치상 이전보다 한층 중요해졌으나 국가 간 관계에서 그 역할은 '중심적인 것'이 아니라 '주변적 존재'라는 것을 상기시키면서 불간섭원칙이 인권분야보다 상위에 존재해야 한다고 주장한다. *Ibid.*, p.309.

45) 김석현, "인권보호를 위한 안보리의 개입", 국제법학회논총, 제40권 제1호(1995), pp.50-51; 신성수, "인도적 목적을 위한 유엔안보리의 제재조치에 관한 연구", 국제법학회논총, 제42권 제2호(1997), pp.99-105. 걸프전이 지역안보의 회복과 침략행위에 대한 제재라는 전통적인 집단안보에 의해 정당화된 반면 이들 분쟁들에서의 국제연합의 개입은 '인도적 간섭'을 국제연합의 합법적 역할의 하나로

나. 나토공습과 인도적 간섭

나토는 코소보의 민간주민에 대한 폭력과 억압, 인간적 고통을 방지한다는 명목으로 유고를 무력으로 공습하였다. 이에 대해 단순한 회의에서부터 격렬한 비난까지 반대주장들이 제기되었다. 국제연합 안전보장이사회의 승인을 받지 않고 일방적으로 주권국가에 대해 무력을 사용한 것은 그 목적의 인도성에도 불구하고 현 국제법을 위반한 불법적인 행위라는 것이다.

국제연합 헌장은 국가의 영토보전이나 정치적 독립을 침해하는 일체의 무력사용이나 위협을 금지하고,[46] 다만 예외적으로 헌장 제51조의 자위권의 발동 및 헌장 제7장의 제재조치로서의 무력사용을 허용하고 있다. 이처럼 국제연합은 무력사용을 엄격하게 제한하고 있으며, 자위권 행사를 제외하고는 안전보장이사회에 무력사용에 관한 권한을 위임하고 있다. 이러한 국제연합 헌장의 규정들에 비추어 볼 때 나토가 안전보장이사회의 승인없이 유고를 일방적으로 공습한 것은 법적 정당성이 결여된 불법적인 침략행위라는 것이다.[47]

그러나 무력행사금지를 너무 엄격하게 해석하면 자국 내에서 절대 용인될 수 없는 중대한 국제법적 범죄를 범하고 있는 국가도 안전보장이사회의 전권위임이 없는 경우 외부의 개입으로부터 보호되는 부당한 결과가 된다. 따라서 일국에서 민간주민이 강제로 대량 추방되고 집단학살 및 인종청소의 위험에 처할 경우 이를 보호하기 위한 외부의 개입은 1차적으로 국제연합의 권한이지만 국제연합의 조치가 안전보장이사회에서 개별국가의 거부권에 의해 봉쇄된다면, 국제연합 이외의 국제법 주체에 의한 인도적 목적의 간섭은 허용되어야 할 것이다.[48]

해석함으로써 합법화되었다. A. Orford, "Locating the Int'l: Military and Monetary Interventions after the Cold War", 38 *Harvard International Law Journal*(1997), pp.445-446.

46) 국제연합 헌장 제2조 4항.

47) 백진현, "무력사용, 유엔 그리고 코소보 사태", 국제문제, 제346호(1999. 6), pp.43-44.

48) 나인균, "코소보 사태의 국제법적 고찰", 국제법평론, 제11집(1999. 9), pp. 74-75.

코소보에서 벌어진 알바니아계 주민들에 대한 인종청소는 새 천년을 눈 앞에 둔 문명사회의 씻지 못할 수치이다. 유고연방의 세르비아군은 코소보 독립운동을 이끌어 온 알바니아계 정치인, 지식인 및 랑부예 평화회담에 참가했던 알바니아계 협상대표들까지도 처형하였다. 특히 1991년부터 1995년까지 보스니아와 크로아티아에서 '인종청소'를 자행해 국제인권단체가 전범으로 분류한 아르칸(본명 젤리코 라즈나토비치)과 같은 '인종청소업자'가 재등장하여 이번 학살의 배후인물로 활약하였다.

나토의 개입이 국제연합의 승인을 받지 않았다는 것은 공습의 정당성에 대한 시비를 낳을 소지가 있으며, 실제 러시아·중국·인도를 비롯한 여러 국가들이 공식적으로 항의하였으며, 국제연합도 이러한 입장을 견지했었다. 그러나 알바니아계 주민들의 처참한 주검들은 인간의 가치와 존엄성에 대한 심각한 도전이다. 인류의 양심과 이성을 여지없이 유린하는 그 같은 대학살극을 더 이상 방치한다면 그것은 오늘을 사는 우리 모두의 죄일 수밖에 없다.

물론 나토의 공습이 인도적 이유만에 의한 것이 아니라는 비판도 있으나, 인종청소 및 강제추방 등 인간의 가치와 존엄성을 유린하고 인류공동체를 파괴하는 세르비아 측의 비인도적 범죄에 대한 응징이 가장 중요한 원인이다.

따라서 나토의 군사행동에 대한 국제법적 시비가 있고 이번 공습이 선례가 되어 국제연합의 승인없는 외부의 간섭이 남용될 수도 있다는 우려가 있긴 하지만, 이를 뛰어 넘어 무엇보다 인권을 지키고 보호해야 한다는 절대명제 때문에 그 정당성은 인정되어야 할 것이다.

제5절 코소보 사태와 *jus in bello*

불행하게도 세계도처에서 진행 중인 무력분쟁에서 국제인도법의 위반사례는 수없이 많다. 1949년 제네바 4개 협약, 1977년 제네바협약 2개 추가의정서가 채택된 지 각각 50여 년, 20여 년이 넘었지만 이들 인도적 법규들의 실제 분쟁에서의 적용실태는 인도주의를 향한 인류의 노력을 비웃고 있다. 코소보 사태에서도 상황은 마찬가지였다. 이하에서는 코소보 사태에서 각 분쟁당사자들에 의해 자행된 대표적인 국제인도법 위반행위들을 살펴보고 그 법적 의의를 평가해 보고자 한다.

1. 나토와 유고 간의 분쟁

가. 나토 측의 행위

(1) 민간인 오폭

오늘날의 무력분쟁에서 볼 수 있는 특징적 양상의 하나는 전투수단의 놀라운 발달과 이에 따른 전투방법의 변화로 인하여 민간인의 희생이 격증하고 있다는 것이다. 제1차대전 당시의 전투원과 민간인의 사상비율은 20대 1로서 민간인에 비하여 전투원의 사상자가 월등하게 많았다. 그러던 것이 제2차대전 당시에는 그 비율이 1 대 1로 되었고, 한국전쟁의 경우에는 1 대 5로, 월남전의 경우에는 1 대 13으로서 민간인의 사상자 비율이 점점 더 높아가는 역전현상을 보이고 있다.[49]

나토의 유고공습 과정에서도 잇따른 미사일 오폭으로 민간인 희생자들이 속출했다. 공습 초기 민간인 사상자의 수는 사실 그리 많지 않았지만

---

49) 정운장, 국제인도법(영남대학교 출판부, 1994), p.211.

공습이 강화됨에 따라 민간인 및 민간물자의 피해가 급증하기 시작했다.

분쟁기간 중 주요한 나토군의 오폭사례를 살펴보면 4월 5일 알렉시나치 민간거주지역에 폭탄이 떨어져 17명 사망, 4월 9일 프리슈티나 전화국 폭격 과정에서 인근 민간인들의 희생, 4월 12일 세르비아 내 한 철교에 미사일 명 중으로 기차가 전복되어 55명 사망, 4월 14일 유고군 차량을 공격하려다 난 민행렬 폭격으로 75명 사망, 4월 28일 세르비아 남부 수르둘리차의 민간거주 지역 오폭으로 20여 명 사망, 5월 1일 코소보주 루잔의 교량공습 시 민간버 스 폭격으로 최고 60명 사망, 5월 2일 베오그라드 남서쪽 발예보 마을에 나 토군의 미사일이 잘못 발사되어 34명 이상 부상·2명 실종, 5월 3일 코소보 서부지역 페치 인근에서 민간버스 폭격으로 승객 17명 사망, 5월 7일 니시의 민간인 거주지역 폭격으로 15명 사망·70명 부상, 5월 14일 코소보 남부 코 리사 폭격과정에서 주민 87명 사망, 5월 21일 유고의 한 교도소를 오폭, 적 어도 재소자와 교도소 부소장을 비롯한 19명이 사망하는 등 공식적으로 확 인된 것만도 10건 이상이며, 희생된 민간인 수도 500여 명이 넘는다.

군사전문가들은 이러한 나토의 오폭사례가 공격무기 자체의 치명적인 결함에 기인한 것이라기보다는 산악지대가 대부분인 유고의 악천후 탓으 로, 미사일이 레이저에 의해 목표물까지 유도되지만 안개나 구름 등에 의 해 레이저가 분산되어 방향을 잃는다는 것이다.

물론 공습과정에서의 민간인 희생을 오폭 탓으로만 돌릴 수 없다. 다리 나 철로를 폭파할 때 마침 그곳을 지나치게 되는 차량이나 민간인들이 폭 격의 희생자가 되기도 한다. 특히 오늘날의 전투수단과 방법을 고려해 볼 때 전쟁상황에서 군인과 민간인을 엄격하게 구분하여 군사목표물만 공격한 다는 것은 거의 불가능하다.

하지만 적대행위에 있어 분쟁당사자가 추구할 수 있는 유일한 합법적 목적은 적군사력의 약화이다. 따라서 적군사력과 직접적인 관련이 없는 민 간주민은 가능한 한 분쟁의 영향으로부터 보호되어야 한다. 이를 위해 국 제인도법은 '구별의 원칙'(principle of distinction)을 강조하고 민간인 및 민간물자에 대한 무차별 공격을 금지하고 있다.

1977년 제1추가의정서)는 "민간주민과 민간물자의 존중 및 보호를 보장하기 위하여 분쟁당사국은 항시 민간주민과 전투원, 민간물자와 군사목표를 구별하여야 하며, 이들에 대한 작전은 군사목표물에 대해서만 행하여져야 한다"는 적대행위의 영향으로부터 민간주민의 일반적 보호에 관한 기본규정을 명규하고 있다.[50] 이러한 '구별의 원칙'은 제51조에서 민간주민 및 민간인은 군사작전으로부터 발생하는 위험으로부터 일반적 보호를 향유하며, 민간주민 및 민간인은 공격대상이 대상지 않는다고 다시 한번 강조되고 있다.[51]

또한 동 의정서는 무차별 공격(indiscriminate attack)을 금지하고 있다. 무차별 공격이라 함은 특정한 군사목표물을 표적으로 하지 않은 공격, 특정한 군사목표물을 표적으로 할 수 없는 전투방법 또는 수단을 사용하는 공격 및 그 영향이 의정서가 요구하는 것에 한정할 수 없는 전투방법 또는 수단을 사용하는 공격을 말하며 그 결과 군사목표와 민간인 또는 민간물자를 무차별적으로 공격하는 성질을 가지는 것을 말한다.[52] 이러한 군사목표주의는 확립된 국제법 원칙으로 승인되어 왔으며,[53] 제2차대전 초기에 교전당사국은 공격의 목표를 군사적인 시설에 한정한다는 방침을 명백히 한 바 있다.[54]

---

50) 제1추가의정서 제48조.

51) 제1추가의정서 제51조 1, 2항 참조.

52) 제1추가의정서 제51조 제4항. 무차별공격의 전형적인 예로는 군사목표물이 산재한 지역에 대한 융단폭격(carpet bombing), 장기간 동안 전투원뿐만 아니라 민간인들까지 살상케 할 수 있는 지뢰의 무차별적 부설 및 전투원으로부터 민간인을 구별할 수 없는 화학 및 생물무기의 사용 등을 들 수 있다.

53) 1907년 육전법규 제25조 및 1907년 전시해군력으로써 하는 포격에 관한 조약 제1조 및 제2조 참조.

54) 1942년 10월 29일 영국정부는 자국공군에 훈령을 내려 「폭격은 군사목표에 한정해야 하며 민간인을 고의로 폭격하는 것은 금지된다. 목표를 확인해야 하며 만약 정확한 폭격이 의심스러운 경우에는 또는 오폭으로 인구밀집지대에 대한 중대한 손해가 예상되는 경우에는 공격해서는 안 된다」고 하였다. ICRC, *Draft Rules for the Limitation the Dangers incurred by the Civilian Population in Time of War*(2nd. ed.)(1958), p.163.

다만 국제인도법에서 금지되고 있는 것은 민간인 및 민간물자를 직접적인 공격대상으로 하는 경우이다. 민간인 또는 민간물자를 직접 공격대상으로 하지 않는 전투행위로 인하여 민간인의 희생, 예컨대 유탄에 의하여 민간인이 사망하는 경우 또는 군사목표에 대한 폭격 또는 포격에 의하여 그 군사목표물에 인접하고 있는 민간주택이나 민간재산이 파괴되는 경우에는 공격 측에 아무런 법적 책임이 귀속되지 않는다.[55]

나토군의 민간인, 민간인 거주지역 및 민간물자에 대한 오폭의 경우 일부는 이들에 대한 직접적인 공격이 아니라 군사목표에 대한 공격에 의한 부수적인 피해라고 볼 수 있는 측면도 있지만, 일부의 경우는 위의 규정들을 위반한 폭격으로 볼 수 있다. 특히 공격 측은 군사작전을 수행함에 있어 민간주민, 민간인 및 민간물자의 피해를 방지하기 위하여 부단한 주의 조치를 취하여야 함에도 불구하고,[56] 특별한 예방조치를 취하지 않았다. 따라서 나토군에 의한 민간인 오폭문제는 국제인도법을 위반한 불법적인 행위로 나토 측은 이에 대한 법적 책임을 져야 한다.

(2) 환경파괴

무력분쟁은 고의적이든 비고의적이든 환경파괴로 인한 다양한 문제들을 유발한다. 일반적으로 무력분쟁은 군사적, 경제적 목적을 위한 삼림의 파괴, 식수의 고의적 오염과 같은 직접적, 계획적인 환경파괴 및 환경에 유해한 화학물질 배출시설에 대한 공격, 부정확한 표적선택 및 대량파괴무기에서 발생되는 의도하지 않았던 경미한 환경파괴와 같은 간접적, 부수적으로 영향을 미친다.[57]

이는 코소보 사태에서도 마찬가지였는데, 나토의 공습으로 유고와 그 주

---

55) 정운장, *op. cit.*, p.257.

56) 제1추가의정서 제57조 참조.

57) J. Leggett, "The Environmental Impact of War: a Scientific Analysis and Greenpeace's Reaction", in *Environmental Protection and the Law of War: A Fifth Geneva Convention on the Protection of the Environment in Time of Armed Conflict*, ed., by G. Plant(Belhaven Press, 1992), p.68.

변국들은 심각한 환경피해를 입었다. 나토가 세르비아의 기반시설을 궤멸시키기 위하여 세르비아의 정유공장 및 비료공장 등을 폭격, 유해물질이 배출되어 대기와 하천이 오염되었다. 판체보 및 노비사드 등의 정유, 비료 및 화학공장에 대한 폭격으로 인체에 유해한 화학물질(염화비닐, 염화에틸렌, 염산 및 탄산나트륨 등)이 대기 중에 확산되어 판체보 주변의 대기오염이 허용치보다 3천배 이상이나 악화되고 노비사드 주변의 대기 및 지하수가 오염되었었다. 이러한 환경오염의 영향으로 다뉴브강이 기름에 오염되어 물고기들이 떼죽음당하고 이들 오염원이 지하수와 흑해를 오염시켰다.

세르비아 공업지대에 대한 공습으로 인근 국가들의 환경오염도 심각했었다. 루마니아에서는 유고에 접한 남서부에 ph 농도 5가 넘는 산성비가 내리고 나뭇잎이 떨어지며 곡물재배가 큰 타격을 입었으며, 그리스에선 다이옥신 농도가 비정상적으로 높아 졌고, 불가리아의 다뉴브강도 곳곳에서 유류로 오염되기도 했다.

이러한 나토의 환경파괴 행위는 전투수단과 방법의 제한에 관한 불필요한 고통금지, 군사상 필요원칙 및 전투원과 민간인의 구별원칙 및 비례성원칙 등 무력분쟁법의 일반원칙과 헤이그 협약,[58] 1949년 제네바협약(제네바 제4협약 제32, 5, 55 및 56조 참조), 1977년 추가의정서(제1추가의정서 제35, 54, 55 및 56조 참조), '환경변경기술의 군사적 또는 기타 적대적 사용금지협약'(Convention on the Prohibition of military or any Other Hostile Use of Environmental Modification Techniques: ENMOD Convention)[59] 등을 위반한 행위이다.

---

58) 1899년 협약(II) 제22조 및 제55조, 1907년 협약 제22, 25, 27, 28 및 55조 참조. 이러한 규정들은 직접적으로 환경보호를 위해 채택된 것은 아니지만 군사필요성으로 정당화되지 않는 문화적으로 중요한 자연자원과 환경보호에 적용 가능하며 국제인도법이 자연환경의 보호문제에까지 확대될 수 있는 법적 기초가 되었다.

59) U.N. G.A., Res.31/72, U.N. GAOR, 31st Sess., Supp.No.39, U.N., Doc.A/31/39(1976). 군축위원회의 산물인 동 협약은 환경에 유해한 전투행위의 규제를 포괄적으로 규제하지는 못했지만 군비통제와 환경보존간의 관계를 나타냄으로써 인간보존을 위한 건강한 환경의 필요성을 묵시적으로 인정하고 있다. 동 협약 제1, 2조 참조.

나. 유고 측의 행위

(1) 인간방패작전

나토의 공습으로 인한 민간인 희생이 늘어나면서 '인간방패' 논란이 가열되었다. 5월 14일 코소보 알바니아계 난민행렬에 대한 오폭으로 80여 명이 희생된 사건에 대해 당시 나토는 목표물 설정이 잘못되었음을 시인했지만, 코리사는 유고군 지휘부와 무장수송장비 및 10문 이상의 대포 등 군사장비가 관측된 정당한 군사목표물이라며 이 지역에 대한 공습 자체는 정당했다는 것을 강조하였다. 이들 민간인들이 세르비아 군캠프에 있을 이유가 없는데, 밀로세비치가 국제사회의 여론조작을 위해 민간인들을 인간방패로 이용하고 있다고 비난했다. 나토는 코리사에서 인간방패가 사용되었다는 확증을 제시하지는 못하면서도 공습 후 12시간이 지난 뒤에야 피해현장을 공개한 점 등을 들어 유고가 파괴된 장갑차 등을 치우고 민간마을로 위장했다는 의혹을 제기하였다.

그러나 유고는 이 같은 주장을 일축, 나토는 군사시설과 민간지역을 가리지 않고 야만적인 폭격을 하고 있다면서 코리사 마을은 군인이나 경찰병력이 전혀 없는 순수 민간인지역이며 희생자도 주로 어린이와 여성, 노약자들이라고 주장했다. 이러한 인간방패작전은 걸프전에서도 국제적 문제가 되기도 했다.[60]

오늘날 인간방패작전은 국제인도법상 불법적인 전투수단으로 간주되어 금지되고 있다. 1949년 제네바 제4협약(전시 민간인 보호협약)은 "적의 공격을 피하기 위하여 피보호자를 전략상의 중요한 장소 예컨대, 발전소, 저수지, 철도조차장 등에 소재케 하거나 전투지역에 대한 엄호를 위하여 이용하여서는 아니 된다"고 규정하고 있다.[61] 이러한 원칙은 제1추가의정서에서 더욱 자세하게 규정되고 있다. 동의정서는 "민간주민이나 민간인의

---

60) 김정균, "민간인의 보호: 걸프전에서의 논점을 통해 본 국제인도법의 새로운 과제", 인도법논총, 제12호(1992), pp.188-189.

61) 제네바 제4협약 제28조.

존재 또는 이동은 특정지점이나 지역을 군사작전으로부터 면제받도록 하기 위하여, 특히 군사목표물을 공격으로부터 엄폐하거나 또는 군사작전을 엄폐, 지원 또는 방해하려는 기도로 사용되어서는 안 된다. 분쟁당사국은 군사목표물을 공격으로부터 엄폐하거나 군사작전을 엄폐하기 위하여 민간주민 또는 민간인의 이동을 지시하여서는 안 된다"고 밝히고 있다.[62]

이상의 규정들에 비추어 볼 때 인간방패작전은 국제인도법에서 명백히 금지되는 전투방법이다. 다만 유고가 인간방패작전을 구사했다는 명확한 증거는 제시되지 못했지만 정황상 그러한 개연성은 상당히 높다고 보여진다. 만에 하나라도 유고가 그러한 작전을 계획하여 실행에 옮겼다면 이는 국제인도법을 위반한 불법행위로 유고는 이에 대한 응분의 책임을 져야 할 것이다.

(2) 전쟁포로의 비인도적 대우

나토의 공습이 8일째 계속되던 3월 31일 유고연방 접경 마케도니아에서 정찰 중이던 미군 3명이 유고군에 억류되었다. 유고군이 체포한 3명의 미군은 전쟁포로(POWs)이다. 전쟁포로는 '전쟁포로의 대우에 관한 제네바협약(제네바 제3협약)'에 상세하게 규정된 일련의 규칙들에 의해 보호된다. 특히 전쟁포로는 그들의 신체와 명예를 존중받을 권리가 있으며, 항상 인도적으로 대우되어야 한다.[63]

ICRC는 유고 당국에 이들에 대한 ICRC의 즉각적인 접근을 인정하는 1949년의 포로에 관한 제네바협약(제네바 제3협약)의 의무들을 준수할 것을 요청하였다.[64] 그러나 ICRC는 이들 3명의 미군들에 대해 3주 이상 아무런 포획사실을 통지받지도 못했으며(관영 세르비아 TV는 4월 1일 이들 3명의 미군을 공개한 바 있음), 그들에 대한 방문이 허용되지도 않았을 뿐

---

62) 제1추가의정서 제51조 제7항.

63) 제네바 제3협약 제13조 및 제14조 참조.

64) ICRC, "The Balkan Conflict and respect for International Humanitarian Law", 23 April 1999, p.2.

만 아니라 가족들에게 소식전달이 허용되지 않았다.

이러한 유고당국의 행위는 명백한 국제인도법 위반행위이다. 왜냐하면 전쟁포로는 적절하게 지정된 이익보호국 및 ICRC 대표들의 방문을 받을 권리가 갖기 때문이다.[65]

그 후 이들 3명의 미군들은 미국 인권운동가인 제시 잭슨 목사와 밀로세비치의 회담 이후 억류 33일 만인 5월 2일 석방되어 독일의 미군기지로 송환되었다.

2. 유고와 KLA 간의 분쟁

가. 유고 측의 행위

밀로세비치는 나토의 공습이 계속되는 동안 나토 회원국의 분열을 유도하고, 인도적 차원에서 유고를 공습한다는 나토의 명분을 약화시키기 위해 알바니아계에 대한 공격을 계속해 민간주민에 대한 비인도적 행위를 서슴치 않았다. 대표적인 비인도적 행위로는 알바니아계 여성들에 대한 성폭력, 민간주민에 대한 인종청소와 강제추방으로 인한 대량난민의 발생 등이다. 이러한 행위들은 유고공습이 유럽에서의 '제2의 베트남전'이 될 수도 있음을 상기, 미국인들의 반전여론을 조성하기 위한 목적도 있었다.

---

65) ICRC 총재인 Cornelio Sommaruga가 Belgrade를 방문 중이었던 1999년 4월 26일 동년 3월 31일 이후 유고연방에 억류되어 있던 3명의 미군과 접촉할 기회를 가졌었다. 그 후 유고당국은 4월 27일 ICRC 대표들과 억류 미군들 간의 사적 면담 허용 및 정해진 절차에 따른 방문 등을 보장했으며, 가족들 간의 서신 연락도 허용하였다. ICRC Press Release 99/22, "Crisis in the Balkans: First ICRC contact with three US prisoners of war", 26 April 1999 참조.

(1) 알바니아계 여성들에 대한 성폭력

나토의 공습 이후 코소보 알바니아계 여성에 대한 세르비아군인들의 납치와 강간 등 성폭력이 광범위하게 자행되었다. 이러한 성폭력은 그야코바, 페치, 드레니차 등에서 성행되었는데, 이들 마을에서는 여성들이 수시간 또는 수일에 걸쳐 윤간되었으며, 풀려난 여성들은 가슴에 자상 또는 팔다리에 구타 흔적이 있었다. 나토 폭격이 세르비아 군인들에게 집단성폭력을 자행할 수 있는 '심리적 면허'를 부여한 것이다.[66]

무력분쟁 시 여성들에 대한 성폭력은 중세 이래 비록 이론적으로는 금지되었지만 무력분쟁의 전리품으로 간주되었고, 전투행위를 지속시키는 데 있어 주요한 동기부여 수단으로 인식되어 왔다.[67] 무력분쟁 시의 성폭력 문제는 모든 문화권에서 일반화된 지 오래이지만 공식적으로 보고되거나 기록으로 남겨져 전해지는 경우가 드물어 정확한 파악이 되고 있지 않으나, 이로 인해 여성들이 겪는 고통은 이루 헤아릴 수 없을 정도이다.[68]

구유고분쟁에서의 여성에 대한 강간은 특정세력의 민간주민을 고의로 표적으로 하고 문화적 및 도덕적 파괴를 목적으로 하는 전투방법의 하나로 이용되기도 하였으며,[69] 르완다, 부룬디 및 소말리아 등의 분쟁들에서의 여성 난민 및 유민들에 대한 성폭력은 심각한 비인도적 문제로 대두되었다.[70]

국제인도법은 여성의 명예와 품위를 존중받을 절대적인 권리를 인정하여 무력분쟁 시 성폭력을 명문으로 금지시키고 있다. 비국제적 무력분쟁과

---

66) 5월 25일 유엔인구기금(UNFPA) 발표 내용. 조선일보 5월 27일자 참조.

67) T. Meron, *Henry's Wars and Shakespeare's Law: Perspective on the Law of War in the later Middle Ages*(Oxford University Press, 1993), pp.111-112.

68) C. Chinkin, "Rape and Sexual Abuse of Women in International Law", 5 *European Journal of International Law*(1994), pp.327-328.

69) 구유고분쟁과 관련한 성폭력 문제의 심각성에 대해서는 T. Meron, "Rape as a Crime under IHL", 87 *American Journal of International Law*(1993), p.42; C. Chinkin, *op. cit.*, p.326; Final Report of the Commission of Experts established pursuant to the Secretary Council Resolution 780, U.N., Doc.S/1994/674(1994), Paras.102-109, 232-253.

70) Human Rights Watch, *Global Report on Women's Human Rights*(1995), p.1.

관련하여 공통3조는 "인간의 존엄성에 대한 침해, 특히 모욕적이고 치욕적인 대우"를 절대적으로 금지되어야 한다고 하였으며, 제2추가의정서 제4조 제2항 (e)호는 "개인의 존엄에 대한 침해 특히 모독적 비하행위, 강간, 강제매춘 및 모든 형태의 저열한 폭행"을 시간과 장소에 불문하고 금지되어야 하는 행위로 금지하고〈제2추가의정서 채택과정 및 주요 내용〉 있다.71)

이러한 규정들에 비추어 볼 때 유고연방군에 의한 알바니아계 여성들에 대한 강간은 국제인도법을 위반한 불법적인 범죄행위임이 명백하다. 따라서 유고는 이에 대한 법적 책임을 져야 하며 그러한 행위를 실행한 자나 이를 묵인 또는 방조한 지휘관에 대해서는 형사처벌이 가능하다 할 것이다.

(2) 민간인 강제추방 및 강제이주

최근 세계도처에서 발생하는 수많은 분쟁은 광범위하고 장기화된 인간 고통의 원인이 되고 있다. 이러한 분쟁들에서 국제인도법 및 국제인권법의 원칙 또는 규칙의 위반으로 무고한 희생자가 양산되고 있고 그러한 희생자 중에서 오늘날 가장 심각한 문제의 하나는 대량난민 및 유민의 발생이다. 이들은 처절하고 비인간적인 인권유린 또는 생존자체를 불가능하게 하는 기아를 피하여 자국 내 또는 제3국에 피난처를 구하고 있다. 이러한 현상은 코소보 사태에서도 마찬가지였다.

밀로세비치는 유고 공습이 계속되는 동안 '인종청소' 등 코소보 알바니아계에 대한 공격을 계속해 난민을 대량으로 발생시켰다. 나토의 공습 이후 코소보의 1백 80만 명의 알바니아계 주민 중 100만 명에 달하는 코소보

---

71) 국제인도법상 강간은 명시적으로는 '중대한 위반행위'로 인정되지 않지만 '중대한 위반행위'의 유형인 '신체 또는 건강에 고의적으로 극심한 고통 또는 심각한 상해 야기하는 행위', '고문 또는 비인도적 대우'에 해당한다고 볼 수도 있고, 강간을 '중대한 위반행위'로 인정하고 있는 각국의 관행과 무력분쟁에서의 여성의 성적 보호를 강화하려는 현국제인도법의 발전추세에 비추어 볼 때 무력분쟁에서의 강간은 '중대한 위반행위'로 인정되어야 한다. O. Gross, "The grave breaches system and the Armed Conflict in the former Yugoslavia", 16 *Michigan Journal of International Law*(1995), pp.821-823.

난민문제가 가장 큰 이슈였다.

1998년 봄부터 시작된 유고군의 KLA 소탕작전 이후 민간인 학살사건이 발생하는 등 코소보에 긴장이 감돌자 공습 직전까지 10만 명이 개별적으로 코소보를 탈출했었다. 하지만 공습 이후 발생한 대량난민은 거의 전적으로 유고군에 의해 조직적으로 자행된 인종청소라는 점에서 국제사회의 큰 반발을 불러 일으켰다.

이 과정에서 세르비아보안군은 알바니아계 주민들에게 자의에 의해 알바니아로 떠난다는 문서에 서명할 것을 강요하고, 알바니아계 주민들을 추방하면서 신분증을 압수하여 이들 난민들의 신분확인을 어렵게 하였다. 추방된 난민들이 마케도니아, 알바니아 등으로 몰려들면서 사태는 주변국으로 확산되는 조짐을 보이기도 했고, 이들이 폭로한 학살·강간·추방의 참극은 국제사회의 동정여론과 지원을 불러 일으켰다.

최근 세계도처에서 발생하는 수많은 분쟁은 광범위하고 장기화된 인간고통의 원인이 되고 있다. 이러한 분쟁들에서 국제인도법 및 국제인권법의 원칙 또는 규칙의 위반으로 무고한 희생자가 양산되고 있고, 그러한 희생자 중에서 오늘날 가장 심각한 문제의 하나는 대량난민 및 유민의 발생이다. 이들은 처절하고 비인간적인 인권유린 또는 생존자체를 불가능하게 하는 기아를 피하여 자국 내 또는 제3국에 피난처를 구하고 있다.

난민들은 기본적으로 국제난민법상 일반적 보호를 받지만 국제인도법상의 일정한 보호도 향유한다. 민간인은 폭력의 영향으로부터 보호되어야 하며, 모든 상황에서 인도적으로 대우되고 강제로 이주당하지 않으며, 그들의 재산은 존중되어야 한다는 것은 국제인도법상의 일반원칙이다.

이러한 일반원칙상의 보호 외에도 난민들은 국제인도법의 일부 규정들에서 보장되고 있는 권리들을 향유한다. 1949년 제네바협약 공통3조는 적대행위에 직접적으로 참여하지 않은 자는 어떠한 경우에도 인도적으로 대우되어야 함을, 1977년 제2추가의정서 제17조는 민간주민은 그들의 안전이나 절대적인 군사적 이유에 의하지 아니하고는 분쟁과 관련되는 이유로 강제이주되어서는 아니 되며, 그러한 이주를 행하는 경우에도 민간주민이 거처, 위생, 건강, 안전 및 영양상 만족할 만한 조건하에 수용되도록 모든 가능한 조치가 취하여 져야 한다고 명규하고 있다.

이러한 구체적인 보호규정 외에도 난민은 제2추가의정서 제14조(민간주민의 생존에 불가결한 물자의 보호)와 제18조(구호단체 및 구호활동) 등의 규정에 의해 간접적으로 보호받을 수 있다.

이러한 규정들에 비추어 볼 때 유고연방군에 의한 알바니아계 주민들에 대한 체계적이고 대규모적인 강제이주(forced displacement)는 국제인도법 위반행위임이 분명하다. 코소보 내에 남아있던 알바니아계들은 민간주민이 향유하는 국제인도법상의 일반적 보호, 즉 공격, 테러, 기아 및 생존에 불가결한 물자의 박탈로부터 보호되어야 함에도 불구하고 그렇지 못했던 것이다.

또한 유고군에 의한 알바니아계 민간주민의 강제추방 및 살해가 집단살해죄에 해당되는지에 대해서는 논란의 여지가 있다. 하지만 그러한 행위는 분명 지구상의 어느 국가에 의해서도 처벌이 가능한 국제법을 심각하게 위반한 범죄행위인 '인도에 대한 죄'(crimes against humanity)이며, 제네바 협약상의 '중대한 위반행위'(grave breaches)이다.

나. KLA 측의 행위

(1) KLA의 국제인도법 준수의무

비국제적 무력분쟁에서 분쟁당사자(중앙정부 및 반란단체)는 최소한의 인도적 규정인 공통3조 및 제2추가의정서를 준수하여야 한다. 각 분쟁당사자가 공통3조 및 제2추가의정서를 준수할 의무는 무조건적이지 상호적인 것이 아니어서 분쟁당사자의 일방이 그것을 준수하지 않고 또는 준수할 수 없는 상황에 있을 때도 타방은 당연히 그 구속으로부터 면제되지 않는다. 인도적 규정의 준수에서 이익을 얻는 것은 법 주체로서의 타 당사자라기보다는 피보호자라고 간주되는 개인이기 때문이다.

따라서 분쟁당사자의 법적 지위, 타 당사자의 규정에 대한 구속성이나 그 준수에 관계없이 개인의 보호라는 일반법익의 관점에서 분쟁당사자는 그 규정들을 준수해야 된다. 물론 비국제적 무력분쟁의 당사자들은 교전단체 승인이나 특별협정을 체결하는 경우 국제적 무력분쟁에 적용되는 제네바협약이나 제1추가의정서의 매우 진전된 희생자 보호규정의 적용범위 내로 들어갈 수 있다.

공통3조 및 제2추가의정서가 그 비준이나 가입 시에 존재하지도 않은 반도를 구속하는 근거는 무엇인가? 동의만이 그 당사자를 법적으로 구속한다고 하는 의사실증주의적 입장에 서면 반도가 스스로 동의를 부여하지 않는 한 공통3조도 제2추가의정서도 반도를 구속하지 못한다고 말할 수 있을 것이다.

그러나 공통3조는 '분쟁당사자'는 그 규정을 적용하지 않으면 안 된다고 하여 반도도 구속된다는 것을 확실히 하고 있다.[72] 제2추가의정서의 ICRC 초안 및 외교회의 위원회에서 채택된 조문에서는 의정서상의 모든 권리 및 의무는 분쟁당사자에게 동등하게 적용된다는 것을 명확히 하였으나, 중앙정부와 반도가 평등한 지위를 인정받게 되는 것이 아닌가하는 우려 때문에 최종단계에서 삭제되었다. 이러한 규정의 삭제가 반도는 의정서에 구속되지 않고 정부만이 일방적으로 의무를 부담한다는 것을 의미하는 것이 아니다. 공통3조의 경우와 마찬가지로 의정서에 기초한 의무는 모든 분쟁당사자에게 유효하다는 것은 변함이 없다. 정부의 제네바협약 및 추가의정의 비준·가입에 따라 체약국의 모든 주민은 이에 구속되며 그 주민의 일부로 구성되는 반도도 이들 법규들을 주지하고 있다고 간주되어 그것을 준수하지 않으면 안 된다.[73]

---

72) 반도의 공통3조에의 구속에 대해서는 대부분의 학자가 긍정하지만 이에 대한 반론도 있다. 특히 Yingling과 Gianne는 공통3조가 반도에게도 적용되고 그를 구속한다는 해석은 법적 효력이 의문시된다고 하였다. Raymond T. Yingling and Robert W. Gianne, "The Geneva Conventions of 1949", 49 *American Journal of International Law*(1952), p.386.

73) 공통3조 및 제2추가의정서가 이들을 비준하지도 않은 반도에게 적용되는 근거에 대해서는 몇 가지 법적 견해가 제시되고 있다. 중앙정부가 체약당사자로써 서명한 것은 반도를 포함한 모든 국민을 대표하여 행한 것이기 때문에 반도도 그 정부의 법적지위를 승계한다고 보는 승계이론(the theory of succession),

(2) KLA에 의한 비인도적 행위

이상에서 살펴본 바와 같이 반란단체인 KLA는 비전투원의 보호 및 인질금지 등과 같은 공통3조 및 제2추가의정서상의 규정들을 준수하여야 할 의무가 있다. 그러나 이러한 절대적인 의무에도 불구하고 KLA는 인질, 즉 결처형, 강간, 고문, 억류 등의 국제인도법 위반행위들을 자행했다. KLA의 이러한 비인도적 행위들은 주로 세르비아계에 대한 것이었지만, 일부 알바니아계 및 루마니아계들도 분쟁의 소용돌이에서 안전하지 못했다.

KLA의 위반행위들은 세르비아 보안군에 의해 자행된 대규모적인 잔악행위에 대한 보복적 성격이 강했으며, 세르비아계를 강제로 코소보지역 밖으로 이주시키기 위한 것이었으며 실제 세르비아계들은 상당수 코소보를 떠났다.

물론 이러한 행위들은 그 목적, 성격 및 규모 등에 있어서 유고연방군에 의해 저질러진 그것들에 비해 단발적이고 소규모적이며 비조직적인 것이기는 했었지만 국제적 인도기준을 위반한 것이었으며 따라서 비난받아 마땅한 것이었다.[74]

공통3조와 제2추가의정서의 내용은 이미 관습법의 일부가 되었기 때문에 반도도 이에 구속된다고 보는 관습법이론(the theory of customary law), 제네바협약과 추가의정서가 이행협정(implementing agreements)의 성격을 가지고 있기 때문에 사인을 구속하고 체약당사자의 전 영역에 직접적으로 효력을 미친다고 보는 공법이론(the public law theory), 인간들 사이의 교류의 증가는 국제법 및 국내법과 상호협력관계에 있는 초국가적 인도법을 인류공동체내에 탄생시켰고, 인류의 보편적 양심인 이러한 인도법은 평시 및 무력분쟁 시 모든 사인 및 결사체에 직접 적용된다고 보는 초국가적 인도법 이론(the theory of transnational humanitarian law)이 그것이다(S. Miyazaki, "The Application of New Humanitarian Law", 217 *IRRC*(1980), pp.187-188). J. Picte는 공통3조의 인도적 기준들을 절대적 성격을 갖는 규범, 즉 강행규범(*jus cogens*)이라고 보았다. J. Pictet, *Humanitarian Law and the Protection of War Victims* (Sijthof, 1975), p.19. 반면 제2추가의정서상의 의무가 절대적 성격을 갖는지 상호적 성격을 갖는지에 대해서는 약간의 의견대립이 있는바, 이에 대해서는 A. Cassese, "The Statue of Rebels under the 1977 Geneva Protocol on Non-International Armed Conflicts", 30 *International and Comparative Law Quarterly*(1981), pp.432-439.

제6절 결 언

코소보 사태는 1999년 6월 10일 공식적으로 종식되었다. 코소보 독립을 추구하는 알바니아계 무장세력의 도발과 이에 맞선 세르비아계의 인종청소가 노골화된 지 1년 5개월, 나토가 밀로세비치를 응징하기 위해 전투기와 미사일을 동원한지 78일 만이었다. 코소보 사태의 종식으로 코소보가 나토의 수중에 넘어왔고, 밀로세비치는 전범으로 기소되었을 뿐만 아니라 반인류범죄의 응징을 명분으로 한 주권국가에 대한 일방적 군사개입의 정당성이 강화되었다.

코소보 사태는 한 국가 내의 인권침해행위에 국제사회가 더 이상 묵과하지 않는다는 것을 보여주었다. 코소보 사태를 도덕적 가치와 법치에 기초한 새로운 국제주의를 구축할 수 있는 좋은 기회라고 본 나토는 '국제법위반'이라는 비난에도 불구하고 '인권보호'라는 명분하에 국제연합 안전보장이사회의 결의도 없이 유고를 공습했다. 물론 러시아, 중국 등은 나토가 유고 국내문제에 독단적으로 개입해 국제법을 위반하였으며, 섣부른 군사개입으로 사태를 악화시키고 민간인 피해를 가중시킨다며 반발했지만 무위로 그쳤다. 이에 대해 나토는 인권보호가 주권보호에 우선한다는 신국제주의 논리로 맞섰다.

1949년 4월 창설 이후 50년 만에 주권국가를 상대로 최초의 군사행동을 감행한 나토는 만족스럽지는 않지만 코소보 알바니아계 주민보호라는 정치적 목적달성에 일단 성공함으로써 긍정적 결과를 얻었다. 나토는 코소보와 접경한 세르비아 남서부에 폭 25km의 완충지대 설치, 코소보 내 유고군·경찰의 완전철군을 이끌어 냈다. 공습이전 랑부예 평화협상에서 유고 측에 제시했던 것보다 훨씬 유리한 조건이었다.

---

74) KLA에 의해 자행된 비인도적 행위들에 대해서는 Human Rights Watch, "Abuses against Serbs and Roma in the new Kosovo", *HRW Report*, vol. 11, No.10(D) (August 1999) 참조.

코소보 사태에서의 최대의 승리자는 나토체제의 유지를 지상목표로 삼았던 미국이다. 나토가 '집단방위체제'라는 단순한 군사동맹에서 '집단안전보장기구'로 변신을 꾀하는 과정에서 벌어진 유고공습은 비록 유럽 동맹국들의 참여아래 이루어졌다고는 하지만, 세계유일의 초강대국인 미국의 주도아래 벌어진 '함포외교'라는 성격이 더 강했다. 러시아가 나토를 '신식민주의의 전형'으로, 공습을 '대량학살'로 매도하면서 "유고공습의 진짜 목표는 미국이 세계운명을 결정하는 새로운 세계질서를 확인시키기 위한 것"이라고 비난한 것도 그런 이유에서였다.

또한 독일은 제1차세계대전 이후 처음으로 대외공격에 참가함으로써 '통일독일'이 국제사회에서 군사적 영향력을 확대하는 계기가 되었다. 비록 독일의 공습가담이 나토회원국으로서의 의무이며, 코소보에서 벌어지고 있는 비인도적 행위를 종식시키고 평화를 회복하기 위한 행동일 뿐 전쟁을 수행하는 것이 아니라는 독일의 해명에도 불구하고 두 차례나 세계대전을 일으킨 독일의 전력 때문에 국제사회는 이번 독일의 공습참가를 우려의 눈으로 지켜보았다. 독일은 일단 대외 군사활동에 물꼬가 트인 만큼 앞으로 활동영역을 넓혀갈 것이며, 유고공습에의 가담이 독일의 국제연합 안전보장이사회 상임이사국 진출에 도움을 줄 수도 있을 것이다.

그리고 코소보 분쟁은 공군력만으로 승리한 21세기형 전쟁의 등장이라는 전쟁사의 새로운 장을 열었다는 평가를 받았다. 미세한 적의 동태까지도 파악할 수 있는 인공위성, 주야간 구별없이 고공공습이 가능한 전투기 및 수십 km 떨어진 목표를 명중시킬 수 있는 정밀 유도탄이 결합된 공습으로 나토군은 3만 3천회에 이르는 출격에도 불구하고 한 명의 희생자도 없이 그리고 지상군 투입없이 전쟁을 승리로 이끌었기 때문이다. 하지만 이에 대한 반론도 만만찮다. 이번 전쟁이 공군력으로 승리를 거둔 첫 전쟁이기는 하지지만 제한적인 승리이기 때문에 한계가 있다는 것이다. 공습이 유고연방의 알바니아계에 대한 공격과 난민탈출 뒤 자행된 인종청소를 저지하지 못했고 오폭으로 인한 민간인 피해도 컸음을 그 이유로 든다.

그러나 코소보 사태는 승자도 패자도 없는 상처뿐인 전쟁이었다. 나토는 막강한 무력에도 불구하고 지상군 파병을 둘러싼 상호이견을 노출하는 등 분쟁을 조기에 종결시킬 기회를 놓쳤고, 유럽의 역내문제에 대한 미국의 지나친 간섭을 묵인하였으며, 국제연합 안전보장이사회의 결의를 거쳐 코소보에 평화유지군을 파견하는 데 동의함으로써 국제연합을 배제한 채 국제안보를 다룰 수 없다는 교훈도 얻었다. 지상군 투입을 배제한 공습일변도의 작전은 인종청소를 오히려 격화시켰고 한 국가의 국토와 기간시설을 초토화시켰으며, 오폭으로 인한 무고한 민간인 희생으로 나토 작전의 정당성이 훼손되었으며, 세르비아인과 알바니아인 간의 증오가 더욱 깊어 졌다.[75] 또한 코소보평화안은 임시정부 수립과 자치를 약속하면서도 알바니아계인들이 열망하는 코소보 독립을 보장하고 않은 채 유고의 주권도 인정하고 있어 여전히 분쟁의 불씨를 안고 있다.

코소보 사태에서 유고를 사실상 항복하게 만든 것은 미국의 압도적인 군사력이었다. 이러한 미국의 역할은 러시아, 중국은 물론 이라크, 북한 등 상당수 국가로 하여금 미국에 대한 불신감을 가중시켰다. 또한 현실화되지는 않았지만 러시아와 중국의 전략적 동반자 관계를 강화시켜 새로운 냉전이 형성될 우려도 제기되었으며, 국제연합의 위상약화도 초래되었다. 그리고 냉전 후 유지되어 온 국제평화 및 안보전략의 취약점이 드러나게 됨에 따라 냉전 이후의 평화유지를 위한 새로운 국제안보구도의 형성을 위한 전략수립을 불가피하게 하였다.[76]

새로운 세기를 앞두고 발발한 코소보 사태를 계기로 국제사회는 계속되는 분쟁을 관망할 것인지 지속적인 평화를 위한 기반을 닦을 것인지 결정해야 할 기로에 서있다. 그러나 역사는 흐르기 마련이고 그 흐름은 인류의 복지를 증진시키는 방향으로의 진전이어야 한다. 그러기 위해서는 각종 분쟁을 예방하고 평화유지를 위한 기초를 튼튼히 하는 등 분쟁의 효율적 관리가 중요하다. 분쟁을 효율적으로 관리하기 위해서는 무엇보다도 군비축

---

75) 조선일보, 1999. 6. 11. 3면 참조.
76) 유영철, "코소보 사태가 국제안보구도의 변화에 미친 영향". 주간국방논단 제 768호(1999. 6. 24) 참조.

소, 분쟁예방 및 조정의 활성화, 평화유지군의 효율적 운영 및 엄격한 전범재판 등 다각적인 전략을 동시에 수행할 수 있는 종합적인 체계구축이 우선되어야 할 것이다.

제4편 분쟁희생자의 인도적 보호 강화

제8장 분쟁희생자 보호법규의 보완 및 발전

제1절 보완 및 발전의 필요성

분쟁희생자의 인도적 보호에 있어 현 법규(공통3조 및 제2추가의정서)의 법적 불비, 구체적 분쟁들에서의 적용상의 불충분 및 각국들의 준수의지 결여는 그 당연한 결과로 오늘날 세계도처에서 발생하고 있는 무력분쟁들에서 인도적 위기와 참상을 초래하여 인간존엄에 대한 뿌리 깊은 신념을 송두리째 흔들고 있다.

무력분쟁을 국제적인 것과 비국제적인 것으로 구분하고 있는 국제인도법의 현 체계로는 대부분의 비국제적 무력분쟁이 적용요건과 기준, 특히 제2추가의정서에 규정된 유효한 영역지배의 요건을 갖추지 못해 법적 보호를 받을 수 없는 경우가 많고, 외부세력의 개입증가와 군사장비 및 전술의 발달로 무력분쟁의 2분적 구분이 무의미하게 되었으며, 실제 무력분쟁에 준하는 심각한 인도적 문제를 야기하고 있는 국내소요와 긴장사태도 공식적으로는 국제인도법의 적용범위로부터 배제되고 있다.

이러한 문제점들을 해결하고 분쟁희생자 보호의 강화를 위해서는 개별국가(분쟁국가)들의 법준수 의지를 강화·강제시키기 위한 별도의 연구·검토가 필요하겠지만, 현법규의 미비점을 보완·발전시켜 희생자보호를 최대화·극대화할 수 있는 법적 토대를 재정비하는 것이 중요하고도 시급하다. 왜냐하면 분쟁희생자 법적지위의 강화없이는 국제사회, 제3국 및 피해당사자가 그 보호를 위한 명분이나 이용가능한 수단의 선택에 있어서 제약을 받을 수밖에 없고, 법규위반자는 자신의 불법행위를 정당화시키기 위해 법적 흠결을 원용할 것이며, 현존하는 규칙들마저 회피할 것이기 때문이다.[1]

---

1) S. Junod, "Additional Protocol Ⅱ : History and Scope", 33 *The American University Law Review*(1983), pp.29-31.

무력분쟁은 과거에 종료된 것이든 현재 진행 중에 있는 것이든 인류에게 엄청난 충격을 주었고 국제인도법의 중요성과 발전의 필요성을 재인식시켰지만 외부세력의 개입, 분쟁의 국제전화 및 주권제한에의 우려는 제국들로 하여금 국제인도법의 발전에 신중하도록 만들었다. 하지만 대부분의 무력분쟁이 비국제적 성격의 것이고 그로 인한 희생이 더욱 잔혹화되어 가고 있는 오늘날 이러한 성격의 무력분쟁에 관한 현 국제인도법의 보완 및 발전은 이러저러한 이유들을 핑계로 회피할 수 없는 시대적 요청인 동시에 의무가 되었다. 이러한 현 법규의 보완 및 발전을 위해서는 먼저 공통3조와 제2추가의정서가 분쟁희생자의 인도적 보호에 있어 어떠한 법적 문제들을 갖고 있는지 살펴보는 것이 필요하다.

제2절 현 법규의 법적 문제점

1. 물적 적용범위의 미규정 및 축소

제네바협약 채택과정에서 가장 논쟁적이었던 공통3조는 '국제적 성질을 갖지 않는 무력분쟁'에 적용될 원칙들을 정의하고 약간의 명령적 규정으로 그것을 보충하는 형식을 취함으로써 그러한 분쟁에 대한 협약전체의 적용을 둘러싼 논쟁은 불식시켰지만, "일체약국의 영역 내에서 발생하는 국제적 성질을 갖지 않는 무력분쟁"에 자동적(automatic)으로 당연히(*ipso jure*) 적용된다고 간략하고 모호하게만 규정할 뿐 실질적이고 절차적인 요건을 제시하고 있지 않으며, '국제적 성질을 갖지 않는 무력분쟁'으로 인정되기 위한 최소한의 필요조건에 대해서도 침묵하고 있다.

제2추가의정서에서는 공통3조에 비해 물적 적용범위가 축소되고 국내적 소요 및 긴장사태가 제외됨으로써 적용요건이 강화되었다. 공통3소는 유일한 적용요건으로 '무력분쟁'만을 요구하고 있어 반란단체 간의 분쟁을 인정하는 등 분쟁당사자의 지위는 상관하지 않았지만, 제2추가의정서는 상대적으로 강화된 적용요건, 즉 책임있는 지휘, 지속적이고 일치된 군사활동을 수행할 수 있고 의정서를 이행할 수 있을 정도로 영역의 일부를 통제하는 정부군과 조직된 무장단체 간의 분쟁2)에 제한하고 있다. 여기서 반란군이 의정서를 이행할 수 있어야 한다는 조건은 실질적으로 상호주의를 의미하는 것으로 타 당사자의 준수여부에 종속되지 않는 인권법규뿐만 아니라 공통3조를 포함한 제네바협약의 일반적 체계에도 반한다.

또한 동의정서는 그 적용범위로부터 국내적 소요 및 긴장사태를 제외하고 있다. 하지만 이러한 사태는 ICRC와 같은 독립된 인도적 기관의 역무, 특히 '정치적 억류자'의 인도적 보호문제를 야기하는바, 이는 의정서가 공통3조의 불충분성을 전제로 이를 보완·발전시킨 것이고, 국내적 소요 및 긴장사태를 위장한 비국제적 무력분쟁이나 무력분쟁에 못지않은 과격한 국내적 소요 및 긴장사태도 있을 수 있어 이러한 사태에 최소한의 인도적 규정의 적용마저 배제해버린 것은 문제가 있다.

이러한 적용요건의 강화는 비국제적 무력분쟁에서 분쟁당사자들에게 자국분쟁이 저수준의 폭력행위여서 이에는 적용되지 않는다고 주장할 수 있는 여지를 허용하기 때문에 의정서의 유효성을 제한한다.3)

---

2) 이러한 요건의 요구는 원칙적으로 제2추가의정서의 적용을 '조직된 무장단체'의 심각한 반란에 제한하려고 고안된 것으로 동의정서를 적용하기 위해 충족되어야 하는 객관적인 요소들은 교전상태와 본질적으로 비교되는 전통적인 내전상황을 계획한 것이다. M. Bothe, K. Partsch and W. Solf, *New Rules for Victims of Armed Conflicts: Commentary on the two 1977 Protocols Additional to the Geneva Conventions of 1949*(Martinus Nijhoff Publishers, 1982), p.627 ; Robert K. Goldman, "International Humanitarian Law and the Armed Conflicts in El Salvador and Nicaragua", 2 *The American University Journal of International Law and Policy*(1987), p.549.

3) T. Meron, "On the Inadequate Reach of Humanitarian and Human Rights Law and the Need for a New Instrument", 77 *AJIL*(1983), p.589.

2. 분쟁희생자 보호규정의 불충분

가. 민간인 보호규정의 미약

비국제적 무력분쟁은 전통적인 국제적 무력분쟁들과는 달리 분쟁당사자의 전력, 조직 및 영역통제 등에 있어서 불평등하기 때문에 반군들은 게릴라 전술을 선호하고 민간인들 속에서 활동하는 경우가 많다. 따라서 이들 분쟁에서 민간인의 희생이 클 수밖에 없으며, 이들의 보호에 보다 세심한 주의가 요구되었지만 기존법규들은 이런 면에서 매우 미약하다.

1949년 외교회의는 종전의 제네바협약들을 대폭 개정, 증보함과 동시에 민간인 보호에 관한 새로운 협약을 채택하여 분쟁희생자의 보호에 커다란 공헌을 했다. 이는 국제인도법의 발전에 있어 역사적인 사건이었다. 하지만 외교회의의 목적은 제네바법의 개정이었지 헤이그법의 발전이 아니었기 때문에 피보호 민간인의 범위 및 이들에 대한 인도적 보호는 제한될 수밖에 없었다.[4]

공통3조에서는 전투행위로부터의 보호, 서신왕래 및 접촉, 무차별공격으로부터의 민간인 보호는 아예 언급되지 않았고, 피보호자를 '적대행위에 직접 참가하지 않는 자(무기를 방기한 군구성원 및 병, 부상, 억류 및 기타 이유에 의해 전투 외에 놓인 자 포함)'에 한정하여 보호내용 못지않게 보호대상도 제한적이었다.

제2추가의정서는 공통3조에 비해 민간인의 보호에 관해 약간의 중요한 기본적인 규정들을 포함하고 있다. 민간인은 군사행동에서 생기는 위험으로부터 일반적 보호를 향유하며, 공격의 대상이 되어서는 안 되고, 민간주민 간에 공포를 만연시킴을 주목적으로 하는 폭력행위 또는 그 위협은 금지된다(제13조). 또한 민간주민의 생존에 불가결한 물자에 대한 공격금지

---

4) Joyce A. C. Gutterige, "The Geneva Convention of 1949", 29 *British Yearbook of International Law*(1949), p.297.

(제14조), 위험한 물리력을 포함하는 사업장 및 시설물의 공격·파괴금지(제15조), 문화재 및 종교시설 보호(제16조), 민간주민의 안전과 분쟁당사자의 절대적 군사이유가 있는 경우를 제외한 민간주민의 강제이주금지(제17조 1항) 등이 인정되었다.

그러나 비국제적 무력분쟁을 배타적인 국내문제로 보는 제국들의 기본적인 시각과 그러한 분쟁을 과거 경험했거나 국내의 정치적, 경제적 및 사회적 불안과 권력유지를 위한 인권탄압 등으로 국내적 소요 및 긴장사태 나아가 무력분쟁으로까지 발전할 위험을 안고 있던 잠재적 분쟁국들 그리고 대다수 개도국 및 분리운동의 싹이 꿈틀되고 있던 일부 선진국들의 반발로 분쟁희생자의 인도적 보호 및 전투수단과 방법에 대한 규제는 상당히 제한되었고, 그 결과 ICRC초안이 제의했던 민간인 보호규정들은 심각하게 삭제된 채 채택되었다.[5]

나. 체포된 적전투원의 보호 불비

공통3조는 개인의 인권과 신체적 존엄의 보호에 관련되는 기본적인 인도적 제 원칙을 적대행위에 참가하지 않은 자, 무기를 버린 자 또는 전투 외에 놓인 자에 대해서만 보장함으로써 국제적 무력분쟁에 보장되는 보호와는 달리 적대행위에 참가하고 있는 전투원(특히 반군)이 체포된 경우 적용되는 특별규정을 두고 있지 않다.

그렇다면 '국제적 성질을 갖지 않는 무력분쟁'에서 적대행위에 참가하고 있는 전투원(특히 반군)은 상대에 체포되었을 때 어떠한 법적 보호를 받을 수 있는가? 그 경우 그들을 '무기를 버린 자', '전투 외에 놓인 자'로 인정될 수 있겠는가? 즉 공통3조가 부여하는 보호에 그들에 대한 포로대우가

---

5) ICRC가 초안에서 제의했던 민간인의 보호에 관한 규정(제24-29조)중에서 채택되지 못한 것으로는 제24조(민간인과 전투원의 구별, 군사활동의 적군사력 약화에의 한정, 군사공격으로부터의 민간주민 및 민간물자의 보호)와 제26조 일부규정(민간인에 대한 무차별적 공격금지) 및 제28조 일부규정(근로자에 대한 공격금지)이 있다.

포함된다고 해석할 수 있겠는가?[6]

공통3조는 언제 어디서든 준수되어야 하는 최소한의 기본적인 인도적 규정에 지나지 않는 것으로 이들은 분쟁당사자의 법적지위나 양 당사자의 이해에 의해 적용이 좌우되지 않으며, 동조의 적용이 반도에게 어떠한 법적지위를 부여하거나 반도를 기존정부와 동등한 지위로 격상시키지 않는다. 더군다나 체포된 적전투원의 포로대우에 대해서는 언급조차 하지 않고 있으며, 단순히 분쟁에 참가했다는 이유만에 의한 사형을 포함한 기타 처벌로부터의 어떠한 면제도 규정하고 있지 않다.

이처럼 공통3조의 내용에 비추어 볼 때, '국제적 성질을 갖지 않는 무력분쟁'에서 체포된 전투원에게 제네바협약상의 포로대우를 부여하기에는 다소 어려움이 있다. 왜냐하면 그것은 반란단체에게 국제법상의 법적지위를 인정하는 것으로 연결되는바, 공통3조는 피보호자를 개인으로서 최소한을 보장하는 것에 지나지 않고, 그가 속하는 조직 즉 반란단체 구성원으로서의 지위에 보호를 부여하는 것은 아니기 때문이다. 따라서 정부는 그들이 무기를 들고 정부에 대항했다는 이유만으로 그들이 비록 다른 범죄행위를 범하지 않아도 정규법원에서 적정절차가 보장된다면 국내법에 따라 처벌할 수 있다.

제2추가의정서도 반도에게 여하한 법적 권리를 부여하려는 모든 규정과 표현을 삭제하였다. 그 대표적인 것이 ICRC가 정부뿐만 아니라 반란단체에게도 제2추가의정서의 의무를 강제지우는 유력한 근거의 하나로 기초했던 "이 의정서에서 생기는 권리의무는 모든 분쟁당사자에게 평등하게 적용된다"라고 한 제5조이다. 또한 공통3조와는 달리 분쟁당사자(the Parities to the Conflict)라는 말은 모두 삭제됨으로써 그 결과 반도가 제2추가의정서에 구속되는지가 불명확하게 되었다.[7]

---

6) 스톡홀름안은 내전, 식민지전쟁 및 종교전쟁 등 '국제적 성질을 갖지 않는 무력분쟁'에 있어서의 각 분쟁당사자에게 제네바협약 전부의 적용을 의무지웠다. 만약 이 안이 그대로 성립되었다면 '국제적 성질을 갖지 않는 무력분쟁'에 있어서 상대에게 체포된 전투원도 국제분쟁의 전투원과 동일한 조건에 따라 포로의 지위를 부여받게 되어 논쟁의 여지가 없어졌을 것이다.

그리고 비국제적 무력분쟁의 전투원에게도 포로지위가 인정되어야 한다고 제안되기도 했지만 정부에 대항하여 무기를 들고 반란을 일으킨 자들을 처벌할 권리를 제한하는 법규에 기꺼이 서명할 정부는 없었다. 반도들에게 전투원의 지위를 인정함으로써 반도의 개인적 책임을 감소시켜 반란을 고무시킬 것을 우려한 것이었다.[8] 또한 전투력을 상실한 적의 보호와 관련하여 ICRC초안은 제7조에서, 위원회안은 제22조에서 그들은 공격의 대상이 되지 않는다는 것을 제안하였으나 Hussain안에서 삭제되었으며 최종회의에서도 채택되지 못했다.[9]

그 결과 제2추가의정서에는 병이나 부상으로 의식이 없거나 전투력을 상실한 전투원의 지위 및 보호에 관한 규정은 없다. 다만 분쟁당사자 간의 합의로 상대방에 체포된 전투원에게 보다 나은 대우를 보장받도록 하기 위해 상호조건부로 그들을 전쟁포로에 준하여 대우하는 경우는 있었다.[10]

다. 희생자 구호활동의 미흡

공통3조는 국가주권을 앞세운 제 정부의 반대로 1864년 제1차 제네바협약의 기본원칙 즉, "부상자와 병자는 수용되어 치료받아야 한다"는 것을 단지 재언급하고 있을 뿐 군대 및 민간의무요원, 국제적십자 요원의 보호

---

7) 竹本正幸, "1949 Geneva諸協約に追加されるこつの議定書について(二・完)", 國際法外交雜誌, 제77권 제2호(1979), pp.65-66.

8) Waldemar A. Solf, "Problems with the Application of Norms governing Interstate Armed Conflict to Non-International Armed conflict", 13 *Georgia Journal of International and Comparative Law*(1983), pp.291-292.

9) 제2추가의정서 채택과정에서 제기된 체포된 적 전투원의 대우에 관한 각국 입장과 일부분쟁들에서의 실행에 대해서는 A. Cassess, "The Status of Rebels under the 1977 Geneva Protocol on Non-International Armed Conflicts", 30 *International and Comparative Law Quarterly*(1981), pp.420-430.

10) C. Lysaght, "The Scope of Protocols Ⅱ and its relating to Common Article3 of the Geneva Conventions of 1949 and other Human Rights Instruments", 33 *The American University Law Review*(1983), p.21.

및 적십자 표장의 존중에 대한 아무런 규정도 두고 있지 않아 이들의 보호 및 적부상자나 병자의 구호활동에 소극적이다.

제2추가의정서에서도 희생자 구호에 관한 ICRC초안의 일부규정들이 축소, 삭제된 채 채택됨으로써 이들 활동이 상당히 약화되었다. 초안 제8조4항은 "분쟁당사자들은 분쟁으로 인해 억류되거나 통제된 자에 대한 공정한 인도적 기관의 방문을 용이하게 하여야 한다"고 규정하고 있었지만 아무런 토의도 없이 삭제되었고, 제33조 1항은 "적십자와 같은 체약국의 영역 내에 설립된 구호단체는 구호활동을 수행할 수 있으며, 그러한 활동으로 인하여 부당한 대우, 소추, 유죄판결을 받거나 처벌되어서는 안 된다"고 하여 구호단체의 권리를 인정하고 있었지만 최종적으로 채택된 의정서에서 "역무를 제의할 수 있다"로 변경되었다. 이외에도 제2추가의정서 기초과정에서 희생자 보호를 위한 몇몇 구호관련 규정(ICRC초안 제33조(구호활동), 제34조(기록과 정보), 제35조(각국 적십자사와 기타 구호단체))들이 제의되었었지만, 외교회의에서 외부 구호단체의 직접적인 개입에 대한 강한 우려가 표명되어 분쟁지역 내의 구호단체나 민간주민의 자발적 활동신청과 당해 체약국의 동의를 조건으로 한 민간주민에 대한 구호활동만이 인정되었다(제18조).

라. 전투수단과 방법의 규제 미흡

공통3조는 전투수단과 방법에 대해 어떠한 규제조항도 두고 있지 않다. 물론 동조에서 절대적 금지사항으로 열거하고 있는 (a) 생명 및 신체에 대한 폭행, 특히 모든 종류의 살인, 상해 및 고문, (b) 인질, (c) 개인의 존엄성에 대한 침해, 특히 모욕적이고 체면을 손상시키는 대우, (d) 정규로 구성된 법원에서 문명국인이 불가결하다고 인정하는 재판상의 보장을 부여하고 사전판결에 의하지 않은 판결 및 형집행의 금지규정을 통해 이를 위반하는 전투수단과 방법의 규제를 소극적, 간접적으로 기대해 볼 수 있겠지만 효력이 닿는 경우가 극히 드물다.

그리고 공통3조를 보완, 발전시킨 제2추가의정서도 전투수단과 방법에 관해 약간의 발전이 있긴 했지만 비약적으로 변해가는 전투수단과 방법의 전술적, 기술적 발전에 대응하기에는 너무나도 불충분하다. 외교회의에 제출된 ICRC초안은 전투수단과 방법에 관한 제1추가의정서의 규정들과 유사한 규정(제24-29조)들을 두고 있었고, 위원회 토의단계에서도 불필요한 고통의 금지, 배신행위의 금지 등에 관한 규정들이 명맥을 유지하고 있었지만, Hussain초안에서 모두 삭제되었고, 최종적으로 채택된 제2추가의정서에서도 반도의 법적지위를 인정하는 것으로 오해될 수 있다는 우려에서 결국 삭제되었다.[11]

　물론 제2추가의정서 제4편(민간주민의 보호)에 명규되어 있는 민간주민 및 민간인의 군사작전에 따른 위험으로부터의 일반적 보호, 민간주민 및 민간인에 대한 공격금지, 민간주민에 공포를 확산하는데 주목적이 있는 폭력행사 또는 위협금지(제13조), 전투방법으로서 민간인의 기아금지 및 민간주민의 생존에 불가결한 물자에 대한 공격, 파괴, 이동 또는 무용화 금지(제14조), 위험한 물리력을 포함하는 사업장 또는 시설물(댐·제방·핵발전소 등)에 대한 공격금지(제15조), 역사적 기념물, 예술작품 및 예배장소에 대한 적대행위금지 및 군사적 지원에의 사용금지(제16조), 민간인의 안전 또는 긴급한 군사적 이유가 없는 한 민간주민의 이주금지 및 이주가 불가피한 경우 보호조치강구 및 분쟁관련 이유로 민간인의 자국영역으로부터 퇴거강요금지(제17조) 등의 민간인 보호규정을 통해 간접적으로 규제할 수 있긴 하지만 이들은 전략 및 전술의 급변, 전투수단과 방법의 비약적인 발전으로 너무나도 불충분하였고 오늘날에 이르러서는 더더욱 현실의 필요와는 괴리된 모습을 보이고 있다.

---

11) 제2추가의정서에 전투수단과 방법에 관한 규정을 두는 것을 가장 명확하게 반대한 국가는 캐나다였다. 캐나다는 제2추가의정서는 오로지 무력분쟁 관련법의 개략적이고 골격적인 규정들만을 가져야 한다는 것과 정부군은 반란군의 무기 및 식량보급을 군사목표로 할 수 있어야 한다고 주장하여 전투수단과 방법에 대한 규제와 그를 통한 민간주민의 보호를 상당히 제한하고자 했었다. 이에 대한 자세한 설명은 CDDH/Ⅲ/SR.4, p.32 참조.

마. 이행규정의 약화

현 국제인도법은 이행에 있어서 매우 취약하다. 공통3조2항은 "ICRC와 같은 공정한 인도적 기관은 그 역무를 분쟁당사자에게 제공할 수 있다"고 규정하고 있으나 그 활동의 제공이나 수락이 모두 의무적이지 않으며, 그러한 적용의 강요는 전통적인 '국가주권원칙'과 마찰을 일으킬 소지가 있다. 실제로 ICRC 활동에 대해 정부가 분쟁의 존재자체를 부인하면서 수락을 거부하는 경우가 많았고, 비록 그 활동을 수락하더라도 ICRC와 같은 인도적 기관의 활동영역과 역할에 대한 논쟁이 여전히 남게 되어 역무제의의 수락이 공통3조와 기타 인도적 제법규의 준수에 대한 확실한 보장이 되지 못했다.

제2추가의정서도 강제와 이행 면에서 매우 허약하다. 동 의정서는 분쟁에 적용되는 실제적인 인도적 규범에 있어서는 상당히 진전했지만 강제적 이행규범은 채택되지 못했다. 이행 및 강제문제에 대한 매우 완곡하게 표현된 몇몇 조항들은 의정서가 채택되기 전 ICRC초안의 심의과정 및 외교회의 위원회 심의단계에서 모두 삭제되고, 제2추가의정서 이행을 위한 체약국의 책임을 말하고 있는 유일한 규정으로 '본 의정서는 가능한 한 넓게 보급되어야 한다'(제18조)는 것만이 인정된다. 이러한 비강제적 불구속적 성격의 규정이 인도적 규정의 이행을 실질적으로 보장하기에는 너무나도 역부족이다.

제3절 보완 및 발전 방안

분쟁의 존부 및 성격, 법규의 내용 등에 대한 분쟁당사자 간 인식의 차이는 거의 대부분의 분쟁들에서 발생하고 있고, 이러한 견해의 대립은 인도적 법규의 적용 및 희생자 보호에 상당한 영향을 미친다. 이를 방지하기 위해서는 보다 구체적이고 명확하게 현 법규를 정비해야 할 뿐만 아니라 보완 및 발전시킬 필요가 있는바, 이에는 다음과 같은 방안이 있다.

첫째, 비국제적 무력분쟁에 적용되는 현 인도적 법규 자체의 강화방안으로 기존법규의 채택 이후 드러난 문제점과 그동안의 변화된 환경과 무기의 발전을 고려하여 이에 대응할 수 있을 정도(국제적 무력분쟁에 적용되는 제네바협약 및 제1추가의정서와 유사한 수준)의 수준으로 보완, 발전시키는 것이다.

공통3조는 비국제적 무력분쟁을 공식적으로 국제인도법의 범위 내로 가져왔지만 다소 대담하며 진취적인 해석에 의해서만이 극복될 수 있는 심각한 제한들을 가지고 있고, 공통3조를 보완, 발전시킨 제2추가의정서도 비국제적 무력분쟁의 폭발적인 수적 증가와 이에 따른 희생자의 급증 및 무기의 발달과 무차별적 사용으로 인한 분쟁의 잔혹화에 대응하기에는 그 내용과 적용에 있어서 불충분성을 보여주었다. 또한 현 국제인도법은 분쟁이 국제적인가 국내적인가에 따라 내용에 있어 상당한 차이가 있는 행위규범을 적용하고 있는바, 이는 국제사회의 의지와 현실을 반영한 것이지만 많은 문제점도 안고 있다. 의심할 바 없이 국제적 무력분쟁으로 인정할 수 있는 분명한 경우들도 있지만 특정분쟁이 어떤 범주에 속하는지를 결정하는 것이 상당히 어려운 경우도 있을 수 있고, 강대국의 대리전 양상과 외부세력의 개입으로 국제적인 것이 되어버린 비국제적 분쟁이 증가되는 등 분쟁의 국제성, 비국제성을 분간하기가 여간 어렵지 않은 것이 현실이다.

하지만 이러한 방안에는 별다른 제안이나 주장이 제기되지 못했다. 논의 과정에서 필연적으로 제기될 수밖에 없는 타 인도적 법규와의 불가분성, 이미 채택되어 발효 중인(강제성과 실효성에서 문제가 되고 있긴 하지만) 법규의 개정작업에 대한 심리적 및 현실적 거부감, 1949년 및 1977년 외교회의에서의 단일의정서의 채택실패라는 전례, 지지부진하기는 하지만 현재 새로운 인도적 규범의 채택이 논의 중이라는 현실 등 제반 복합 상황이 그 이유로서 거론될 수 있겠다.

둘째, 제1, 2추가의정서를 아우르는 모든 무력분쟁에 적용되는 단일의정서 채택방안으로 그 필요성은 꾸준히 제기되어 왔다. 제24차 국제연합 총회에 제출한 "무력분쟁 시 인권존중"에 관한 사무총장 보고서는 "최근 발생하고 있는 무력분쟁이 국제적인 것인지 또는 비국제적인 것인지를 결정하는 것은 매우 어렵다. 따라서 최소한의 인도적 기준의 확보가 매우 중요하다"고 하였고(UN Doc. A/7720, para.104), 1968년 제21차 국제연합 총회에서 만장일치로 채택된 결의2444도 "모든 무력분쟁에서 기본적인 인도주의 원칙을 적용할 필요성"을 인정하였다. 이처럼 양형태의 무력분쟁은 몇 가지 중요한 면에서의 차이에도 불구하고 '무력분쟁'에 내재하는 기본적인 특징들을 공통적으로 가지고 있으며 그 공통적 특징으로 인해 공통된 '행위규범'에 의해 규제될 필요가 있다.12)

실제 노르웨이는 1974-1977년 제네바에서 개최된 '무력분쟁에 적용되는 국제인도법의 재확인과 발전을 위한 외교회의'에서 국제적, 비국제적이라는 분쟁의 성격에 관계없이 모든 분쟁에 적용되는 단일의정서를 채택해야 한다고 주장했었다.13) 하지만 국제적 무력분쟁에 적용하기 위해 작성된 규정들과 비국제적 무력분쟁에의 적용을 위해 제국들이 수용할 수 있는 규정들 간에는 너무나 큰 괴리가 존재하였기 때문에 회의에 참석한 대다수 국가들은 반란 또는 분리운동을 규제할 수 있는 자유를 제한할 그러한 제안에 동의하지 않았다.14) 각 정부들 그들의 배타적인 국내관할권에 속한다고 간주하는 상황에 기본적인 국제인도법 원칙들의 적용을 거부하는 경향이 있었으며 제3세계, 특히 아프리카 국가들의 주요관심사도 민족해방전쟁의 국제분쟁화였기 때문에 비국제적 무력분쟁에는 특별한 관심을 가지지 않았다.15)

---

12) F. Kalshoven, "Applicability of Customary International Law in Non-International Armed Conflicts", in *Current Problems of International Law*, edited by A. Cassese(A. Giuffre Editore, 1975), 1975, pp.273.

13) CDDH/SR.10, p.91.

14) M. Veuthey, "Implementation and Enforcement of Humanitarian Law and Human Rights Law in Non-International Armed Conflicts : The Role of the Red Cross", 33 *The American University Law Review*(1983), p.88.

15) R. Abi-Saab, "Humanitarian Law and internal conflicts : the Evolution of legal concern", in *Humanitarian Law of Armed Conflict : Challenges Ahead*,

이에 따라 최종적으로 채택된 제2추가의정서는 ICRC가 외교회의에 제출했던 초안과는 달리 심각하게 삭제된 채 채택되지 않을 수 없었고, 이렇게 되자 노르웨이 대표는 제2추가의정서를 "개인의 인도적 보장에 관한 한 '시민적 및 정치적 권리에 관한 국제규약'의 규정들을 능가하지 않는다. 사실 제2추가의정서의 본질적인 내용 중 상당수가 긴급사태에서도 적용이 정지되지 않는 '시민적 및 정치적 권리에 관한 국제규약'에도 규정되어 있고, 게다가 저수준의 무력분쟁에는 적용되지 않기 때문에 동의정서를 채택하기보다는 차라리 국제규약을 비준할 것을 제국들에게 촉구하는 결의를 채택하는 것이 더 낫다"고 혹평했으며,[16] Holy See 대표도 동의정서를 "참된 인도적 실재와 강제적 성격이 결여된 선의의 성명"일 뿐이라고 비판했었다.[17]

마지막으로 셋째, 비상사태에 적용될 새로운 국제규범의 채택방안으로 제2추가의정서의 강화방안이 그다지 주목을 받지 못했으며, 단일의정서 채택방안의 시도가 과거 좌절을 겪은 반면에 현행법규를 그대로 두고 비상사태(비국제적 무력분쟁 및 국내적 소요 및 긴장사태)에 적용되는 새로운 인도적 법규를 채택하고자 하는 이러한 노력은 현재 진행 중에 있다.

국제인권법이나 국제인도법은 무력분쟁이 발생하거나 비상사태 시에도 양자 모두 적용되거나 혹은 최소한 한 가지라도 보장되어야 하며 결코 양법이 모두 적용되지 않는 상황이 발생되어서는 안 된다. 그러나 비국제적 무력분쟁이나 이에 미치지 못하는 국내적 소요 및 긴장사태에서는 국민의 생명보호와 국가의 공공질서유지 그리고 정치적 이유 등 여러 요인으로 국제인권법의 적용이 정지되고, 공통3조나 제2추가의정서도 적용이 확실히 보장되지 않는 경우가 많아 법규제에 공백이 생기고 있다.

국제인권법과 국제인도법의 상호보완작용이 확립되어 있지 않은 점을 이용하여 공공비상사태를 이유로 일반적인 인권법규에 대하여 효력정지조치

---

edited by Astrid J. M. Delissen and Gerard J. Tanja(Martinus Nijhoff Publishers, 1991), p.218.

16) C. Lysaght, *op. cit.*, p.10.

17) M. Veuthey, *op. cit.*, p.88.

를 취함과 동시에 공통3조나 제2추가의정서상의 무력분쟁이 아닌 단순한 국내 폭력사태가 발생했을 뿐이라고 주장하기도 하고, 실질적으로도 공통3조와 제2추가의정서가 적용되는 비국제적 무력분쟁과 국제인권법이 적용되는 국내적 소요 및 긴장사태를 명확히 구별하기 어려운 복잡성으로 국제인권법과 국제인도법의 공백이 생길 위험이 있으므로 이러한 사각지대에 국제인권법 및 국제인도법의 핵심규정이 적용되어야 한다는 인식이 있어 왔다.

이러한 인식의 영향으로 국제사회는 인권보호와 인간의 존엄성 존중을 목표로 한 노력의 하나로 국제인권규약과 유럽인권협약, 미주인권협약 등 인권관련법규를 채택하였고, 이들 각 법규에 효력정지금지규정을 두어 어떠한 상황하에서도 지켜져야 할 기본적인 인권의 보호에 힘써 왔다. 그러나 이들 법규의 실시에는 강제성이 없었으며 어떤 조항들은 분쟁 시 그 적용이 적절하지 못했다.[18]

이러한 문제점을 인식하고 항시 인권을 보호할 수 있는 규범창출을 위한 노력의 하나로서 1984년 국제법협회(International Law Association)는 파리회의에서 '인권법집행위원회'(Committee of the Enforcement of Human Rights Law)가 오랜 연구 끝에 작성한 "비상사태시의 인권규범에 관한 최저기준"(Minimum Standards of Human Rights in a State of Exception, Paris 기준)을 승인했다.[19] 또한 현재의 국제인도법과 국제인권법의 사각지대를 보완하고 그러한 상황에서의 인도적 보호를 위한 보다 효율적인 규범의 강화를 위한 현존 국제법규의 부적절함을 지적, 보완하는 새로운 제안이 있었는데 Meron의 "국내분쟁에 있어서의 모델선언"(Draft Model Declaration on Internal Strife, Meron안)[20]이 그것이다.[21] 전자가 장기화된 심각한 소요 및

---

18) Waldemar A. Solf, *op. cit.*, pp.291-301.

19) International Law Association, *Report of the Sixty-First Conference*(Paris, 1984), pp.1, 56-96.

20) 262 *IRRC*(1988), pp.59-76. 1990년 핀란드 아보아카데미대학 인권연구소(The Institute for Human Rights of the Ȧbo Akademi University, Turku/Ȧbo, Finland)는 Meron안을 발전시켜 "인도적 최저기준선언"(Declaration of Minimum Humanitarian Standards)을 성안했다. 동 선언은 비국제적 무력분쟁에 포함되

긴장사태, 비국제적 무력분쟁 및 국제적 무력분쟁 등의 모든 비상사태에 완전적용됨을 목표로 하는 반면에, 후자는 소요 및 긴장사태와 비국제적 무력분쟁에서만 완전적용됨을 목표로 하고 있다.

이러한 새로운 국제법규의 제안들에는 모두가 비상사태에서 국제인권법이 효력정지로 인하여 대부분의 기본권이 제한되고 그나마 적용되는 효력정지금지조항의 숫자가 너무 적다는 것을 인식, 이를 보완코자 하는 의도가 분명히 나타나 있다. 특히 국제인권법과 국제인도법의 사각지대에서 신음하고 있는 국내적 소요 및 긴장사태에 적용될 규칙을 많이 포함하여 그러한 사태에까지 제안들이 적용될 것을 예정하고 있다.

그러나 그 구체적 내용들은 기존의 국제인권법과 국제인도법의 단순한 혼합인 듯한 감이 많으며, 이것은 현법규의 준수마저도 소홀하게 만들 수도 있다. 그리고 이제 겨우 초보적 수준에 머물러있는 국제인권법의 현실적 적용이 쉽지 않은 점을 생각하면 새로운 제안들은 자칫하면 선언에서

지 않은 국내적 폭력, 소요 및 긴장, 공공비상사태와 관련된 국제적 규칙을 법규화하여 개인의 보호 및 기본적 인권을 증진시키기 위한 것으로 인권법규를 근간으로 하고 제네바협약과 추가의정서를 참조하였다. 동 선언에 대한 자세한 설명은 282 *IRRC*(1991), pp.330-336 참조.

21) 이외에도 Gasser의 "국내적 소요긴장사태에 있어서의 행동규칙"(Draft Code of Conduct in the Event of Internal Disturbances and Tensions, Gasser안)(262 *IRRC*(1988), pp.38-58.)이 있다. 생명권, 살인·고문 기타 잔악한 대우 및 처벌의 금지, 공권력행사의 제한, 자유권, 자유가 제한된 자의 인도적 대우, 강제이주 및 주거지정 금지, 국적박탈 및 국외추방금지, 형사상 사법절차의 보장, 임의적 사형금지, 부상자의 수용 및 치료, 실종자 확인, 아동의 존중 및 보호 등을 다루고 있는 Gasser안은 Paris기준 및 Meron안과는 달리 비상사태 중 국내적 소요 및 긴장사태에 적용되는데(따라서 본 연구에서는 부차적으로 다루었음), 타 제안과는 달리 새로운 법규의 제안이라기보다는 효력정지금지조항을 명백하고 구체적으로 명시함으로써 일반적으로 관습법으로 인정될 수 있거나 법의 일반원칙으로 승인될 수 있는 것들을 국내적 소요 및 긴장사태에 적용가능 하도록 보다 실질적이고 효과적으로 다듬은 '인류에의 원조'에 중점을 둔 순수한 인도주의의 표현이다. P. H. Kooijmans, "In the Shadowland between Civil War and Civil Strife:Some Reflections on the Standard-Setting Progress", in *Humanitarian Law of Armed Conflict : Challenges Ahead*, ed. by Astrid J. M. Delisen and Gerard J. Tanja (Martinus Nijhoff Publisher, 1991), p.241.

끝나는 탁상공론이 될 가능성이 높으며, 새로운 제안들이 어떤 상황에서도 반드시 지켜져야 할 권리들을 제시하고자 한 점은 인정된다 하더라도 현법규도 그 이행확보가 어려웠다는 점을 생각할 때 이행확보나 제재규정에 관한 내용도 너무 불충분하다. 이것은 결국 이제까지 문제점으로 지적되어온 사실을 그대로 남겨 두는 셈이다.

이상에서 인도적 법규의 보완 및 발전방안들에 대해 간략하게 알아보았다. 현행 국제인도법이 분쟁의 법적 성질에 의해 그것에 적용되는 법규를 결정한다는 구조를 갖는 이상, 그러한 접근에는 그 나름대로의 이유와 필요성이 있다는 점은 부정할 수 없다. 그러나 현행법의 구조와 내용을 그대로 두고 단지 분쟁의 법적 성질에의 접근만으로 현대적인 비국제적 무력분쟁의 특징에서 유래하는 문제를 충분히 해결할 수 없다는 점도 사실일 것이다. 국내분쟁에서 무력분쟁과 소요 및 긴장사태의 경계가 명확하지 않은 제반사정과 제3국의 개입 등으로 비국제적 분쟁이 국제적 분쟁으로 발전할 수도 있음을 볼 때 그 범위와 요건을 떠나 이들 비상사태에 공통적으로 적용되어야 할 규칙이나 법규의 필요성이 제기되는 것은 당연하다. 따라서 현행법의 구조와 내용을 재검토하고 이의 현실분쟁에의 적용 또는 적응방법에 대한 보다 면밀한 검토와 신중하고 진지한 연구가 요구된다.

제4절 보완 및 발전 내용

이상과 같은 3가지 방안은 각각 장단점을 갖고 있으며 실제 추진 자체가 난망한 경우도 있을 수 있다. 하지만 국제사회의 합의로 어떠한 방안이 지지되든 그 결과적 내용은 큰 차이가 없을 것으로 여겨진다. 현 국제사회의 수용한계는 어떠한 경우에도 유사할 것이며 추진방식이 다르다 하더라도 큰 편차를 보이지는 않을 것이기 때문이다.

문제는 어떠한 희생자 보호규정이 어떻게 보완, 발전되어야 하는가 하는 점에 대한 합의이다. 이는 국제인도법의 보완, 발전을 위한 선행요건이다. 장차 어떤 형태로 보완, 발전되든 그것은 해적수단과 방법의 제한(소위 헤이그법적 요소)과 보다 향상된 희생자 보호(소위 제네바법적 요소)를 포괄하는 것이어야 할 것이다. 그리고 인도적 필요성에 확고하게 기초하여 분쟁당사자의 어느 일방에 법적, 정치적 불리를 초래해서도 안 될 것이다. 구체적으로는 다음의 측면에서 검토되어야 할 것이다.

1. 적용범위의 명확화 및 확대

현 국제인도법상 그 적용을 보다 확실히 하기 위해서는 비국제적 무력분쟁이란 어느 정도의 분쟁을 말하는지, 즉 어느 시점부터 이러한 분쟁이 시작되고 어느 시점부터 그렇게 되지 않는가 하는 것이 문제가 된다.

그러나 공통3조 및 제2추가의정서의 적용범위는 불분명할 뿐만 아니라 후자는 전자에 비해 축소되었는바, 분쟁희생자의 인도적 보호를 강화하기 위해서는 이들의 적용범위 즉, 비국제적 무력분쟁과 국내적 소요 및 긴장사태의 개념을 명확하게 할 필요가 있다. 또한 양자의 구분상의 어려움 및 실제상황에서 발생하는 희생의 무게가 동일하다는 점을 유의하고 국내적 소요 및 긴장사태의 빈번한 발생 및 잔인성, 국제인도법의 부적용, 인권관련법규의 적용정지, 내용상의 불충분 및 남용가능성 등을 고려하여 국내적 소요 및 긴장사태에까지 인도적 법규를 확대 적용하기 위한 입법조치가 필요하다고 본다.[22]

실제 과거 ICRC는 비국제적 무력분쟁뿐만 아니라 국내적 소요 및 긴장사태에도 그 활동을 확대하려고 노력하였으며, 특히 그러한 상황에서 구금자 및 억류자들에게 인도적 대우를 보장하기 위하여 그들을 방문하여 원조를 제공해왔다.[23] 또한 구체적 결과를 가져오지는 못했지만 국내적 소요 및 긴

---

22) T. Meron, "Towards a Humanitarian Declaration on Internal Strife", 78 *AJIL* (1984), p.853.

장사태에 적용되는 인도적 법규를 보다 명확하게 하고 ICRC의 인도적 발의권과 활동을 공고히 하기 위하여 전문가위원회가 설치되곤 했었다.[24]

2. 분쟁희생자의 인도적 대우

가. 민간주민의 보호 강화

비국제적 무력분쟁은 대개의 경우 분리 또는 정권탈취의 형태를 띠는바, 반란단체는 중앙의 통제로부터 벗어나려 하거나 중앙정부를 전복시키기 위하여 분투하며 정부 측은 현재의 영토적 통일을 유지하고자 완전진압을 목표로 하게 된다. 이러한 경우 법적 권리의 국내적 보장체계는 붕괴될 수밖에 없으며, 법률은 정치적 목적을 뒷받침하는 충실한 도구로 제정되고 자의적으로 집행되며 특별법원이 설치되어 공정한 재판의 기회가 부정된다. 이러한 기본적 인권의 부인은 비국제적 무력분쟁에서 민간주민(민간물자 포함)에게 야기되는 야만적이고 비인도적인 비극의 주요한 원인인바, 이들의 희생을 예방, 감소 및 원조하기 위한 법적, 제도적 장치가 강화되어야

---

23) J. Moreillon, "International Solidarity and Protection of Political Detainees", 222 *IRRC*(1989), pp.123-130.

24) 1953년 '정치적 억류자의 원조문제 검토를 위한 전문가위원회'와 1955년 '국내소요 시 인도적 원칙의 적용문제 검토를 위한 전문가위원회'는 제네바협약 공통3조와 국제인권법에 기초한 인도적 기준(특히 구금자와 억류자의 대우)이 존재하고 있다는 것을 확인하였으며(ICRC, Commission of Experts for the Examination of the question of assistance to political detainees(Geneva, June 9-11, 1953), 1953, p.8; ICRC, Commission of Experts for the Study of the question of the application of humanitarian principles in the event of Internal disturbances(Geneva, October 3-8, 1955), 1955, p.8.), 특히 1962년 '국내분쟁의 희생자원조문제를 검토하기 위한 전문가위원회'는 중앙정부에 대한 적대행위가 집단적 성격을 갖고 최소한의 조직을 갖추면 공통3조 분쟁의 존재를 부정할 수 없다고도 하였다. ICRC, Commission of Experts for the Study of the question of the aid to the victims of Internal conflicts(Geneva, October 25-30, 1962), 1962, p.3.

할 것이다.

적대행위에 있어서 분쟁당사자가 추구할 수 있는 유일한 합법적 목적은 적군사력의 약화라는 것은 1868년 피터스버그 선언 이후 일반원칙으로 인정되고 있다. 따라서 민간주민의 보호강화는 적군사력과 직접적인 관계가 없는 민간주민을 가능한 한 분쟁의 영향으로부터 보호하는 데 초점이 맞춰져야 할 것이며, 이러한 작업은 현 민간인 보호규정의 주요 문제점들을 살펴 이를 해결하는 데 주의를 집중하여야 할 것이다.

구체적으로 제네바 제4협약이나 제1추가의정서의 민간주민 보호규정을 그대로 비국제적 무력분쟁에 적용할 수는 없겠지만 제4협약의 Part Ⅱ(전쟁의 영향으로부터 민간주민들의 일반적인 보호, 제13-26조)와 Part Ⅲ(피보호자의 지위 및 대우)의 Section Ⅰ(분쟁당사자 영토 및 그 점령지에 공통되는 규정, 제27-34조) 및 제1추가의정서 Part Ⅳ(민간주민의 보호, 제48-79조)는 모든 민간인들에게 적용되어야 하며, 분쟁과 관련한 행위 때문에 구금되거나 소추된 자들에게도 적어도 점령지 주민들에게 제공되는 제네바 제4협약 Part Ⅲ의 Section Ⅲ(점령지역 주민의 보호, 제47-78조) 및 Ⅳ(피억류자의 대우에 관한 규정, 제79조-135조)상의 인도적 대우는 보장되어야 할 것이다.

특히 봉쇄, 경제적 강제조치 등의 제재 지역 내에 있는 민간주민의 보호에 보다 세심한 고려가 요구된다. 적과의 모든 무역 또는 적에 의해 점령된 모든 국가와의 무역금지, 중립국과의 엄격한 무역규제 및 전시금제품의 확대는 적당사자를 완전한 경제적 및 재정적 고립상태에 두기 위한 효과적이고도 합법적인 전투수단이다. 하지만 이러한 조치들은 대체로 전투원과 비전투원에게 무차별적으로 영향을 미쳐 민간주민에게도 고통을 야기하기 때문에 인도적 문제를 야기할 수 있다. 외부와의 모든 교역이 금지됨으로써 의약품, 식량 및 생활필수품 등의 부족으로 의식주 및 보건상의 어려움을 겪기도 하고, 제재조치를 분쟁당사자 모두에게 일률적으로 적용함으로써 군사적 약자에게 오히려 더 큰 피해를 가져올 수도 있다.

따라서 제재조치의 부과에 있어서 이러한 문제들을 유의하여 그 피해를 최소화할 수 있는 장치를 마련하는 것이 필요하다. 국제적 무력분쟁에서는 '민간인용 의약품 및 병원용품, 종교의식용 물품, 15세 미만의 아동 및 임산부에게 불가결한 식료품, 피복 및 영양제 등의 자유통과'(제4협약 제23조)가 허용되고 있는바, 이와 유사한 규정이 비국제적 무력분쟁에 적용되는 인도적 법규에도 삽입되거나 적어도 그 취지가 명시적으로 언급되어야 할 것이다.

또한 무력분쟁 상황에서 민간주민 및 민간물자에 대한 보호를 한층 더 효과적으로 확보하기 위해서는 보호의 대상을 확대함과 동시에 교전자의 전투방법과 수단에 대하여 법적 규제를 가하는 것이 불가결한 선행조건이다.[25] 따라서 민간주민의 보호강화는 다음 항에서 논하게 될 '전투수단 및 방법의 제한'과 유기적 관련하에서 논의, 발전되어야 할 것이다.

나. 희생자 구호활동의 강화

분쟁희생자에 대한 구호활동의 강화는 오늘날의 비국제적 무력분쟁이 일반주민들에게 기아나 극도의 희생을 강요하고 있고, 전략·전술 및 무기의 급격한 발달로 희생의 정도가 날로 확대되어 가고 있는 경향을 볼 때 중요한 의미를 갖는다.

상병자는 아무런 차별없이 수용되어 치료받을 수 있어야 하고, 의사는 이들의 치료에 있어 어떠한 방해도 받지 않으며 의료상의 비밀엄수원칙이 존중되며, 법규에 규정되어 있는 제한을 준수하고 진료의 목적에 사용되는 경우 의약품의 판매 및 자유유통에 어떠한 제한도 가해져서는 안 될 것이다.

무력분쟁에서 억류자들은 대개의 경우 가족들과의 모든 접촉 및 물질적인 구호를 박탈당하는바, 이러한 조치는 결코 정당화될 수도 없을 뿐만 아니라 타 분쟁당사자의 적개심을 유발하여 분쟁을 더욱 격화시키고 그 해결을 더욱 어렵게 하기도 한다. 따라서 이들에게 가족의 소식이 제공되어야

---

25) 정운장, "제네바 4개협약 추가의정서의 적용상의 문제점: 전투원, 전투방법 및 수단을 중심으로", 국제법학회논총, 제27권 제1호(1982), p.314.

하며 합리적인 보호조치가 제공된 건물이나 막사에 수용되어야 하고, 건강을 유지할 수 있을 정도의 충분한 식량과 음료수가 보급되어야 하며, 의복이 제공되어야 할 것이다.

무엇보다도 분쟁희생자에 대한 인도적 원조 및 구호를 실질적으로 제공하기 위해서는 공정한 인도적 구호기관의 활동을 보장하는 것이 중요하다. 이러한 구호기관들은 분쟁당사자 특히 정부 측의 입장에서는 국내문제에의 개입이라든가 주권침해라는 거부감을 동반하기 때문에 실제 무력분쟁에서 많은 어려움을 겪을 수밖에 없고 효과적으로 활동하기 어렵다. 그러므로 ICRC와 같은 공정한 인도적 기관의 방문을 용이하게 할 수 있는 방안검토가 요구된다.

다. 체포된 적 전투원의 인도적 대우

국제적 무력분쟁에서 전투원은 적전투원을 살상 또는 납치할 수 있고, 군사목표물을 파괴할 수도 있다. 이 경우 그들의 행위가 인도적 법규를 위반한 것이 아니라면 체포된 경우 형사소추로부터 면제된다. 하지만 비국제적 무력분쟁에서 정부는 반도들에게 전쟁포로 지위를 인정해야 할 의무가 없다. 반도들은 전투원의 특권을 갖지 못하기 때문이다. 반면에 정부군에 체포된 반군은 반란죄 및 소요죄 등으로 일반형사법규에 의해 처벌되는 것이 현대문명국에서도 보통이다.[26]

이처럼 비국제적 무력분쟁에서 적에게 체포된 전투원은 공통3조의 "무기를 버렸거나 전투력을 상실한 군대의 구성원"에게 인정되는 최소한의 기본적인 권리는 보장되지만 그리고 동조와 제2추가의정서상의 상병자로서의 존중

---

26) 하지만 각국들은 실제로는 반도가 사실상의 지배를 확립한 경우 공식적으로는 인정하지는 않았지만 실행을 통해 이들의 포로대우를 묵시적으로 인정하기도 하였다. 이러한 예로는 알제리아 전쟁에 있어서 1958년 이후의 프랑스의 실행 및 비아프라분리전쟁에 있어서의 나이제리아의 실행 등이 있다. A. Rosas, *The Legal Status of Prisoners of War: A Study in International Humanitarian Law applicable in Armed Conflict*(Tiedeakatemia, 1976), pp.146-152, 196-202.

과 보호 및 치료를 받을 수는 있겠지만 단지 무기를 들었다는 이유만으로 형의 선고와 처형을 방지하기 위한 최소한의 법적 보장은 인정되지 않는다.

그러나 전쟁의 법규와 관례 및 주요 인도적 법규를 위반하지 않은 체포된 적 전투원은 전투능력을 상실했다고 볼 수 있으며 이러한 적 전투원을 살해하는 것은 비인도적이다. 따라서 체포된 적 전투원은 전쟁의 법규와 관례를 준수한 경우 처벌이 면제되어야 하고 1949년 제네바 제3협약하의 전쟁포로와 유사한 지위가 허용되어야 한다는 것이 계속적으로 제의되어 왔다.

제21회 국제적십자회의(이스탄불)는 결의18을 통해 "1949년 8월 12일 제3제네바협약 제4조(포로자격요건)를 준수한 전투원이 체포되었을 경우 비인도적 또는 잔혹한 조치로부터 보호되는 것과 마찬가지로 동조는 비국제적 무력분쟁에도 적용되어야 하며, 이를 준수한 체포된 전투원들은 전쟁포로에 준하는 대우를 받을 권리가 있다"면서 ICRC에게 그러한 자들의 법적지위를 연구하고 이를 위해 필요한 조치를 취할 것을 요청했다.[27] 또한 1968년 이래 국제연합 총회는 소위 '자유전사'(freedom fighters)의 보호에 관한 일련의 결의(U.N. G.A. Res.2383, 2395, 2396, 2444, 2506, 2547, 2652, 2674, 2678, 2707)들을 채택했다. 이것들은 비국제적 무력분쟁에서의 전투원 또는 민족자결을 위해 또는 외국지배에 대해 해방투쟁중인 자유전사가 체포되었을 때 그들에게 제네바 제3협약상의 포로대우 또는 지위를 부여할 것을 요구하고 있다. 이스탄불결의18이 체포된 전투원이 포로조약 제4조를 충족할 것을 요구하는 반면에 이들 결의들은 일반적으로 그러한 조건조차도 요구하고 있지 않다.[28] 하지만 이러한 제안들은 주권을 앞세운 제국의

---

27) 이스탄불결의18(Status of Combatants in Non-International Armed Conflicts)에서 문제인 것은 포로협약 제4조 A(2)의 '조직적 저항운동단체'가 충족해야 할 4조건, 즉 (a) 부하에 대해 책임을 지는 1인이 지휘하고 있을 것, (b) 원방에서 인식할 수 있는 고착된 특수표장을 지닐 것, (c) 공공연히 무기를 휴대하고 있을 것, (d) 전쟁법규 및 관례에 따라 행동할 것 이라는 조건이 과연 비국제적 무력분쟁의 당사자 특히 반도나 해방조직에 의해 충족될 수 있는가하는 점이다. 이들 조건 중 (b) 및 (c)의 2조건은 보통 반도, 해방조직 측이 행하지 않을 수 없는 게릴라적 전투방법의 특징(은밀성)과 상용될 수 없다고 판단된다.

28) 藤田久一, "內戰と1949年Geneva條約", 國際法外交雜誌, 제71권 제2호(1972), p.29.

높은 장벽 앞에서 설득력을 얻지 못했다.

무력분쟁에 부과되는 인도적 제한은 원칙적으로 분쟁의 인도화에 그치기 때문에 국내적 입법조치 및 그 운용에 영향을 미쳐 분쟁당사국의 반란 진압조치에 중대한 장해가 되지는 않으며,[29] 이는 체포된 적 전투원에게 인도적 대우를 보장한다고 해도 마찬가지다. 또한 이러한 정책은 분쟁의 잔학성을 완화함과 동시에 국제여론이나 분쟁 후의 질서회복 등 전략적으로나 실제적으로도 그 필요성이 있다. 만약 정부 측이 체포한 반란군을 반역죄 및 반란죄로 처벌하면 반란단체도 체포된 정부군에 대해 보복적인 동일한 처벌을 하려고 할 것이며, 만약 체포된 반군에게 포로에 준하는 대우를 선언하고 부여한다면 이는 반군의 투항을 촉진하는 하나의 심리적 유인이 될 수도 있을 것이다.[30]

이처럼 반도에게 포로지위를 인정하는 것은 국내법상 가장 중대한 범죄를 합법화하는 것이 되며, 따라서 제국이 이를 받아들이는 것이 매우 어렵다는 현실적 요인이 있긴 하지만, 반도가 정부에 대항할 수 있을 정도로 확립되고, 인도적 법규의 준수 등 교전법규를 존중한 경우, 정부 측은 반군을 국내법상의 중대한 범죄자로서가 아니라 국제법상의 전투원(체포 시 포로대우)에 준해 취급할 필요가 있다.

3. 형사소추 및 처벌시의 인도적 고려

인도적 보장이나 대우를 받는 피보호자도 무력분쟁에 관련되는 범죄의 형사처벌을 면하는 것은 아니다. 비국제적 무력분쟁은 원래 일국의 국내문제에서 발생하기 때문에 국내법은 이를 당연히 금지하며, 정부에 대항하는 반도를 반역자로 진압하여 형법에 따라 처벌할 권리가 있다. 적대행위에 참가했다는 이유만으로는 처벌되지 않는 국제적 무력분쟁과 비교하면 본질

---

29) 田岡良一, 國際法 Ⅲ (有斐閣, 1973), pp.284-285.
30) *Ibid.*, pp.285-286.

적 한계가 존재한다.

일국 내에서 사회적 긴장과 정치적 갈등이 증대될 때 가장 일반적인 특징들의 하나는 민간인들도 (특별)군사법원에서 재판을 받게 되는데, 이 경우 이러한 법원들은 자의적인 정치적 통제를 위한 체계로 전락하는 경우가 많아 독립성과 공정성을 제공하지 못하는 것이 일반적이고, 이 기간 중 제정된 법률은 매우 모호하고 일반적이어서 악의적인 해석이 가능하게 되는 경우가 많다. 이런 경우 형사소추를 분쟁당사자의 국내법에만 위임한다는 것은 자의적인 법집행을 묵인하는 것과 다름없다. 따라서 피보호자의 형사소추 및 처벌에 국제인도법의 규제가 필요한바, '공정한 재판'(fair trial)이 보장되어야 하며 무죄가 확정되었거나 기소되었던 자를 동일한 사유로 소추하거나 처벌하는 것은 금지되어야 한다.

1다음으로 적대행위동안 사형집행은 연기 또는 폐지되어야 한다. 분쟁과 관련된 행위로 분쟁 중에 집행되는 사형은 불필요한 긴장을 고조시키고 적의 격렬한 저항과 보복의 증가를 가져오기 쉽다. 따라서 적대행위동안 사형집행을 연기 또는 폐지하는 것은 분쟁의 희생을 다소나마 감소시킬 수 있는 가능성을 열어두고 있다. 왜냐하면 만약 권력을 가진 당국이 적대행위 종료 시까지 사형집행을 미룬다면 국가통합을 위한 사면으로 그들의 생명을 구할 수 있게 되고 사면에의 길을 열어 둠으로써 분쟁에 참가하고 있는 모든 자들에게 적대행위에 있어서 인도적 규칙을 준수하도록 촉구하는 역할을 할 뿐만 아니라 적대행위 종료 후 평시상태로의 신속한 회복을 용이하게 하기 때문이다.

4. 전투수단과 방법의 제한

군사목표물에 한정되지 않는 대량파괴무기의 기술적 발달은 새로운 형태의 지상 및 공중공격으로부터 민간인 보호를 위한 전투수단과 방법의 규제에 관한 새로운 규정의 필요성을 보여주었다.[31] 또한 공통3조 및 제2추가의정서가 군대 또는 조직적 무장집단의 대립이라는 특징을 지닌 무력분쟁에 적용되는 이상 해적수단이나 그 행사의 제한에 관한 기본원칙들이 비국제적 무력분쟁에 적용되는 것은 당연하다. 법적 흠결을 이유로 국제적 무력분쟁에서 금지되는 전투수단과 방법을 비국제적 무력분쟁에서 사용할 수 있다는 것은 어불성설이다. 분쟁의 유일한 합법적 목적은 적군사력의 약화이지 불필요한 살상이나 파괴가 아니기 때문이다.[32]

비국제적 무력분쟁에서의 전투수단의 제한에 있어서는 헤이그법상의 기본원칙을 그대로 보장하여 전투수단을 선택할 분쟁당사자의 권리는 무제한적이지 않다는 것이 강조되어야 하며, 불필요한 고통 또는 필요이상의 상해를 일으키는 해적수단 및 자연환경에 광범위하고 장기간의 심각한 피해를 야기할 의도를 가지거나 또는 그러할 것으로 예상되는 해적수단의 사용은 금지되어야 한다. 전투방법의 제한에 있어서도 마찬가지로 이 분야의 일반원칙들인 무차별공격 및 무방수지역에 대한 공격은 금지되어야 하며, 민간인과 전투원 및 민간물자와 군사목표물은 구별되어 민간인 및 민간물자는 공격으로부터 보호되어야 하고, 민간인에 대한 보복공격은 금지되어야 하며, 배신행위에 의한 적의 살상과 포획도 금지되어야 하며, 군사작전시 공격 또는 공격의 영향으로부터 민간인 및 민간물자가 피해를 받지 않도록 사전에 예방조치가 강구되어야 한다.

비국제적 무력분쟁에서의 전투수단 및 방법의 규제에 관한 구체적 내용으로 1990년 국제인도법협회(International Institute for Humanitarian Law)가 채택한 '비국제적 무력분쟁에서의 적대행위를 규제하는 국제인도법 규칙선언'(Declaration on Rules of International Humanitarian Law governing the

---

31) G.I.A.D. Draper, "The Development of International Humanitarian Law", in *International Dimensions of Humanitarian Law*, edited by UNESCO(Martinus Nijhoff Publishers, 1988), p.82.

32) 1907년 헤이그제Ⅳ협약에 규정된 해적수단 및 방법의 무제한적 사용의 금지는 오늘날 국제관습법의 일부가 되었으며(T. Meron, *Human Rights and Humanitarian Norms as Customary Law*(Oxford University Press, 1991), pp.64-65), 추가의정서에서 재확인되고 발전되었다(제1추가의정서 제35 (2) (3), 37, 50 (2) (4) (5), 54, 55조 참조).

Conduct of Hostilities in Non-International Armed Conflicts)[33]을 규범화할 필요가 있다. 동 선언은 '비국제적 무력분쟁에 적용되는 적대행위의 규제에 관한 일반원칙(A)'과 '특정무기의 사용금지 및 규제(B)'로 구성되어 있는데, 전자로는 전투원과 민간인의 구별원칙(무차별공격 금지), 민간주민의 면제(민간주민에 대한 공격 및 공포유발행위 금지), 과도한 상해 또는 불필요한 고통의 금지, 배신행위의 금지, 의료 및 종교요원과 의료기관 및 수송수단의 보호 및 존중, 주거지역 및 민간주민 전용시설물에 대한 공격 금지, 민간주민의 생존에 필수적인 물자의 보호, 공격 시 예방조치의 강구를 들고 있으며, 후자로는 화생무기, 인체 내에서 확산되는 탄환(dum-dum탄), 독성무기, 지뢰, 부비트랩 및 기타 고안장치 및 소이성 무기를 들고 있다. 원탁회의가 선언의 말미에서 권고한 바와 같이 이러한 국제인도법상의 원칙들은 분쟁이 국제적인가 비국제적인가 하는 분쟁의 특성에 따라 달리 취급되어서는 안 되며 비국제적 무력분쟁의 모든 당사자들이 존중하도록 강조되어야 하고 군사요원뿐만 아니라 민간인, 특히 학생 및 청소년들에게 교육 및 보급되어야 할 것이다.

전투방법의 제한과 관련하여 특히 강조하여야 할 것은 문화재의 보호이다. 무력분쟁은 약탈과 파괴를 수반하기 마련이고 문화재도 그 주요한 대상이 되고 있다. 무력분쟁 시의 문화재 보호문제는 중세이후 강조된 이래, 전쟁법의 법전화 과정에서 역사적 기념물, 예술품 혹은 과학작품 등의 표현으로 명규되었으나,[34] 이러한 규정들의 불충분[35]에 대한 자각으로 전시문화재 보호를

---

33) 동 선언은 국제인도법협회의 후원하에 '비국제적 무력분쟁에서의 적대행위를 규제하는 국제인도법 규칙'이라는 주제로 개최된 제14차 인도법원탁회의(14th Round Table on Humanitarian Law, San Remo, 13-14 September 1989)가 채택한 최종리스트와 주석을 1990년 4월 7일 국제인도법협회 이사회가 비국제적 무력분쟁에 적용되는 기존법규(공통3조 및 제2추가의정서)와는 별도로 그러한 분쟁에 적용되는 규칙들의 적용문제를 검토한 끝에 승인, 채택한 것이다. 동선언의 구체적 내용에 대한 자세한 설명은 278 *IRRC*(1990), pp.404-408 참조.

34) Stainslaw E. Nahlik, "Protection of Cultural Property", supra note 31, pp.203-205 참조. 무력분쟁 시 문화재의 보호를 규정하고 있는 조약 및 관련규정으로는 1863년 Lieber Code 제34-36조, 1874년 Brussels선언 제8조, 1899년

위한 국제협약의 필요성이 제기되어 다년간 다방면에 걸친 국제적 노력의 결실로 1954년 UNESCO주최로 Hague에서 정부 간 외교회의가 개최되어 '무력분쟁 시 문화재 보호에 관한 협약'(Hague Convention for the Protection of Cultural Property in the Event of Armed Conflict)이 채택되었다.

비국제적 무력분쟁에서 문화재는 동 협약에 의한 보호 외에도 제2추가의정서 제16조에 의해 보호된다. 동조에 따르면 "1954년 5월 14일자의 무력분쟁 시 문화재의 보호에 관한 헤이그협약의 규정을 침해함이 없이 국민의 문화적, 정신적 유산을 구성하는 역사적 기념물, 예술작품 또는 예배장소에 대한 적대행위는 금지되며 군사적 지원에 이들을 사용하는 것은 금지된다". 하지만 이러한 보호규정들에도 불구하고 인류의 귀중한 문화재들은 무력분쟁들에서 약탈, 파괴되고 있다.

세계도처에 산재해 있는 문화재들은 개별국가의 유산이기도 하지만 '인류공동의 유산'(common heritage of all Mankind)이다. 따라서 현세대는 이를 다음세대에 물려주기 위해 확고한 보존, 보호조치를 취해야 할 책임이 있다. 무력분쟁 시 문화재 보호의 강화를 위해서는 UNESCO협약의 제 문제점들을 보완하고, 문화재에 대한 직접적 공격금지, 군사적 이용 및 보복금지(제1추가의정서 제53조 참조) 및 교전행위 시 문화재 보호를 위한 예방조치 등

"육전의 법규와 관련에 관한 국제협약"(Convention with respect to the Laws and Customs of War on Land) 제56조, 1907년 "육전의 법과 관례에 관한 협약"(Convention on Laws and Customs of War on Land) 부속규칙 제56조, "전시 해군폭격에 관한 협약"(Convention Concerning Bombardment by Naval Forces in Time of War) 제5조, 1923년 "헤이그공전규칙"(Hagues Rules of Air Warfare) 제25조 및 제26조 등이 있다. 이에 대해서는 김형만, "무력분쟁 시의 문화재보호에 관한 국제인도법적 고찰", 인도법논총, 제17호(1997), pp.172-175 참조.

35) 이러한 국제협약들에서 문화재 보호관련 규정들은 표현상의 차이에도 불구하고 문화재의 보호가 '군사적 필요성'에 우선한다는 기본구조를 갖고 있긴 했지만 당시의 무력분쟁법은 전투원의 보호와 그들의 권리의무에 중점을 두고 있었기 때문에 민간인 및 민간물자의 보호는 부차적인 것일 수밖에 없었으며, 문화재 보호는 더더욱 부차적인 것일 수밖에 없었다. John H. Merryman, "Two Ways of Thinking about Cultural Property", 80 *AJIL*(1986), p.835.

을 의무화하고 강제처벌 규정을 실질화하며 UNESCO 및 ICRC 등의 국제기구를 통해 분쟁당사자의 문화재 보호의무의 이행을 고양시켜 나가야 할 것이다.

5. 이행수단의 강화

공통3조는 비국제적 무력분쟁 상황이 객관적으로 존재하기만 하면 자동적으로 적용됨에도 불구하고 전혀 그렇지 못했으며, 동조의 적용을 분쟁당사자에게 강제할 수 있는 권한을 법적으로 부여받은 기관도 없다. ICRC의 역무제의에 대한 수락도 최근의 많은 분쟁에서 보듯이 이것이 공통3조의 정신과 인도적 제법규의 준수에 대한 확실한 보장이 되지 못하고 있다. 이는 동조를 보완, 발전시킨 제2추가의정서도 마찬가지다. 따라서 인도적 제법규의 이행 및 강제를 위한 국제적 체계의 개선 및 발전이 요구된다.

비국제적 무력분쟁에서 희생자의 인도적 보호가 현실적이고 구체적인 것이 되기 위해서는 그에 적용되는 국제인도법이 분쟁당사자에 대한 제한(constraints), 분쟁희생자에 대한 보호(protection) 또는 권리(rigths)로서 이해되고 기능해야 할 것이다. 그러기 위해서는 규범적용의 감독이 분쟁당사자가 아닌 제3자에게 위임되어야 하고, 이들이 위반행위를 정지시키기 위한 조치를 취할 법적 권한 및 능력을 갖추어야 하며, 정부 간 또는 비정부 간 기관에 의한 국제적 감독체계가 마련되어 피해당사자들이 분쟁당사자 어느 일방의 명령에 복종하지 않는 공정한 법원 또는 피해구제기관에서 공식적인 절차를 이용하여 규범존중과 피해구제를 보장받을 수 있어야 한다.[36]

구체적으로 국제적 무력분쟁에 적용되는 인도적 규정을 원용하여 분쟁당사자들은 인도적 규정의 위반을 억제하기 위해 필요한 입법, 훈령 및 조

---

36) A. Eide, "The New Humanitarian Law in Non-International Armed Conflict", in *The New Humanitarian Law of Armed Conflict*, edited by A. Cassese (Editorial Scientifica, 1979), pp.278-279.

치를 취하고 중대한 위반의 혐의가 있는 자들을 소추해야 할 것이며, 국제
사회와 체약국은 이익보호국(Protecting Powers) 및 국제사실조사위원회
(International Fact-Finding Commission)의 가능성을 검토, 도입할 필요가
있으며, ICRC와 같은 공정한 인도적 기관이 아무런 방해없이 그 역무를
분쟁당사자에게 제공할 수 있도록 보장해야 할 것이며, 자국영역 내에 있
는 군사 및 민간기관과 개인들에 의한 인도적 규정의 준수를 보장하기 위
한 조치를 취할 의무를 승인하고, 군대와 민간 교육프로그램에 이들 규정
의 교육을 포함시켜 그들이 알 수 있도록 하고, 군법률담당관을 배치하여
야 할 것이다.[37]

제5절 특정대상의 보호 강화

1. 자연환경

대부분의 환경피해는 인간의 복지증진을 위한 재화의 생산과 소비 등
인간의 일상생활의 욕구충족에서 발생하는 것이 일반적이다. 따라서 현재
의 환경관련 국제법규들도 평시의 환경문제를 주된 규율대상으로 하고 있
다. 하지만 환경파괴는 무력분쟁에서도 발생할 수 있으며, 이에 대한 관심
과 규제는 미흡한 실정이다. 여기에 문제의 심각성이 있다. 환경에 대한 평
시의 피해는 부주의, 우발적인 사고 또는 태만의 결과로 발생하지만 무력
분쟁에서의 환경피해는 전투수단과 방법의 고의적인 사용에서 발생한다는
점에서도 이에 대한 규제가 보다 강화될 필요가 있다.

무력분쟁은 일반적으로 군사적, 경제적 목적을 위한 삼림의 파괴, 식수
의 고의적 오염과 같은 직접적, 계획적인 환경파괴 및 환경에 유해한 화학

---

37) D. Plattner, "The Penal Repression of Violations of International Humanitarian
Law applicable in Non-International Armed Conflict", 278 *IRRC*(1990), p.418.

물질 배출시설에 대한 공격, 부정확한 표적선택 및 대량파괴무기에서 발생되는 의도하지 않았던 경미한 환경파괴와 같은 간접적, 부수적으로 영향을 미친다.[38]

베트남전은 계획적인 환경파괴의 심각성을 적나라하게 보여주었는데 베트남 영토의 10% 이상에 2천만 갤론의 화학물질이 투하되었다. 그 중 절반은 남베트남의 생태계를 유지하는 데 중요한 역할을 하는 Mongrove 숲의 54%를 파괴시킨 고독성 물질인 Agent Orange였다. 이외에도 고독성 화학물질 및 융단폭격으로 베트남 숲의 14%가 파괴되었다.[39] 고의적인 환경파괴는 최근의 걸프전에서 극명하게 나타난다. 걸프전에서 이라크는 쿠웨이트에서 철수하기 직전 쿠웨이트의 전후경제를 파괴하기 위해 700개 이상의 유정에 방화하고, 약 2백50만 내지 3백만 배럴의 석유를 걸프만에 유출시켜 돌고래, 해우, 물고기 및 거북 등의 생존을 불가능하게 했을 뿐만 아니라 인간의 생존을 유지하는 생태계에도 엄청난 악영향을 미쳤다.[40]

이처럼 무력분쟁은 고의적이든 비고의적이든 환경파괴로 인한 다양한 문제들을 유발한다. 이러한 문제들에 대응하여 국제사회는 무력분쟁 시의 환경보호에 관한 제 규정들을 두고 있다. 이러한 법규들에는 무력분쟁과 관련없는 국제환경법상의 일반원칙 및 보호규정, 환경문제를 직접 언급하지는 않았지만 적용 가능한 무력분쟁 관련법규에 명시된 규정 등이 있다.[41] 이들 중 무력분쟁법상 무력분쟁에서의 환경보호에 관한 법규들로는 전투수단과 방법

---

38) J. Leggett, "The Environmental Impact of War: a Scientific Analysis and Greenpeace's Reaction", in *Environmental Protection and the Law of War: A Fifth Geneva Convention on the Protection of the Environment in Time of Armed Conflict*, edited by G. Plant(Belhaven Press, 1992), p.68.

39) *Ibid.*, p.69.

40) *Ibid.*, p.70. 걸프전에서의 환경파괴에 대한 설명은 A. Roberts, "Environmental Destruction in the 1991 Gulf War", 291 *IRRC*(1992), pp.538-553, 특히 다국적군에 의한 환경파괴는 *Ibid.*, pp.545-547.

41) 이들 각각의 규정들에 대한 자세한 설명은 B. Baker, "Legal Protections for the Environment in Times of Armed Conflicts", 33 *Virginia Journal of International Law*(1993), pp.353-376 참조.

의 제한에 관한 불필요한 고통금지, 군사상 필요원칙 및 전투원과 민간인의 구분원칙 및 비례성원칙 등 무력분쟁법의 일반원칙과 헤이그 협약,[42] 1949년 제네바협약(제네바 제4협약 제32, 5, 55 및 56조 참조), 1977년 추가의정서 (제1의정서 제35, 54, 55 및 56조 참조), '환경변경기술의 군사적 또는 기타 적대적 사용금지협약'(Convention on the Prohibition of military or any Other Hostile Use of Environmental Modification Techniques: ENMOD Convention)[43] 등이 있다.

이들 법규들의 면면을 볼 때 이들은 국제적 무력분쟁과 깊은 관련을 갖고 있다는 것을 쉽게 알 수 있다. 물론 무력분쟁 관련법규의 기본원칙들은 비국제적 무력분쟁에도 적용가능 하지만 공통3조 및 제2추가의정서에서 환경보존과 직접적으로 관련있는 규정들을 찾아 볼 수 없다. 다만 제2추가의정서는 제1추가의정서 제54조(민간주민의 생존에 필수적인 물자의 보호) 및 제56조(농어지대, 관개시설 및 기타 환경에 대한 공격금지)와 유사한 제14조(민간주민의 생존에 필수적인 물자 및 시설물에 대한 공격, 파괴금지)와 제15조(위험한 물리력을 포함하는 사업장 및 시설물에 대한 공격금지)를 두고 있다. 이러한 규정들을 통해 제2추가의정서는 무력분쟁 시 환경보호를 간접적으로 규정하고 있다.[44]

이처럼 국제인도법은 적대행위의 규제를 환경보호에까지 확대하였지만 환경보호에 공통되는 모든 문제를 충분히 다루지 못하고 있고, 군사필요성과 비

---

42) 1899년 협약(Ⅱ) 제22조 및 제55조, 1907년 협약 제22, 25, 27, 28 및 55조 참조. 이러한 규정들은 직접적으로 환경보호를 위해 채택된 것은 아니지만 군사 필요성으로 정당화되지 않는 문화적으로 중요한 자연자원과 환경보호에 적용 가능하며 국제인도법이 자연환경의 보호문제에까지 확대될 수 있는 법적 기초 가 되었다.

43) U.N.G.A., Res.31/72, U.N. GAOR, 31st Sess., Supp.No.39, U.N., Doc.A/31 /39(1976). 군축위원회의 산물인 동 협약은 환경에 유해한 전투행위의 규제를 포괄적으로 규제하지는 못했지만 군비통제와 환경보존간의 관계를 나타냄으로 써 인간보존을 위한 건강한 환경의 필요성을 묵시적으로 인정하고 있다. 동 협 약 제1, 2조 참조.

44) P. Antonio, "International humanitarian Law and the Protection of the Environment in time of Armed Conflict", 291 *IRRC*(1992), pp.525-527.

레성원칙 등과 같은 전통적인 무력분쟁관련 원칙들의 '허용적 성격'에 따른 실질적인 적용상의 어려움, 주요 규정들에서 사용된 '광범위한'(widespread), '장기간의'(long-term), '심각한'(severe) 등과 같은 용어의 해석상 어려움, 환경보호법규의 내적 응집력 약화 등으로 무력분쟁의 환경에 대한 충격을 다루는 데 있어서 효과적이지 못할 뿐더러[45] 피해에 대한 적절한 구제수단을 제공하지 못하고 있다. 특히 비국제적 무력분쟁 시의 환경보호 관련규정은 너무나도 빈약하여 그 의의를 찾아보기 어려운 실정이며, 적대행위 중의 제국의 관행을 보더라도 환경보호에 있어 폭넓은 자유를 행사하고 있음을 알 수 있다.[46]

따라서 제국들은 무력분쟁에 적용될 환경보호 관련규정을 강화하거나 새로운 법률을 제정할 필요가 있으며 이들 규정들을 시행하기 위한 이행절차와 제재에 관한 규정이 채택되어야 할 것이다.[47] 또한 분쟁당사자는 일반적으로 무력분쟁 중 '환경'이라는 추상적 실체의 피해를 부인하는 경향이 있기 때문에 환경보호 관련규정의 강화에 있어서 어느 정도까지의 피해가 인정되는가? 어떤 기준을 위반하였는가? 어떤 규정이 적용되는가? 및 어떤 의무가 준수되어야 하는가? 등에 대한 명확한 기준이 확립되어야 할 것이다.[48]

---

45) Michael N. Schmitt, "Green War: An Assessment of the Environmental Law of International Armed Conflict", 22 *Harvard International Law Journal* (1997), pp.95-96.

46) Neil A. F. Popovic, "Humanitarian Law, Protection of the Environment and Human Rights", 8 *The Georgetown International Environmental Law Review* (1995), p.87.

47) P. Antonio, supra note 44, p.534. '무력분쟁과 환경보호문제'의 중대성에 대한 인식증대는 무력분쟁 시의 환경보호에 관한 제네바 제5협약을 채택하자는 제안을 가져왔다. 이에 대한 설명은 G. Plant, "Introduction in Environmental Protection," 8 *The Georgetown International Environmental Law Review* (1995), p.81쪽 참조.

48) '무력분쟁 시의 환경보호'에 있어 1992년은 특기할 만한 해였다. 이 문제는 동년 ICRC전문가회의, UN환경개발회의, ENMOD협약당사국 재검토회의, 제47차 UN총회에서 광범위하게 논의되었다. 이들 회의에서의 주된 논의내용에 대해서는 A. Bouvier, "Recent Studies on the Protection of the Environment in Time of Armed conflicts", 291 *IRRC*(1992), pp.556-565.

2. 아동 및 여성

오늘날 무력분쟁으로 인한 참화의 직접적인 최대희생자는 민간인이다. 제2차대전 이전의 적대행위는 주로 정규군 간에 행해졌으며 전투원과 비전투원은 구분되어 서로 다르게 취급되었다. 그러나 게릴라전과 민족해방전쟁의 성행 및 전투수단과 방법의 비약적 발전 등으로 전투원과 민간인은 확연히 구분되기 어려웠고 이러한 사정은 비국제적 무력분쟁의 급격한 증가로 더욱 심화되었다. 이러한 민간인 희생자 중 인도적 원조가 긴급히 요구되는 자로는 아동 및 여성이 있다.

가. 아 동

오늘날 아동은 무기 및 탄약의 수송, 전령, 군 입대 및 전투참가 등 적대행위에의 직접적인 참여가 늘고 있고, 비록 적대행위에 직접 참가하지 않는다 할지라도 적의 포격 및 폭격에 대한 공포, 부모 및 가족과의 이산과 고아, 강제이주 및 추방, 비인도적 반인권적 전투장면의 목격, 주거지역의 파괴, 교육 및 의료지원의 중단, 난민 또는 유민화, 기아 및 성적 학대 등으로 고통을 겪고 있다.[49]

국제사회는 1959년의 '아동권리선언'(Declaration of the Rights of the Child, UN. GA. Res.1386/XIV), '세계인권선언'(Universal Declaration of Human Rights), '시민적 및 정치적 권리에 관한 국제규약'(International Covenant on Civil and Political Rights), '경제적, 사회적 및 문화적 권리에 관한 국제규약'(International Covenant on Economic, Social and Cultural Rights), 1974년의 '긴급사태 및 무력분쟁 시의 부녀자 및 아동의 보호에 관한 선언'(Declaration on the Protection of Women and Children in Situations of

---

49) Geraldine V. Bueren, "The International Legal Protection of Children in Armed Conflicts", 43 *International and Comparative Law Quarterly*(1994), pp.812-817.

Emergency and Armed Conflict, UN, GA, Res.3318/XXIX) 및 1989년의 '아동권리협약'(International Convention on the Rights of the Child) 등을 통해 분쟁에의 직접적인 참여여부 및 분쟁의 성격여부에 관계없이 국제인권법적 측면에서 아동의 권리 및 보호를 발전, 규범화 시켜왔다. 하지만 이러한 선언 및 협약은 무력분쟁에서의 아동의 보호를 다루기에는 내용적으로나 상황적으로 적합하지 못했다.

국제인도법에 있어 무력분쟁시 아동보호문제는 ICRC의 적극적인 노력으로 1949년 제네바협약상의 적대행위에 가담하지 않은 민간인으로서의 아동에 대한 일반적 보호뿐만 아니라 특히 희생을 당하기 쉬운 약자로서의 아동에 대한 특별보호를 17개의 규정에서 다루어졌고,[50] 1977년 제1추가의정서도 제77조 및 제78조에서 아동의 보호 및 소개에 대해 자세히 규정하고 있다.

비국제적 무력분쟁과 관련 공통3조에서는 아동의 보호와 관련하여 직접적인 규정을 두고 있지 않다. 하지만 아동은 동조의 "적대행위에 적극적으로 참여하지 않은 모든 자"로서 보호를 받을 수 있을 것이다. 동조에 따라 아동은 적어도 무력분쟁에서 인도적으로 대우받을 권리를 가지며, 아동의 생명, 신체 및 존엄에 어떠한 폭력도 가해져서도 안 된다. 제2추가의정서는 민간주민(인)은 공격의 대상이 되어서는 안 된다는 원칙을 명규하고 있는 바, 아동들도 당연히 공격의 대상이 되어서는 안 된다. 또한 동의정서는 제4조 3항의 '기본적 보장'에서 "아동은 그들이 필요로 하는 치료 및 원조를 받아야 한다"는 아동보호에 관한 일반원칙을 규정한 다음 일반원칙의 실질을 이루는 아동에 관한 특별조치로서 아동의 교육, 아동의 보호 가족관계의 유지, 15세 미만 아동의 적대행위의 참가 금지, 체포, 억류 및 구금된 아동의 보호, 안전지역으로의 아동의 이주를 규정하고 있고, 제6조 4항에서는 18세 미만의 자에 대한 사형선고 금지를 두고 있다.

이러한 인도적 법규에 의한 아동의 일반 및 특별보호 외에도 ICRC는 항시 무력분쟁에서의 아동의 곤경에 민감하였으며 아동의 법적 보호를 증진

---

50) Maria T. Tutli, "Captured Child Combatants", 278 *IRRC*(1990), p.422.

함에 있어 적극적이었다. 인도적 기관으로서의 전통과 권한에 따라 ICRC 는 법규정에만 의존하지 않고 인도적 발의를 통해 무력분쟁에서 아동의 법적 보호를 촉구하였으며 법규의 이행을 위하여 노력했다. 특히 제2차대전 동안 법적 근거의 부족으로 인한 민간인 구호활동에서의 어려움속에서도 18세 이하의 청소년을 특별캠프에 수용하고 아동과 부모의 재결합을 용이하게 하기 위하여 라디오방송국을 설립하고 아동의 거주지 건설 등의 조치들을 취하기도 했다.[51]

하지만 이러한 인도적 법규상의 보호와 ICRC의 적극적인 노력이 있긴 하였지만 무력분쟁에서의 아동의 희생은 심각하다. 법적금지에도 불구하고 아동들은 여전히 적대행위에 동원되고 있고, 그 결과 무력분쟁의 주요 희생자가 되고 있다.[52] 따라서 무력분쟁에서의 아동보호를 위한 구체적 작업이 절실히 요구되고 있다.

무력분쟁에서의 이들의 보호를 강화하기 위해서는 무엇보다도 국제사회가 기존의 아동보호규정을 지지하고 준수하는 것이 필수적이지만 현재의 보호규정 외에도 아동의 문화적 환경유지, 고아 및 이산아동의 보호 및 아동의 우선적 대우 보장 등이 인정되어야 할 것이다. 아동은 가족과 같이 있는 경우 가장 안정적일 수 있고, 자신이 자란 도덕적 가치, 종교, 문화 및 전통 등 그가 익숙한 문화적 환경속에 있을 때 계속적으로 진정한 안식을 누릴 수 있다. 따라서 아동의 보호에 있어 이러한 문제가 우선적으로 고려되어야 할 것이다. 다음으로 ICRC 등 인도적 단체들은 억류아동들을 방문하여 지원하고 가족과의 결합을 주선하는 등 다양한 보호활동들을 전개해야 할 것이며 이를 보장하기 위한 국제사회의 합의도출을 위한 별도의 노력이 병행되어야 할 것이다.

---

51) D. Plattner, "Protection of Children in International Humanitarian Law", 240 *IRRC*(1984), pp.150-152.

52) 1983년부터 1993년까지의 비국제적 무력분쟁에서 약 150만 명의 아동이 사망했으며 약 4백만 명이 불구가 되었고 약 5백만 명이 난민 또는 유민이 되었다. U.N., Doc.CRC/C/ SR.38(1992. 10).

나. 여 성

현대적 여성의 권리는 국제연합 헌장에서 국제적으로 승인(전문 및 제1조 참조)된 이래, 국제인권법상 국제적 수준으로는 세계인권선언 및 국제인권규약에 의해, 지역적 수준으로는 유럽인권협약(European Convention for the Protection of Human Rights and Fundamental Freedoms), 미주인권협약(Americans Convention on Human Rights) 및 아프리카인권헌장(African Charter on Human and People's Rights)에 의해 그리고 특정문제를 다루는 '인종차별철폐협약'(International Convention on the Elimination of All Forms of Racial Discrimination), 아동권리협약, '고문 기타 잔인하고 비인도적인 또는 저열한 대우 및 형벌에 관한 협약'(Convention against Torture and Other Cruel, Inhuman or Degrading Treatment or Punishment), 난민지위협약(Convention on relating to the Status of Refugees) 및 '여성차별철폐협약'(Convention on the Elimination of All Forms of Discrimination against Women) 등에서 어떠한 차별도 받지 않을 권리, 정치참여의 권리, 의견과 표현의 권리, 집회와 결사의 자유, 종교의 권리 및 사상의 자유, 생존권, 자유와 안전의 권리, 고문과 비인도적 대우를 받지 않을 권리, 결혼하여 가족을 구성할 권리, 사생활과 가정생활을 영위할 권리, 교육을 받을 권리, 건강권과 보건의료의 서비스를 받을 권리 및 과학적 진보의 이익을 향유할 권리 등이 인정되고 있으며, '여성차별철폐위원회'(Committee on the Elimination of Discrimination against Women), '인권위원회'(Human Rights Committee) 및 '경제적, 사회적 및 문화적 권리에 관한 위원회'(Committee on Economic, Social and Cultural Rights) 등의 인권기관들은 당사국들의 의무이행조치 및 추진상황을 보고받아 이를 검토, 심의하며 타국정부의 인권위반을 제소하는 개인적 탄원을 처리하기도 한다.53)

하지만 현존 국제인권체계상 여성의 보호는 법규의 치밀함, 감시 및 이

---

53) 서울대학교 의과대학 의료관리학교실 역, 여성의 건강과 인권: 국제인권법을 통한 여성건강의 보호와 증진(한울, 1995), pp.47-85 참조.

행수단, 국제사회 및 개별국가의 준수의지에 있어 크게 부족하다.54) 더구
나 오늘날 국제사회에서 여성들이 겪는 고통의 많은 부분은 대규모적으로
인권이 정지되고 개인들이 무력분쟁법에 의해 제공되는 보호에 의존해야
하는 무력분쟁 상황에서 발생하고 있다.55)

물론 여성들은 무력분쟁에 적용되는 국제인도법상 여성의 성과 생식능
력을 유의한 규정들에 의해 특별한 인도적 보호를 받고 있다. 여성들은 적
대행위에 직접 참여하지 않은 민간주민으로서의 일반적인 보호 및 존중 외
에도 국제적 무력분쟁에서는 임산부용 식료품, 피복 및 영양제등의 자유통
과(제4협약 제23조), 부녀자들의 명예, 특히 강간, 강제매음 또는 모든 형
태의 외설행위로부터의 보호(제4협약 제27조, 제1추가의정서 제76조), 임산
부의 생리적 필요에 따른 식량증배(제4협약 제89조), 여성포로의 특별보호
(제3협약 제14조), 무력분쟁에 관련된 이유로 체포, 구금 또는 억류된 임산
부의 우선적 심리, 임산부에 대한 사형언도 회피노력 및 사형집행금지(제1
추가의정서 제76조) 등의 특정보호를 받는다.56)

하지만 여성들은 무력분쟁에서 엄청난 희생을 강요받고 있다. 무력분쟁
에서 주요 행위자는 대부분이 남성들인 전투원들이며, 일반적으로 여성들
은 무력분쟁에의 참여비율이 상당히 낮음에도 불구하고 적대행위의 주요희
생자가 된다. 무력분쟁 시 여성들에 대한 성폭력은 중세 이래 비록 이론적
으로는 금지되었지만 무력분쟁의 전리품으로 간주되었고 전투행위를 지속
시키는 데 있어 주요한 동기부여 수단으로 인식되어 왔다.57)

---

54) C. Bunch, "Women's Rights as Human Rights: Towards a Re-Vision of Human Rights", 12 *Human Rights Quarterly*(1990), p.486.

55) Y. Dinstein, "Human Rights in Armed Conflict: International Humanitarian Law", in *Human Rights in International Law: Legal and Policy Issues*, edited by T. Meron(Oxford University Press, 1984), p.345.

56) 임신 또는 유아의 모라는 관계에서 여성에게 제공되는 보호는 현재 34개(이 중 19개는 아동의 보호가 우선이다)에 이르고 있지만(J. Gardam, "Women and the Law of Armed Conflict: Why the Silence?", 46 *International and Comparative Law Quarterly*, Part 1(1997), p.57.), 현실적으로 발생되고 있는 여성의 피해를 보호하기에는 너무 피상적인 것들이다.

또한 여성들은 무력분쟁 시 전투원으로 전선에 투입된 남성들을 대신해 가족의 부양을 위해 지뢰밭, 폭격 등의 위험에도 불구하고 식량, 식수, 연료 기타 생존수단을 조달하는 과정에서 많은 희생을 겪기도 한다. 그리고 무력분쟁이 종료된 후에도 전사상으로 가족의 부양능력을 상실한 남성들을 대신해 병자, 아동, 노인 및 유민 등 가족과 사회의 부양책임까지도 떠맡게 된다. 게다가 여성들의 생식능력은 식량, 의약품 등의 부족에 특히 민감하게 영향을 받기 때문에 다음세대에까지 영향을 미친다. 이처럼 여성들은 무력분쟁의 발발 및 수행과정에 관한 정책결정과 직접적인 적대행위에는 참여하지 않았음에도 불구하고 분쟁의 결과와 더불어 살아가야만 하는 것이다.58)

더군다나 여성은 비국제적 무력분쟁에서는 민간주민으로서의 일반적 보호 외에 단지 제2추가의정서 제4조 2항에 의해 '개인의 존엄에 대한 침해 특히 모욕적인 비하행위, 강간, 강제매춘 및 모든 형태의 비열한 폭행'으로부터 보호될 뿐이다. 이처럼 비국제적 무력분쟁에서 여성은 현국제인도법이 민간인보다는 전투원의 권리의무에 중점을 두고 있으며, 민간인의 경우도 '여성'의 특성이 인정되는 경우가 많지 않고, '비국제적'이라는 분쟁의 특성상 더욱 제한적인 보호만을 받는 등 이중삼중의 고통을 당하고 있는 것이다. 하지만 최근의 무력분쟁들에서 여성들이 겪는 고통을 목도한 국제사회는 무력분쟁 시의 여성보호에 관한 인도적 법규의 변화를 점차 강하게 인정하고 있다.

무력분쟁, 특히 비국제적 무력분쟁에서의 여성보호를 강화하기 위해서는 국제적 무력분쟁에서 여성에게 인정되는 인도적 권리들이 비국제적 무력분쟁에서도 그대로 타당할 수 있게 보완되어야 할 뿐만 아니라 현대 분쟁들에서 여성들이 겪고 있는 희생을 감소, 제거시키기 위해 요구되는 새로운 규정들을 추가하여야 할 것이다.59)

---

57) T. Meron, *Henry's Wars and Shakespeare's Law : Perspective on the Law of War in the later Middle Ages*(Oxford University Press, 1993), pp.111-112.

58) UNHCR, "Refugee Women", 100 *Refugees*(1995), pp.3-15.

59) J. Gardam은 현 국제사회에는 무력분쟁 시 여성보호 강화에 대한 합의가 성립되어 있다면서 여성보호에 관한 새로운 의정서의 채택을 주장하고 있다. 여성이 무

무력분쟁 시 여성의 보호에 있어 최근의 경험에서 볼 때 가장 관심을 기울여야 할 문제가 여성에 대한 성폭력, 즉 강간이다. 무력분쟁 시의 강간 문제는 모든 문화권에서 일반화된 지 오래이지만 공식적으로 보고되거나 기록으로 남겨져 전해지는 경우가 드물어 정확한 파악이 되고 있지 않으나, 이로 인해 여성들이 겪는 고통은 이루 헤아릴 수 없을 정도이다.[60] 구유고 분쟁에서의 여성에 대한 강간은 특정세력의 민간주민을 고의로 표적으로 하고 문화적 및 도덕적 파괴를 목적으로 하는 전투방법의 하나로 이용되기도 하였으며,[61] 르완다, 부룬디 및 소말리아 등의 분쟁들에서의 여성 난민 및 유민들에 대한 성폭력은 심각한 문제의 하나로 대두하고 있다.[62]

국제인도법에 있어서 강간문제는 1949년 외교회의에서 여성은 명예와 품위를 존중받는 절대적인 권리를 갖는 것이 확인되어 제네바 제4조약 제27조에서 금지하고 있지만 '중대한 위반행위'를 규정한 제147조에서는 명규되지 못했다. 해석상 강간은 제147조에서 말하는 '비인도적 대우' 또는 '신체 혹은 건강에 대해 고의로 중대한 고통을 주고 또는 상해를 가하는 것'으로 판단할 수 있는 여지가 많지만, '기타의 위반행위'로만 취급되고 있다. 제1추가의정서도 강간을 금지하고 있으나(제76조 1항), 중대한 위반행위라고 명시하고 있는 것은 아니다(제85조). 또한 공통3조는 강간에 대해 아무런 언급도 하지 않고 있고, 제2추가의정서도 강간금지규정을 두고는 있지만(제4조 2항(e)) 보편적인 재판관할을 인정하는 '중대한 위반행위'의 규정

력분쟁법에서 주요 행위자인 전투원과 구별되어 취급되는 지금이 '무력분쟁 시 여성보호를 위한 제네바 협약 의정서'(Protocol to the Geneva Conventions to Protect Women in Times of Armed Conflict) 채택의 적기라는 것이다. J. Gardam, *op. cit.*, pp.77-80.

60) C. Chinkin, "Rape and Sexual Abuse of Women in International Law", 5 *European Journal of International Law*(1994), pp.327-328.

61) 구유고 분쟁과 관련한 성폭력 문제의 심각성에 대해서는 T. Meron, "Rape as a Crime under IHL", 87 *AJIL*(1993), p.42; C. Chinkin, *op. cit.*, p.326; Final Report of the Commission of Experts established pursuant to the Secretary Council Resolution 780, U.N., Doc.S/1994/674(1994), Paras.102-109, 232-253.

62) Human Rights Watch, *Global Report on Women's Human Rights*(1995), p.1.

은 볼 수 없다.

하지만 비국제적 무력분쟁에서의 강간은 공통3조에서 절대적으로 금지되고 있는 행위의 한 유형인 '잔인한 대우와 인간의 존엄에 대한 폭행'으로 볼 수 있어,[63] 현국제인도법의 해석에 의해서도 강간의 규제 및 처벌이 가능할 수도 있겠지만 이에 대한 명확한 규정의 확립이 요구된다.

이처럼 국제인도법상 강간은 명시적으로는 '중대한 위반행위'로 인정되지 않지만 '중대한 위반행위'의 유형인 '신체 또는 건강에 고의적으로 극심한 고통 또는 심각한 상해 야기하는 행위', '고문 또는 비인도적 대우'에 해당한다고 볼 수도 있고, 강간을 '중대한 위반행위'로 인정하고 있는 제국의 관행과 무력분쟁에서의 여성의 성적 보호를 강화하려는 현국제인도법의 발전추세에 비추어 볼 때 무력분쟁에서의 강간은 '중대한 위반행위'로 인정되어야 한다.[64]

다음으로 임산부 또는 유아의 모의 사형집행문제가 재고되어야 할 것이다. 임산부 및 유아의 모에 대한 사형집행금지는 태아나 유아를 보호하기 위한 것이지 임산부나 유아의 모를 특별히 보호하기 위한 것은 아니지만 아이를 출산한 후 오래지 않아 유아의 모를 사형집행할 가능성을 열어두고 있다. 이는 유아의 모뿐만 아니라 유아에게도 비인도적이다. 유아의 모를 일정조건하에 사면하는 것이 요구되며, 인도주의적 관점에서 18세 이하 아동에 대해 사형선고를 금지하는 것과 마찬가지로 임산부나 유아의 모에 대한 사형선고도 금지되어야 할 것이다.

또한 여성보호에 관한 규정의 위반은 그 체계자체에서 심각한 것으로 다루어 지지 않으며 여성보호에 관한 규정 어느 것에서도 그 위반행위를

---

63) Americas Watch and Women's Rights Project의 페루에서의 여성에 대한 폭력에 관한 보고서(Untold Terror: Violence against Women in Peru's armed conflict, 1992)는 강간이 공통3조에서 절대적 금지행위로 열거되지 않았음에도 불구하고 동조의 위반을 구성한다고 명시적으로 인정하였다. 강간은 공통3조에서 명시적으로 금지되는 잔인한 대우와 인간의 위엄에 대한 폭행을 구성한다는 것이다.

64) O. Gross, "The grave breaches system and the Armed Conflict in the former Yugoslavia", 16 *Michigan Journal of International Law*(1995), pp.821-823.

'중대한 위반행위'로 인정, 처벌해야 할 의무를 부과하지 않고 있다. 무력분쟁에서 여성들이 겪는 희생의 심각성을 고려, 이를 위반한 행위는 '중대한 위반행위'로 규정, 엄중 처벌하여야 할 것이다.

이제까지 무력분쟁에서의 여성의 보호문제는 민간인 보호문제라는 일반론속에 함몰된 채 다루어 졌으며, 특별한 의미를 갖는 논의의 대상으로 인식되지는 못했다. 여성보호의 증대요구에 대한 이러한 일반론적 인식은 민간인의 보호가 강화되고 더욱 효과적인 인도적 법규의 강제체계가 확립되면 자연히 여성의 보호도 강화될 것이라는 면에서도 일응 타당하기는 하다. 그러나 무력분쟁에서의 여성의 보호가 강화되어야 한다는 주장에 대한 이러한 일반적인 반응은 무력분쟁에서 여성이 겪는 희생이 남성의 그것과는 기본적으로 다르고 현재의 인도적 법규들이 전투원, 즉 남성의 희생을 주요대상으로 하고 있다는 것을 간과한 태도이다.[65] 따라서 비국제적 무력분쟁에서 여성보호를 위한 인도적 법규의 보완, 발전에 있어 '여성'의 특성을 유의하여 이를 충분히 반영하여야 할 것이다.

3. 난민 및 유민

최근 세계도처에서 발생하는 수많은 분쟁은 광범위하고 장기화된 인간고통의 원인이 되고 있다. 이러한 분쟁들에서 국제인도법 및 국제인권법의 원칙 또는 규칙의 위반으로 무고한 희생자가 양산되고 있고 그러한 희생자 중에서 오늘날 가장 심각한 문제의 하나는 대량난민 및 유민의 발생이다. 이들은 처절하고 비인간적인 인권유린 또는 생존자체를 불가능하게 하는 기아를 피하여 자국 내 또는 제3국에 피난처를 구하고 있다.

물론 국제난민법상 난민들은 일정한 국제적 보호를 받는다. 난민들은 국적국으로부터 보호를 받을 수 없다는 점에서 매우 열악한 지위에 놓이게 되지만 그들의 생명이나 자유가 위협받을 우려가 있는 지역으로 추방 또는

---

65) J. Gardam, *op. cit.*, pp.58-59.

송환이 금지되는 등 인권보호의 견지에서 일반외국인과 별반 다르게 취급되지 않으며 국제연합 난민고등판무관(UNHCR)의 보호를 받는다(UNHCR 규정 제8조 참조).

또한 난민들은 국제인도법상의 일정한 보호를 향유하기도 한다. 국제인도법은 난민의 일반적인 보호를 규정하고 있지는 않지만 일부 개별 규정들에서 난민보호를 다루고 있다. 1949년 제네바 제4협약 제44조는 "억류국은 사실상 어떠한 정부의 보호도 받지 못하는 난민을 단지 법률상 적성국의 국적을 가졌다는 이유만으로 적성외국인으로 대하여서는 안 된다"고 하였으며, 제70조 2항은 점령지 내에 있는 점령국 국민인 난민의 보호를 규정하고 있다.

또한 1977년 제1추가의정서 제73조는 "적대행위의 개시 전에 관계당사국에 의하여 채택된 관련 국제조약에 의하거나 또는 피난국이나 재류국의 국내법에 의하여 무국적자 또는 난민으로서 인정된 자들은 모든 상황에 있어서 그리고 어떠한 불리한 차별도 받지 않고 1949년 제네바 제4협약 제1편 및 제3편의 피보호자가 된다"고 하여 제4협약에 의하여 민간인으로서 일반적인 보호를 받지 못하는 난민에까지 그 보호범위를 확대하고 있다.[66]

이러한 구체적인 보호규정 외에도 난민은 정치적 견해나 종교적 신념을 이유로 박해받을 우려가 있는 국가로 송환금지(제4협약 제45조 4항), 추방 및 제3국으로 개별적 내지 강제이주의 금지(제4협약 제49조 1항), 가족간 소식전달(제4협약 제25조), 이산가족 상호간의 연락 및 재결합을 위한 분쟁당사국의 의무 및 인도적 단체의 활동에 대한 협조의무(제4협약 제26조, 제140조 및 제143조, 제1추가의정서 제33조 및 제74조) 및 제2추가의정서 제14조(민간주민의 생존에 불가결한 물자의 보호)와 제18조(구호단체 및 구호활동) 등의 규정에 의해 간접적으로 보호받을 수 있다.

하지만 오늘날의 난민문제는 국제난민법 및 국제인도법상의 난민보호제도로는 그들의 인도적 원조와 인권적 해결이 불가능하다는 데 문제의 심각성이

---

66) F. Maurice and J. Courten, "ICRC Activities for Refugees and Displaced Civilians", 280 *IRRC*(1991), pp.10-13 참조.

있다. 오늘날의 난민문제는 과거와는 달리 대규모적이다. 1997년 1월 1일 현재 박해를 피해 타국에 머물고 있는 고전적 의미에서의 난민(Refugees), 귀환자(Returnees), 국내유민(Internally displaced)[67] 및 공식적으로는 난민으로 인정되지 않았지만 난민과 유사한 상황에 처해있어 외부의 구호를 절실히 필요로 하는 기타 관심대상자(Others of Concern)를 포함하여 UNHCR이 공식집계하고 있는 난민 수는 22,729,200명이다.[68]

이러한 대량난민문제가 국제적 관심사로 등장하게 된 것은 제1차세계대전 이후부터이지만 1980년대 말 냉전의 붕괴 이후 종교, 인종, 민족적 갈등으로 일부지역이 아닌 전 세계에서 동시다발적으로 발생되고 있다. 특히 보스니아, 르완다, 부룬디 및 자이레 등의 분쟁으로 인한 난민 집단 거주지역에는 예외없이 각종 전염성 질병이 창궐하고 약탈 등 범죄가 만연하며 기아에 고통받고 있고, 특히 여성난민들은 성폭력의 대상이 되기도 한다.[69] 그리고 난민촌을 습격, 방화·학살하고 강제이주 시키는 등 난민의 보호의무를 규정하고 있는 국제규범은 그 기능이 정지된 상태이다.

이들은 분쟁당사자의 관련법규의 무시 내지 준수의지결여로 인간으로서 누려야 할 최소한의 기본적 권리마저 침해당하고 있다. 난민 및 유민들을 원조하기 위한 재원도 너무나도 부족한 실정이며 더군다나 이를 해결하고자

---

67) 국제연합은 소말리아, 르완다, 부룬디, 보스니아 및 알제리분쟁 등에서 나타난 것처럼 분쟁의 결과 국가 내에서 발생하는 대규모 집단이주, 즉 국내 유민(Internally displaced)도 심각한 지역적 문제를 일으키고 있다는 차원에서 이들을 난민으로 분류한다.

68) 약 3백2십만 명의 Palestine인들은 UNRWA(United Nations Relief and Works Agency for Palestine Refugees in the Near East)에 의해 소관으로 되어있기 때문에 그들은 이 통계에는 포함되어 있지 않다. 하지만 이라크, 리비아 등 UNRWA의 활동지역 외에 있는 Palestine인들은 UNHCR의 구호대상에 포함되어 있다. 연도별 난민의 총규모, 발생유형(국제전, 민족해방전쟁, 인종분쟁 및 독재 또는 혁명정권)에 따른 증가양상, 국별 난민발생 수 등에 대한 자세한 설명은 M. Weiner, "Bad Neighbors, Bad Neighborhoods: An Inquiry into the Causes of Refugee Flows", 21 *International Security*, No.1(1996), pp.12-14, 16-17, 34.

69) UNHCR, *The State of the World's Refugees*(1995), pp.60-61; UNHCR, "Refugee Women", 100 *Refugees*(1995), pp.3-9.

하는 국제사회 및 개별국가들의 의지도 빈약한 상태이다. ICRC 및 UNHCR 등의 인도적 제 기구들이 이들에 대한 보호 및 구호활동을 수행하고 있지만 역부족이고 냉전 이후 비국제적 무력분쟁들에서 보듯 오늘날 난민 및 유민 문제는 분쟁당사국, 분쟁인접국 및 난민유입국의 처리에만 맡겨둘 수 없는 국제평화와 안전을 위협하는 심각한 국제문제가 되고 있다.

그렇다면 오늘날 개별국가만의 문제가 아닌 국제사회의 문제로 확대되고 있는 비국제적 무력분쟁에서 발생하는 이러한 대량난민 및 유민들을 어떻게 보호하여야 할 것인가? 한편으로 국제사회는 분쟁당사자가 적대행위에 있어서 국제인도법, 관련 국제조약 및 관례를 준수하도록 촉구 및 감시하며 인도적 법규를 정비하고 위반행위에 대해서는 강제적인 제재조치를 가하고 정부 간 및 비정부 간 경로를 통해 이들에 대한 적절한 보호수단 및 인도적 원조를 제공하여야 하며, 자발적 귀환과 귀환후의 정착을 위한 국제협력이 강조되어야 할 것이며, 다른 한편으로 분쟁당사자는 적대행위에 있어서 난민보호를 위하여 중립지대 및 비무장지대 내에 거주하는 적대행위에 가담하지 않은 모든 난민에 대한 보호조치를 준수하고, 의료시설 및 의약품, 종교의식에 필요한 물자, 민간주민의 생존에 불가결한 물자의 송부 및 구호활동종사자에 대한 보호 및 협조의무를 이행하며, 공격에 앞서 사전예방조치를 취하고, 난민 밀집지역 내에 있는 군사목표물에 대한 공격은 삼가하여야 한다.[70]

그리고 난민발생 및 송환에 대한 국가책임 및 난민발생국내 안전지대 설치문제에 대하여 진지한 검토가 있어야 할 것이며,[71] 난민보호제도를 인

---

[70] 임태근, "무력충돌에 있어서 난민의 보호", 국제법학회논총, 제40권 제2호(1995), pp.165-169 참조.

[71] 1989년 2월 13일부터 2월 18일까지 Kenya의 Nairobi에서 개최된 아시아-아프리카 법률자문위원회(Asia-Africa Legal Consultative Committee) 총회는 난민 문제에 대해 (1) 난민발생책임, 난민귀환책임 및 난민의 배상청구권 인정여부, (2) 난민발생국내 안전지대 설치문제가 논의되기도 했으나 구체적 성과는 없었다. 이들 사안에 대한 문제점과 참가국 및 UNHCR의 의견에 대해서는 백충현, "국제적 난민보호의 새로운 방향 모색: 제28차 아시아-아프리카 법률자문회의 참가보고", 인도법논총, 제9호(1989), pp.172-175 참조.

권제도와 결합시켜 공동으로 난민발생의 원인이 되는 억압적인 조치를 막고 경제원조 및 기타 정치경제적 조치를 취할 필요가 있으며, 난민보호에 대한 인도적 원칙에 입각한 국제적 합의의 도출에 따라 장기적으로 지속적인 정착프로그램을 추진하고 인도적 제 기구들의 노력들을 통합하는 것이 중요하며 그리고 무엇보다도 이들의 인권을 최소한이라도 보호하려는 제국의 정치적 의지가 우선되어야 한다.[72]

---

72) D. Plattner, "The Protection of Displaced Persons in Non-International Armed Conflicts", 291 *IRRC*(1992), pp.579-580; K. Newland, "Ethnic Conflict and Refugees", 35 *Survival*, No.1(1993), pp.96-99.

제9장 국제연합을 통한 분쟁희생자 보호 강화

제1절 국제연합과 비국제적 무력분쟁

주권독립국가로 구성된 국제사회에서 국제법의 유효성에 관한 모든 논의와 국제질서의 형성을 위한 계속된 시도의 중심문제는 국가의 주권이었으며, 국제법의 발전을 저해한 것도 국제사회의 안정을 유지한 것도 여기에서 비롯된 경우가 많았다.

국제법에 따른다는 조건하에서 영역을 보전하고, 타국 또는 기타 권위체의 지배를 받지 않고 대내외적 사항을 처리할 수 있는 주권국은 자신의 영역 내에서 배타적 관할권(exclusive competence)을 가지며 타국은 이에 간섭할 수 없다.

국가가 주권을 갖는다는 것은 상호충돌하지 않는 국가관할권의 타당범위, 즉 국내문제가 존재한다는 것을 의미하며, 이것은 현실적으로 국가는 타국의 대내문제에 간섭해서는 안 된다는 국내문제불간섭원칙으로 나타나게 된다.

국제연합 헌장 제2조는 제1항의 주권평등원칙에 이어 제7항에서는 다음과 같은 국내문제불간섭원칙을 규정하고 있다.

> 이 헌장의 여하한 규정도 본질상 그 국가의 국내관할권 내에 있는 사항에 간섭할 권한을 국제연합에 부여하는 것이 아니고 또 그러한 사항을 이 헌장에 기인하여 해결을 부탁할 것을 회원국에 대하여 요구하는 것도 아니다. 단, 이 원칙은 제7장에 의한 강제조치의 적용을 배제하는 것은 아니다.

동 조는 본질적으로 무엇이 국내적인 것으로 간주되는지 또는 특정한 경우에 그러한 개념들을 적용함에 있어 국제연합의 광범위한 자유행사가 간섭을 구성하는지를 결정하기 위한 명확한 기준을 포함하고 있지 않다.[1]

원래 헌장 초안자들은 '평화에 대한 위협'에 비국제적 무력분쟁이 포함된다고 보지 않았다. 그들이 의도한 '평화에 대한 위협'행위는 일국의 타국에 대한 공격행위, 즉 잠재적으로 위협될 '평화'는 국제적인 것이었지 국내적인 것이 아니었다.[2] 하지만 일국이 자국영역 내에서 취한 조치가 국제평화를 위태롭게 한다면, 그것은 더 이상 국내문제가 아니다. 그래서 제2조 제7항 단서도 국내문제불간섭원칙의 인정이 "제7장하의 강제조치의 적용을 배제하는 것은 아니다"라는 것을 명백히 하고 있는 것이다.

이처럼 무력분쟁 상황에 개입할 안보리의 권능에 대한 본질적 제한이며,[3] 국제연합의 관할권과 회원국의 국내관할권 간에 경계를 긋고 있는[4] 동조는 국제평화를 위협하지 않는 한 원칙적으로 문제가 발생된 국가가 그 문제를 결정하도록 남겨두어야 한다는 것을 강조하면서도 국제연합의 일국의 국내문제에 대한 어느 정도의 관여를 인정함으로써 국제연합의 비국제적 무력분쟁에의 개입에 대한 근거를 제공하고 있다.[5]

---

1) R. Higgins, *The Development of International Law through the Political Organs of the United Nations*(Oxford University Press, 1963), pp.64-130 참조. 제2조 7항은 국내문제에 관한 국제연합의 조치 또는 결정이 아닌 '간섭'을 금지한다. 따라서 국내문제에 대한 국제연합 기관의 단순한 토의, 국제연합 기관의 의제에 어떤 선례와 상황을 포함하는 것은 '간섭'이 아니다. L. Goodrich, E. Hambro and A. Simons, *Charter of the United Nations*(3rd ed.)(World Peace Foundation, 1969), p.67.

2) Gregory H. Fox, "International Law and Civil Wars", 25 *New York University Journal of International Law and Politics*(1994), pp.633-654.

3) Mary E. O'connell, "Continuing Limits on UN Intervention in Civil War", 67 *Indiana Law Journal*(1992), p.911.

4) Abdullah E. Erian, "The Regal Organization of International Society", in *Manual of Public International Law*, edited by M. Sørensen(Macmillan and Co. Ltd., 1968), p.76.

5) 국제연합 헌장 제2조 7항이 국제연합이 비국제적 무력분쟁 상황에서의 위법행위를 다투는 것을 금지시킨다는 주장에 대한 반론은 1) 국제사회의 다수국이 공통3조를 포함한 제네바협약의 당사국인바, 당사국이 공통3조의 의무를 수락하는 한 바 국제적 무력분쟁에의 국제인도법의 적용은 본질적인 국내관할권의 문제가 아니며, 2) 국제인도법 일반(기본)원칙의 적용은 본질적으로 국내관할문제에도 적용되는바, 공통3조는 국제인도법의 일반원칙이고, 3) 제2조 7항의 단서조항으로 인해 국내문제가 국제평화와 안전에 위협이 될 때 국제연합은 이에 개입

또한 국제연합의 비국제적 무력분쟁에의 개입은 국제연합의 목적과 원칙에서 영향을 받는다. 국제연합은 국제평화와 안전의 유지, 국가주권과 독립의 유지, 회원국의 영토보전, 자결, 기본적 인권의 증진 및 보호, 대량고통의 감소, 저개발국의 경제적 및 사회적 발전이라는 목적을 가지고 있다. 이러한 목적들은 법적 구속력에 있어 다툼이 있긴 하지만 국제연합의 활동에 대한 강력한 지지근거가 된다. 물론 국제연합의 다양한 목적들은 종종 타목적들 또는 개별국가의 국익과 상충될 수도 있어 어떤 것은 국제연합의 국내분쟁에의 개입을 정당화하기도 하고 어떤 것은 이를 저지하는 수단이 되기도 할 것이다. 하지만 일반적으로 국제사회의 평화와 안전의 유지 및 분쟁의 평화적 해결이라는 국제연합의 보편적 임무에 비추어 볼 때 국제연합의 목적들은 국제연합이 비국제적 무력분쟁에 개입할 수 있는 근거를 제공하고 있다고 볼 수 있다.6)

이러한 국제연합의 목적 외에도 국제연합 제기관의 국제평화와 안전의 유지에 관한 권능과 그 구체적 근거규정은 국제연합의 개입을 정당화했을 뿐만 아니라 활성화시켰다. 탈식민지 과정에서의 독립전쟁의 합법화와 국제인권법규 및 인권의식의 발전도 국제연합의 개입을 긍정적으로 고무시켰다. 국제연합 초기 일부 식민국들은 반식민분쟁은 본질적으로 국내문제이며 그러므로 헌장 제7장이 적용되지 않는 국제연합의 권능을 능가하는 것이라고 주장했지만 그러한 주장은 대다수 국가들에 의해 거부되어 점차 설득력을 잃고 결국 포기되기에 이르렀으며, 1960년의 '독립부여선언'(U.N., GA Res. 1514(XV))에서도 식민주의 종식을 위한 국제연합의 역할이 강조되었었다.7)

할 수 있다고 항변한다. 이에 대한 자세한 설명은 Stephen M. Schwebel, "The Roles of the Security Council and the ICJ in the Application of International Humanitarian Law", 27 *New York University Journal of International Law and Politics*(1996), pp.747-751 참조.

6) O. Schachter, "The United Nations and Internal Conflicts", in *Law and Civil War in the Modern World*, edited by John N. Moore(The Johns Hopkins University Press, 1974), pp.403-409.

제2절 무력분쟁에서의 국제연합의 활동

1. 분쟁희생자 예방조치

국제연합은 분쟁을 예방하여 희생자의 발생을 원천적으로 방지하고, 비국제적 무력분쟁이 발생한 경우 이를 총회 또는 안보리 의제에 공식적으로 포함시켜 토의하고, 당사자에게 적대행위의 중지 및 분쟁해결을 촉구하고, 외부세력의 개입을 금지하는 결의를 채택하고, 적대행위를 억제 중지시키기 위하여 사무총장과 보조기관에 의해 사실조사를 행하고, 분쟁의 영향을 완화시키고 해결을 촉진하기 위하여 주선, 조정 및 중재하는 등 분쟁당사자들에게 직간접적으로 영향을 미쳐 분쟁의 참혹성을 억제, 완화시킨다.[8]

과거 많은 분쟁들에서 분쟁당사자들은 서로를 너무 불신하고 있어 당사자들 간에 합의된 포괄적이고 일반적인 평화협정의 이행에 대해 거의 확신을 갖지 못하는 경향이 있었고, 국제사회에서 영향력있는 강대국들은 과거 식민지지배의 경험과 대리전쟁의 배후세력이라는 비난에서 오는 제한으로 중재자로서의 역할을 원만히 수행할 수 없는 경우도 많았지만 국제연합은 모든 분쟁에서는 아니었지만 지난 반세기 이상 평화유지임무뿐만 아니라 사무총장의 중재활동을 통해 분쟁예방과 희생자보호에 상당한 기여를 했으며, 이러한 역할을 수행함에 있어 이전에는 볼 수 없었던 활발한 토론의 장을 제공해왔다. 국제연합에 의한 중재가 분쟁에서 불완전하나마 성공을 거두었다는 것은 국제연합이 제공한 역무가 관련분쟁당사자들의 '고유한 주권

---

7) *Ibid.*, pp.412-413.

8) 비국제적 무력분쟁에서의 분쟁예방 및 분쟁의 평화적 해결을 위한 노력들에 있어서 주도적 발의는 사무총장의 적극적 활동에 크게 의존한다. 이러한 활동에 있어서 사무총장의 역할에 대해서는 S. Pasternack, "The Role of the Secretary-General in helping to prevent Civil War", 26 *New York University Journal of International Law and Politics*(1994), pp.701-759 참조.

적 선택'에 대한 간섭이 아니라는 것을 나타낸다. 오히려 그것은 중립적인 제3자(국제연합)의 개입없이 분쟁당사자들만의 분쟁해결과정에서 도출해 낼 수 있는 것보다 더 다양한 대안을 제시했을 뿐 아니라 지루하게 계속되는 파괴적인 분쟁을 약화시키는데 효과적이었다는 것을 보여주었다.9)

또한 국제연합은 분쟁당사자들이 문제해결을 모색하는 과정에서 그들에게 냉각기를 갖게 함으로써 분쟁의 악화를 방지하고, 국제연합 내에서의 공식적 토의 및 결의채택을 통해 정책결정자 및 제3국의 향후행동에 제한을 가해 그들의 태도에 변화를 가져오며, 분쟁당사자들에게 분쟁해결의 실마리를 찾을 수 있는 명분을 제공해 줌으로써 분쟁당사자 간 의사교환 및 합의조성에 기여하였다. 또한 국제여론을 형성하고 이끌 수 있는 중심으로서 그리고 분쟁당사자들의 주장, 정책, 행동을 정치적으로 승인 또는 비난하는 기구로서 집단적 정당성 부여라는 중요한 정치적 기능을 행한다.

이러한 전통적 활동에 의한 희생자 예방 외에도 오늘날 평화유지활동(Peace-Keeping Operation: PKO)의 예방배치(Preventive Deployment)도 중요한 희생자 예방수단이 되고 있다. 신뢰조성, 사실조사, 조기경보 등 국제연합 예방외교(Preventive Diplomacy)의 하나인 예방배치는 전통적 PKO의 변형으로 분쟁이 아직 발생하지 않았으나 발발가능성이 매우 높은 지역에 파견하는 것을 말한다. 전통적인 PKO의 배치가 일단 분쟁이 발생한 뒤 실행되는 것에 비해 예방배치는 사전에 파견되어 조기경보의 역할을 수행함으로써 분쟁으로 인한 희생자 발생을 사전에 예방할 수 있는 것이다. 국제연합이 약 800명의 PKO요원을 마케도니아 지역에 신속배치함으로써 구유고분쟁이 이 지역으로 확산되는 것을 방지한 것은 예방배치의 최초 사례였다.

---

9) Gregory H. Fox, *op. cit.*, pp.633-654.

2. 인도적 규범의 확립 및 적용

비국제적 무력분쟁에서의 희생자 보호를 위한 현 국제적 규범은 ICRC의 주도적인 역할에 의해 발전되어 왔지만 국제연합도 국제평화와 안전의 유지를 궁극적인 목적으로 하고 있는 이상 비국제적 무력분쟁의 희생자 보호 규범의 형성에 일단의 역할을 할 수밖에 없었다.

인권과 국제인도법간의 관계확립에 있어 중요한 전환점이 된 1968년 국제연합 국제인권회의(International Conference of Human Rights)는 '무력분쟁에 있어서의 인권보호'에 관한 결의를 채택하여 국제인도법을 인권법의 확대로 평가하였으며, 국제인도법의 발전을 국제연합의 관심사에 포함시켰다. 또한 동 회의는 총회가 사무총장에게 국제인도법 적용확보 방안 및 국제인도법의 개정 또는 추가의 필요성을 연구토록 요구할 것을 요청하는 등 인도적 규범의 확립에 적극적으로 관여하였고, 이러한 국제연합의 태도는 ICRC로 하여금 국제인도법의 재확인 및 발전에 박차를 가하게 해서 1977년 제2추가의정서의 채택을 가능케 하는 데 일조했다.

이러한 인도적 규범의 확립에서의 역할 외에도 국제연합은 분쟁해결과정에서 국제인도법의 적용을 강조하고 있다. 국제연합 안보리는 결의 788(1992)에서 리베리아 분쟁의 양 당사자들에게 "국제인도법의 규정을 엄격하게 존중할 것"을 요구했으며 결의794(1992)에서 소말리아분쟁으로 야기된 비극은 인도적 원조활동의 방해로 더욱 악화되었으며 동 분쟁이 국제평화와 안전에 대한 위협을 구성한다면서, 모든 분쟁당사자들에게 "즉각적으로 적대행위를 중지하고 국제인도법의 모든 위반행위를 중지할 것"을 요구하였으며, 특히 민간주민의 생존에 필수적인 식량 및 의약품 공급의 고의적인 방해 등 국제인도법의 모든 위반행위를 비난하고 그러한 행위를 한 자나 할 것을 명한 자는 그에 대해 개인책임을 지게 될 것이라고 확인하였고, 결의814(1993)에서는 소말리아에서의 국제인도법의 광범위한 위반과 법의 지배의 일반적인 부재에 대해 심각한 우려와 관심을 나타내면서 사무총장에게 국제인도법의 심각한 위반행위에 대한 조사 및 소추를 용이하게 하는 것을 포함한 "소말리아 경찰재건, 평화, 안정, 법과 질서의 회복 및 유지에 대한 원조"를 요청했다.

이러한 국제연합의 관행은 보스니아-헤르체고비나(이하 보스니아)분쟁과 관련한 안보리의 결의들에서도 확인된다. 안보리는 보스니아에서의 국제인도법의 적용문제를 광범위하게 그리고 반복적으로 다루었는데, "모든 당사자들은 국제인도법, 특히 1949년 제네바협약하의 의무를 준수해야 할 의무가 있다"는 것과 "협약의 중대한 위반행위를 실행하거나 명령한 자는 그러한 위반에 대해 개인적으로 책임있다"는 것을 재확인하고(결의764), "인종청소"의 실행에 관련된 자의 국제인도법 위반에 대한 비판과 "모든 당사자 및 구유고에 관련되는 여타의 자들 및 보스니아군은 즉각 국제인도법의 모든 위반을 중지할 것"을 요구하였으며(결의771), "구유고 영역에서 행해진 제네바협약의 중대한 위반과 국제인도법의 여타 위반의 증거를 사무총장에게 제공할 것"과 이를 검토하고 분석하기 위한 공정한 전문가위원회를 설립했으며(결의780), 구유고 상황이 국제평화와 안전에 위협을 구성한다면서 1991년 이래 구유고에서 자행된 국제인도법의 심각한 위반에 책임있는 자를 소추하기 위해 국제법원을 설치할 것을 결정하기도 했다(결의808).

3. 분쟁희생자 구호조치

국제평화와 안전의 유지라는 기본적인 목적과 국가 간의 우호관계발전, 각국의 행동을 조화하기 위한 중심역할수행 및 경제적·사회적·문화적 또는 인도적 성질의 국제문제를 해결함에 있어 국제협력의 달성이라는 보충적 목적을 두고 있는 국제연합은 국제평화와 안전을 위협하는 인도적 재해가 뒤따르는 비국제적 무력분쟁에서 분쟁희생자를 위한 인도적 구호활동에 개입해왔다. 이러한 활동에서의 중심적 역할은 PKO 및 UNHCR에 의해 수행되었다.

오늘날 국제연합은 PKO를 통해 분쟁희생자 구호에 상당한 역할을 하고 있는바, 이는 비국제적 무력분쟁에서의 희생자 보호를 위해 국제연합이 행하는 단편적 활동들을 총망라하는 포괄적인 성격을 보여주고 있다. PKO는 원래 분쟁당사자 간 폭력적 대결의 발생 또는 재발방지에 목적을 둔 합법적인 집단적 간섭의 한 형태로서 정전 및 국경감시와 분쟁당사자 간 완충지대형성 등을 통해 희생자 발생을 예방해 왔지만, 냉전 이후 국제연합이 국제평화와 안전의 유지와 함께 전 지구적 문제해결의 통합체로서 그리고 국제사회의 발전을 위한 법체계로서 기능하게 되자10) 냉전적 제약으로 활동의 폭이 제한되었던 PKO도 수적 증가, 임무확장 및 적용원칙의 변화 등이 나타나고 있다.11)

냉전종식에 따른 화해와 협력분위기의 확산은 국제연합이 국제평화와 안전의 유지에 있어 보다 적극적인 역할을 수행할 수 있게 하였으며, 냉전적 분규뿐만 아니라 인종, 종교, 민족분리 등에 기인한 탈냉전적 분규의 해결에 보다 적극적으로 개입하게 하였다.12) 이에 따라 국제연합은 그 임무에 있어서도 과거 냉전시대의 분쟁당사자 간 완충자로서 그리고 합의이행의 감시자로서의 역할을 넘어 분쟁당사국의 치안유지·인권유린방지·분쟁해결 더 나아가 선거감시·민주화촉진·무장해제·국가재건 등에까지 확대

---

10) B. Urquhart, "The United Nations in 1992 : Problems and Opportunities", 68 *International Affairs*, No.2(1992), pp.314-319.

11) K. Annan, "Peace-keeping in Situations of Civil War", 26 *New York University Journal of International Law and Politics*(1994), pp.623-624.

12) B. Boutros-Ghali, "UN Peace-Keeping in a New Era : A New Chance for Peace", 49 The World Today, No. 3(1993), p.66; Christopher C. Joyner, "Collective Sanctions as Peaceful Coercion : Lessons from the United Nations Experience", 16 *Australian Yearbook of International Law*(1995), pp.252-261. 1988년을 기준하여 볼 때 그 이전까지 창설된 13개의 활동 중 7개가 비국제적 무력분쟁에 개입한 경우였던 반면에 그 이후에 창설된 20개의 활동 중 단 2개(국제연합이란·이라크군사감시단(UNIMOG)과 국제연합이라크·쿠웨이트감시단(UNIKOM))를 제외한 18개가 비국제적 무력분쟁을 포함한 국내문제에 개입한 것이다. 이러한 사실은 냉전종식 이후 표출되고 있는 분쟁의 특성과 원인들을 짐작하게 할 뿐만 아니라 그러한 분쟁들에 대한 국제연합의 개입의지가 더욱 확고해 졌다는 것을 보여준다.

하고 있으며, 이제까지 일반적으로 적용되어 왔던 원칙들에 있어서도 동의 원칙의 퇴색·강대국의 참여·국내문제에 대한 개입·무력사용 등 기존의 소극적 중립자에서 적극적 개입자로 질적 변화를 보이고 있다.[13)]

PKO의 분쟁희생자 구호를 위한 중요한 역할은 이들에 대한 인도적 원조이다. 국제연합이 인도적 구호활동을 이유로 비국제적 무력분쟁에 PKO를 파견한 대표적 예로는 소말리아에 파견한 UNOSOM Ⅱ와 구유고연방에 파견한 UNPROFOR가 있다. 국제연합은 1992년 4월 소말리아에서의 인도적 구호물자를 수송·배급하는 것을 주 임무로 하는 UNOSOM Ⅰ을 소말리아에 파견하였지만(UN S.C., Res.751), 동국의 무정부적 상황에서 소수의 경무장 병력만으로 이러한 임무를 수행하는 것이 불가능해지자 안보리는 동 분쟁에서 나타나는 극심한 인간적 비극상황이 헌장 제7장의 조치대상이 된다고 선언하고 인도적 구호활동을 위한 안전한 환경조성을 목적으로 하는 미국중심의 무력사용권을 가진 다국적군을 승인, 파견하였다. 이러한 임무는 1993년 4월에 창설된 UNOSOM Ⅱ에 승계되었으며, 임무수행을 위해 헌장 제7장에 근거하여 무력사용이 승인되었다.

또한 안보리는 구유고지역에서의 세르비아계에 의한 '인종청소'로 분쟁이 확산되자 세르비아군으로부터 회교난민을 보호하기 위한 안전지대를 설치하고 인권보호를 목적으로 크로아티아 내에 UNPROFOR를 설치했다(UN S.C., Res.743). 그 이후 구유고지역에서의 분쟁이 격화되자 보호군은 보스니아지역까지 확대되었는데, 그 주요 임무는 사라예보에 인도적 구호물자를 배급하고 보스니아전역에 걸쳐 UNHCR의 인도적 구호작업을 지원하며 국제적십자사가 요청할 경우 석방된 민간인의 수송을 보호하는 것이었다. 이러한 임무수행이 방해받을 경우 자위권 행사차원에서 무력사용이

---

13) Hugh M. Kindred, "The Protection of Peacekeepers", 33 *The Canadian Yearbook of International Law*(1995), pp.257-258. 하지만 정전합의나 그 준수의 확보 곤란, 명확한 전선의 미형성, 비국가적 실체의 존재, 정규군과 비정규군의 혼재 및 평화유지군의 높은 희생가능성 등으로 비국제적 무력분쟁에서 평화유지활동이 성공할 가능성은 매우 낮다. A. Roberts, "The Crisis in UN Peacekeeping", 36 *Survival*, No.3(1994), p.106.

허용되었으며 비행금지구역을 설정하고 또 이를 강제하기 위하여 NATO 군의 공군력 사용을 허용하는 등 무력사용을 통한 위반에 대한 제재가 이루어지기도 했다.[14)]

국제연합의 분쟁희생자에 대한 구호조치에 있어 중요한 역할을 담당하고 있는 또 하나의 기관은 UNHCR이다. 최근 세계도처에서 발생하는 수많은 분쟁에서 인도적 원칙의 위반으로 무고한 희생자가 양산되고 있고 대량난민 및 유민이 발생하고 있다. 이들은 처절하고 비인간적인 생존조건에서 탈출, 자국 내 또는 제3국에 피난처를 구하고 있다. 하지만 오늘날의 난민 및 유민문제는 과거와 달리 대규모적이어서 국제난민법 및 국제인도법상의 난민보호제도로는 해결할 수 없을 정도가 되었다.

이러한 문제에 대응하여 UNHCR은 체계적이고 종합적인 구호활동을 전개하고 있다. UNHCR은 난민 및 유민들의 곤경을 촉진시킨 긴급상황에서 그들에게 필수적인 생활물자(식량, 의료 및 거주시설 등)를 공급하는 등 긴급구호활동에 나서고 있다. 또한 비국제적 무력분쟁의 상황에서 많은 주민들은 적대행위의 결과 상대적으로 단기간 동안 어쩔 수 없이 난민지위를 가지게 되는 경우가 많고 이들은 적절한 절차를 통해 자발적 또는 강제적으로 귀환하는데, UNHCR은 이들 귀환자들이 그들의 고향에서 새로운 출발을 하기 위해 필요한 기본적인 물자 -도구, 종자, 건축자재 그리고 첫 수확 때까지 생계유지를 위한 식량- 를 제공하고, 우물, 도로, 다리, 학교, 진료소와 같은 기반시설을 건설 또는 복구하기 위해 노력하고 있다.[15)]

---

14) UNOSON Ⅱ와 UNPROFOR는 평화유지활동의 역사에 있어서 주요한 전환점이 되는 사례들이다. 과거의 활동과는 달리 이들은 인도적 목적을 위한 국제연합 개입의 시초를 이루었고, 분쟁당사자의 동의없이 파견되었으며, 필요한 경우 무력행사를 허용하는 등 평화강제(peace-enforcement)적 성격을 지녔다. 특히 후자의 경우는 분쟁이 확대되기 전 예방목적을 위해 사전배치된 것이었다. 국제연합 평화유지 및 평화강제활동에 있어서 이러한 변화를 가져온 양 활동에 대한 자세한 설명은 A. Shibata, "Japanese Peacekeeping Legislation and recent Development in UN Operations", 19 *The Yale Journal of International Law*(1994), pp.335-345.

15) 김범철 · 이승환 역, 1995 지구환경보고서(따님, 1995), p.292.

4. 강제적 제재조치

국제연합은 헌장 제2조 7항, 제41조 및 제42조에 의해 평화에 대한 위협, 평화의 파괴 및 침략행위를 구성하는 비국제적 무력분쟁에 대해 경제적 및 군사적 제재조치를 취할 수 있다. 하지만 많은 경우 국제연합은 회원국들에 개별적, 자발적인 제재조치를 시행할 것을 요구하는 경우가 많았고 국제연합 자신이 직접 강제조치를 취하기를 꺼려했다. 이러한 강제성이 결여된 자발적 제재는 그래서 상징적 성명으로는 의미를 갖지만 비효과적이었다.

국내문제와 관련하여 경제적 제재조치가 취해진 초기사례는 인종차별에서 발생된 로데지아 분쟁과 남아프리카공화국분쟁에서 확인할 수 있다. 양 정부의 정책과 법률을 강하게 비난한 안전보장이사회는 로데지아 백인소수정권의 영국으로부터의 일방적 독립선언이후 1965년 로데지아 상황이 평화에 대한 위협이 된다는 것을 이유로 헌장 제7장 제41조에 따라 무기와 석유의 금수조치를 주된 내용으로 하는 경제적 제재를 결의[16]했지만, 남아공의 인종차별정책에 관한 안보리 결의(S.C. Res. 181)는 헌장 제6장하에서 취해진바, 헌장의 의미에 있어서 그것은 강제적 제재조치가 아니었다(동결의 14년 후 강제적 제재조치가 부과되었다. S.C. Res. 418(1977)). 총회는 양 경우에 있어 평화에 대한 위협을 발견했다며 회원국들과 안보리에 이들 정부에 다양한 제재조치를 취할 것을 요구했다. 이처럼 그 결과가 의문이었음에도 불구하고 안보리와 총회는 양정부의 인종차별정책의 폐지를 요구하는 결의에서 그러한 정책이 '국제평화에 대한 위협'이 된다고 강조했었다.[17]

---

16) S.C. Res. 217, 20 U.N. SCOR(1965). 많은 국가들이 이 제재결의를 모든 회원국을 구속하는 헌장 제7장하의 강제적 제재조치로 보았음에도 불구하고 서구제국들은 이것을 자발적 요청으로 보았다(SC 1265mtg, 20 U.N. SCOR(1965)). 그 후 1966년 안보리는 선택적인 강제적 경제제재를 부과하였으며(S.C. Res. 232, 21 U.N. SCOR(1966)) 1968년 백인인종주의정권의 축출을 목적으로 한 포괄적인 제재가 부과되었다(S.C. Res. 253, 23 U.N. SCOR(1965)).

17) 안보리는 남아공과 로데지아 분쟁 외에도 결의713(구유고), 결의733(소말리아), 결의 788(리베리아), 결의841(아이티) 및 결의929(르완다) 등에서 이들 분쟁들

로데지아와 남아공 외에도 경제적 강제조치가 부과된 곳은 1990년 이라크, 1992년 유고슬라비아, 리비아, 소말리아 및 리베리아, 1993년 아이티 및 앙골라(UNITA점령지역)이다. 이러한 제재조치 중 로데지아와 구유고에 대한 것은 포괄적 조치였으며, 리비아·아이티·앙골라에 대한 것은 선택적 조치였고, 소말리아와 리베리아에 대한 것은 무기금수조치였다.[18] 이처럼 경제적 강제조치는 1990년도에 들어 냉전붕괴 이후 안보리가 보다 활발하게 활동하게 됨에 따라 그 이용이 증가되기 시작하였는바, 이는 그러한 제재의 유효성에 대한 안보리의 확신을 보여주는 것이다.

비국제적 무력분쟁에서 경제적 제재조치는 분쟁당사자들에게 영향을 미쳐 분쟁의 해결에 영향을 미치기도 했다. 1992년 리베리아에 부과된 안보리의 강제적인 무기금수조치[19]는 평화정착과정에 영향을 미쳤으며, 아이티에 대한 강제적인 석유 및 무기금수조치(S.C. Res. 841)도 평화협정의 완전한 이행을 보장하지는 못했지만 그 과정에 상당한 영향을 미쳤다.

이러한 경제적 제재조치의 효과를 극대화하기 위해서는 제재부과시기의 적절한 선택이 중요하며, 부과되는 제재는 즉각적·강제적 및 포괄적이어야 한다. 만약 제재조치를 실기하여 부과하거나 자발적 조치를 부과한 다음 일정기간이 지난 후 강제적 조치를 부과한다면 비축 및 비밀보급경로 등을 준비할 수 있는 시간적 여유를 주게 되어 효과가 반감될 수밖에 없고, 제재조치를 제한적으로 부과한다면 제재를 받지 않는 부문이 제재로 인한 희생을 보상할 수도 있게 될 것이다. 또한 회원국, 특히 상임이사국의

이 '국제평화와 안전에 대한 위협'을 구성한다고 했다. 자세한 설명은 김석현, "인권보호를 위한 안보리의 개입", 국제법학회논총, 제40권 제1호(1995), pp.40-43.

18) H. McCoubrey and Nigel D. White, International Organization and Civil War (Dartmouth, 1995), p.226.

19) S.C. Res. 788(1992). 동 결의에서 안보리는 리베리아 상황이 평화에 대한 위협을 구성한다고 결정하고, 헌장 제7장하에서 리베리아에 대한 무기금수를 부과했으며, 서아프리카제국경제공동체(Economic Community of West African States: ECOWAS)의 활동을 비난했다. 동 결의에 따라 UN대표단이 리베리아에 파견되었다.

일치된 지지가 중요하며 제재조치의 위반자에 대한 강제적 처벌수단의 확보가 필요하다. 진지함과 확고함이 없는 태도는 제재조치를 무력화할 수 있을 뿐이다.[20]

국제연합의 집단안보는 최종적으로 군사참모위원회의 전략적 통제와 안전보장이사회의 전반적인 정치적 통제에 의해 구현되는 집단적 무력사용인 군사적 제재조치에 의해 보장된다. 하지만 이러한 군사적 제재조치는 강대국 간의 심각한 이념적 대립으로 처음부터 붕괴되었으며, 그 결과 헌장 초안자들이 원래 예정했던 것과는 구별되는 국제연합군이 결성되어 '평화의 파괴, 평화에 대한 위협 및 침략행위'에 대해 군사적 제재조치를 부과했었다. 이러한 변형된 군사적 제재조치도 평화에 대한 위협으로 간주되는 비국제적 무력분쟁보다는 한국전과 걸프전에서처럼 침략으로 간주되는 국제적 무력분쟁들에서 더욱 전면적으로 취해졌다. 반면에 비국제적 무력분쟁에서는 평화유지군을 파견하여 제한된 범위 내에서 군사력의 사용을 허가하여 왔으며, 소말리아 분쟁에서는 구호품 배급을 보호하기 위해 미국의 군사작전(희망회복작전)을 승인하였으며 구유고 지역에서 NATO의 군사활동을 승인하였는바, 이러한 형태의 군사적 조치는 헌장이 구상하고 있는 것과는 구분되는 독특한 것으로 전통적 의미의 군사적 제재조치와는 다른 것이다.

---

20) N. Schrijver, "The Use of Economic Sanctions by the UN Security Council : An International Law Perspective", in *International Economic Law and Armed Conflict*, edited by Harry H. G. Post(Martinus Nijhoff Publishers, 1994), pp.151-154.

제3절 문제점 및 개선방향

1. 문제점

오늘날 국제사회는 비국제적 무력분쟁을 중재하고 장기화된 분쟁의 극심한 결과를 관리할 국제연합의 능력을 기대하고 있다. 하지만 국제연합의 조치여부 및 그 조치의 본질과 범위는 헌장상의 조건들, 국제연합의 재정상태 및 개입여부 결정당시의 국제정치상황 등 다양한 요인에 의해 영향을 받게 된다. 이러한 한계 내에서 결정되는 국제연합의 개입과 그 이후의 활동 또한 제한적일 수밖에 없으며, 그 효과 또한 불충분한 것일 수밖에 없다.

비국제적 무력분쟁에서의 희생자 보호를 위한 국제연합의 역할에 있어서의 제한요인으로는 첫째, 국제연합의 개입을 결정짓는 명확한 기준이나 일관된 관행이 확립되어 있지 않다. 오늘날 국제연합은 특정문제를 '국제적 관심사', '평화에 대한 위협'이라고 결정하거나 '인도적 목적'을 내세워 이들 분쟁에 개입하고 있다. 물론 비국제적 무력분쟁이 본질적인 국내문제의 성격을 벗어나고 이에 대한 개입이 국제연합의 목적에 합치되는 경우 이러한 기준들은 국제연합 개입의 일반적 판단기준이 될 수 있겠지만 이러한 일반적인 기준에 따라 국제연합의 개입여부를 결정짓는 것은 정치적일 수밖에 없다. 왜냐하면 개입여부를 결정짓는 주체인 국제연합 자체가 정치적 성격이 강한 국제기구이며 따라서 국제연합의 결정은 회원국들 간의 타협, 즉 개입 이익과 비용에 관한 고려, 국가이익과 진영이익의 교량 등 정치적 요소를 고려한 정치적 선택일 수밖에 없기 때문이다.[21]

둘째, 오늘날 국제연합이 직면하고 있는 가장 심각한 문제의 하나는 만성적인 적자예산이다. 이러한 예산부족은 대규모적인 국제연합의 활동의 개시

---

21) O. Schachter, "The United Nations and Internal Conflicts", in *Law and Civil War in the Modern World*, ed. by John N. Moore(The Johns Hopkins University Press, 1974), p.403.

를 위축시켰으며 승인된 조치조차도 불확실하게 만들고 있다. ICJ에 권고적 의견(Certain Expenses of the United Nations, 1962)까지 요청했었던 국제연합의 재정적 어려움은 과거부터 논란이 되어온 일부국가들의 정규예산분담금의 미납 외에도 냉전종식 이후 급격한 평화유지활동의 증가로 인한 평화유지비의 급증이 그 주요 원인이지만 분담금미납을 자국의 의도와 배치된 국제연합의 활동에 대한 항의의 수단으로 이용함에 따라 더욱 심각해졌다. 국제연합이 당면한 재정문제는 절대적 규모의 부족 외에도 비능률적 사용과 사용에 대한 통제권 및 분담금 배분문제를 포괄하는바, 이러한 모든 점들에 대한 보다 종합적이고 체계적인 개선방안이 합의되어야 할 것이다.

셋째, 안보리의 관할권이 지나치게 확대되고 있다. '평화에 대한 위협'에 있어서 헌장 초안자들이 의도했던 것은 위협받는 '평화'란 국내분쟁에 의한 것이 아니라 국가 간 '전쟁'에 의한 것이었다. 하지만 냉전종식 이후 안보리는 비국제적 무력분쟁을 강대국 간의 전 지구적 투쟁의 지역적 표출이라기보다는 오히려 국제적인 의미를 가지는 지역분쟁, 즉 국제공동체 대한 위협(국제평화에 대한 위협)이라고 보고, 헌장 제7장의 관할권 범위를 계속적으로 확대시켜왔다.[22] 소말리아 분쟁을 "즉각적이고 예외적인 반응을 요구하는 파괴적이고 복잡하며 특별한 특성을 가진 평화에 대한 위협"이라고 한 결의794나 아이티에 금수조치를 부과하면서 아이티 사태를 "독특하고 예외적인 상황(unique and exceptional circumstances)으로 평화에 대한 위협"을 구성한다고 한 결의841은 이러한 안보리 관할권의 확대를 여실히 보여주는 사례들이다.[23] 이처럼 오늘날 안보리는 민주주위와 인권의 파괴를 국제평화와 안전에 대한 위협의 징후 또는 원인으로 간주함으로써 냉전 이후 변화된 환경에서 그의 권능을 확대시키고 있다.[24]

---

22) A. Orford, "Locating the International:Military and Monetary Interventions after the Cold War", 38 *Harvard International Law Journal*(1997), p.445.

23) 이외에도 안보리는 일련의 제 결의, 즉 S.C., Res.688(이라크), S.C., Res.713(구유고), S.C., Res.788(리베리아), S.C. Res.864(앙골라) 등에서 관련 분쟁들이 '평화에 대한 위협'을 구성한다고 했다.

24) A. Orford, *op. cit.*, p.445.

하지만 이러한 안보리의 지나친 관할권 확대는 스스로 감당할 수 있는 정도 이상으로 국제사회에 부담을 지워 소기의 목적을 달성하지 못하게 할 수도 있고 회원국 간의 불화의 원인이 되기도 한다. 그러므로 대규모적이거나 위험이 수반되는 활동을 수행하기 위해서는 회원국의 광범한 지지가 무엇보다도 중요하다. 금수 및 군사조치 또는 여타의 협력을 필요로 하는 임무들은 회원국들의 자발적이고도 적극적인 참여없이는 성공할 수 없기 때문이다.[25]

넷째, 안보리 상임이사국 간의 의견불일치로 분쟁예방, 분쟁해결 및 인도적 보호활동에 유효적절하게 대응하지 못하고 있다. 비국제적 무력분쟁에서의 국제연합의 활동은 국제평화와 안전의 문제에 대한 안보리의 주요한 책임을 확고히 하여 국제평화와 안전에 대해 1차적 책임을 지운 헌장 규정(제24조 1항)에 따라 평화적 수단이든 강제적 수단이든 안보리의 승인을 얻어야 한다. 국제연합 정책결정과정에서 주요하고 결정적인 역할을 행사하는 안보리 상임이사국들은 분쟁지역이 자신들의 특별한 또는 안보적 이익과 관련있는 경우 그리고 분쟁국의 지배적 이념 및 정치사회적 체계가 유사한 경우 그들의 영향력을 강화하고 국제연합의 개입을 막기 위해 거부권 등의 조치를 동원하였을 뿐만 아니라 국제연합 내에서 토의되거나 권고적 결의가 채택되는 것을 방해하였다. 이러한 경향은 냉전시대에는 고질화되어 국제연합의 기능을 마비시킬 정도였으며 냉전이 종식된 오늘날에도 그 정도는 다르지만 여전히 국제연합의 활동을 제한하는 사유들 중의 하나이다.[26]

---

25) Y. Bertram, "The Limits of UN Diplomacy and the Future of Conflict Mediation", 37 *Survival*, No.4(1995-1996), p.87.

26) 국제안보에 대한 국제연합의 역할에서 거부권을 비롯한 안보리의 구조적 결함으로 인한 제반 문제점에 대해서는 A. Roberts, "The United Nations and International Security", 35 *Survival*, No.2(1993), pp.12-15.

2. 개선방향

이상과 같은 제한요인들을 극복하고 희생자 보호활동을 실효적이게 하기 위해서는 국제연합은 다음의 방향으로 발전, 강화되어야 할 것이다. 첫째, 헌장상 및 제도상의 개선이 요구된다. 급변하는 국제사회의 현실 그리고 회원국들의 기대증가로 국제연합의 원칙과 규범은 그 해석과 적용에 있어서 탄력성을 필요로 할 뿐만 아니라 인종적, 종교적 갈등을 비롯한 비국제적 무력분쟁의 증가 및 이에 따른 인도적 지원활동을 비롯한 국제연합의 군사 및 민간활동의 확대는 새로운 원칙과 규범을 요구하고 있다.[27]

'전쟁의 참화로부터 다음세대를 구하기 위한'(determined to save succeeding generations from the scourge of war) 평화유지기구로 창설된 국제연합의 역할은 한정적이었고 많은 경우 그 영향은 너무 미약했다.[28] 분권적 국제상황은 많은 경우 평화에 대한 국제연합의 접근을 무력화시켰다. 주권국가 간의 합의에 의해 성립된 국제연합은 회원국을 통해서만 기능할 수 있고 따라서 회원국의 의사를 무시하고 행동할 수는 없었던 것이다. 그러나 국제평화와 안전을 위협하는 분쟁들은 계속 증가, 복잡해졌고 국제연합은 현실적 능력의 제한에도 불구하고 이에 대응하지 않을 수 없었다. 이러한 과정에서 국제연합은 평화유지에 있어서 기능적 조정과 외교적 기술을 통한 새로운 접근방법의 개발 및 헌장의 확장해석 등을 통해 능력을 강화했지만 그것만으로는 충분치 못하였다. 국제정치의 새로운 변화에 적극적이고 능동적으로 대응하여 도전과 위기를 극복하기 위해서는 국제연합의 헌장상 및 제도상 개선이 불가피하게 요구되고 있다.

---

27) 박홍순, "유엔의 국제정치", 윤영관·황병무 편, 국제기구와 한국외교(민음사, 1996), pp.76-77.

28) 국제연합은 창설 당시 강대국 간의 단결을 통한 국제평화유지 및 국제평화에 대한 위협 방지, 제국의 공동이익 보호, 개별국익과의 조화 가능 등을 전제로 출발하였는데 이러한 것들이 비현실적인 것으로 드러남에 따라 국제평화기구로서 어려움을 겪었다. 그리고 국제연합은 핵시대 이전 사고의 산물로서 그가 다루어야 할 많은 문제들을 예상하지 못한 결과 자신의 능력과 다루어야 할 현실 간에 괴리가 생겼다. 박치영, 유엔정치론(법문사, 1995), pp.58-60.

국제연합의 헌장적·제도적 개선을 위한 국제사회의 노력은 오랜 역사를 갖고 있으며, 냉전종식 직후 걸프전에서 수행한 국제연합의 역할로 인해 팍스UN의 시대라도 도래한 것처럼 국제연합 역할의 필요성과 중요성이 강조되고 있을 뿐만 아니라 국제연합의 강화 및 현실화를 위한 많은 제안과 주장들이 폭발하고 있다.[29] 국제연합이 인류의 복지향상에 실효적 역할을 계속하기 위해서는 무엇보다도 헌장적·제도적 개선을 통한 국제연합의 강화 및 회원국들의 보다 적극적인 비용분담의지와 효율적인 재정제도의 확립이 요구된다. 그러나 이러한 개선에 못지않게 회원국, 특히 강대국들의 적극적인 협력, 개별국 이익과 국제적 공동이익간의 균형과 조화 및 국제연합의 필요성과 그 활동에 대한 국제사회의 신뢰가 우선되어야 할 것이다.[30]

둘째, 일관된 개입기준이 확립되어야 한다. 국제연합의 개입은 국제사회가 공유하고 있는 가치 및 원칙과의 일치여부에 의해 결정되어야 할 것이다. 그리고 국제연합이 국제체계에서 건설적인 평화유지자로서의 역할을 효과적, 지속적으로 수행하기 위해서는 자신에게 부여된 권능 내에서 합법적인 방법으로 기능해야 한다. 만약 국제연합이 계속해서 불법적이라고 이해되는 방법으로 분쟁에 개입하게 되면 분쟁당사자들은 국제연합의 개입을 외부의 개입을 불법적 간섭으로 간주하고 이에 협조하지 않을 것이며 이는 결국 국제연합의 역할을 불가능하게 할 것이다.[31]

셋째, 예방외교가 강화되어야 한다. 분쟁은 일단 발생하면 인류에게 엄청난 고통을 가져다 줄 뿐만 아니라 그 회복을 위해서는 예방을 위해 필요한 것보다 엄청난 비용과 노력이 소요되거나 회복자체가 불가능할 수도 있다. 그러나 현 국제법이나 국제외교적 노력은 분쟁의 방지보다는 사후해결

---

29) 강성학, "현대국제기구이론과 포스트냉전시대의 유엔헌정질서", 김달중·박상섭·황병무 공편, 국제정치학의 새로운 영역과 쟁점(나남, 1995), p.98.

30) 김유은, "신국제질서와 국제연합의 개편방향", 국제정치논총, 제33집 2호(1993), pp.105-129 참조.

31) Michael J. Matterler, "The Distinction between Civil Wars and International Wars and its legal implication", 26 *New York University Journal of International Law and Politics*(1994), pp.691-692.

에 역점을 두고 있다. 소말리아와 구유고분쟁에서 국제연합은 엄청난 비용과 병력을 투입했었지만 분쟁상황을 크게 개선시키지 못했을 뿐만 아니라 난민, 기아, 강간, 집단살해 및 인종청소 등 분쟁으로 인한 개인 또는 특정 집단의 희생을 방지하지도 못했다.

따라서 희생자구호활동, 분쟁해결기능 및 국가재건활동을 효과적으로 수행할 수 있는 구체적 방안들을 정립하는 것도 긴요하지만 희생을 최소화하기 위해서는 무엇보다도 분쟁을 사전에 방지할 수 있는 제반 여건을 마련하는 것이 중요하다. 예방외교를 통한 조기행동과 분쟁의 근본원인에의 대처는 상대적으로 비용도 적게 들며 인도적 견지에서도 바람직할 뿐만 아니라 위기가 악화될 경우 그에 대한 충분한 정보를 가지고 사태를 수습할 수 있게 해주며 국제연합 내에서의 논쟁에 대한 부담없이 국제평화에 관련되는 문제들을 통상적으로 처리할 수 있게 해준다.[32]

국제연합의 예방외교능력을 강화하기 위해서는 정보수집체계의 개선, 국제연합 기관간의 효과적인 협력과 조정, 조기경보 관련업무의 통합 및 이를 독립된 전담조직의 설치, 조기경보지표의 정비, 분쟁가능지역에 관한 정보의 포괄적·조직적·효과적 수집 등이 필요하며, 조기경보를 필요로 하는 사태가 발생한 경우에는 사실조사단의 파견, 정치적 조정 외에 대화와 교섭, 분쟁당사자와의 비공식 협의, 중재나 교섭에 대한 기술적인 지원, 잠재적 분쟁지역에의 평화유지활동의 예방적 배치 등 예방활동이 조기에 전개되어야 할 것이다.[33]

---

32) Louis B. Shon, "The Security Council's Role in the Settlement of International Dispute", 78 *AJIL* (1984), pp.402-404. Shon 교수는 안보리 산하에 각 지역 내에서 발생하는 분쟁이나 사태를 감시하고 사무총장과 협력하여 국제평화와 안전에 대한 위협정보를 항시 수집하는 안보리 비상임이사국 대표와 기타 회원국 대표 5인으로 구성되는 지역감시단(Regional Monitoring Group)의 구성을 제안하였다.

33) 구산순홍, "UN의 예방외교기능을 강화하는 방책", 국제문제, 제26권 제3호(1995), pp.95-99. 1992년 갈리 총장의 '평화를 위한 의제'(An Agenda for Peace)는 국제연합의 예방외교를 위해서는 정보수집과 사실조사에 의거한 위험가능성을 평가할 수 있는 조기경보제도가 확립되어야 한다는 것과 그러한 정보는 시의적절하고 정확한 것일 것, 분쟁의 근원이 되는 경제적, 사회적 요인에 관한 것도 포함할

넷째, 인도적 활동을 위한 통합체로서의 역할이 강화되어야 한다. 비국제적 무력분쟁에서 국제연합에 의해 또는 국제연합의 후원하에서 취해질 수 있는 조치는 매우 다양하다. 이들은 당사자들의 행동이나 태도에 영향을 미치는 많은 요소들 중의 하나이기 때문에 대부분의 경우 그 효력은 쉽게 나타나지 않는다. 따라서 분쟁과 관련된 국제연합의 통합체로서의 역할이 강화될 필요가 있다.

이를 위해서는 무엇보다도 국제연합 제조치의 방법 및 수단들은 일반적으로 배타적이지 않고 오히려 보충적이며 상호 긴밀한 연관성을 갖는다는 것이 주목되어야 하며 분쟁에 관계하고 있는 기구 및 인도적 단체들의 활동과 역무를 통합·배분·조정할 수 있는 체계구축이 요구된다.[34]

다섯째, 국제연합의 역할과 기능에 대한 분쟁당사자들의 존중과 신뢰가 확보되어야 한다. 국제연합의 평화유지기능에 있어서의 문제점들은 헌장적·제도적 결함보다는 회원국들, 특히 강대국들의 소극적 태도와 분쟁당사자들의 외부개입의 거부에 의해 심화되어 왔다. 또한 한편으로 국제연합은 회원국들의 충분한 정치적 지지가 결여된 실효성없는 단정적인 결의의 채택 및 여론을 등에 업은 당사자들의 입장을 고려하지 않는 토론과 비판 그리고 일부국가들의 입장이 강하게 반영된 다수결에 의한 결정 등을 통해 문제를 해결하려고 하였는데 이러한 강압적인 태도는 국제연합에 대한 불신을 초래하여 그 기능을 저해했을 뿐만 아니라 오히려 분쟁을 악화시키기도 하였다. 따라서 국제연합이 평화와 안전의 유지라는 본질적 목적을 성공적으로 달성하기 위해서는 분쟁당사자들이 분쟁의 해결을 위해 국제연합

것, 모든 국가는 정보제공에 협조할 것, 수집된 정보를 분석해서 위협이 존재하는 경우에는 사무총장을 통해서 가능한 한 분쟁예방조치를 구체적으로 안보리에 제시할 수 있는 능력을 갖출 것, 무력분쟁의 조기경보에 있어서 지역기구는 옵저버의 지위를 갖고 적절한 절차를 통해 국제연합의 안전보장체제와 연계를 가져야 한다는 것 등을 건의하고 있다. B. Boutros Ghali, An Agenda for Peace: Preventive Diplomacy, Peace-Making, Peace-Keeping (U.N., 1992), p.16.

34) 국제연합의 인도적 구호활동의 확대, 강화를 위한 제도적, 규범적 및 실행적 측면에서의 자세한 검토는 David J. Scheffer, "The Expanding UN Role in Humanitarian Relief Operations", *ASIL Proceedings*(1992), pp.313-320.

을 적극적으로 활용하고 그 결과에 보다 깊은 신뢰를 보낼 수 있는 분위기를 조성하는 것이 중요하다.

여섯째, 국제연합은 분쟁당사자 간의 교섭주선 등 중간자적 입장을 견지해야 한다. 이러한 역할은 공개적 및 비공개적 방법을 통해 수행될 수 있는데, 국제연합에서의 공개적 토의는 과거 비밀외교가 국제정치에 있어 여러 가지 문제점을 제기했던 점을 감안한다면 상당히 바람직한 것이기는 하지만, 여론의 반응에 따라 전개되는 경향이 있고 분쟁당사자들의 입장을 융통성없게 만드는 경직성을 수반하여 타협과 해결에 장애를 가져올 수 있다. 이러한 문제점들은 막후교섭과 개인외교 등 비공식접촉으로 보완될 수 있을 것이다.[35]

일곱째, 평화유지활동이 강화되어야 한다. 오늘날 평화유지활동은 냉전 이후 국제질서의 수립에서 기대했던 중심적 역할을 제대로 해내지 못하고 있다. 국제연합에 대한 기대는 크면서도 이를 통해 문제를 해결하려는 정책적 지원이 뒤따르지 않기 때문이다. 근년에 국제사회는 평화유지활동을 강화하기 위해 광범위한 분야에 대한 논의를 하고 있으며, 그 운용에 있어서도 예방적 평화유지활동을 강조하고, 평화유지군보다 훨씬 강력한 중무장의 평화집행부대 및 신속대응군 창설을 구상하기도 했었지만 거의 좌절된 상태이다. 그러나 분쟁해결기능을 강화하고 분쟁희생자의 인도적 보호를 실효적이게 하기 위해서는 보다 강력한 평화유지활동이 요청된다. 이를 위해서는 재정확보, 지휘체계정비, 신속배치태세확립, 참여와 지원의 확보, 국제연합 각 기관의 활성화, 평화유지활동 원칙의 합의, 참여인원의 훈련, 보급 및 감시정찰기술 확보, 안전보장이사회의 적극적인 협조와 사무국의 개편 등 해결되어야 할 문제들이 수없이 많다.[36]

하지만 어떠한 원칙없이 PKO를 강화할 경우 국제연합이 중재자에서 벗어나 분쟁당사자가 되어 분쟁을 확대시킬 가능성이 있고, 분쟁의 확대는

---

35) 박치영, 유엔정치와 한국문제(서울대학교 출판부, 1995), p.116 참조.

36) A. Roberts, "From San Francisco to Sarajevo:The UN and the Use of force", 37 *Survival*, No.4(1995-1996), pp.24-25.

더욱 중무장한 평화유지군을 필요로 할 것이다. 또한 상호 적대적인 세력 및 무장집단들이 격렬하게 충돌하는 일국 내 평화유지활동에 매달리다 보면 정전감시 같은 전통적 임무에 소홀해질 우려가 있고, 자신들이 어렵게 획득한 주권을 보호하려고 애쓰는 많은 제3세계 국가들은 인도적 차원의 구호노력이 단지 개입을 위한 편리한 구실일지 모른다는 의구심을 갖고 있다. 이러한 우려의 불식이 평화유지활동의 강화를 위해 선결되어야 한다.

여덟째, 분쟁 후 평화구축활동(post-conflict peace-building operation)이 강화되어야 한다. 동 활동은 무력분쟁이 종료된 후의 난민귀환, 지뢰제거, 교통개선, 수도 및 전기와 같은 자원이용을 위한 당사국들의 공동노력 외에도 환경정화, 일반행정업무지원, 전투원해산 및 사회재편입, 무장해제 및 군축(무기생산·거래의 금지 및 규제, 군사기지의 철폐, 군사시설 및 용지의 민간용도로 전환 등 포함), 조약이행상태검증, 선거와 평화적 정권이양지원 등의 국가재건활동을 포함한다.[37] 분쟁이 종료된 국가에서 평화를 건설하기 위한 국제연합의 이러한 노력들은 분쟁종식과 평화유지의 잠정합의라는 분쟁당사자 간의 강제력 통제에 제한되었던 전통적인 평화유지활동(PKO)으로부터의 커다란 진전이다.[38]

이러한 활동은 분쟁으로 인해 정부조직이 마비 내지 와해된 국가에 평화를 구축하여 항구적 평화를 보장하고 마비 내지 와해된 정부조직을 재건하는 것이 주목적이지만 그 과정에서 더 이상의 희생을 방지하며 인권을 보호하고 분쟁종식 후 분쟁으로 인한 희생자를 구호하는 효과를 갖는다. 물론 장기간의 분쟁으로 사회구조의 많은 부분이 황폐화된 국가에서의 평화구축활동은 그 사회자체를 새로이 건설하는 것과 마찬가지로 어렵고 복잡한 임

---

37) K. Kumar, "The Nature and Focus of International Additional Assistance for Rebuilding war-torn Societies", in *Rebuilding Societies after Civil War*, edited by K. Kumar(Lynne Rienner Publishers, 1997), pp.1-38; Mats R. Berdal, *Whither UN Peace-Keeping*(Adelphi Paper 281, The International Institute for Strategie Studies, 1993), pp.12-25 참조.

38) B. Boutros Ghali, "Empowering the United Nations:Historic Opportunities to Strengthen World Body", 70 *Foreign Affairs*, No.5(1992-1993), pp.89-90.

무이지만 지연되거나 실시되지 못하는 경우 어렵게 달성된 평화와 안전은 심각한 위협을 받을 수밖에 없고, 그에 따라 희생이 재발할 수 있다. 여기에 평화구축활동의 의의가 있다.

이러한 평화구축활동이 성공적이기 위해서는 평화구축이 필수적인 UN 활동의 확대라는 사실에 대한 확신, 보다 완비된 계획, 가용자원의 효율적 배치 및 관련국의 협조, 장기적 개발노력의 포괄, 분쟁당사자 및 대다수 주민들을 대상으로 하는 포괄적인 활동, 비정부간국제기구(NGOs) 및 지역기구(Regional Organization)의 역할강화 등이 필요하다.[39] 또한 국제연합 개입의 법적 기초 즉, 국내문제에 대한 불간섭원칙의 위반이 아닌가 하는 시비, 신식민주의 부활이라는 비난, 국제연합의 능력에 합당한 활동의 선택 등에 대한 법적, 도덕적 및 실질적 평가와 이들 문제점들의 비판에 대한 설득 및 국제사회, 특히 관계당사국의 협조와 지원을 유도해내기 위한 노력들이 선행되어야 할 것이다.[40]

아홉째, 경제적 제재조치지역 내의 민간주민의 보호를 위한 적절한 대응이 요구된다. 분쟁당사자에게 부과된 경제적 제재조치는 그 지역에 거주하고 있는 주민들에게 인도적 문제를 야기할 수 있다. 외부와의 모든 교역이 금지됨으로써 의약품, 식량 및 생활필수품 등의 부족으로 의식주 및 보건상의 어려움을 겪기도 하고, 분쟁당사자 모두에게 일률적으로 제재조치를 적용함으로써 군사적 약자에게 오히려 더 큰 피해를 가져올 수도 있다. 따라서 제재조치의 부과에 있어서 이러한 문제들을 유의하여 그 피해를 최소화할 수 있는 장치를 마련하는 것이 필요하다.[41]

---

39) Sonia K. Han, "Building a Peace that lasts: The United Nations and Post-Civil War Peace Building", 26 *New York University Journal of International Law and Politics* (1994), pp.878-883.

40) *Ibid.*, pp.883-891.

41) 국제연합 경제제재의 인도법적 측면에 대한 관심은 걸프전 당시 이라크에 대한 안보리의 포괄적 경제재재로 인한 이라크국민의 비극적 상태가 알려지면서 대두되기 시작했다. 이러한 관심을 배경으로 1995년 9월 6일부터 9일까지 이탈리아 산레모에서 국제인도법연구소(International Institute of Humanitarian Law) 주최로 "국제인도법 존중을 위한 단결"(United for the Respect of

제10장 국제인권체계를 통한 분쟁희생자 보호 강화

제1절 무력분쟁에서의 국제인권체계의 의의

무력분쟁에 적용되는 국제인도법과 주로 평시에 적용되는 국제인권법은 2개의 분리된 국제법 분야로서 각각 서로 다른 경험과 과정을 통해 발전되어 왔다. 따라서 이들은 각각 독특한 특징을 갖고 있으며, 여러 면에 있어서 중요한 차이를 보이고 있다.

양법은 우선 기원과 본질에서 구별된다. 무력에 대한 호소가 국가정책도구로 인정되어 불법적인 것으로 간주되지 않던 시대에 전투원들이 존중해야 할 명예롭고 문명화된 개념에서 발전되어 오늘날 모든 법문화권에서 확인되고 있는 국제인도법은 군사필요성, 인도주의 및 기사도 정신을 기본원칙으로 하고 전투원간에 적용되며 전투원과 비전투원은 구별되어야 한다는 이념을 공유하는 등 지역에 관계없이 그 구체적 내용은 상당히 유사하다. 반면에 인간의 가치에 중점을 두고 모든 개인이 인간이라는 사실 때문에 갖는 불가양의 기본적 권리를 언명하고 있는 국제인권법은 정당한 사회의 기초는 정부와 개인간의 관계에서 상호존중과 보호를 확보하는 것이라는 관념에서 생성되어 18, 19세기의 혁명적 상황에서 주요한 발전이 촉진되었다.[1]

International Humanitarian Law)을 주제로 개최된 국제회의에서 '분쟁상황에서의 국제연합 제재의 인도주의적 결과'(Humanitarian Consequences of the UN Sanctions in Conflict Situation)에 대한 토의가 있었다. 동 회의에 대한 자세한 설명은 김원경, "'국제인도법 존중을 위한 단결' 국제회의 참가보고서", 국제법학회논총, 제40권 제2호(1995), pp.198-201 참조.

1) Louis D. Beck and S. Vité, "International Humanitarian Law and Human Rights Law", 293 *IRRC*(1993), pp.95, 101.

또한 양법은 규정방법에서도 차이가 있다. 분쟁당사자가 자신의 권력 내에 있는 피보호자를 어떻게 대우해야 하는가에 초점을 맞추고 있는 국제인도법은 일련의 권리로서 형성된 것이 아니라 전투원이 복종해야 하는 일련의 의무로서 형성된 반면에, 국제인권법은 특정 대우를 받는 개인의 권리에 중점을 두고 있다.[2] 조약문맥의 외형에서도 무력분쟁 시에 적용되는 국제인도법은 상황에 적합하도록 상세하게 규정되어 있고 강제적 성격을 가지나 무력분쟁 시뿐만 아니라 평시에도 적용되는 국제인권법은 짧고 단순하며 일반적 성격을 갖는다.

그리고 양법은 주체에서도 구별되는데 국제인도법은 정부뿐만 아니라 반란단체에 의한 위반도 다루지만, 국제인권법은 주로 정부의 책임을 다룬다. 준수 및 이행감시에서도 국제인도법은 주로 ICRC가, 국제인권법은 국제연합과 지역기구 및 기타 인권관련 비정부기구가 맡고 있다. 이는 각각의 재확인 및 발전을 담당하고 있는 기관의 근본적인 차이를 반영한 것으로 볼 수 있다.[3]

이처럼 양법은 형성, 발전 및 내용 등에 있어서 많은 차이를 보이면서도 개인의 보호와 인간존엄의 존중이라는 공통의 목표를 갖고 있다. 뿐만 아니라 국제인도법은 형성 당시와는 달리 전투원의 명예를 위한 규범 또는 분쟁규제를 위한 법적 수단이라기보다는 무력분쟁의 희생자를 전쟁의 공포로부터 가능한 한 보호하기 위한 수단으로 그리고 무력분쟁에 적용되는 국제인권법으로까지 인식되고 있다.

이러한 경향은 국제인도법의 발전을 촉진시키고 국제연합으로 하여금 특정국가의 인권상황 검토에 국제인도법을 이용토록 고무시킨 1968년 국제인권회의에서 확고해졌다. 동 회의에서 "평화는 인권의 완전한 준수를 위한 기본적인 조건이지만 전쟁은 인권의 부정이다"라고 강조되었듯이(Res. XX

---

2) *Ibid.*, p.101.

3) J. Meurant, "Humanitarian Law and Human Rights Law: Alike yet Distinct", 293 *IRRC*(1993), p.91. 국제인도법과 인권간의 관계에 대한 보다 자세한 설명에 대해서는 R. Q. Baxter, "Human Rights and Humanitarian Law: Confluence or Conflict?", 9 *The Australian Yearbook of International Law*(1985), pp.94-105.

Ⅲ, 'Human Rights in Armed Conflicts') 인간생명존중과 복지증진에 기초한 인권의 관점에서 볼 때 무력사용 그 자체는 분명 중대한 인권위반이다.

무력사용의 법적 금지가 실제로 무력분쟁을 종식시키지 못했듯이 무력분쟁에서의 인도적 보호체계인 국제인도법도 불행하게도 그 역할을 다하지 못했다. 국제인도법의 이러한 한계는 무력분쟁에서 제기되는 비인도적, 반인권적 상황에 국제인권법의 원용을 증가시켰다. 한편 정부 간, 비정부 간 국제기구 및 인권단체들도 특정국가의 인권상황을 개선하기 위한 노력의 과정에서 과거와는 달리 국제인도법의 일반원칙, 더 나아가 국제인도법의 특정 규정에 의존하는 경향을 보이고 있다. 이러한 사실은 무력분쟁에서의 개인보호에 있어 양법의 관련성이 크다는 것과 양법이 함께 사용될 수 있고, 실제로 사용되고 있다는 것을 보여준다. 무력분쟁에서의 인간의 존엄성 보호를 보다 효율적이게 하는 이러한 양법의 보충적인 관계는 국제인권체계(국제인권법 및 인권단체)가 갖는 의의를 충분히 설명하고 있다.

또한 무력분쟁을 국제적 무력분쟁과 비국제적 무력분쟁으로 나누어 볼 때 국내적 혼란상황이 곧바로 공통3조와 제2추가의정서가 요구하는 정도의 수준에 이르지 못한 국내적 소요 및 긴장사태에 해당하는 경우가 많고, 이것이 좀더 악화되면 무력분쟁으로 비화되는 경우가 많으므로 무력분쟁 전단계에서의 희생자보호와 분쟁해결이 무엇보다 중요하다. 이러한 국내적 소요 및 긴장사태에서 그러한 역할을 할 수 있는 것이 국제인권체계이다.

또한 적용할 수 있는 법이 다양할수록 희생자 보호는 더욱 증가될 것이므로 희생자보호를 위해 모든 상황에 적용되는 권리와 의무(국제인권법적)를 확립하는 것이 중요하다. 여기에 무력분쟁에서의 희생자 보호에 있어 국제인권체계가 갖는 의의를 충분히 확인할 수 있다.[4]

---

4) 국제인도법에 대한 국제인권법의 영향을 강조, 국제인도법은 무력분쟁과 국제인권법의 결과물이라는 주장도 있다. D. Schindler, "Human Rights and Humanitarian Law: Interrelationship of the Laws", 31 *The American University Law Review* (1982), p.935.

제2절 분쟁희생자 보호를 위한 국제인권체계의 역할

1. 분쟁예방 및 분쟁희생자 구호

오늘날 발생되고 있는 무력분쟁의 상당수는 총체적, 체계적 및 지속적인 인권유린과 인종, 종교 및 민족 등에 기초한 특정집단(소수자 또는 다수자) 에 대한 억압과 박해에서 비롯되고 있다. 1948년 국제연합 총회는 세계인권 선언(Universal Declaration of Human Rights, G.A. Res.217; U.N. Doc.A /810(1948)) 서문에서 "인권의 무시와 경멸은 인류의 양심을 유린하는 만행을 초래하였으며, …… 인민이 전제와 탄압에 대항하는 최후의 수단으로 반란을 일으키지 않게 하기 위하여 법률이 정한 바에 따라 인권을 보호함이 절대적으로 긴요하므로 ……"라고 하여 인권유린이 무력분쟁을 유발할 수도 있다는 것을 상기시켰으며, 1975년에 채택된 '헬싱키의정서'(Final Act of the Conference on Security and Cooperation in Europe)도 제7부 '기본적 자유의 존중'에서 "참가국들은 인권과 기본적 자유의 존중이 평화의 본질적 요소임을 인정한다"고 하였으며, 소수자권리선언(The Declaration on the Rights of Persons belonging to Nartional or Ethnic Religious and Linguistic Minorities, U.N. G.A. Res.47/135; U.N. Doc.A /Res/47/49/ (1992))도 서문에서 "소수자 권리의 증진 및 보호는 그들이 살고 있는 국가의 정치적 및 사회적 안정에 기여한다"고 하였는바, 이는 특정집단의 권리부인 및 인권유린은 당해국가를 정치적 불안정으로 이끌고 심각한 경우에는 단순한 소요 및 긴장상황을 넘어 무력분쟁까지도 야기할 수 있다는 가능성을 인정하는 것으로 이해할 수 있다.[5]

위와 같은 인권관련 국제문서들 외에도 '소수자 차별방지 및 보호에 관

---

[5] V. Wiebe, "The Prevention on Civil War through the Use of the Human Rights System", 27 *New York University Journal of International Law and Politics*(1994), pp.410-412, 416-420 참조.

한 소위원회'(The Sub-Commission on Prevention of Discrimination and Protection of minorities)는 인종분쟁이 지역적 및 국가적 안보에 미치는 위험을 인정했으며,[6] 또한 국제연합 총회는 민간주민의 대량이주는 인권탄압에 의해 야기된다면서, 특히 비국제적 무력분쟁에서의 난민 및 국내유민의 대량이주가 국내분쟁에서의 인권유린의 또 다른 하나의 표시라고 강조하고,[7] 오늘날 무력분쟁에서 자행되는 대표적인 비극적 상황인 '인종청소'(ethnic cleansing)를 국제인도법의 중대한 위반이라고 비난하였다.[8]

실제 인권위반과 무력분쟁의 발생 또는 악화와의 인과관계를 밝혀주는 사례들로는 남아공의 인종분리정책, 대규모 인권위반으로 수십만 명이 고통을 받고 희생된 1971년 동파키스탄분쟁, 농민단체 및 종교인에 대한 고문, 협박, 납치 및 암살로 격화된 1977년부터 1979년 사이의 엘살바도르분쟁 등이 있다. 이러한 분쟁들은 인권증진 및 국제평화와 안전의 유지라는 국제연합 헌장의 원칙들과 국내문제불간섭의 관계가 균형을 이루지 못하고 후자에 일방적 자리를 양보하는 경우 국제평화를 위협할 수도 있다는 것을 보여준다.

현행 국제인권법규에는 인권보호를 위한 다양한 체계가 존재하고 있으며, 이들에 의한 접근방법은 참으로 다양하다. 이미 확립된 체계가 있는 반면에 새로이 생성중인 체계도 있다. 인권침해를 구제하기 위한 현 체계로는 우선 국제연합의 기관들을 들 수 있겠다. 총회는 헌장의 범위 내에 있는 여하한 문제에 대해서도 조사, 권고할 권한이 인정되고(제10조), 인종, 성별, 언어 또는 종교에 의한 차별없이 모든 사람의 인권과 기본적 자유를 실현하기 위해 연구를 발의하고 권고할 수 있기 때문에(제13조) 당사국의 인권상황의 개선 및 효과적인 이행조치를 권고할 수 있으며, 안보리는 회원국의 중대한 인권침해 상황이 국제평화와 안전을 위협하는 경우 평화와 안전의 유지 및 회복을 위하여 개입할 수 있고, 경제사회이사회도 인권문제에 대한 연구 또는 토의를 하거나 이와 관련 총회에 권고할 수 있다(제62조).[9]

---

6) U.N. Doc.E/CN.4/Sub.2/1989/43, at 7(1989).

7) U.N. G.A., Res.46/127.

8) U.N. G.A., Res.47/80; Res.46/242.

이들 외에 인권보호를 위한 중요한 국제적 체계로는 국제연합 사무국소속의 인권센타(Center for Human Rights)와 1993년에 신설된 인권고등판무관(High Commissioner for Human Rights)이 있다. 인권법규의 개정지원, 국내인권보호제도의 평가, 사법행정상의 인권지원, 국제인권조약에의 가입장려, 인권조약상의 보고의무 이행지원, 인권관련요원의 교육 및 인권관련단체의 지원, 인권관련 정보제공 등을 주요 활동으로 하고 있는 인권센타는 인권개선을 위한 국제연합 지원사업의 중추를 이루며,10) 1993년 6월 비엔나 인권선언의 권고에 따라 1993년 12월 20일 국제연합 총회 결의48/141에 의해 신설된 인권고등판무관(1994년 2월 28일 초대 판무관에 前 유엔주재 에쿠아도르 대사였던 Ayala Lasso가 임명)은 사무총장의 지휘 통제하에서 총회, 경제사회이사회 및 인권위원회가 결정한 범위 내에서 활동하고, 이들 기관들에 의해 위임된 임무를 수행함과 아울러 이들 기관에 대해 인권의

---

9) 경제사회이사회의 인권문제에 대한 역할은 주로 '인권위원회'(Commission on Human Rights)를 통해서 이루어지는데 인권위원회는 인권침해의 예방 및 구제에 있어 실질적으로 기능을 수행하고 있는데, 1235절차를 통해 직접 '지속적인 인권침해'(a consistent pattern of violation of human rights)에 개입할 수 있으며(ESC, Res. 1235(XLII)), 1503절차를 통해 차별방지 및 소수자보호를 위한 소위원회의 검토를 거쳐 '대규모적이고 믿을만한 증거있는 인권 및 기본적 자유의 지속적인 위반'(a consistent pattern of gross and reliably attested violation of human rights and fundamental freedoms)에 개입할 수 있다(E.S.C., Res. 1503(XLVIII)).

10) B. Boutros Ghali, Building Peace and Development, Annual Report on the Work of the Organization (U.N., 1994), p.138. 인권센타는 각국의 요청에 따라 인권관련 각 분야에서 지원활동을 계속해 왔다. 1993년 캄보디아에 인권사무소를 설치한 바 있으며, 과테말라와 부룬디에 전문가그룹을 파견하였으며, 말라위에서는 인권보장을 위한 신헌법의 초안작업에도 참여한 바 있다. 1993년과 1994년에 루마니아와 캄보디아에서 여론매체 대표들에게 인권교육이 실시되었으며 부룬디, 말라위, 아르메니아, 아제르바이잔 등에서는 인권 및 민주화의 필요성 평가가 이루어졌다. 아울러 1994년 아프리카인권위원회, 아랍인권위원회, 아프리카民主化 및 인권연구센터 등 지역적 인권기관에 대한 支援이 이루어 졌으며, 1993년 자카르타와 1994년 서울에서 열린 아시아 인권워크숍을 후원하였다. 나아가 인권센터는 국제연합 평화유지활동에 인권활동을 포함시키고 있으며 1994년에 모잠비크주둔 평화유지군 소속 민간경찰들에 대해 인권교육을 실시한 바 있다. *Ibid.*, pp.139-141.

증진과 보호를 위해 권고할 권능이 인정된다. 인권고등판무관은 임명 직후부터 본격적인 활동에 들어가 전 세계의 인권상황에 대한 긴급정보가 신속히 인권센터에 접수될 수 있도록 '인권핫라인'(Human Rights Hot Line)을 설치하였으며, 그 첫 번째 활동으로서 1994년 4월 분쟁 중인 르완다를 방문하여 인권관련 자료를 수집, 이를 토대로 이 지역에서의 인권상황의 심각성을 지적하면서 인권위원회에 대해 제3차 특별회의의 소집을 제의, 소집된 회의에서 르완다 인권상황에 대한 보고서를 제출했으며, 부룬디를 방문하여 인권지원 문제를 논의하고 부룬디정부의 요청에 따라 1994년 6월 이 지역에 인권지원계획을 위한 인권센터사무소를 설치했다.[11]

이상의 국제적 인권체계 외에도 유럽, 미주 및 아프리카의 지역적 인권보장체계를 들 수 있다. 1950년대 초 유럽인권협약이 발효하여 유럽인권제도가 가동되었고, 1970년대에는 미주인권제도가, 1980년대에는 아프리카인권제도가 성립되었다. 이들 각각은 동일한 역사와 문화적 배경을 기초로 실효적인 인권보장체계의 확립을 위해 노력하고 있다. 이러한 지역적 인권보장제도는 인권의 보편성과 문화적 다양성간의 조화의 산물인바, 보편적 성질을 갖는 인권의 일반적 적용은 문화적 다양성 내지 문화적 상대주의에 기초한 반론에 의해 저항을 받게 되는데, 이를 극복하고 실효적이면서 국제적인 인권보장을 위해서는 동일한 역사와 문화적 배경을 가진 지역적 국제사회에서 공통의 인권내용과 인권보장 메카니즘에 기초할 수밖에 없다.

다음으로 인권보호에 있어 특히 중요한 것은 비정부기구(Non Governmental Organization: NGO)이다. 이들은 국제적 및 지역적 인권법규의 채택에 주도적 역할을 하고 있을 뿐만 아니라 기존의 인권보호체계 내에서도 비폭력적 인권감시 기능을 수행함으로써 선구적 역할을 담당하고 있으며,[12] 인권의 중대한 침해행위에 대응하여 국제연합 등 국제사회에 긴급조치를 위한 필요정보를 제공하기도 하고, 국제연합 내에서 인권문제를 담당하는 주된 기관으로 각국의 인권침해 사례를 다루고, 회원국들이 제출한 인권관련 보고서를 검토하

---

11) 김석현, "인권보장의 보편적 제도", 국제법평론, 통권 제6호(1996), pp.37-38.
12) V. Wiebe, *op. cit.*, p.443.

며, 국제연합 인권위원회의 토의에 참여하여 토론과정 및 결의채택에 있어서 결정적인 역할을 수행하기도 한다(표결권 행사 불가).13)

또한 인권위원회가 창설한 3개의 소위원회중의 하나인 '차별방지 및 소수자 보호에 관한 소위원회'에도 비정부기구들의 참여가 보장되어 인권문제에 대한 토론을 활발하게 하고, 소위원회의 결의채택에 앞서 활발한 로비를 벌이며 때로는 결의안을 작성하여 배포함으로써 사실상 결의내용을 주도한다. 아울러 이들은 소위원회에 서면보고서를 제출하거나 발언권을 얻어 인권침해사례를 고발하기도 한다. 이들 중 일부는 인권문제에 관하여 소위원회 위원들보다도 경험과 능력 면에서 탁월한 전문성을 갖추고 인권문제 해결을 위한 원칙의 제시 또는 그 기준설정에 있어서 소위원회를 지도하기도 한다.14) 특히 1993년 비엔나 인권선언도 인권보장을 위한 제도적 방법으로 인권관련협약의 전면적 수락, 인권침해의 방지 및 구제를 위한 국내법제도의 확립, 인권교육의 강화 및 인권보장을 위한 국제적 협력 강화와 함께 비정부기구들의 역할 강화를 강조하였다.15)

이처럼 다양한 국제인권체계는 인권 및 기본적 자유의 보호, 존중을 확보하기 위한 제반장치들을 두고, 그 실효성을 확보하기 위한 제도적, 절차적 수단을 이용케 하는 등 인권보호를 통해 직간접적으로 무력분쟁의 발생 억지 및 희생감소에 영향을 미치고 있다. 하지만 인권유린, 특히 내적 분쟁을 유발하는 인권탄압은 세계인권선언 채택 이후 국제인권법규의 비약적인 발전과 국내외 인권단체들의 열성적인 활동에도 불구하고 전혀 감소되지 않고 있으며, 우리는 오늘날 더욱 불안정한 사회에 살고 있다.16)

---

13) 김석현, *op. cit.*, p.31. 국제인권법의 발전 및 적용에 있어서의 비정부 간기의 역할에 대해서는 M. Posner, "Human Rights and Non-Governmental Organizations on the eve of the next century", 66 *Fordam Law Review*(1997), pp.627-631 참조.

14) A. Eide, "The Sub-Commission on Prevention of Discrimination and Protection of Minorities", in *The United Nations and Human Rights*, edited by Ph. Alston (Clarendon Press, 1992), p.259.

15) United Nations World Conference on Human Rights, Vienna Declaration and Programme of Action, 1993, para.38; 32 *ILM*, No.6(1993), p.1673.

16) V. Weibe, *op. cit.*, p.410. 1992년 유럽안보협력회의(Conference on Security

2. 인도적 법규의 강화

국제인도법과 국제인권법의 분리된 발전은 그들이 서로에 대해 미치는 영향을 제한하기도 하였지만 오늘날 양법의 수렴현상은 양법 영역 간 더욱 긴밀한 연결을 확립하고 있는데, 국제인도법과 국제인권법이 점차적으로 가까워진 계기는 국제연합이 처음으로 무력분쟁에서의 인권보호를 강조한 1968년 테헤란 국제인권회의였다. 각국의 대표자들은 사무총장에게 국제인도법의 발전을 검토하고 국제인도법에 대한 존중을 증진하기 위해 취할 조치를 고려할 것을 요구하는 결의 XXIII('Human Rights in Armed Conflicts')를 채택했다. 이는 국제인도법의 발전에 있어서 새로운 경험이었으며, 국제인권법과는 달리 그때까지 국제연합 내에서 등한시되었던 국제인도법 발전의 새로운 시작을 확립한 계기가 되었다.

양법의 관련성을 강조하는 이러한 경향은 국제연합 총회 결의에서도 나타나는데, 총회는 무력분쟁에서의 인권보호는 "국제연합 헌장, 세계인권선언, 국제인권규약에서 구체화된 원칙들과 1949년 제네바협약과 1977년 추가의정서에서 승인된 인도적 규칙들에 의해 지도된다"고 하였다(U.N. G.A. Res. 2675(XXV)). 또한 지역적인 것이기는 하지만 1990년 3월 이슬람외무장관회의에서 채택된 이슬람인권선언(Islamic Declaration of Human Rights)도 국제인도법에서 기본이념을 가져온 규정들을 상당수 포함하고 있다. 예를 들면 동 선언은 노인, 여성 및 아동, 부상자, 병자 및 포로와 같은 적대행위에 직접 참여하지 않았거나 않고 있는 자들은 무력사용 또는 무력분쟁의 경우 보호되어야 한다고 규정하고 있으며 전투의 수단과 방법을 규제하고 있다(제3조). 동 선언이 1993년 6월 비엔나에서 개최된 국제인권회의의 준

---

and Cooperation in Europe)는 "오늘날은 희망의 시대이기도 하지만 불안의 시대이기도 하다. 경기후퇴, 사회적 긴장, 침략적인 민족주의, 독선, 이방인에 대한 이유없는 증오 및 민족갈등은 안전을 위협하고 있으며 인권과 기본적 자유의 총체적 위반은 사회의 평화적 발전, 특히 새로운 민주주의에 위협을 가하고 있다"면서 우리가 혼돈의 시대에 살고 있음을 지적한 바 있다. U.N. Doc.A/47/361, S/24370, p.8.

비에 사용된 작업문서의 하나였다는 사실은 양법이 동 회의를 계기로 더욱 가까워졌다는 것을 나타낸다.

양법의 수렴현상은 국제적 무력분쟁보다는 비국제적 무력분쟁에 적용되는 인도적 법규에서 더욱 뚜렷하게 나타난다. 분쟁의 초기단계(국내적 소요 및 긴장상황)에서 발생하는 문제들은 주로 인권법의 영역이지만 점차 폭력이 심해지고 반도 측이 조직화됨에 따라 공통3조가 적용되게 되고 일정요건이 충족되는 경우 제2추가의정서가 적용되는데, 공통3조와 제2추가의정서의 주요 내용이 국제인권법적 내용과 일치한다.

공통3조는 원칙적으로 국가와 그 국민간의 관계에는 관심을 가지지 않던 국제법의 전통적인 접근과는 달리 국제연합 헌장에서의 인권의 언급과 1948년 인권선언의 채택으로 국제법에 확고하게 자리잡은 인권범주와 쉽게 결합되었고,17) 제2추가의정서는 인권관련 법규들을 특별히 언급한 최초의 국제인도법으로서 동의정서는 전문에서 인권에 관한 국제협약들이 인간에게 기본적 보호를 제공함을 상기시키고 있다. 이러한 인권법규에는 국제연합에 의해 채택된 문서들, 즉 세계인권선언과 2개의 국제인권규약(특히 시민적 및 정치적 권리에 관한 국제규약), 집단살해방지조약, 인종차별철폐조약, 고문금지협약 및 아동권리협약과 미주인권협약, 유럽인권협약 및 아프리카인권헌장과 같은 지역적 인권조약이 고려될 수 있다. 이처럼 비국제적 무력분쟁은 양법의 수렴과 밀접한 관련이 있다.

양법 수렴의 구체적 내용은 비상사태에서도 적용이 정지되지 않는 국제인권법상의 소위 'hard core'라고 불리는 것들이다. 이것들은 국제인도법과 국제인권법간의 중요한 접촉지대로서 국제인도법에서도 구체적 모습을 보이고 있다.18)

---

17) Robin S. Myren, "Applying International Law of War to Non-International Armed Conflicts: Past attempts, Future Strategies", 21 *Netherlands International Law Review*(1990), p.349.

18) C. Sepùlveda, "Interrelationships in the Implementation and Enforcement of International Humanitarian Law and Human Rights Law", 33 *The American University Law Review* (1983). p.118. César Sepùlveda는 국제인도법과 국제

　국제인권규약(특히 시민적 및 정치적 권리에 관한 국제규약)을 중심으로 양법의 수렴관계를 간략하게 살펴보면 국제인도법은 국제연합 헌장뿐만 아니라 모든 인권법규들에서 인권의 기본규칙으로 인정되고 있는 비차별원칙을 분쟁희생자 보호에 있어 강조하고 있고, 억제되지 않는 비인도적 참상 및 지구공동체 인식의 증가로 생명권의 존중을 강조하여 생명권의 직접적 보호규정과 생명유지를 위한 합리적, 물리적 조건을 명시하고 있으며(적의 권력 내에 있는 자에 대한 불필요한 잔악행위 및 살해금지, 과도한 상해 또는 불필요한 고통을 야기하는 무기의 사용금지, 전투수단으로서 민간인의 아사금지, 생존수단파괴금지 및 민간인 보호를 위한 군사목표물을 포함하지 않는 공격이 금지되는 특별지대 설치, 상병자의 수용 및 간호, 전쟁포로 및 점령지의 억류민간인에 관한 인도적 생활조건의 인정, 사형선고 및 집행제한 등), 고문 또는 잔인하고 비인간적이거나 모욕적인 대우와 처벌을 금지하고 있으며, 종래 관습적으로 인정되어 오던 노예제도를 명시적으로 금지하고 있고, 자의적인 법집행과 여타 비인도적 대우를 회피하기 위한 사법통제의 절대적인 중요성을 인식하여 사법상의 보장을 규정하고 있으며, 아동과 가족의 보호를 규정하고(아동의 교육과 신체적 보호, 억류시 동일가정의 구성원이 아닌 어른들과 격리수용, 가족과 헤어졌거나 고아가 된 아동의 보호, 이산가족 구성원 간 소식전달 등), 종교적 신념을 존중하고 희생자의 종교활동을 인정하며(제3협약 제34조, 제4협약 27, 38(3)조), 성직자 보호에 관한 규정(제3협약 33, 35-37조, 제4협약 38(3), 58, 93조)을 둠으로써 국제인권법적 내용을 상당수 포함하고 있다.

　이처럼 국제인권법의 주요 내용들이 국제인도법에 포함됨으로서 양법은 법적 내용에 있어 서로를 강화시켜 주고 있다. 그 결과 인간의 기본적 권리의 대부분과 세계인권선언 및 국제인권규약에서 주장된 인간의 고유한

　　인권법의 중간에 위치하면서 양법의 요소들을 결합하는 것으로 국제난민법을 들면서 난민문제는 수많은 자들을 위험과 폭력으로부터 탈출하게 하는 비국제적 무력분쟁과 국내적 소요 및 긴장에 의한 인권의 대량위반에 의해 발생하기 때문에 국제난민법은 인간단결의 본능에서 발생한 국제인도법의 특별한 형태로 간주되어야 한다고 주장한다. *Ibid.*, p.119.

권리들은 1949년 제네바협약 공통3조 및 1977년 제네바협약 제2추가의정서에 포함되게 되었고, 인권법규들도 점차 국제인도법의 본질적인 이념과 원칙들을 포함하고 있다. 따라서 오늘날 양법 간에 존재하는 차이는 점차 감소하고 있고 양법체계의 구체적 내용은 중복되고 있다.

장래에도 양법은 계속해서 서로에게 영향을 미칠 것이며, 이에 따라 국제인권법이 모든 무력분쟁에 적용되어야 하는 최소한의 인도적 보호를 위한 문명기준의 재확인과 발전에 기여할 것이라는 것이 합리적으로 기대된다. 또한 무력분쟁 시 양법이 동시에 적용되는바, 이는 각각의 이행수단이 다르기 때문에 희생자의 인도적 보호의 강화에 도움이 될 것이다.

3. 인도적 법규의 이행촉진

오늘날 무력분쟁에서의 인권보호에 관심을 두고 있는 국제연합 및 비정부 간 인권단체들은 국제인권법의 이행 및 감시활동에서 국제인도법의 존중을 강조함으로써 인도적 법규의 이행을 촉진시키고 있다. 인권단체들은 특정국내에서의 소요긴장이나 무력분쟁에서 행해진 인권 및 기본적 자유의 심각한 위반을 고발하는 수많은 보고서들을 발표하고 있다. 이러한 활동들은 국제사회의 여론을 환기시켜 이들 국가에 대한 원조를 중단케 하고 국제사회의 제재를 불러와 인권위반을 중단케 하고 인도적 법규를 존중케 하는 데 기여한다.

인권단체들은 무력분쟁에서의 인권위반을 고발하면서 주로 ‘세계인권선언’과 ‘시민적 및 정치적 권리에 관한 국제규약’에 의존하면서도 자신들의 주장에 관한 법적 기초를 강화하기 위해 국제인도법의 원칙을 원용한다. 왜냐하면 국제인권법에 비해 국제인도법의 비준국 수가 훨씬 많고, 국제인도법의 일부 원칙들이 국제인권법 규정들보다 보다 명확하며, 국제인도법은 인권유린이 쉽게 발생할 수 있는 긴급상황에 적용되는 경우 그 적용이 정지되지 않으며,[19] 군대 또는 법원은 무력분쟁 시 국제인권법을 심각하게 고려하지는 않지만 국제인도법은 존중해야 하는 것으로 간주하는 경우가 많으며,[20] 국제인도법은 정부와 반란단체 양자의 위반행위를 다루지만 국제인권법은 주로 정부의 책임만을 다루기 때문이다.[21]

최근 국제연합은 무력분쟁의 종식과 희생자의 인도적 보호에 관한 자신의 결의를 강조, 강화하기 위하여 종종 국제인도법을 원용하고 있는데, 인권법규의 이행과 관계가 깊은 인권위원회도 적극적으로 국제인도법을 원용하고 있다. 인권위원회 제48차 회의에 제출된 '이라크 점령하의 쿠웨이트에서의 인권상황에 관한 보고'(Report on the Situation of Human Rights in Kuwait under Iraqi Occupation)에서도 특별보고자는 "인권과 국제인도법의 상호작용"이라는 제목을 가진 장에서 "모든 사람들의 기본적 인권은 평시 및 무력분쟁 중에도 존중되거나 보호받아야 한다는 국제사회의 합의가 있다"고 지적하면서, 인권보호를 위한 관습적인 3개의 기본적인 국제인도법 규칙으로 (1) 전쟁의 수단과 방법을 선택할 권리, 즉 해적수단을 선택할 권리는 무제한적이지 않다, (2) 전투에 참여하는 자와 민간인은 구별되어야 한다, (3) 민간주민에 대한 공격은 금지된다는 것을 들었다. 그러면서 그는 쿠웨이트 점령에 적용될 수 있는 관습법 규칙에는 공통3조, 제1추가의정서 제75조, 세계인권선언 등이 있으며 실정법으로는 1966년 2개의 국제인권규약 및 1949년 제네바협약이 적용될 수 있다고 보았다(U.N. Doc.E/CN.4/1992 /26, para.33.). 이는 인권위원회가 더 이상 인권과 국제인도법을 명확하게 구분하지 않는다는 것과 비록 인권위원회는 인권의 이행을 증진하기 위하여 설치되었지만 상황에 따라 국제인도법을 적극적으로 원용한다는 것

---

19) W. G. Hartman, "Derogations for human rights treaties in public emergencies", 22 *Harvard International Law Journal*(1981), p.1; T. Meron, "Towards a Humanitarian Declaration on Internal Strife", 78 *AJIL*(1984), p.859.

20) Amnesty International, Memorandum presented to the Government of Guatemala following a mission to the country in April 1985(1986), pp.34, 37(AI Index: AMR 34/01/86).

21) D. Weissbrodt and Peggy L. Hicks, "Implementation of Human Rights and Humanitarian Law in Situations of Armed Conflict", 293 *IRRC*(1993), pp. 128-129.

은 물론 자신의 권능을 더 이상 인권에 한정하지 않고 '국제인도법 및 공공양심의 명령으로부터 문명화된 시민들간에 확립된 관례로부터 추출된 국제법의 원칙'에까지 확대시킨다는 것을 보여준다.[22]

또한 이러한 경향은 미주인권위원회(Inter-American Commission of Human Rights)에서도 볼 수 있다. 국제장애인위원회(Disabled People's International (DPI))는 미주인권위원회에 1983년 미국이 그레나다 침공 시 종교시설을 폭격하고 일부 환자들을 살해하는 등 '민간인의 권리와 의무에 관한 미주선언'(American Declaration of the Rights and Duties of Man) 제1조의 생명권, 제11조의 건강권 및 제네바 제4협약을 위반했다고 청원했다. 이 청원에서 DPI는 위원회에게 국제인도법의 원칙들에 기초하여 미주선언 제1조를 해석할 것을 요구하였으며, 청원을 허용한 위원회는 미국의 행위가 미주선언의 생명권을 위반했다는 것을 인정하면서도 현지조사 불가로 심리는 하지 못했다.[23]

이외에도 무력분쟁에서의 인권보호를 위해 인도적 법규를 원용한 인권단체들의 사례는 상당수 있다. Americas Watch는 국제인도법이 위반행위에 대한 책임을 결정하고 적대행위를 객관적으로 평가하는 법적기초를 제공한다고 보고 특정유형의 위반행위에 대해 현장조사 및 희생자와 목격자의 증언을 토대로 엘살바도르와 니카라구아 분쟁에 관한 일련의 보고서를 제출했다.

엘살바도르의 경우 Americas Watch는 1984년 FMLN의 통제영역에 거주하면서 그들에게 식량 또는 기타 병참지원을 제공하는 등 적대행위에 간접적으로 참여한 자(Masas)들은 엘살바도르 공군이 직접 공격할 수 있는 합법적인 군사표적이라는 레이건 행정부의 주장을 반박하기 위하여 엘살바도르 상황을 국제인도법적 관점에서 분석한 보고서('Protection of the Weak

---

22) 인권위원회의 국제인도법의 원용에 대해서는 U.N. Doc.E/CN.4/1985/18; U.N. Doc.E/ CN.4/1985/19; U.N. Doc. E/CN.4/1985/21; U.N. Doc.E/CN.4/1993/25 /Add.1; U.N. Doc.E/ CN.4/1993/46 참조.

23) D. Weissbrodt and B. Andrus, "The Right to Life during Armed Conflict: Disabled People's International v. United States", 29 *Harvard International Law Journal* (1988), p.59.

or Unarmed: The Dispute over Counting Human Rights Violations in El Salvador')를 발간했다. 동 보고서는 Masas들이 합법적인 표적(FMLN)에 가까이 있어 사망 또는 상해를 당할 위험이 있기는 하지만 그들은 전투원이 아니며 따라서 직접적인 공격대상이 되어서는 안 된다는 것을 국제인도법에 의거 명료하게 논증하면서, 직접공격에서 발생한 민간인살상은 살인행위로 이러한 인권위반행위는 미국 정부에 책임이 있다고 하였다.24) 동보고서와 엘살바도르에서의 ICRC의 활동은 Duarte 대통령이 1984년 민간인에 대한 폭격을 금지하는 'Rules of Engagement'를 발하는데 결정적으로 기여했으며, 그 후 폭격이 간헐적으로 계속되기는 했지만 1987년께 거의 종식되었다.25) 또한 1990년에는 FMLN의 친정부혐의자에 대한 재판에 대해 국제인도법에 의거 비난하는 이유를 상세하고도 분석적으로 설명한 'Violations of fair trial guarantees by the FMLN's Ad-Hoc Courts'라는 제목의 특별보고서를 제출했으며,26) FMLN은 지뢰의 무차별적 사용, 정부관리에 대한 공격 및 친정부협조자로 의심되는 자들에 대한 즉결처형에 대한 Americas Watch의 비난을 계속 부인하면서도 1990년 정부군을 제외한 정부관리와 기타 민간인에 대한 공격을 중지하기로 결정했다.27)

또한 Americas Watch는 1984년 니카라구아에서 반군(Contras)에 의해 행해진 국제인도법 위반을 상세히 다룬 보고서('Human Rights in Nicaragua')를 발간하여 CIA가 Contras에게 정부요인의 암살과 같은 국제인도법 위반행위를 권고하는 '게릴라전에서 심리작전'('Psychological Operations in Guerilla Warfare')이라는 제목의 매뉴얼을 작성했다는 것을 폭로하고 반도에게 자금

---

24) Americas Watch, *Protection of the Weak or Unarmed: The Dispute over Counting Human Rights Violations in El Salvador*(1984), pp.30-45.

25) Americas Watch, *El Salvador's Decade of Terror*(1991), pp.54-58.

26) 동 보고서는 재판이 독립적이지 못하고 불공정할 뿐 아니라 절차에 있어서도 공통3조와 제2추가의정서 제6조의 적용정지금지조항의 명백한 위반인 피고인에게 기본적인 적정절차보장을 거부했다고 결론내리면서 FMLN은 적정절차가 생략된 사형선고를 부과하는 것을 피해야 한다고 권고했다.

27) L.A. Times, Mar.14, 1990, A9.

을 제공한 미국의 불법행위를 비난했다. 또한 1985년에는 '니카라구아분쟁의 양 당사자에 의한 전쟁법 위반행위(1981-1985)'(Violations of the Laws of War by both sides in Nicaragua(1981-1985))라는 제목의 보고서를 발행했다. 반군에 의한 국제인도법 위반행위를 체계적으로 문서화한 이러한 보고서들은 그들에 대한 자금 및 무기지원에 대한 미 의회의 논쟁에 상당한 영향을 미쳤다.[28]

엘살바도라와 니카라구아 분쟁에서의 국제인도법 위반에 관한 Americas Watch의 이러한 보고서들은 양국 분쟁당사자들의 행위를 수정토록 설득하는데 적극적인 영향을 미쳤을 뿐만 아니라 레이건 행정부의 중미정책에 대한 의회의 토론과 여론형성에 상당한 영향을 미쳤다. 게다가 Americas Watch는 이러한 분쟁당사자들에 의해 행해진 위반에 관한 정기적인 보고서를 발표하면서 그들의 주장에 신뢰성을 높였으며 분쟁당사자의 어느 한편에 우호적이라는 비난을 피해갈 수 있었다.[29]

Americas Watch 외에도 국제법률가위원회(International Commission of Jurists)는 'Failed Promise: Human Rights in the Philippines since the Revolution of 1986'이라는 필리핀 무력분쟁 상황에서의 인권유린에 관한 보고서에서 아주 조심스럽기는 하지만 인권과 국제인도법을 이용할 수 있는 가능성을 보여 주었다. 필리핀 정부의 부인에도 불구하고 동보고서는 분쟁의 제상황이 공통3조와 제2추가의정서의 적용요건을 충족하고 있다는 결론을 내린 후 이들 법규들이 필리핀 분쟁에 적용된다는 것을 선언하여야 한다고 권고하면서 적용 가능한 국제인도법의 특별한 규정들을 열거하였는데, 그 한 예로 민간인의 강제이주는 인권법의 위반일 뿐만 아니라 제2추가의정서 제17조의 위반이라고 강조하였다.[30]

---

28) 동 보고서들은 인권단체가 비국제적 무력분쟁을 규율하는 법규들을 포괄적으로 규정하고 이러한 규정들을 분쟁당사자들의 적대행위에 적용하여 그 불법성을 판단한 최초의 보고서이다. Robert K. Goldman, "International Humanitarian Law: Americas Watch's Experience in Monitoring Internal Armed Conflicts", 9 *American University Journal of International and Policy*(1993), p.90.

29) *Ibid.*, pp.93-94.

그리고 Human Rights Watch는 페루에서의 여성에 대한 폭력에 관한 보고서('Untold Terror: Violence against Women in Peru's armed conflict')에서 Shining Path에 의한 생명과 신체에 대한 폭력, 살인 및 정규로 구성된 법정에 의하지 않은 판결의 선고와 처형은 공통3조의 금지를 명백하게 위반한 것이라는 것은 의문의 여지가 없다고 하였으며, 비록 정부가 직접 행하지는 않았지만 페루정부의 행위에 대해서도 보안군에 의한 민간인(여성)의 살해를 두고 자의적인 생명의 박탈로부터 국민을 보호하지 못했다는 이유로 '시민적 및 정치적 권리에 관한 국제규약'하의 책임을 져야 한다고 했다. 또한 동보고서는 양 분쟁당사자에게 그들이 비국제적 무력분쟁에 관한 국제인도법에 구속된다는 것과 민간인과 전투력을 상실한(hors de combat) 전투원을 인권유린으로부터 보호할 책임이 있다는 것을 강조하면서 살인, 고문 및 성에 기초한 차별 등 공통3조의 금지를 비전투원에게도 확대하여 준수할 것을 요청하였다.[31]

1991년 국제사면위원회(Council of Amnesty International(AI))는 정치적 성격을 갖는 비정부단체 또는 무장반란단체에 의한 인권유린 등에까지 활동영역을 확대해야 하는지를 고려한 후 AI의 관심사내에 비정부 실체에 의한 인질 및 고의적, 자의적인 살해를 포함시키기로 결정함으로써 무장반란단체에 의한 인권유린에 적극적으로 관심을 갖게 되었다. AI의 이러한 결정은 국제인도법의 원칙들이 무력분쟁상황에서의 AI의 활동에 대한 근거가 된다는 인식에 명백히 기초하고 있다.[32] 최근의 AI의 보고서들도 무력분쟁 상황에서 정부 간 및 비정부 간 실체에 의한 인권유린에 관심을 나타내고 있다. 예를 들어 1992년 12월 AI는 남아공의 아프리카민족회의 구성원들에 대한 고문, 학대 및 처형을 비난하는 보고서를 발표했으며 앙골라, 수단 및 리베리아 상황에 대한 AI의 보고서들도 이들 국가에서의 무장반란단체에 의한 인권위반을 언급하고 있다.[33]

---

30) D. Weissbrodt and Peggy L. Hicks, *op. cit.*, pp.123-124.
31) *Ibid.*, pp.124-125.
32) *Ibid.*, p.125.

특히 1993년 비엔나 세계인권회의는 '비엔나선언과 행동강령'(Vienna Declaration and Programme of Action) 제29항에서 세계도처에서 각종 국제인권법과 국제인도법의 기준들을 무시한 계속되는 인권위반 사례와 여성, 아동 및 노약자 등에 미치는 무력분쟁 시의 인권위반에 깊은 우려를 나타내면서 모든 분쟁당사자들에게 1949년 제네바협약, 여타 국제법규와 원칙에 나타난 인도적 법규 및 국제협약에 명시된 최소한의 인권보호 기준을 엄격히 준수할 것을 촉구하였다.[34]

제3절 문제점 및 개선방향

1. 문제점

국제인도법이 무력분쟁의 경우에만 적용되는 반면에 국제인권법은 전평시를 불문하고 모든 경우에 적용되기 때문에 무력분쟁에서 국제인도법과 함께 적용되어 희생자의 보호에 크게 기여한다. 그리고 어떠한 상황에서도 정지될 수 없는 1966년 '시민적 및 정치적 권리에 관한 국제규약'의 핵심내용들도 1977년 제네바협약 제2추가의정서에 상당부분 도입되어 국제인도법을 강화시키기도 했다.

이처럼 국제인도법과 국제인권법이 동시에 적용되는 중복지대(overlapping zone)는 양자의 이행수단이 다르기 때문에 희생자 보호의 강제에 도움이 된다. 또한 국제인권법 체계는 인도적 법규들이 갖추지 못한 다양한 요소(인민의 집단적 자결권, 기본적 자유와 개인의 존엄, 정치적 참여권, 경제적 사회적 및 문화적 권리 등)들을 포함하고 있기 때문에 희생자의 인도적 보호에 유용

---

33) *Ibid.*, pp.125-126.

34) United Nations World Conference on Human Rights, Vienna Declaration and Programme of Action(1993), para.29; *ILM*, Vol.32, No.6, 1993, p.1671.

하다.[35]

하지만 개인보호를 위한 국제규칙인 국제인권법은 무력분쟁이라는 긴급 상황에서의 희생자의 인도적 보호를 강화, 강제하기에 많은 결함들을 갖고 있어 인도적 위기문제를 해결하고, 무력분쟁 희생자 보호를 위한 국제인도법 체계를 대신하는 데에는 한계가 있다. 무력분쟁에서의 희생자 보호를 위한 국제인권체계의 역할에 있어 중요한 제한요인으로는 다음을 들 수 있다.

첫째, 국제인권법은 기술적으로는 무력분쟁에도 적용될 수 있지만, 원칙적으로 평시에 규제되도록 고안되었다. 따라서 전투의 수단과 방법을 규제하는 어떠한 규칙도 포함하고 있지 않으며, 그 결과 적대행위와 관련된 대부분의 문제들이 국제인권법의 대상범위 외라는 것을 보여준다.[36]

둘째, 국제인도법은 교전당사자 모두에게 구속적인 의무를 포함하고 있는 반면에, 국제인권법은 일반적으로 분쟁당사자의 어느 일방, 즉 정부와 그 기관의 위반을 규제한다. 따라서 인권조약의 당사자인 확립된 정부만이 인권위반행위에 대해 국제적으로 책임을 지고 반도 또는 비정부행위자들에 의한 인권위반행위는 국내법 위반으로 다루어 질 뿐이다.[37]

셋째, 어떤 경우에도 존중되어야 하는 핵심조항(hardcore)을 제외한 인권조약의 규정들은 특정한 경우, 즉 국가의 생존을 위협하는 전시 또는 여타 긴급상황의 경우 그 적용이 정지된다. '시민적 및 정치적 권리에 관한 국제규약'은 제4조에서 '국가의 존립을 위협하는 긴급사태의 경우 기본적이고 비례외적인 권리를 제외한 모든 권리를 정지할 수 있다'는 것을 허용하고 있고, 미주인권협약(제27조) 및 유럽인권협약(제15조)도 적용정지조항

---

35) A. Eide, "The New Humanitarian Law in Non-International Armed Conflicts", in *The New Humanitarian Law of Armed Conflicts*, edited by A. Cassese (Editoriale Scientifica, 1979), pp.280-281.

36) A. Eide, "The laws of war and Human Rights : Difference and Convergences", in *Studies and Essays on International Humanitarian Law and Red Cross Principles*, edited by C. Swinarski(ICRC/Martinus Nijhoff Publisher, 1984), p.690.

37) ICRC, "Internal Disturbance and Tensions : A New Humanitarian Approach?", 262 *IRRC*(1988), p.4.

을 두고 있다. 즉 그 대부분의 경우가 긴급사태라고 선언될 수 있는 무력분쟁에서는 오로지 기본적인 인권의 핵심, 즉 생명권, 고문금지, 노예제도 및 매매의 금지, 양심과 종교의 자유 및 형벌불소급원칙 등만이 보장된다는 것이다. 물론 인권규정의 적용정지는 "국가의 생존을 위협하는 전시 또는 기타 공공의 긴급사태"에서 "상황의 긴급에 의해 엄격하게 요구되는 정도까지"만 가능하고, 긴급상황은 사회의 모든 구성원들을 보호해야 하는 인권의 일반적 목적에 비추어 해석되어야 하며, 예외적으로 취해진 이러한 조치들은 국제법상의 여타 의무에 위배되어서도, 비적용정지권리의 이행에 영향을 미쳐서도 안 되기 때문에 비상사태하에서 취해진 예외조치들이 공통3조와 제2추가의정서에 반할 경우 국제인도법에 기초한 이의를 제기할 수 있는 등 인권규정의 적용정지에 관한 정부의 권한은 무제한적이지는 않지만 이러한 적용정지는 국제인권법을 통한 무력분쟁 희생자의 보호에 중요한 장애가 되는 것만은 분명하다.[38]

넷째, 인권법규의 위반에 대한 강제체계가 미흡하다. 물론 비국제적 무력분쟁에 적용되는 국제인도법이 소극적, 비강제적인 인도적 기관의 역무 제의 및 인도적 법규의 보급 외에 어떠한 강제적 이행체계 즉, 국제적 심판 및 강제를 위한 효과적인 절차규정을 갖고 있지 않는 반면에, 국제인권법은 보다 진전된 이행체계를 갖고 있으며, 특히 위반행위에 대해 체약국 그리고 국내적 구제절차를 완료한 개인에 의해 제소할 수 있게 하고 있다.[39] 이처럼 국제인권법은 국제인도법보다 이행 및 강제의 측면에서 발전된 것이라 할 수 있다. 하지만 주장된 위반행위를 심의하고 권고할 인권기관의 권능은 당해국가의 승인을 전제로 인정되는 경우가 많아(시민적 및 정치적 권리에 관한 국제규약 제40-41조) 만약 그러한 승인이 없다면 심사와 강제에 있어 국제인권법은 공통3조와 제2추가의정서의 그것과 별다른

---

38) H. Montealegre, "The Compatibility of a State Party's Derogation under Protocol II and Common Article3", 33 *The American University Law Review* (1983), pp.41-50 참조.

39) D. Schindler, *op. cit.*, p.941.

차이가 없게 되는 것이다.

다섯째, 무력분쟁에서의 인권단체들이 인권보호를 위해 국제인도법을 이용하는 데에는 몇 가지 어려움이 있다. (1) 대다수 인권단체의 관심사들에 직접 적용될 수 있는 공통3조와 같은 일부 규정들이 있긴 하지만 국제인도법은 상대적으로 복잡한 규칙들을 포함한다. 인권단체들은 언론매체의 주의를 끌고 공공여론을 환기하기 위해 자신들의 관심사를 간단명료하게 통신해야 하고, 분쟁상황에 관한 보고서 및 캠페인에서 국제인도법을 이용하기 위해서는 국제인도법 규범을 충분히 숙지하고 있어야 하는데 국제인도법 규정의 복잡성은 인권단체들의 이용을 가로 막는 요인이 된다. 물론 매우 간결하고 이해하기 쉽게 설명된 규정들도 있지만 그것들은 인권단체의 주요한 관심사와는 관련이 없는 경우가 많다. (2) 국제인도법을 적용하기 위해서는 무력분쟁의 성격이 어떠하며 그에 적용되는 인도적 규칙에는 어떠한 것들이 있는가? 그리고 분쟁의 와중에서 누구에 의해 어떠한 인권유린이 있었는가? 등 정확한 사실조사가 선행되어야 한다. 하지만 무력분쟁은 그 상황의 특성상 인권위반에 관한 정보의 수집 및 평가가 어렵다. 이러한 결정은 정치적으로 민감한 문제 및 인권단체의 통상적인 권능외의 사실들을 포함할 수 있고 ICRC의 입장과 상충될 수도 있다.[40)]

2. 개선방향

앞에서 살펴본 분쟁희생자 보호에 있어서의 국제인권체계의 한계를 고려해 볼 때, 이를 통한 무력분쟁 희생자의 인도적 보호를 보다 강화하고 무력분쟁에서의 기본적인 인권을 더욱 효과적으로 보호하기 위해서는 다음과 같은 방향으로의 개선이 요구된다.

첫째, 국제인권법의 적용정지 규정이 개선되어야 한다. 비록 그러한 적용정지에 제한이 있긴 하지만 보호법규의 흠결은 중차대하다. 실제로 국가

---

40) D. Weissbrodt and Peggy L. Hicks, *op. cit.*, p.129.

당국은 국내분쟁에서 '상황의 긴급'에 의해 요구되는 정도를 훨씬 능가하여 개인의 인권을 제한하고, 사회적 및 정치적 조화의 회복을 위해서라기보다는 오히려 통치그룹이나 특정계층의 이익을 보장하기 위하여 이런 상황을 이용하기도 한다. 인권법상의 이러한 한계를 보완하기 위해서는 개인의 보호에 관한 새로운 접근이 필요한바, 그 중심적 과제는 비적용정지규정을 확대하고 새로운 환경에 적응할 수 있는 새로운 법규를 보완하며, 국제인도법과 국제인권법의 결합을 보다 강화하여 평시뿐만 아니라 무력분쟁 시에도 보다 많은 인권규정들이 적용될 수 있게 해야 할 것이다.[41]

둘째, 국제인권법규의 이행체계가 강화되어야 한다. 비국제적 무력분쟁에서 발생하는 인도적 제위기에 대응하고 인권체계의 희생자 보호기능을 강화하기 위해 그 이행체계를 개선할 필요가 있다. 그러한 보다 개선된 체계는 근본적으로 정상적인 기초에 따라 피보호자에게 접근할 수 있는 적절한 기관이 허용되고 인권조약하에서 그 문제에 대해 관할권을 갖는 국제연합 또는 인권관련단체(국제적 또는 지역적)에 개인 또는 제3국이 이의를 제기할 수 있도록 하는 등 국가주권의 벽을 다소나마 낮추어 현 국제적 법규가 안고 있는 결정적인 결함인 절차적 보장수단을 강화하여야 할 것이다. 이러한 보다 진전된 인권법의 이행체계와 무력분쟁에서 가능한 최대로 인간을 보호하고 적대행위를 규제하는 규범으로서의 가치를 갖는 국제인도법의 특수성의 결합은 무력분쟁에서의 희생자 보호를 강화할 것이다.[42]

셋째, 국제인권법규의 보급 및 교육이 강조되어야 한다. 인권관련단체들

---

41) 현재 국제사회에는 이러한 방향으로의 노력이 진행 중에 있다. 그 대표적인 예 1990년의 '최소한의 인도주의적 기준 선언'(Declaration of Minimum Humanitarian Standard)이다. 동 선언은 "국내폭력, 혼란, 긴장 및 공공의 긴급사태에 적용되는 그리고 어떠한 상황에서도 적용이 정지될 수 없는" 원칙들을 선언함으로써 국제인도법과 국제인권법간의 이원적 입장을 취하지 않는다는 것을 분명히 했으며(제1조), 구체적으로 국제인권법적 정신(고문금지와 인신보호영장(*habeas corpus*)원칙 등)과 국제인도법적 정신(적대행위에 참여하지 않은 자의 피해금지 및 부상자 및 병자를 인도적으로 대우해야 할 의무 등)에 기초한 규정들을 두고 있다.

42) Louis D. Beck and S. Vité, *op. cit.*, pp.117-119.

은 독자성과 정체성을 유지하면서 생명·신체 및 도덕적 존엄에 대한 권리의 불가침성, 보복, 집단적 처벌, 인질 및 추방금지 등 국제인도법과 국제인권법의 공통원칙들을 군대, 준군사집단, 경찰 등 강제력을 행사하는 기관은 물론 사회단체 및 교육기관에 널리 보급시키고 호소하여 제국 및 그 국민들이 인도적 법규의 내용을 알고 이행하도록 고취하여야 할 것이다. 그리고 이들은 제 정부들이 국제적 기준하에서 자신들의 책임을 이행하도록 유도하고 그 과정에서 야기되는 어려움을 극복할 수 있도록 협조하며 위반행위가 발생할 경우 공식적, 비공식적 절차를 통해 이를 중지시키기 위하여 노력해야 할 것이다.[43]

넷째, 인권보호를 위한 제도적 장치가 강화되어야 한다. 인권 및 기본적 권리의 유린은 비국제적 무력분쟁을 야기하기도 하지만 이들에 효과적으로 반응토록 하는 인권체계의 능력을 향상시키는 계기가 되기도 한다. 이러한 능력의 향상을 위해서는 제도적 측면에서 비난과 시정권고라는 사후적, 소극적 차원을 뛰어 넘어 조기경보 및 방지능력의 극대화, 인권단체들 간의 협력강화 및 인권체계와 국제평화체계의 통합이 요구된다.

다섯째, 국제인도법과 국제인권법의 상호의존(수렴)이 강화되어야 한다. 제2차대전후 억제되지 않는 폭력과 빈곤의 발흥, 기본적 인권의 유린 및 무력분쟁의 급격한 증가 등으로 그 희생도 비례하여 희생자 보호를 강화할 필요성이 강하게 제기되었는바, 그러한 필요성은 양법의 독자적 발전뿐만 아니라 양법의 유사성 및 상호의존성을 심화시켰다. 이러한 양법의 수렴현상은 법규에서뿐만 아니라 점차 관행상으로도 뚜렷해지고 있다.

---

43) B. G. Ramcharan, "The Role of International Bodies in the Implementation and Enforcement of Humanitarian Law and Human Rights Law in Non-International Armed Conflicts", 33 *The American University Law Review*(1983), p.99.

제11장 ICRC를 통한 분쟁희생자 보호 강화

제1절 ICRC의 법적지위

ICRC[1]는 제네바에 본부를 두고 스위스 국민 25명 이하로 구성된 스위스 국내법상의 법인으로 스위스 정부와는 독립된 인도, 중립, 공평 등을 기본원칙으로 하는 비정치적, 비종교적 민간단체로서, 국제적십자[2]의 핵심적 기관의 하나이다. 그런데 이 민간단체는 국제법에 의하여 인정되고 부여된 기능을 행사하는데 창설이후 오늘에 이르기까지 무력분쟁에서의 인도적 요구에 부응하여 국제인도법을 연구 및 발전시키고, 세계도처의 분쟁지역에서 희생자 보호와 원조활동을 펼쳐왔으며, 인도적 법규의 이행여부를 감시하고 중립적인 중개자 역할을 맡아 왔다. 또한 각국정부와 협의하고 협정을 체결하기도 한다. 이러한 국제적 성격을 갖는 ICRC 활동으로 인하여 국제법과는 무관할 수도 있는 하나의 민간단체가 국제법, 특히 무력분쟁이라는 특수한 상황에서 적용되는 국제인도법과 깊은 관계를 맺게 된 것이다.

무력분쟁에서의 이와 같은 독특한 ICRC의 활동은 ICRC를 특별한 지위

---

1) 1859년 앙리 듀낭(Henry Dunant)은 이탈리아 솔페리노전투의 비참함을 목도하고 군의료기관의 보완을 위한 부상병구제단체의 설립을 각국에 호소하고 이들의 보호를 위한 국제협약의 체결을 호소하였는데, 그 결과 1863년 5인위원회(전시 부상병 응급구호위원회, International and Permanent Committee for the Provision of First Aid to Wounded Soldiers in Time of War)가 제네바에서 설립되었고, 이는 이후 ICRC로 발전되었다.

2) 국제적십자(International Red Cross, 1986년 11월 8일부터 International Red Cross and Red Crescent Movement의 명칭 사용)는 ICRC 외에 각국의 적십자사나 적신월사, 그 연합체인 적십자·적신월사연맹(적십자사연맹에서 1983년 10월 12일 현재 명칭으로 변경)으로 이루어지는 조직이다. 또한 국제적십자 중에는 예전부터 이란처럼 적사자 및 태양을 표장으로 하는 단체도 포함되어 있으나 1980년 7월 1일 공식적으로 표장을 적신월로 변경하였다.

를 갖는 기구로 만들었다.3) 비록 그 자체는 사적인 비정부 간 기구임에도 그에 부여된 의무와 책임은 ICRC에게 '국제적 성격'의 활동을 보장했으며, 그 결과 ICRC는 국제적인 법인격을 갖는 것으로 널리 인정되게 되었으며,4) 1990년 10월 6일에는 국제연합 총회에서 옵저버 지위를 인정받기에 이르렀고,5) 그가 활동하는 많은 국가들과의 협정체결을 통해 면제와 특권을 인정받고 있어 사실상 ICRC는 정부 간 기구와 동일한 법적지위를 인정받고 있다고 볼 수 있다.

제2절 비국제적 무력분쟁과 ICRC의 개입

1. ICRC 개입의 법적기초

1863년 2월 17일 창설된 ICRC는 국내분쟁에서는 어떠한 조치도 계획되

---

3) M. Harroff-Tavel는 수많은 인도적 기구 중에서 ICRC는 특별한 지위를 갖는다고 보았는데, 그는 그러한 지위의 근거로써 (1) ICRC는 1949년 제네바협약 당사국, 즉 사실상 세상의 모든 국가들에 의해 권한을 위임받았는데 그러한 국가들은 제네바협약에 서명했을 때 ICRC의 인도적 성격과 공평성을 인정하였다고 볼 수 있고, (2) 그러한 국가들은 ICRC의 규약을 채택함에 있어서 적십자의 기본원칙에 따라 행동할 ICRC의 의무를 항상 존중할 것을 맹세하였으며(1986년 10월 제네바에서 제25차 적십자국제회의에서 채택된 국제적십자 및 적신월사연맹규약 제2조 4항), (3) ICRC는 오랜 역사의 활동을 통해 전통적으로 공평성과 일관성을 유지하였으며 활동지침을 통해 예기치 않은 사태로부터 여러 국가들을 보호할 것을 보장해왔다는 사실을 들고 있다(M. Harroff-Tavel, "Action taken by the International Committee of the Red Cross in situations of internal violence", 294 *IRRC*(1993), pp.199-200.).

4) Julio A. Barberis, "El Comite International de la Cruz Roja como sujeto del derecho de gentes", in *Studies and Essays on International humanitarian Law and Red Cross Principles in honor of Jean Pictet*, ed. by Christopher Swinarski (Martinus Nijhoff publisher, 1984), p.635.

5) UN GA Res.A/45/6.

어서는 안 되고 오로지 유럽국가들 간의 대규모 분쟁에만 그 활동이 제한한다는, 즉 국제적 무력분쟁에서의 분쟁당사자 간 중립적이고 독립적인 중재자로서의 역할에 그 목적을 두고 창설되었다. ICRC의 표어 '전투 중에도 자비를'에서 전투란 당초에는 단지 국가 간 전쟁만을 의미하는 말이었다. 그러나 ICRC는 설립 초창기부터 비국제적 무력분쟁과는 뗄fp야 뗄 수 없는 깊은 관련을 맺어 왔으며 오늘날은 그 대부분의 활동을 비국제적 무력분쟁에서 행하고 있다. 그렇다면 이러한 활동들은 어떤 근거에서 가능한 것일까?

ICRC는 1949년의 제네바협약이나 1977년의 추가의정서의 명문규정에 의해 분쟁희생자에 대한 보호와 원조를 행할 권리를 갖는 반면,[6] 협약에 명문의 규정이 없을 때에도 ICRC의 자체판단에 따라 특정의 조문이 규정하고 있는 활동 외에도 그 밖의 모든 활동을 포함하는 인도적 활동을 행할 권리, 즉 ICRC의 인도적 발의권(right of initiative)이 인정된다.[7] 이 권리는 명시적 근거규정없이 무력분쟁의 희생자를 구호하고 고통을 경감하기 위한 ICRC의 활동이 국제사회에 침투함에 따라 ICRC의 기본적 임무이자

---

6) 제네바협약은 ICRC 대표에게 포로(제3협약 제126조)와 민간억류자(제4협약 제143조)의 방문 및 회견, 억류지역 주민에 대한 구호제공(제4협약 제59조, 61조), 공사적 경로를 통한 포로(제3협약 제123조)와 민간인(제4협약 제140조)에 대한 정보수집 및 전달, 병원지대 및 병원지구(제1협약 제23조)와 안전지대 및 안전지구(제4협약 제14조)의 설치 및 승인을 위한 중개 요청, 피보호자의 정신적 및 물질적 구호활동을 위한 편의제공의 수용(제4협약 제30조) 등을 인정하고 있다.

7) 대한적십자사 인도법연구소, 제네바협약해설 Ⅲ(1985), p.126. 전자인 특정활동을 행할 권리는 활동의 법적근거를 부여하고 있으되 그 활동은 특정된 범위 내에 드는 것이어야만 하고 더 이상의 활동을 자유로이 선택할 수 없게 한 것이고, 반면 후자인 이니시어티브의 권리는 협약규정에 얽매이지 않은 자유활동의 발의권을 인정했으되 ICRC의 구체적인 실제활동까지를 당연히 보장하는 법적근거는 될 수 없게 하고 있는 것이다. ICRC의 활동에 관한 이상의 두 가지 유형에 관해서는 국제법 분야의 입법정책적 과제로서 그 특성비교나 양자간의 보완관계의 필요성 등이 지적되고 있고, 더 나아가서는 ICRC 활동의 보다 광범하고 명백한 특정화, 조약화의 문제가 제기되고도 있으나 아직은 그 귀결을 얻지 못하고 있는 상태이다. 김정균, "ICRC의 이니시어티브의 권리에 관한 고찰", 인도법논총, 제17호(1997), pp.3-4.

권리로서 점차로 주장되기 시작하여, 1929년 포로조약에서 최초로 규정된 이래 1949년 제네바협약 공통9조(제4협약은 제10조)와 1977년 제1추가의정서 제81조1항에서 인정되고 있다.

ICRC의 역무제공은 여러 요소들, 즉 인도적 필요의 규모 및 긴급성, 상황의 법적지위 및 개입의 잠재적 이익들에 의해 정해지는데 ICRC가 발의권을 행사하여 신청하는 활동은 그것을 인수하는 단체의 성격, 당해활동의 성질 및 목적에 관한 조건들에 따라야 하며,[8] ICRC가 실제로 활동하기 위해서는 이들 규정이 명확하게 하듯이 관계당사국(parties concerned)의 동의를 필요로 한다. 따라서 분쟁당사자가 ICRC의 역무제공제의를 거부했다고 해도 분쟁당사자는 국제법상 어떠한 비난도 받지 않고 거부이유도 밝힐 필요가 없다. 하지만 협약에서 이러한 제의가 권리로서 인정되었다는 점에서 비록 분쟁당사자가 그것을 받아들일 마음이 없다고 해도 우선 문호를 개방하고 이러한 제의에 귀를 기울이지 않으면 안 된다고 보아야 할 것이다. 또한 역무를 제의받은 분쟁당사자는 적어도 그 제의된 역무를 신의에 따라 검토하여 ICRC에게 수용여부를 통보해야 하며, 그러한 역무제의를 자국의 국내문제에 대한 간섭으로 간주해서도 안 된다.[9]

비국제적 무력분쟁에 적용되는 인도적 법규에서 ICRC의 인도적 발의권을 인정하고 있는 것은 'ICRC와 같은 공정한 인도적 기관은 그 역무를 분쟁당사자에게 제공할 수 있다'고 규정한 공통3조뿐이다. 동조는 국제적 무력분쟁에서의 ICRC의 인도적 발의권을 인정하고 있는 공통9조를 비국제적 무력분쟁에도 적용할 수 있도록 축소하여 놓은 것으로 ICRC에게 명시적으

---

8) 이에 대해서는 견해가 대립되고 있다. ICRC의 활동은 어떠한 것이라도 좋고 그 활동 내용에 아무런 조건을 과할 수 없다는 주장도 있는 반면에(山下恭弘, 赤十字國際委員會(ICRC) 活動の國際法的 根據, 早稻田大學大學院 法硏論集 제47호(1988), pp.242-243.), ICRC의 활동이 인도적인 것이 아니면 안 되고 그 활동이 각 조약에서 정의된 피보호자를 대상으로 해야 한다는 일정한 조건을 충족해야 한다는 주장도 있다. Y. Sandoz, "Le droit d'initiative du Comité international de la Croix-Rouge", 22 *German Yearbook of International Law*, 1979, p.361.

9) M. Harroff-Tavel, "Action taken by the International Committee of the Red Cross in Situations of Internal Violence", 294 *IRRC*(1983), p.202.

로 비국제적 무력분쟁에서의 활동을 위한 법적기초를 제공하고 있는 유일한 조항이다. 혹자는 이의 관습법적 성격을 인정하기도 한다.[10]

비국제적 무력분쟁에서 ICRC의 역무제의를 받을 수 있는 지위에 있는 분쟁당사자는 동등한 법적 지위에 있는 관계당사국(parties concerned)을 대상으로 하는 국제적 무력분쟁과는 달리 일방은 법적 정부이며 타방은 특별한 경우를 제외하고는 국제법적 지위를 갖지 못하는 반란단체이다. 그러나 반란단체도 이러한 신청을 받아들일 주체가 될 수 있으며, 만약 정부가 ICRC의 활동신청을 거부해도 반란단체가 이를 수용한다면 ICRC는 국제법상 국가를 대표하는 정부의 거부에도 불구하고 반도의 통제하에 있는 영역에서 활동할 수가 있다. 정부는 그것을 비우호적 행위로 간주해서는 안 되며 또한 ICRC가 분쟁희생자의 원조를 위해 반도에게 역무를 제공하는 것을 방해할 수 없다.[11] 이러한 사실은 비국제적 무력분쟁에서의 인도적 발의권을 매우 특별하게 하는 요소인 동시에 전통국제법과 비국제적 무력분쟁의 관계에 상당한 영향을 미쳤는데,[12] 이러한 점에서 ICRC의 인도적 발의권은 상당한 의의가 있다고 볼 수 있다. ICRC 역무제공은 긴장의 원인을 제거하고 폭력의 상승을 막기 때문에 이를 받아들이는 정부 또는 반란단체에게 이익이 된다. 게다가 이것은 그러한 당국에게 인도적 문제에 대한 독립되고 중립적인 기구의 견해를 들을 기초를 제공한다.

ICRC는 공통3조에 의한 인도적 발의권외에도 실제적으로는 ICRC정관 및

---

10) J. P. Lavoyer, "Refugees and Displaced Persons : International Humanitarian Law and the Role of the ICRC", 305 *IRRC*(1995), p.166.

11) 대한적십자사 인도법연구소, *op. cit.*, p.45.

12) Y. Sandoz, *op. cit.*, p.365. ICRC(공평한 인도적 단체 포함)의 인도적 발의권을 인정한 공통3조2항은 반도에 대하여 전통국제법이 교전단체 승인제도에 의해서만 인정하던 일정의 국제법상의 지위, 즉 인도적 대우에 관한 권리·의무, 협약의 적용확대를 목적으로 하는 협정을 체결할 권한 등을 동 제도에 의하지 않고도 부여할 수 있는 가능성을 열어 두고 있을 뿐만 아니라 합법정부의 분쟁당사자의 지위에도 영향을 미칠 수 있기 때문에 공통3조 4항은 '전기 규정의 적용은 분쟁당사자의 법적지위에 영향을 미치는 것은 아니다'라고 규정하여 공통3조의 적용이 초래할 국제법에 대한 영향을 극구 막으려고 했다(山下恭弘, *op. cit.*, p.247).

ICRC의 결의에 따라 분쟁의 유형에 관계없이 인도적 방법으로 개입할 권한이 인정될 수 있다. ICRC의 임무로써 ICRC 정관 제4조1(c)항에서는 "제네바협약에 의하여 부과된 임무를 수행하고 이들 협약의 충실한 적용을 위하여 활동하며 또한 상기 인도주의 제 협약의 위반혐의에 관한 모든 고통을 수리하는 일", 동조 1(d)항에서는 "특히 전쟁, 내란 또는 국내소요 시에 중립적 기구의 자격으로 조치를 취하고 그러한 충돌과 그것이 직접적 결과로 인한 군민의 희생자들에게 보호와 원조가 제공되도록 확보하기 위하여 노력하고 인도적인 문제에 관하여 분쟁당사자 간의 중개자로서의 역할을 하는 일"이라고 규정함으로써 비국제적 무력분쟁에서의 희생자 보호활동이 ICRC 임무의 하나라는 것을 분명히 하여 비국제적 무력분쟁에의 ICRC 개입을 확실히 하고 있고, 제10차 적십자국제회의(제네바, 1921년)에서 채택된 결의 XIV을 필두로 제16차 회의(런던, 1938)의 결의XIV, 제17차 회의(스톡홀름, 1948)의 결의XX, 제19차 회의(뉴델리, 1957)의 결의XVII, 제20차 회의(비엔나, 1965)의 결의XXXI, 제24차 회의(마닐라, 1981)의 결의VI 등들도 ICRC에게 비국제적 무력분쟁에의 개입근거를 제공하고 있다.

2. ICRC 활동의 역사적 전개

국제적 무력분쟁을 염두에 두고 창설된 기초에도 불구하고 ICRC는 초창기부터 비국제적 무력분쟁과 국내적 소요 및 긴장사태에서 희생자구호를 위하여 활동하기 시작했으며, 오늘날 국제적 무력분쟁에서 보다는 비국제적 무력분쟁들에서 그 대부분의 활동을 행하고 있다. 이러한 전통은 창설 당시부터 형성되기 시작했는데, ICRC가 세계도처에서 발생한 비국제적 무력분쟁의 수많은 경우에서 인도적 원조를 제공하기 위해 모든 노력을 경주하게 되자 이러한 활동을 더욱 효율적으로 전개하고 뒷받침하기 위해 ICRC내에서 그리고 적십자국제회의에서 ICRC의 활동을 비국제적 무력분쟁에까지 확대시키자는 주장이 제기되기에 이르렀고, 1912년 제9차 국제적십자회의(워싱턴)에서 미국 적십자사는 최초로 내전에 있어서의 적십자 역할에 대한 제안을 제출했다. 하지만 각 정부 대표들은 이 제안을 고려하지 않기로 결정했다.[13)

그렇지만 국제적십자는 그 이후에도 분쟁당사자의 몰이해속에서도 비국제적 무력분쟁에서 인도적 활동을 계속 수행하였다. ICRC는 러시아 혁명의 와중에서 러시아 적십자의 협력과 레닌의 허가를 얻어 1918년과 1919년에 외국인억류자를 방문하여 원조를 제공하였고 동일 장소에 억류된 러시아인들에게도 원조를 제공했으며, 또한 1919년 제1차대전 포로들의 귀환을 위해 헝가리에 주재하던 ICRC대표는 정치적 억류자들을 방문하여 그들에게 원조를 제공했으며, 인도적 기초에서 그들 중 일부의 석방을 얻어내고 400명의 공산주의자 포로와 소련에 억류된 2500명의 헝가리 공무원의 교환을 주선했다.[14)

정치적 억류자를 위한 ICRC의 이러한 활동들은 1921년 제10차 적십자국제회의가 내전에서의 적십자의 역할을 인정하고 내전이 발생한 국가에서 희생자를 공정하게 원조하는 데 있어 국별적십자의 중요한 역할을 강조하면서 ICRC에게 내전의 경우 구호작업에 간섭할 권한을 위임하고 내전에서도 국제법은 존중되어야 함을 호소하는 결의XIV를 채택함으로써 명시적으로 가능해졌다.[15)

---

13) Yung, "Le Role et l'Action de la Croix-Rouge en Temps de Guerre Civile", 230 *Revue Internationale de la Croix-Rouge*(1938), p.98. 미국 제안이 토의의 대상조차 되지 않은 가장 근본적인 이유는 각국의 대표들이 동 제안을 국내문제에 대한 적십자사의 간섭이며 국가주권을 침해하는 것으로 받아들였기 때문이다.

14) M. Veuthey, "The Red Cross and Non-International Conflicts", 110*IRRC*(1970), p.411: A. Durand, *Histoire du Comité de la Croix-Rouge: De Sarajevo a Hiroshima*(Henry Dunant Institute, 1978), pp.78-100. 이들 활동들에 대한 자세한 설명은 J. Moreillon, "The International Committee of the Red Cross and The Protection of Political Detainees", 164 *IRRC*(1974), pp.585-594.

15) 동 결의의 채택은 ICRC가 비국제적 무력분쟁의 희생자를 위한 원조활동에 대한 적십자 조치를 위해 고려된 원칙에 대한 표현이 있은 지 거의 50년 만이었다. 그리고 1937년 ICRC에 의해 소집된 정부전문가위원회는 적십자원칙은 제네바협약

동 결의 채택 2개월 후 ICRC는 상부실레지아분쟁에서 폴란드 및 독일인 억류자들을 방문, 교환하고 민간주민들에게 식량을 공급하고 양 분쟁당사자들과 의료요원의 보호를 협상했으며,16) 스페인내전에서는 분쟁당사자들로부터 국제인도법의 준수를 선언토록 하고 포로를 방문하고 가족간 서신을 전하고 실종자를 추적하고 난민들에게 원조를 제공하였고,17) 그리스내전(1946-1949)에서는 억류자 및 적에게 체포된 전투원들에 대한 구호활동을 전개했었다.18)

ICRC가 처음으로 공통3조에 의거 억류자를 방문한 것은 1954년 과테말라에서였다. 과테말라분쟁에서의 ICRC의 민간인 존중 요구 및 역무제공 제의는 분쟁당사자들에 의해 받아들여져 ICRC는 과테말라 적십자와 협조하여 감옥시설을 조사하고, 정치구금자를 방문하여 그들에 대한 적절한 대우를 보장하는 등 원조를 제공했다.19) 그 후 1958년 쿠바에서 혁명군에 체포된 400명의 부상포로의 소개하였으며,20) 1961년 콩고에서 민간인의 대량학살을 방지하고 국제연합군을 포함한 모든 분쟁당사자들에 의해 인도적 원칙과 규칙들의 존중이 증진되도록 노력하였으며,21) 1967년 예멘에서 비록 동국이 제네바협약에 가입하지 않았음에도 불구하고 억류자들을 방문·교환하고 의료구호를 조직하였으며 독가스 사용을 확인, 중지시켰고 분쟁당사자들로 하여금 제네바협약을 준수한다는 것을 합의토록 중재했다.22)

이 적용될 수 없는 모든 상황에서 존중되어야 한다는 것을 만장일치로 인정되었으며 1938년 제16차 국제적십자회의에서도 반복되었다(M. Veuthey, *op. cit.*, pp.411-412.).

16) A. Durand, *op. cit.*, pp.164-165; J. Siotis, *Le droit de la guerre et les conflits armés d'un caractére non-international*, Paris, *Librairie Générale de Droit et de Jurisprudence* (1958), pp.148-149.

17) J. Siotis, *Ibid.*, pp.151-156.

18) *Ibid.*, pp.171-174.

19) Ford, "Resistance Movements in International Law", 7 *IRRC*(1967), p.46.

20) ICRC, Annual Report(1958), p.18.

21) ICRC, Annual Report(1960), pp.7-14.

22) M. Veuthey, "Les Conflits armés et le droit humanitaire", in *Current Problems*

　이상과 같이 법적기초에 관계없이 자신의 전통에 따라 전개해 온 비국제적 무력분쟁에서의 ICRC의 인도적 활동사례는 오늘날까지 계속 이어지고 있다. ICRC는 니카라구아분쟁에서 동정부가 ICRC 대표소 설치를 허용하면서도 공통3조가 적용되는 비국제적 무력분쟁의 존재를 인정하지 않았지만 ICRC 대표들은 정부의 승인하에 전투지대에서 민간인 구호활동에 참여하고 체포된 반군들을 방문하여 원조를 제공했으며,[23] 1978년 엘살바도르에서 ICRC는 무력분쟁이 발생하기 전 인도적 발의권에 기초하여 역무를 제공했으며 억류자 방문, 민간주민 구호활동, 실종자 추적 및 국제인도법과 적십자원칙의 보급 등 전통적인 활동들을 통해 긴급상황에서의 인도적 법규의 유효성을 지속적으로 보여줌으로써 상호신뢰관계를 확립하였다. 그 결과 엘살바도르가 당시 가입하지 않고 있던 제2추가의정서가 사실상 적용될 수 있었다.[24] 또한 1978년 Chad분쟁에서 제2추가의정서 당사국이 아니었던 챠드공화국 정부와 민족해방전선(Frolinat)은 ICRC의 인도적 활동을 허용하였으며 민족해방전선은 제네바협약에 따라 포로들을 대우하겠다는 의무를 명시적으로 수락했었고, 동년 아프가니스탄분쟁에서 ICRC는 반란단체에 대해 계속해서 공통3조를 상기시켜 분쟁당사자들은 기본적인 인도적 규칙들을 존중해야 한다고 주장했으며,[25] 1980년 9월 16일 재차 분쟁당사자에게 국제인도법을 존중할 것과 ICRC가 희생자에 대한 보호와 원조를 행할 수 있도록 승인해 줄 것을 요청했다.[26]

---

of International Law, ed. by Antonio Cassese(A. Guiraffe Editore, 1975), pp. 240-241.

23) ICRC, Annual Report(1986), pp.36-41.

24) S. Junod, "Additional Protocol Ⅱ: History and Scope", 33 *The American University Law Review*(1983), p.40.

25) ICRC, Annual Report(1980), p.45.

26) ICRC, Press Release No.1398(1980. 9. 16).

제3절 ICRC 인도적 활동의 내용

1. 분쟁희생자 예방조치

비국제적 무력분쟁에서의 희생자 예방을 위한 ICRC의 인도적 활동은 크게 국제인도법의 재확인 및 발전, 국제인도법과 국제적십자 원칙의 보급, 분쟁당사자간 주선 및 중개역할 및 국제인도법의 준수촉구로 나눌 수 있다.

ICRC는 상당히 오래전부터 제네바협약 등 국제인도법의 재확인과 발전의 문제, 특히 비국제적 무력분쟁에 있어서의 희생자 보호를 인도적 관점에서 모색, 연구해 왔으며 상당한 업적을 이루었다.[27] 1949년 제네바협약 공통3조를 채택함으로써 비국제적 무력분쟁의 희생자에 대한 최소한의 인도적 보호를 규정하였으며, 동조의 문제점을 보완한 새로운 인도적 법규를 만들기 위하여 노력하였던바, ICRC의 주최로 1974년에 개시된 '무력분쟁에 적용되는 국제인도법의 재확인과 발전에 관한 외교회의'는 4년에 걸친 노력 끝에 1977년 전문과 28개조로 이루어진 '비국제적 무력분쟁의 희생자의 보호에 관한 1949년 8월 12일의 제네바협약 추가의정서'(제2추가의정서)를 채택하였다.

또한 ICRC는 "무력분쟁에 적용되는 국제인도법과 적십자사 기본원칙의 보급을 위한 활동과 국제인도법의 발전을 준비하기 위한 활동"을 할 법적 책임이 있으며(적십자규약 제5조 2(c)항), 제국들은 ICRC에게 무력분쟁 및 국내혼란으로 발생한 희생자들에게 보호와 원조를 제공할 의무가 있다(적십자규약 제5조 2(d)항). 이에 따라 ICRC는 인도적 원칙 및 법규를 가능한 널리 보급, 교육시키기 위해 국제적인 노력을 경주하고 있다.[28] 이러한 ICRC의 노력은 인도적 제 협약 및 국제관습법상의 책임을 분쟁당사자에게

---

27) 최은범, "현대국제인도법의 형성과 적십자의 선도적 역할", 교수논총 제5집, 국방대학원(1996), pp.61-80.

28) M. Harroff-Tavel, *op. cit.*, pp.195-220.

환기시켜 희생자를 예방하기도 한다.

그리고 ICRC는 분쟁이 발생하게 되면 분쟁지역에 대표를 파견하여 제반 상황을 관찰하여 분쟁당사자에게 보고하고, 필요한 경우 정부와 반군간의 협상을 주선하거나 분쟁당사자를 설득하는 등 적절한 조치를 권고하며 의무를 상기시키기도 한다. 이러한 ICRC의 활동들은 포로교환 및 희생자의 인도적 대우에 영향을 미치고 긴장을 완화시키거나 적대행위의 종식을 가져올 수도 있다. 그런데 분쟁당사자에 대한 관찰내용의 보고는 희생자 원조 및 보호활동에 종사하고 있는 자를 지원하고 원활한 활동을 보장하기 위하여 비밀에 부쳐지는 것이 일반적이다.[29] ICRC는 정치에 관심이 있는 것이 아니라 분쟁의 법적 성격에는 관계없이 분쟁희생자의 인도적 보호에 관심이 있기 때문이다. 하지만 이는 구유고와 르완다 분쟁에 관한 수많은 공식발표에서 볼 수 있듯이 절대적인 것은 아니다.[30]

마지막으로 ICRC는 장기간의 실질적인 활동으로 국제사회로부터 "국제인도법의 성실한 적용을 위해 활동할" 권한을 부여받았다(적십자규약 제5조2(c)항). 대부분의 경우 ICRC는 분쟁당사자들이 국제인도법의 원칙에 구속된다는 호소를 시작으로 분쟁지역에 대표를 파견하여 인도적 활동에 착수하는 동시에 국제인도법의 존중을 촉구한다.[31] 실제로 ICRC는 스페인

---

29) Bissell, "The International Committee of the Red Cross and the Protection of Human Rights", 1 *Human Rights Journal*(1968), pp.258, 260, 262, 274.

30) ICRC는 그의 대표가 실패하거나 그러한 발표가 희생자에게 이익이 될 때 국제인도법의 중대한 위반사실을 발표한다. ICRC, "Action by the ICRC in the Event of Breaches of International Humanitarian Law", 221 *IRRC*(1981), pp.76-83 참조.

31) 분쟁당사자들에 대한 ICRC 호소는 공통3조 3항이 규정하고 있는 바와 같은 분쟁당사자들 간의 특별협정의 체결을 이끌기도 했다. 물론 그러한 협정의 체결이 항상 성공적인 것은 아니었다. 알제리아공화국 임시정부(Provisional Government of the Republic of Algeria:GPRA)은 공통3조는 불충분하다면서 프랑스 정부에게 양측에 있는 포로, 상병자 및 민간주민의 보호를 명시적으로 규정하기 위하여 ICRC 후원하에서 특별협정을 체결하자고 제의했다. 프랑스는 GPRA의 제의를 수락하지 않았다. Fraleigh, "The Algerian Revolution as a Case Study in International Law", in *The International Law of Civil War*, ed. by R. Falk(The Johns Hopkins University Press, 1971), pp.194-195.

내전에서 양 당사자들의 인도적 규칙 및 원칙의 존중에 대한 동의를 받아
냈으며,[32] 예멘에서는 왕정파로부터는 협약의 기본적인 규정들을 준수하겠
다는 선언을, 공화국대통령으로부터는 협약의 본질적인 규칙들에 구속된다
는 동의를 받아냈고,[33] 특히 나이제리아에서는 적대행위가 발생되기 전 양
분쟁당사자로부터 제네바협약을 적용하겠다는 합의를 이끌었다.[34] 또한 민
족해방단체 및 반란단체들이 ICRC에게 국제인도법에 구속된다는 내용의
일방적 선언을 하기도 했다.[35]

2. 분쟁희생자 보호조치

비국제적 무력분쟁에서의 적십자의 중요한 활동의 하나는 포로 및 민간
억류자 등의 희생자를 방문하여 원조를 제공하는 것이다. 이는 ICRC의 창
설이후 이제까지의 활동을 돌이켜 볼 때 분명한 사실이다. 제네바협약도
ICRC가 국제인도법의 수호자로서 그 의무를 수행할 수 있도록 ICRC에게
전쟁포로에의 접근권리(제3협약 제126조)와 민간인 보호권리(제4협약 제
143조)를 부여하고 있다.

비국제적 무력분쟁에서 분쟁당사자들은 적당사자를 억류하는 경우가 많
으며, ICRC는 이러한 억류자에 대한 대우와 억류조건을 개선시키고자 분
쟁당사자를 방문하여 통해 실종, 고문 및 학대방지, 가족의 재결합 등 억류
조건의 향상을 협의한다. 이러한 활동과정에서 ICRC 요원들은 적십자표장

---

32) J. Siotis, *op. cit.*, pp.151-156.

33) ICRC, Annul Report(1962), p.29.

34) ICRC, Annul Report(1966), p.8.

35) The African National Congress(ANC)는 1980년 11월 28일, Southwest Africa
People's Organization(SWAPO)는 1977년 2월 25일, Nation Union for the
Total Independence of Angola(UNITA)는 1980년 7월 25일, Moro National
Front(Philippine)은 1982년 3월 18일, Palestine Liberation Organization(PLO)
는 1982년 6월 7일에 국제인도법을 준수한다는 선언을 했다.

에도 불구하고 총격으로 사망하거나 부상당하고 납치되기도 한다.[36]

ICRC는 국제적 무력분쟁에서는 억류자의 국적국과 억류국 모두에게 방문결과보고서를 제출하지만 비국제적 무력분쟁에서는 국내적 소요에서와 마찬가지로 오직 억류국에게만 제출한다.[37] 이러한 보고는 억류자에의 접근을 용이하게 하고 억류당국과의 건설적 대화를 유지하기 위해 신중을 기하여 비공개적으로 처리하는 것이 일반적이나 반복적으로 중대한 인도적 법규가 위반되고 희생자들에게 이익이 되며 ICRC 대표가 직접 위반을 목격했거나 그러한 위반행위의 존재 및 정도가 믿을 수 있는 원천에 의해 확립되었을 때에는 공개할 수 있다.[38] 이러한 ICRC의 억류장소 방문자체가 억류지역에 심각한 인도적 문제가 있다는 것을 결코 의미하는 것은 아니며 단지 희생자의 인도적 보호를 보장하기 위하여 억류당국과 협의하고자 한다는 것을 보여줄 뿐이다.[39] 하지만 억류당국은 국제사회의 여론을 의식하여 억류의 대우에 보다 깊은 관심을 갖게 되고 그 결과 억류조건이 향상될 수 있을 것이다. 또한 억류자들의 신변을 확인하여 출신국에게 알려줌으로써 혹시 있을 수도 있는 보복조치를 미연에 방지할 수도 있을 것이다. 이러한 방문 및 원조제공을 위해서는 무엇보다도 억류장소 방문에 대한 허가가 중요하지만 정확하고 진솔된 억류장소 및 억류자 명단의 제출과 억류자들과 사적으로 대화할 자유가 보장되어야 할 뿐만 아니라 억류자 및 그 가족에 대한 의료원조의 제공이 허용되어야 할 것이다.

이와 같은 포로 및 민간억류자 방문 및 보호활동 외에도 ICRC는 희생자 보호조치로써 민간주민과 난민들에 대한 식량, 의약품 및 기타 구호물자의

---

36) G. Kewley, *Humanitarian Law in Armed Conflicts*(VCTA Publishing, 1984), p.45.

37) M. Veuthey, "Implementation and Enforcement of Humanitarian Law and Human Rights Law in Non-International Armed Conflicts: The Role of International Committee of the Red Cross", 33 *The American University Law Review*(1983), p.93.

38) ICRC, "Action by the International Committee of the Red Cross in the event of breaches of International Humanitarian Law", 221 *IRRC*(1981), p.81.

39) M. Harroff-Tavel, *op. cit.*, pp.208-209.

제공과 그러한 구호활동을 위한 편의제공, 실종자 추적 및 가족 재결합 등에 많은 인원과 자원을 사용하고 있으며, 이러한 활동은 각국 적십자사와 유기적 협조하에 진행되는 것이 일반적이다.[40) 또한 무력분쟁에 의하여 이산가족이 된 자들과 포로의 추적 및 가족간의 연락 등의 활동을 통해 이들을 보호하는바, 이러한 활동은 중앙추적국(Central Tracing Agency: CTA)을 통해 주로 이루어진다(적십자규약 제5조2(e)). CTA는 분쟁 또는 소요로 이산된 가족들 간의 유대를 회복하고 유지하기 위해서 억류 전투원 및 민간인의 생사 및 소재확인, 서신교환뿐만 아니라 그러한 가족의 재결합을 추구한다.[41) CTA가 이러한 업무를 국제적 무력분쟁에 있어서 뿐만 아니라 비국제적 무력분쟁에까지 확대하게 된 것은 다른 어떤 기관보다 중립적이고 공정할 뿐만 아니라 이를 대신할 국내정보기관이 부적절하거나 부존재하기 때문이었다.[42)

3. 국제인도법 위반억제(이행강제)조치

ICRC는 분쟁희생자에게 식량, 수용시설, 의료구호 등의 인도적 보호조치를 취하기도 하지만 분쟁당사자들의 인도적 제법규의 존중을 보장하기 위해 이들을 독려하는 등 상당한 노력을 기울여 왔다.[43) 이를 위해 ICRC는 국제인도법의 위반을 종식시키거나 그러한 위반의 발생을 방지하기 위하여 관련된 위반행위의 중대성에 따라 다양한 수준에서 적절한 조치를 취한다.

---

40) Frederic Maurice and Jean de Courten, "ICRC Activities for Refugees and Displaced Civilian", 280 *IRRC*(1991), pp.9, 13-15.

41) G. Willemin and R. Heacock, *The International Committee of the Red Cross* (Martinus Nijhoff Publishers, 1984), pp.90-91.

42) 임태근, "비국제적 무력충돌에 있어서 국제인도법의 적용에 관한 소고", 사회과학연구, 제12집 제2권, 영남대학교 사회과학연구소(1992), p.251.

43) Moreillon, "Humanitarian Law, The ICRC and Promoting the Geneva Conventions", 31 The American University Law Review(1982), p.822.

국제인도법의 위반이 발생하는 경우 ICRC는 발의권을 행사하여 조치를 취하거나, 위반주장을 접수하여 그것들을 송부하거나,[44] 협약에서 요구되거나 또는 관련당사자 간의 특별합의로 사실심사에 참여하거나, 주장된 위반에 관한 의견을 공식적으로 발표하거나, 주장된 위반행위의 사실여부에 대한 조사를 행하기도 한다.[45]

   이러한 경우 ICRC 조치는 본질적으로 하나의 기준, 즉 희생자의 이익에 의해 결정되어야 한다. 분쟁당사자 간 중립적인 중재자로서의 역할과 무력분쟁의 모든 희생자를 차별없이 대우할 의무는 국제인도법의 위반 시 그 조치가 희생자에게 미칠 수 있는 모든 결과를 조심스럽게 고려한 후에 반응할 것이 요구된다. 그리고 ICRC는 분쟁당사자보다 우월한 법적 지위를 갖는 것이 아니기 때문에 자신에게 주어지지 않은, 게다가 가지기를 원하지도 않은 사법적 권한을 행사해서도 안 된다.[46] 중대한 침해가 있어 ICRC가 예외적으로 조사할 때에도 ICRC 자체가 중재법원이나 조사위원회가 되는 것이 아니고 외부기관에 그 소임을 위촉하여 ICRC의 조력이 정치적 목적에 이용되거나 국가 간의 증오감을 자극하는 일이 없도록 하여야 한다.[47] 이처럼 국제인도법 위반에 대한 억제조치에 있어서의 ICRC의 역할은 직접적인 억제조치의 시행자라기보다는 이행을 촉진하는 중간적 보조자라고 할 수 있을 것이다.

---

44) ICRC는 다른 통신수단이 없고 그들 사이에 중립의 중재인이 요구되는 경우 분쟁당사자 또는 분쟁당사자의 국별 적십자사로부터의 항의를 접수할 수 있다(국제적십자사 규약 제6(4)). 그렇지만 외국정부, 외국적십자사, 국가간 또는 비국가간 기구 및 개인 등 제3자에 의한 항의를 통보할 수 없다. ICRC, "Action by the International Committee of the Red Cross in the event of breaches of International Humanitarian Law", *op. cit.*, pp.78-79.

45) *Ibid.*, p.76.

46) *Ibid.*, p.77.

47) 김정균, "전쟁법과 인도법에 있어서의 중립개념", 인도법논총, 제12호(1992), p.17.

제4절 문제점 및 개선방향

1. 문제점

ICRC는 비국제적 무력분쟁이라는 어려운 상황에서도 희생자의 발생을 예방하고 현실적으로 희생이 발생되는 경우 그들에게 적절한 인도적 원조와 구호활동을 전개하며, 국제인도법의 위반을 중지시키고 그 충실한 적용을 확보하기 위해 다양한 인도적 활동을 전개해 왔으며 앞으로도 이러한 활동은 변함없이 지속될 것이다.

하지만 ICRC가 인도적 활동을 효율적으로 수행하기에는 몇 가지 제한요인이 존재하는데, 이를 분설해보면 첫째, ICRC는 제네바협약에 의해 부여된 '공정한 인도적 기관'으로서의 성격을 유지하는 한계 내에서 활동해야 한다. ICRC 활동은 적십자의 인도주의원칙에 따른 인간고통의 방지 및 완화, 생명과 건강의 보호, 인간의 존엄에 대한 존중 및 보장에 한정되기 때문에 인도적 활동에 있어서 어떠한 기준에 의해서든 희생자를 차별적으로 대우할 수 없고, 오로지 희생의 중대성과 구호의 긴급성에 따라 특정 희생 및 희생자를 우선적으로 구호 및 원조하여야 한다. 이러한 공정성 유지를 위해서는 무엇보다도 ICRC가 분쟁당사자의 간섭없이 분쟁지역에서 활동할 수 있는 여건이 조성되어야 하는데, 분쟁당사자의 자의적, 정치적 판단에 따라 활동이 제약되는 것이 일반적이다.

둘째, ICRC는 제네바협약의 충실한 적용을 위하여 활동해야 하지만(적십자규약 제6조4항), 사법적 또는 준사법적 기능을 부여받지 못했기 때문에 사실논쟁에 대해 판단을 내릴 수 없다. ICRC는 법을 제정하지 못하는 것이다. 그러한 기능은 국제연합 등 국제기구나 개별국가를 통할 수밖에 없다.[48]

---

48) H. P. Gasser, "Internationalized Non-International Armed conflicts: Case studies of Afghanistan, Kampuchea and Lebanon", 33 *The American University Law*

셋째, 공통3조에 따라 ICRC(공정한 인도적 단체 포함)는 인도적 발의권을 행사하여 역무를 제의할 수 있지만 분쟁당사자는 그러한 역무를 수락할 의무가 없다. 이제까지의 관행을 살펴볼 때 이러한 ICRC의 제의가 완전히 무시되지는 않았지만 그렇다고 기꺼이 환영받지도 못했다. 따라서 ICRC가 임무를 더욱 효과적으로 수행하기 위해서는 이러한 역무제의가 분쟁당사자들에 더욱 의무적인 것으로 만듦으로서 비국제적 무력분쟁에서의 ICRC의 역할을 강화시켜야 할 것이다.[49]

넷째, 비국제적 무력분쟁에서의 국제인도법의 원칙과 규칙의 적용을 어렵게 만드는 원인들 중의 하나는 ICRC의 활동이 주권우위원칙에 의해 제한된다는 것이다. ICRC는 국제인도법의 원칙을 비국제적 무력분쟁에 적용하려고 많은 시도를 했었다. 그중 상당히 성공적이었던 경우도 있었지만 분쟁상황이 완전히 자신들의 통제 내에 있다거나, ICRC의 원조 또는 개입이 불공정하다는 등 제 정부들의 반대로 희생자 예방과 구호에 실질적인 역할을 한 경우는 드물었다. 현실적으로 비국제적 무력분쟁에 처해있는 정부는 어떠한 제한없이 반도를 진압할 수 있다고 생각하는 경향이 있으며 반도도 테러, 암살 및 민간인 살상 등을 통해 열세의 전력을 만회하려고 한다. ICRC의 희생자 보호 및 원조활동의 성공은 관계당사국의 정치적 이익이 ICRC의 인도주의적 목적과 의 일치여부에 달려있는데, 불행하게도 이러한 일치는 본질적으로 드물 수밖에 없다. 앞으로도 '국가주권'과 '국가이익'이라는 장벽은 계속적으로 비국제적 무력분쟁에 국제인도법의 규칙을 도입하려는 ICRC의 노력들을 효과적으로 방해할 것이며, 분쟁당사자들이 타 당사자를 위해 국제인도법이 무엇을 할 것을 요구하고 있다는 것을 자각하여 이를 준수하기까지는 시간이 다소 걸릴 것이다.[50]

Review(1983), p.158.

49) Richard N. Kiwanuka, "Humanitarian Norms and Internal Strife: Problems and Prospects", in *Implementation of International Humanitarian Law*, edited by F. Kalshoven and Y. Sandoz(Martinus Nijhoff Publisher, 1989), p.246.

50) *Ibid.*, pp.252-253.

2. 개선방향

이상의 논의에서 볼 때 분쟁희생자 보호를 위한 ICRC의 활동은 오직 제한적, 간접적이라는 것을 알 수 있다.[51] 그럼에도 불구하고 현실은 우리에게 한 가지 결론을 자각케 한다. 만약 ICRC가 명확하고 분명한 태도를 갖고 있지 않다면, 분쟁당사자는 인도적 제법규의 준수에 매우 소극적인 태도를 보일 것이고, 분쟁희생자들은 그러한 분쟁당사자들의 태도로 해서 더욱 고통을 받게 될 것이며 분쟁에 연루되지 않은 제네바협약 당사자들은 인도적 규정이 무시될 때도 침묵하고 있을 것이다. 여기에 ICRC의 중요성이 있다. ICRC의 권고와 주장에 의해 분쟁당사자들은 국제인도법을 상기, 존중할 기회를 갖게 될 것이고 그럼으로써 국제인도법의 존재는 확고해지고 강화될 것이며, 제국들은 분쟁상황에 깊은 관심을 갖고 희생자들에 우호적인 여론을 조성할 것이다. 이러한 제반 상황은 분쟁희생자의 인도적 보호를 강화시킬 것이다.

이러한 ICRC의 인도적 보호활동을 강화하기 위해서는 첫째, ICRC의 인도적 발의권의 법적 구속력을 보다 강화하기 위한 국제사회의 합의를 형성해야 한다. ICRC는 창설초기부터 국제전뿐만 아니라 국내분쟁(내전 및 국내적 소요긴장사태)에서도 인도적 역무를 제공하여 성과를 거두기도 했다. 이러한 활동의 결과로 국제인도법은 특정규정에 의해 ICRC의 활동을 보장하면서도 인도적 발의권을 인정했다. 하지만 분쟁당사자는 이를 수락해야할 의무가 없다. 이처럼 당해체약국의 동의를 전제로 하는 이러한 인도적 발의

---

51) ICRC의 제한적 역할에 대해 (1) 제네바법의 위반을 방지하고 그 준수를 보장하도록 강력한 권한을 부여하고, ICRC도 이에 능동적으로 관여해야 한다는 적극론과 (2) 제네바법 위반사실문제는 관련당사자에겐 민감한 문제여서 그에 대한 개입에는 정치성이 수반되기 쉽고, 국제적십자규약(제2조5항)상의 정치적 활동 금지조항 및 인도적 임무수행에의 장애 등을 이유로 한 ICRC의 제한적 역할이 계속 유지되어야 한다는 신중론이 대립하고 있는바, ICRC는 후자의 입장을 취하고 있다. 정운장, "제네바법의 재조명: 그 준수확보에 관한 문제점과 당면과제를 중심으로", 인도법논총, 제9호(1989), pp.77-78.

권의 비구속적인 법적 성격상 많은 분쟁들에서 무시되거나 회피되었고, 수용된 경우에도 그 활동이 매우 제한되었으며, 분쟁에의 개입으로 오해되어 방해받거나 심지어 구호활동에 종사 중인 요원들이 피살되기도 했다.

비국제적 무력분쟁에서의 희생자의 보호 및 원조를 위해서는 ICRC의 구호활동이 필수적이다. ICRC 역무제공은 긴장의 원인을 제거하고 폭력의 상승을 막기 때문에 이를 받아들이는 정부 또는 반란단체에게 이익이 된다. 게다가 이것은 그러한 당국에게 인도적 문제에 대한 독립되고 중립적인 기구의 견해를 들을 기초를 제공한다. 따라서 생존에 긴급한 물자의 경우 강제적 성격을 인정하거나, 국제연합(평화유지활동)과의 공조 등 ICRC의 인도적 발의권의 법적 성격을 보다 강화하는 방향으로 국제사회의 합의를 이끌 필요가 있다.

둘째, ICRC는 중립적인 중재자로서의 역할에 충실해야 한다. ICRC의 조치는 본질적으로 하나의 기준, 즉 희생자의 이익에 의해 결정되어야 한다. ICRC는 분쟁당사자 간 중립적인 중재자로서 분쟁희생자의 보호조치가 그에게 미칠 수 있는 모든 결과를 조심스럽게 고려한 후에 전개되어야 하며,52) 분쟁지역에의 출입이 허용된 경우에도 도덕적 또는 정치적 판단을 내려서는 안 되고 그 역할을 인도적 규칙의 고취, 독려 및 확인에 그쳐야 하며,53) 중대한 침해가 있어 ICRC가 예외적으로 조사할 때에도 ICRC 자체가 중재법원이나 조사위원회가 되는 것이 아니고 외부기관에 그 소임을 위촉하여 ICRC의 조력이 정치적 목적에 이용되거나 국가 간의 증오감을 자극하는 일이 없도록 하여야 한다.54)

이러한 ICRC의 중립적 태도는 인도적 법규의 위반을 방치할 수도 있고 위반국의 악의적 도피처로 이용될 가능성55)이 있다 해도 강조, 강화되어야

---

52) ICRC, *Respect for International Humanitarian Law:ICRC Review of Five Years of Activity(1987-1991)*(ICRC, 1991), p.15 참조.

53) H. McCoubrey and Nigel D. White, *International Organization and Civil War* (Dartmouth, 1995), p.142.

54) 김정균, "전쟁법과 인도법에 있어서의 중립개념", *op. cit.*, p.17.

55) ICRC는 개입분쟁의 실태와 제네바협약의 적용상황에 관하여 보고서를 작성하

할 것이다. 왜냐하면 인도법규정이나 인도주의 사업에 있어서 기본원칙으로 요구되는 중립은 일반적이고 세속적인 비교차원의 것이 아니라 절대적이고 필연적인 실천기준으로 엄격히 정의되는 인도적 원리요 스스로의 행동수칙으로 분쟁의 조정이나 중재 같은 기교적 방법론의 준거가 아니라 쌍방의 고난자를 두루 살펴내려는 인도적 박애론의 기초로서, 적십자운동의 구성요소에 의해 채택되는 모든 조치를 이끌어야 하는 마음과 태도의 상태이기 때문이다.[56]

셋째, ICRC는 국제인도법의 재확인과 발전을 지속적으로 주도하여야 한다. ICRC는 국제사회로부터 국제인도법의 충실한 적용과 보급뿐만 아니라 그 발전임무까지도 부여받았다. 이러한 ICRC의 주도적 역할의 결과 공통3조 및 제2추가의정서가 채택되었다. 냉전종식 이후 국제연합의 평화유지 및 회복을 위한 제도적 장치의 이용가능성의 증대에도 불구하고 무력분쟁은 계속 확산되고 있고, 그 대부분이 비국제적인 이들 무력분쟁으로 인한 희생자의 약 90%가 민간인으로 이들은 대량학살, 즉결처분, 조직적 고문, 비인간적 억류, 의료물자의 부족, 기아 및 대인지뢰의 무차별적 사용 등으로 용인할 수 없는 비참한 비인도적, 반인권적 상황에 직면해 있지만 현 인도적 법규로는 이러한 희생을 다루기가 역부족이다.

이러한 현실에서 ICRC는 기존법규의 문제점들을 헤아려 보완하고 군사환경의 발달에 따른 새로운 규범을 법규화 할 뿐만 아니라 국제인도법 위반을 예방하기 위해 제국이 강구하고 발전시켜야 할 조치들을 심도있고 객관적으로 고찰하여 위반억제수단을 강화하여 희생자 보호활동에 있어 주도

여 분쟁당사자에게 제출하지만 보통 공표하지는 않는다. 그 이유는 ICRC의 중립성을 유지하고 ICRC 대표의 분쟁지역에서의 활동을 방해하지 않고 안전을 확보하기 위해서이다. 그러나 그 때문에 위반행위가 행해져도 외부에 알려지지 않고 묻혀버리는 부정적 측면도 있다. 藤田久一, "內戰と1949年Geneva條約", 國際法外交雜誌, 제71권 제2호(1972), pp.38-39. 하지만 ICRC의 이러한 중립적 태도는 그 설립목적과 활동내용의 성질에 비추어 볼 때 당연한 것으로 현재의 왕성한 활동과 전 세계의 전폭적인 지지획득을 가능케 하는 요인이라는 것도 부인할 수 없을 것 같다.

56) 김정균, "전쟁법·인도법과 내란", 인도법논총, 제13호(1993), pp.9-10.

적 역할을 하여야 할 것이다.

넷째, ICRC의 인도적 보호활동요원에 대한 국제적 보호가 강화되어야 한다. 일부 분쟁들에서 인도적 구호활동에 종사하는 ICRC(공정한 인도적, 인권적 기관이나 단체 포함)요원들은 정부구조의 붕괴, 구호활동의 방해 및 공포확산, 인도적 규칙의 무시 또는 무지로 적십자표장 등 보호표식에도 불구하고 총격으로 사망하거나 부상당하고 납치되기도 하였고,[57] 구호물자수송을 무장호송이나 기타 특별절차에 의존하기도 하였다.[58]

따라서 적십자표장 등의 보호를 받는 자의 보호 및 인도적 구호활동에 대한 존중을 확보하기 위한 국제적 보호수단 및 기준이 강화되어야 하며, 실제 구호활동의 제공에 있어 목적과 의의를 명확하게 이해시켜 그러한 활동이 보장될 수 있도록 해야 할 것이다. 그리고 인원 및 구호물자의 무장호송은 엄격한 원칙과 긴급한 필요성에 입각하여 결정되어야 할 것이다.

다섯째, ICRC의 인도적 지식의 보급활동이 강화되어야 한다. 국제인도법의 기본원칙과 규칙들은 국제사회에 의해 인정된 보편적 가치의 핵심임에도 불구하고 분쟁당사자의 무지로 무시되는 경향이 있다. 인도적 법규를 모르고서는 분쟁에서 그 적용이나 존중을 기대할 수 없다. 따라서 인도적 지식의 보급교육의 강화가 절실히 요구되고 있다.

이를 위해 일반시민에게 가능한 한 널리 보급하는 동시에 특히 인도법 적용에 책임이 있는 군인, 공무원, 의사(간호요원 포함), 적십자직원 또는 대학인 등 일정 카테고리 내에 드는 자에게는 특별교육을 실시하지 않으면 안 되고, 초중등 교육과정에서의 보급교육도 강력히 요청되고 있다. 평시부터 적십자사의 지원하에 군의 지휘관 자신들이 인도적 책무에 관한 확신을 갖도록 교육할 뿐만 아니라 인도법 적용을 용이하게 하기 위한 자격요원의 훈련이나 각급 지휘관에 대한 인도법 관계의 조언을 위한 법률고문을 배치해야 할 것이다.

이러한 보급교육은 한낱 단편적인 토막지식을 말하거나 자의적으로 적

---

57) G. Kewley, *op. cit.*, p.45.

58) H. McCoubrey and Nigei D. White, *op. cit.*, p.144.

당히 해석한 말을 일삼거나 전후에 모순이나 불비가 있는 애매모호한 것이 어서는 안 되고 역사적 발전의식에 따른 인도주의적 법정신에 투철하고 현행법규의 내용과 그 문제점에 밝고, 특히 인도법과 인권법의 두 분야를 함께 수렴해 가려는 새로운 경향까지도 고루 파악해서 하는 알찬 내용의 것이어야만 하는 것이다.[59]

여섯째, 희생자 보호활동에 있어서의 ICRC의 통합적 역할이 강화되어야 한다. 이를 위해 ICRC는 인도적 기관에 의해 제공되는 구호활동이 일관성과 효율성을 갖도록 체계적으로 조정할 수 있는 능력과 조직을 갖추어야 한다. 인도적 원조를 제공하는 다양한 기구나 단체들의 구호활동이 무계획적으로 행해질 경우 인도적 요구에 충분하고 신속적으로 대응할 수가 없으며, 구호물자의 목적외 사용이나 무질서한 구호의 부정적 효과를 방지할 수도 없다. 따라서 이러한 구호활동을 조정하고 효율적으로 제공될 수 있도록 재정적 및 인적자원의 확보, 국제적 권위의 확보, 계획 및 집행전담조직 설치 등이 요구된다.

---

[59] 김정균, "국제인도법 보급교육의 기준", 인도법논총 제16호(1996), pp.3-4 참조.

제12장 전쟁범죄의 형사제재를 통한 분쟁희생자 보호 강화

제1절 전쟁범죄의 의의 및 제재

1. 전쟁범죄와 그 제재

전쟁범죄(war crimes)란 무력행사와 관련하여 행해진 국제법 위반의 가벌적 행위로 이에는 종래부터 인정되어 온 '통상의 전쟁범죄'와 제2차대전 이후 인정된 '새로운 전쟁범죄'로 '평화에 대한 죄'와 '인도에 대한 죄'가 있다.

통상의 전쟁범죄란 전쟁법 위반행위로써 일단 개시된 전쟁에서 교전법규 즉, 전쟁의 법규와 관례를 위반한 행위를 의미하며, 이에는 점령지 내의 민간인의 살해·학대 또는 노예노동 및 기타 비인도적 행위, 해상에서의 포로 등의 살해 또는 비인도적 대우, 인질살해, 사유 및 공유재산의 약탈, 도시·촌락의 고의적 파괴, 군사상 필요원칙에 의해 합법화되지 않는 황폐화, 비교전자에 의한 불법적 무력행위, 간첩 및 전시반역, 약탈행위, 독물사용 등과 같은 위법적 무기·탄약의 사용, 포로살해, 휴전방법의 남용 등이 있다.

전쟁이 불법화되지 않은 전통국제법에서는 전쟁의 개시, 수행에 관하여 개인의 불법행위능력이 인정되지 않았기 때문에 종래 전쟁범죄는 '통상의 전쟁범죄'에 국한되었다. 하지만 제2차세계대전 이후 침략전쟁이 불법화됨에 따라 새로운 전쟁범죄로 '평화에 대한 죄' 및 '인도에 대한 죄'가 인정되게 되었다. '평화에 대한 죄'는 침략전쟁 또는 국제조약·협정을 위반한 전쟁을 계획·준비·개시·실행하는 등의 행위 또는 이러한 행위를 달성하기 위한 공동의 계획이나 모의에 참가한 것이고, '인도에 대한 죄'는 전쟁 중 또는 전쟁전에 일반주민에 대하여 행한 살해·절멸·노예적 혹사·추방·기타의 비인도적 행위 또는 범행지 국내법의 위반여부를 불문한 정치적, 인종적 및 종교적인 이유에 근거한 박해행위로써 '일반주민'(civilian population)이라는 개인이 아닌 일정의 집단에 대한 행위이며 또 자국민에 대한 것도 소추, 처벌의 대상으로 할 수 있다.[1)

이러한 전쟁범죄는 그 위반자, 즉 전쟁범죄자(war criminal)에게 형벌적 성질을 갖는 강제제재의 대상이 된다. 하지만 국제사회에는 아직까지 전범에게 제재를 가할 수 있는 일반적 국제기관을 갖지 못해 국제법 질서는 제재권한을 전쟁범죄 피해국 및 전범 소속국에게 위임하였으며(육전규칙 제41조, 제네바 제4협약 제146, 147조), 제2차대전 이후의 뉘른베르그 및 동경전범재판과 최근의 구유고 및 르완다국제형사법원 등과 같은 예외적인 경우에는 특별합의에 의해 설립된 임시적 국제법정에서 단죄되기도 했었다. 물론 이러한 전범에게도 공정한 재판을 받을 권리가 보장되며 즉결처분은 금지된다(제네바 제3협약 제102-107조 참조).

2. 국제인도법상의 '중대한 위반행위'와 형사제재

무력분쟁에 의한 인도적 참상이 증대되고 있는 지금 국제인도법 위반행위에 대한 정부나 개인의 책임에 대한 관심이 점차 높아지고 있다. 정부의 책임문제는 위반행위에 대한 배상의 형태로 나타나는 반면 개인의 책임문제는 형사제재로 나타나는데, 국제인도법은 여타 국제법과는 달리 위반행

---

1) Charter of International Military Tribunal, 1945, Art.6 및 Charter of International Military Tribunal for Far East, 1946, Art.5. 통상의 전쟁범죄와 이러한 새로운 전쟁범죄의 차이점은 규율대상에 있어서 전자는 전쟁의 수행에 관한 절차적 성격을 갖는 교전법규의 위반행위를 대상으로 하며, 후자는 전쟁의 개시, 수행에 관한 실체적 국제규범의 위반행위를 대상으로 한다는 것과 시간적 요소에 있어서도 전자는 이미 교전상태에 들어간 전시에만 적용하나 후자는 전시뿐만 아니라 평시의 행위에도 성립이 가능하다는 것이다.

위를 범한 국가기관의 개별형사책임을 규정하고 있다.[2]

국제인도법에 처음으로 형사제재를 도입한 것은 1949년 제네바협약이며, 이를 보완, 발전시킨 1977년 추가의정서도 형사제재 대상행위들을 열거하고 이러한 특정행위의 위반을 '중대한 위반행위'(grave breaches)[3]로 규정하고 있다. 뉘른베르그 재판의 결과 제네바협약은 기본적인 강제체계로서 형사상의 소추를 포함하게 되었고 제1추가의정서도 이를 그대로 존속시킨 것이다. 이러한 '중대한 위반행위'를 실행하거나 실행을 명한 자에 대한 개별형사책임의 인정은 국제인도법의 주요한 발전이었다.

1949년 제네바협약에 따르면, (1) 4개 협약에 공통되는 '중대한 위반행위'로는 고의적인 살인, 생물학적 실험 및 신체 또는 건강을 해치거나 고통을 주는 고문이나 학대, (2) 제1, 2협약에 공통되는 '중대한 위반행위'로는 군사상의 필요로 정당화되지 않는 불법적이고 고의적인 재산의 광범한 파괴 또는 몰수, (3) 제3협약의 '중대한 위반행위'로는 적군대에 복무하도록 포로를 강요하거나 공정한 정식재판을 받을 권리의 박탈, (4) 제4협약의 '중대한 위반행위'로는 불법적 추방, 이송 또는 구속, 적군에의 복무 강요, 공정한 정식재판권 박탈, 인질, 군사상의 필요에 의해 정당화되지 않는 불법이용 및 자의적이고 광범위한 재산의 파괴 및 징발이 있다(공통규정 제50조, 제2협약은 제51조, 제3협약은 130조, 제4협약은 제147조). 이러한 행위들은 제네바협약이 보호하는 자 또는 재산에 대해 행해진 경우에만 '중대한 위반행위'를 구성하며 이를 위반한 자는 국적여하를 불문하고 동일한 절차에 따라 동일한 법원에서 재판되어야 한다.

이러한 '중대한 위반행위' 개념은 1977년 제1추가의정서에서도 유지되고

---

2) José F. Flores, "Repression of Breaches of the Law of War committed by Individuals", 282 *IRRC*(1991), pp.247-293 참조.

3) 제네바협약 채택을 위한 외교회의에서 소련대표는 동 협약 위반행위를 '중대한 범죄'(serious crime) 또는 '전쟁범죄'(war crime)라는 용어로 표현하고자 하였으나 범죄(crime)라는 용어의 의미가 각국의 국내법에 따라 상이하기 때문에 적합하지 않다는 이유로 '중대한 위반행위'(grave breaches)라는 용어를 사용하였다. 대한적십자사, 제네바협약해설 Ⅰ, 1983, pp.463-464.

있다. 동의정서는 제44, 45 및 73조에 의해 보호되는 적당사자의 세력 내에 있는 자(포로 및 이산가족), 의정서에 의해 보호되는 적상병자, 난선자 및 적당사자의 통제하에 있고 의정서에 의해 보호되는 의료요원이나 종교요원에 대한 제네바협약의 위반행위 및 신체나 건강에 대한 고의적인 사상, 민간주민이나 민간인에 대한 공격, 민간주민이나 민간목표물에 대한 무차별공격 및 위험한 물리력을 함유한 공장이나 시설, 무방수도시, 비군사지역 및 전투무능력자에 대한 공격, 의정서에서 승인된 적십자 기타 보호표식의 배신적 사용(제85조 제3항)을 중대한 위반행위로 들고 있으며, 고의적으로 행해지고 협약과 의정서를 위반한 점령세력 주민의 점령지역으로의 이주 혹은 점령지역 주민의 전부 또는 일부의 그 영역 내외로의 추방 혹은 이주, 포로 및 민간인 송환의 부당한 지연, 인종차별행위 및 인종차별에 기초한 인간존엄의 모욕을 포함한 비인도적 경멸행위, 인간의 문화적, 정신적 유산을 이루는 명백히 승인된 역사적 기념물, 예술품이나 종교시설을 공격의 목표로 삼는 것 및 공정한 정규의 재판권 박탈을 '기타 위반행위'로 들고 있다(동조 제4항).[4]

제네바협약과 추가의정서에서 열거된 이러한 '중대한 위반행위'들은 1945년 8월 8일의 런던협정과 이의 기초가 되었던 이전의 법문서들에서 규제되고 있던 거의 모든 행위들을 포함하고 있다. 이처럼 현 국제인도법은 '중대한 위반행위'의 유형에 대해서는 매우 포괄적으로 규정하고 있다. 하지만 이러한 '중대한 위반행위'에 대한 형사소추 규정은 그 실효성이 극히 의문이다. 왜냐하면 '중대한 위반행위'를 한 자에게 형사상 제재는 개별국가들에게 위임되어 있기 때문이다.

---

4) 제1추가의정서에서의 '중대한 위반행위'와 '기타 위반행위'의 구별에 대해서는 찬성론(동독(CDDH/Ⅰ/SR.43, p.10), 스페인(CDDH/Ⅰ/SR.44, p.2), 호주(CDDH/Ⅰ/SR.45, p.2), 핀란드(CDDH/Ⅰ/SR.45, p.4))과 반대론(미국(CDDH/Ⅰ/SR.43, p.7))이 대립되었으나 협약 또는 추가의정서를 위반한 모든 행위에 대해 동일한 방지조치를 부과할 수는 없다는 현실론적 입장에서 양자는 구별되었다. 이러한 중대한 위반행위로 열거된 각각의 구체적 내용에 대해서는 O. Gross, "The Grave Breaches System and The Armed Conflict in the Former Yugoslavia", 16 *Michigan Journal of International Law*(1995), pp.797-820 참조.

물론 제국들은 국제적 형사책임의 체계가 실효적일 수 있도록 적절한 조치를 취해야 한다. 그들은 유효한 형사제재를 규정하는 국내법률을 제정하고(공통규정 제49조1항, 제2협약 제50조1항, 제3협약 제129조1항, 제4협약 제146조1항), 위반행위가 행해지는 즉시 이를 억제해야 할 의무(수사 및 기소의무)가 있으며(공통규정 제49조2항, 제2협약 제50조2항, 제3협약 제131조2항, 제4협약 제146조2항),[5] 중대한 위반행위에 대해 국가책임이 인정되고(공통규정 제51조, 제2협약 제52조, 제3협약 제131조, 제4협약 제148조), 위반행위 억제를 위한 지휘관의 책임이 인정되며(제1추가의정서 제87조), 게다가 제국들은 상호간에 중대한 위반행위의 소추를 위해 필요한 모든 정보 및 법적원조를 제공하고 범죄인인도의 요구에 호의적으로 응해야 하며(동의정서 제88조), 중대한 위반으로 주장되는 혐의사실 및 기타 심각한 위반의 조사를 위해 사실조사위원회의 설치[6]가 인정되고 있다(동의정서 제90조).

그러나 무력분쟁 상황에서 개별국가에 의한 이러한 형사소추가 실제로 행해지리라고는 기대하기 어렵다. 중앙집권적 국제질서가 정착되어 있지 않는 오늘날의 불완전한 국제사회가 개별국가로 하여금 비인도적 범죄들을 처벌하도록 실효적으로 강제할 수 있을지 의문이다.

그나마 국제인도법상의 '중대한 위반행위'의 형사제재에 관한 이상의 논의는 국제적 무력분쟁과 관련되는 것일 뿐 현 국제사회에서 발생하고 있는

---

5) 국제인도법 위반행위 억제를 위한 개별국가의 조치에 대해서는 1997년 9월 23일부터 25일까지 제네바에서 개최된 전문가회의(Meeting of Experts) 보고서인 ICRC, National Repression of Violations of International Humanitarian Law(ICRC, 1997), 1997 참조. 특히 독일, 벨지움, 스페인, 스위스의 국내법과 그 시행절차에 관해서는 ICRC, *National Measures for Repression of Violations of International Humanitarian Law*(ICRC, 1997) 참조.

6) 국제사실조사위원회는 강제적 재판제도의 확립없이는 전쟁법이나 인도법의 위반행위를 방지할 수 없다는 신념에서 나오게 된 것이나 의정서의 모든 당사자에게 의무적으로 강제되는 것이 아니라 위원회의 권능을 수락한 당사자에게만 인정되는 선택조항적 성격을 갖는다. Y. Sandoz, C. Swinarski and B. Zimmermann (ed.), *Commentary on the Additional Protocols of 8 June 1977 to the Geneva Convention of 12 August 1949*(Martinus Nijhoff Publishers, 1987), p.1042.).

무력분쟁의 대부분인 비국제적 무력분쟁에 적용되는 규정들은 위반자의 국제적 형사책임에 대해 어떠한 규정도 두고 있지 않다.[7] 전통적으로 비국제적 무력분쟁은 본질적으로 국내문제라고 인식되어 왔으며, 간섭을 정당화하려는 과거의 수많은 기도들에도 불구하고 국제법상 외부의 개입은 부적절한 것으로 간주되었다. 따라서 이러한 분쟁들에도 국제적 무력분쟁에 적용되는 법규가 적용되어야 한다거나, 이러한 분쟁에서 잔악행위를 한 자를 국제적 법규칙 또는 절차에 따라 재판에 회부해야 한다고 주장되기도 했지만 수용되지 못했다.[8] 특히 비국제적 무력분쟁에 대한 규제를 독립된 문서로 채택한 제2추가의정서에서도 이러한 형사소추가 제외된 것은 비국제적 무력분쟁을 국내문제로 보고 외부의 개입과 반란단체의 합법화를 우려해 제2추가의정서의 채택을 반대한 다수국들의 의지가 반영된 동의정서의 한계이다.[9] 그러므로 만약 분쟁당사자 간 특별협정이 체결하지 않는다면 중대한 위반행위를 행한 자를 체포, 형사상의 제재를 가할 수 없다.[10] 이 경우 그러한 위반행위자를 처벌할 수 있는 유일한 수단은 관련국가의 국내법 또는 승자에 의한 사후적 처벌법규의 채택뿐이다.

그러나 무력분쟁이 국제적인 것인가 아닌가에 따라 실질적으로는 동일한 범죄인에게 서로 다른 법적 의무를 지운다는 것은 모순이다. 또한 국가

---

7) 그 중요성에도 불구하고 공통3조 위반행위는 '중대한 위반행위'를 구성하지 않는다는 견해가 일반적이지만 '중대한 위반행위'를 구성한다는 반론도 있다. 이러한 반론에 대한 설명은 Jordan J. Paust, "Applicability of International Criminal Laws to Events in the Former Yugoslavia", 9 *American University Journal of International and Policy*(1994), pp.409, 501-511.

8) L. C. Green, "Enforcement of the Law in International and Non- International Conflicts: The Way Ahead", 24 *Denver Journal of International Law and Policy* (1996), pp.315-316.

9) A. Cassese, "The Geneva Protocols of 1977 on the Humanitarian Law of Armed conflicts and Customary International Law", 3 *UCLA Pacific Basin Law Journal* (1984), p.55.

10) L. Lopez, "Uncivil wars: The Challenge of applying International Humanitarian Law to Internal Armed conflicts", 39 *New York University Law Review*(1994), pp.925-926.

는 국제인권법의 심각한 위반을 처벌해야 할 의무가 있다. 이러한 제사정은 국제적이든 비국제적이든 모든 무력분쟁에서 '중대한 위반행위'를 행한 자는 반드시 처벌되어야 한다는 신념을 강화시켰으며, 이는 구유고 및 르완다분쟁에서의 비인도적 행위를 처벌하기 위한 임시적 성격을 갖는 국제형사법원의 설립으로 나타났다.

제2절 전쟁범죄의 형사제재에 관한 국제선례

1. 국제 및 극동군사법원

전쟁범죄에 대한 국제적 형사제재가 최초로 실현된 것은 제2차대전 이후의 일이지만 그것이 최초의 시도는 아니었다. 1474년 Burgundy의 Charles공작에 의하여 Breisach총독으로 임명되었던 Von Hagenbush는 점령기간 중 주민에 대한 부당한 대우를 이유로 오스트리아인들에게 체포되어 '신과 인류에 반한 범죄'(Crimes against God and Man)로 국제법원에서 재판을 받았는데, 그는 상관명령에 따랐을 뿐이라고 항변했으나 법원은 이를 기각하고 유죄를 인정하여 처형하였다.[11]

또한 제1차대전이 끝난 후 연합국들은 독일지도자들을 처벌하고자 주요 5대련합국과 약소국 5개국의 법률가로 구성된 위원회를 발족시켜 '전쟁발생책임과 처벌에 관한 관행'을 연구케 하였는데, 2달여간의 작업 끝에 동위원회는 세계대전을 일으키고 그 발발에 수반하는 행위 및 전쟁의 법과 관습 그리고 인류의 법을 위반한 자에 대한 국제재판을 제안했다. 선례부존을 이유로 미국이 한때 거부하기도 했지만 '국제정서와 조약의 존엄성에 대한 극도의 위반'을 재판하는 것에 합의하여 5명의 판사로 구성된 특별법

---

11) J. Cavicchia, "The Prospects for an International Criminal Court in the 1990's", 10 *Dickinson Journal of International Law*(1992), p.224.

원으로 하여금 전쟁법 위반으로 기소된 자들을 연합국내 또는 혼합군사법원에서 재판토록 하였다. 하지만 독일황제(Wilhelm Ⅱ)가 망명해있던 네델란드의 인도거부로 개별독일인에 대한 연합국의 재판은 불가능했으며, 그 결과 독일의 전범재판권리를 인정할 수밖에 없었고, 독일은 형식적인 판결을 거쳐 6명에게만 유죄를 인정하고 그나마도 가벼운 형벌을 선고했다.[12] 이렇게 하여 제1차세계대전 후 전범의 형사제재는 불완전한 모습으로 끝나고 말았다.

제2차대전은 비인도적 행위에 의한 참상에 있어 과거의 경험과 상상을 초월했다. 이에 1942년 10월 7일 연합국들은 전쟁범죄를 조사하기 위하여 연합국전쟁범죄위원회(United Nations War Crimes Commission) 설치에 동의, 17개국 대표로 구성된 동위원회는 1년 뒤 런던에서 처음 회합을 갖고 전쟁범죄에 대한 증거를 조사했으며, 이에 책임있는 자를 결정하고 법원의 형태, 적용법규, 절차규정 및 증거에 관한 기술적인 문제들에 대해 조언했다.[13]

1943년 11월 1일 미영소 3개국은 모스크바회의에서 전쟁범죄에 관한 주요협정인 'Hitler일당에 의한 만행의 책임에 관한 선언'을 발표하였는데, 동선언은 지역에 관계없이 주요전범들은 연합국의 공동결정에 따라 처벌될 것이며, 나찌정부로부터 해방된 국가의 법에 의해 재판되고 처벌될 것이라는 것을 분명히 밝혔다.

---

12) 연합국은 연합국군사법원에 소추할 896명의 전범명단을 독일 측에 전달했었지만 결국 독일의 제안에 따라 라이프니쯔 독일최고법원에서의 재판을 허용했다. 애초의 896명이 45명으로 줄어들었고, 그중 12명이 재판에 회부되어 6명만이 유죄가 인정되었다. 한편 프랑스와 벨기에는 독일의 전범재판권을 거부하고 수백의 독일인 피고인에 대해 군법재판을 진행하였으며 1925년 르카르노조약을 통해 독일과의 관계를 정상화시킨 후에야 이를 중지하였다. A. Sottile, *The Problem of the Creation of a Permanent International Criminal Court*(Kraus Reprint Ltd., 1966), pp.6-10.

13) United Nations War Crimes Commission, History of the United Nations War Crimes Commission and the Development of the Laws of War(1948), pp.442-450.

그 후 1945년 8월 8일 런던에서 '유럽주축국의 주요전쟁범죄인의 기소 및 처벌에 관한 협정'(Agreement for the Prosecution and Punishment of the Major War Criminals of the European Axis)을 체결하여 국제군사법원헌장(Charter of International Military Tribunal)을 채택하고 독일 뉘른베르그에 법원을 설치하였다. 제1차대전 이후 독일전범들을 독일이 직접 재판하는 것을 허용함으로써 처벌이 유명무실했던 것을 고려, 피고인들이 범죄지국에서 재판을 받도록 하되 주요 범죄인들은 국제재판을 받도록 했던 것이다.

이 런던협정은 고려해야 할 범죄들과 법원이 따라야 할 절차들을 규정하고 있었는데, 처벌대상이 되는 범죄로는 통상의 전쟁범죄 외에 평화에 대한 죄와 인도에 대한 죄이며 절차규칙으로는 제7조에서 피고인의 국가행위(act of state)에 대한 항변을 부정하였고, 제8조에서는 상관명령(superior order)에 의한 항변을 인정하지 않았다. 런던협정을 뒤이어서 통제위원회(control council)는 법률 제10호를 선포하여 런던협정의 벌칙을 강화하고 어떠한 지위에 있었거나 그리고 상관명령이 있었더라도 타당한 변론이 되지 못한다는 것을 재확인했으며 법원의 관할권도 보강하였다.[14]

국제군사법원(International Military Tribunal)은 미, 영, 불, 소에서 선출된 4명의 판사로 구성되었으며 검사는 이들 연합국에서, 변호인은 독일인으로 선출되었다. 법원은 22명을 재판하여 사형 12명, 종신형 3명, 20년 형 2명, 15년 형 1명, 10년 형 1명 그리고 3명에게는 무죄를 선고했다. 한편 일본의 전범재판을 위해 맥아더 장군은 국제군사법원헌장의 채택과정에서 많은 어려움을 제기했던 국제적인 협상을 피하기 위해 1946년 1월 19일 극동지역연합군 최고사령관 일반명령에 의해 세부사항에서만 차이가 있을 뿐 거의 동일내용을 가진 극동군사법원헌장(Charter of the Int'l military Tribunal for the Far East)을 채택하고 법정을 동경에 설치했다. 판사들과 검사들은 4대 연합국외 중국, 네덜란드, 캐나다, 호주, 뉴질랜드, 인도 및 필리핀에서 선출

---

14) Matthew I. Kupferberg, "Balkan War Crimes Trials : Forum Selection", 17 *Boston College International and Comparative Law Review*(1994), pp.380-388.

되었으며 변호인은 일본과 미국에서 선출되었다. 극동군사법원은 2년 반에 걸쳐 28명을 재판하여 사형 7명, 종신형 16명, 나머지는 1년에서 20년까지의 징역형을 선고했다.[15]

2. 구유고 및 르완다국제형사법원

오늘날 무력분쟁에서의 비인도적 행위에 대한 형사제재는 구유고 및 르완다분쟁에서의 비극적 인권유린 상황을 처벌하기 위해 특별히 설치된 임시적인 국제형사법원에 의해 시도되고 있는바, 이는 국제인도법의 준수, 이행촉구에 있어서 역사적 사건이다.

1991년 이후 구유고에서 연방해체와 구성국의 독립과정에서 발생된 뿌리깊은 민족분쟁에서 광범위하고 명백한 국제인도법 위반행위, 특히 대량살해, 대규모적이고 조직적인 부녀자 강간 및 억류가 야기되고, 르완다에서 부족 간 분쟁으로 50만 명 이상이 살해되고 수십만 명의 난민이 발생하는[16] 등 양 분쟁에서의 인도적 위기가 국제사회를 충격으로 몰고 가자 국제연합 안보리는 이들 사태를 국제평화에 대한 위협이라고 인정하여 각각 1993년 5월과 1994년 11월 헌장 제7장에 근거하여 구유고국제형사법원과 르완다국제형사법원을 설립하였다.

이들 법원들은 국제인도법의 이행확보에 있어 인도적 규정의 중대한 위반행위자의 소추, 처벌이 국내법과 국내법원의 개입에 의해서만 실현될 수 있도록 규정한 국제인도법과는 달리 이들의 개입없이 직접 국제법원이 개

---

15) 국제군사법원 및 극동군사법원의 전범재판에 대해서는 Roger S. Clark, "Nuremberg and Tokyo in Contemporary Perspective", in *The Law of War Crimes*(Kluwer Law International, 1997), edited by Timothy L. H. McCormack and Green J. Simpson, pp.171-187 참조.

16) 르완다에서의 비극적 잔악행위에 대해서는 Dorinda L. Peacock, "It happened and It can happen Again: The Int'l Response to Genocide in Rwanda", 22 *North Carolina Journal of International Law and Commercial Regulation* (1997), pp.911-921 참조.

인을 소추, 처벌할 수 있게 함으로써 '중대한 위반행위'를 '국제범죄'로 전화, 처벌하는 것을 가능케 한 것으로,[17] 전승국이 패전국을 일방적으로 단죄한 뉘렌베르그 및 동경군사법원과는 구별되는 국제형사법의 발전에 있어서 전환점이 된 획기적인 사건이었다.

이하에서는 이에 대해 간략하게 살펴보고자 한다. 다만 안보리 결의 955(1994)에 의해 국제인도법 위반자를 소추, 처벌하기 위하여 설치된 르완다국제형사법원은 구유고국제형사법원과 마찬가지로 국제법원 우선으로 진행되고(르완다법원규정 제8조), 수석검찰관은 구유고의 수석검찰관이 겸임하며(동 법원규정 제15조 3항), 법원규정 및 절차규칙도 거의 동일하며, 실제로 구유고법원이 더욱 활발한 활동 중에 있기 때문에 이를 중심으로 살펴보고 필요한 경우 르완다국제형사법원을 참조하는 수준에 그친다.[18]

가. 설치과정

구유고분쟁에서 비인도적 행위가 계속되자 안보리는 결의764(1992)에서 명시적으로 국제인도법에 의하여 부과된 의무를 상기시키고 "모든 당사자들은 국제인도법, 특히 1949년 제네바협약하의 의무를 준수해야 할 의무가 있다"는 것과 "협약의 중대한 위반행위를 행하거나 명한 자는 그에 대해 개인적으로 책임있다"는 것을 확인한 후 보스니아-헤르체고비나(이하 보스니아)에서의 국제인도법 적용문제를 광범위하게 그리고 반복적으로 다루었다.

그로부터 한 달 후 안보리는 결의771(1992)에서 구유고분쟁에 제네바협약이 적용된다는 것과 협약의 위반에 개인책임을 부과하다는 결의764의 내용을 반복한 후 '인종청소'의 실행에 관련된 자의 국제인도법 위반을 비판하고 "모든 당사자 및 기타 구유고분쟁 관련자들은 국제인도법의 모든 위

---

17) 山本草二, 國際法(有斐閣, 1994), p.549.

18) 르완다국제형사법원규정의 분석에 대해서는 Mariann M. Wang, "The International Tribunal for Rwanda : Opportunities for Classification, Opportunities for Impact", 27 *Columbia Human Rights Law Review*(1995), pp.192-224 참조.

반을 즉각 중지할 것"을 요구하였다.[19] 동 결의는 또한 국제인도적 단체, 특히 ICRC는 구유고에 있는 수용소, 교도소 및 억류지역에 방해받지 않고 접근할 수 있어야 한다고 요구하였으며 인도적 단체 및 제국들에게 안보리에 제출하기 위해 제네바협약의 중대한 위반을 포함하는 국제인도법 위반에 관한 정보를 수집할 것을 요구하였다.

또한 안보리는 결의780(1992)에서 모든 분쟁당사자에게 국제인도법 위반을 중지할 것을 요구한 결의771의 요구를 재확인하였으며, 구유고 영역에서 행해진 제네바협약의 중대한 위반과 국제인도법의 여타 위반의 증거를 사무총장에게 제공할 목적으로 결의771에 따라 제출된 정보를 검토하고 분석하기 위한 공정한 전문가위원회의 설립을 요구했으며, 결의787(1992)에서 대규모적이고 체계적인 인권위반과 국제인도법의 중대한 위반이 보스니아에서 계속되고 있다는 것을 강조하고 '인종청소'의 실행과 민간주민에게 공급되는 식량과 의약품의 수송에 대한 고의적인 방해를 포함하는 국제인도법의 모든 위반을 비난하였다.

그리고 결의798(1992)에서 안보리는 "보스니아에서 대규모적, 조직적이고 체계적인 억류, 특히 회교도 여성에 대한 강간에 경악을 금치 못한다"고 했으며, 결의808(1993)에서는 그러한 상황이 국제평화와 안전에 위협을 구성한다는 것과 그러한 범죄를 종식시키고 그에 책임있는 자를 사법처리할 것을 결정하고 구유고 상황에서 국제법원의 설치는 이러한 목적을 달성하게 할 것이라는 것과 평화의 회복과 유지에 기여할 것을 확신한다면서 1991년 이래 구유고에서 자행된 국제인도법의 심각한 위반에 책임있는 자를 소추하기 위해 국제법원을 설치할 것을 결정했다.

마침내 안보리는 결의827(1993)에서 구유고에서의 심각한 국제인도법 위반행위에 책임있는 자의 소추를 위해 국제법원을 설치했다. 헌장 제7장에 기초하여 설치된[20] 동법원의 정식명칭은 '1991년 이후 구유고영역에서

---

19) UN SC. Res.771, UN SCOR. 47th Sess., pp.25-26, UN Doc.S/INF/48(1993).

20) 구유고분쟁에서 행해진 비인도적 행위 재판방식으로는 구유고 구성국의 국내법원, 특별국제법원, 국제형사법원 등 3가지가 제의되었지만 국제연합은 특별

행해진 국제인도법의 중대한 위반에 책임있는 자의 소추를 위한 국제법원'(International Tribunal for the Prosecution of Persons Responsible for serious Violations of International Humanitarian Law committed in the Territory of the Former Yugoslavia since 1991)이며, 사무총장이 작성한 형사법원규정과 조문해설(Commentary)을 포함한 보고서(Report of the Secretary-General pursuant to paragraph 2 of Security Council Resolution 808, UN Doc. S/25704(May 3, 1993))를 기초로 헤이그에 설치되었다.

나. 법원규정의 주요 내용

(1) 관할권

동법원은 1991년 1월 1일 이후 구유고연방내(영토, 영해 및 영공 포함)에서 자행된 각종 범죄 가운데 국제인도법의 '중대한 위반'(serious violations)에 책임있는 자를 소추할 권한을 갖는다(규정 제1조, 제8조).

법원이 관할권을 갖는 국제인도법의 '중대한 위반'에는 1949년 제네바협약의 중대한 위반행위, 전쟁의 법규 및 관례를 위반한 행위, 집단살해 및 인도에 반한 죄가 있는데 첫째, 1949년 제네바협약의 중대한 위반행위로 협약의 규정에 의해 보호받는 자 또는 대상에 대한 피보호대상에 대한 (a) 살인, (b) 고문 또는 비인도적 대우(생물학적 실험 포함), (c) 신체 또는 건강에의 고의적인 중대한 고통 또는 상해, (d) 군사상의 필요에 의해 정당화되지 않는 불법적이고 자의적인 재산의 광범한 파괴 및 몰수, (e) 포로 또는 민간인의 적군대에의 강제복무, (f) 포로 또는 민간인에 공정한 정식재판 부인, (g) 민간인의 불법추방, 이주 및 억류, (h) 민간인의 인질이 있으며 국제법원은 이러한 위반행위를 행하고 또는 행할 것을 명한 자

국제법원방식을 채택했다. Matthew I. Kupferberg, *op. cit.*, pp.394-900. 특히 안보리 비상임이사국이었던 중국과 브라질은 모든 회원국을 구속하는 헌장 제7장에 기초한 설립보다 협상 및 국제조약을 통한 설립을 선호했다. UN, Doc., S/M.3217(1993. 5. 25), pp.32, 36.

를 소추할 권한을 갖는다(제2조).

둘째, '전쟁의 법규 및 관례에 대한 위반행위'로 (a) 독성무기 및 불필요한 고통을 야기하는 기타 무기의 사용, (b) 도시나 촌락의 고의적 파괴 또는 군사상의 필요에 의해 정당화되지 않는 황폐화, (c) 수단여하를 불문한 무방수도시, 촌락 및 주거지역에 대한 공격 및 폭격, (d) 종교, 자선, 교육, 예술 및 학술시설, 역사적 기념물 및 예술, 학술작품의 압수, 파괴 및 고의적 훼손, (e) 공공 또는 사유재산의 약탈 등의 행위를 한 자를 법원은 소추할 수 있는데 전쟁의 법규 및 관례를 위반한 행위는 이러한 행위만에 한정되는 것은 아니다(제3조).

셋째, 민족적, 인종적 및 종교적 집단의 전부 또는 일부를 파괴할 의도를 가지고 행하는 집단살해를 행한 자는 소추되는데,[21] 이러한 집단살해를 공동으로 모의하거나 교사한 자 및 미수범 및 공범도 소추된다(제4조). 동 규정은 집단살해에 집단구성원의 살해, 집단구성원의 신체 또는 정신에 대한 중대한 타격, 집단의 전부 또는 일부를 파괴상황으로 몰아넣는 것, 집단 내의 출산을 방해하는 것 및 타 집단으로 아동을 강제로 이주시키는 것을 포함시키고 있다.

넷째, '인도에 대한 죄'로 무력분쟁이 국제적인 것이든 비국제적인 것이든 불문하고 일반주민에 대해 직접 행해진 (a) 살인, (b) 섬멸, (c) 노예화, (d) 강제이주, (e) 구금, (f) 고문, (g) 강간, (h) 정치적, 인종적 및 종교적 이유에 의한 박해, (i) 기타 비인도적 행위 등은 소추된다(제5조).[22]

---

21) 구유고분쟁에의 제노사이드조약의 적용은 법원규정 제2조 및 제3조와 관련있는 제네바협약 및 헤이그육전규칙에서는 보호되지 않는 자국민에 대한 위반행위도 소추, 처벌할 수 있고, 집단살해가 평시에 행해지는지 전시에 행해지는지 불문하며(제1조), 국제적, 비국제적이라는 분쟁의 성질과는 무관하게 적용되며, 무력분쟁 발생 전의 행위라도 소추, 처벌할 수 있고, 법원규정 제4조 3항(제노사이드조약 제3조와 동일)에 규정되어 있는 바와 같이 제노사이드의 실행행위 외에 공동모의, 직접 또는 공공연한 교사, 미수, 공범도 소추, 처벌할 수 있기 때문에 그 의의가 크다. 山下恭弘, "舊ユゴ國際刑事裁判所と國際人道法の展開", 福岡大學 法學論叢, 제39권 제304호(1995), pp.516-518.

22) 이러한 '인도에 반한 죄'의 유형 중 특히, 구금, 고문 및 강간은 민족정화

법원은 인적관할권으로 위반행위에 책임있는 자연인에 대해서만 관할권을 갖는데(제6조), 직접 '중대한 위반행위'를 행한 자는 물론이고 물적관할권의 대상이 되는 범죄를 계획, 교사, 지시하였거나 또는 다른 어떠한 방법으로 이의 계획, 준비 또는 집행을 원조, 장려한 여하한 자도 그러한 범죄에 대해 개인적으로 책임을 지며(제7조 1항), 피고가 국가원수이든 정부수반이든 또는 고급공무원이든 그 공식적 지위로 인하여 형사책임이 면제되거나 형벌이 감면되지 아니하고(동조 2항), 법원관할권 대상행위가 하급자에 의해 범하여진 경우 상급자는 하급자가 그러한 행위를 범하려고 하였거나 범하였다는 사실을 알았거나 알 수 있는 상황에 있었음에도 불구하고 그러한 행위가 범해지지 않도록 방지하거나 그 행위자를 처벌하기 위해 필요하고 합리적인 조치를 취하지 않았다면 그의 형사책임이 면제되지 아니하며(동조 3항), 피고가 정부 또는 상급자의 지시를 이행함으로써 그러한 범죄를 범하였다는 사실로서 그의 형사책임이 면제되지 아니한다. 그러나 이러한 사실은 국제법원이 정당하다고 판단하는 경우 형벌의 감면사유로 고려될 수 있다(동조 4항).

법원과 국내법원은 국제인도법의 중대한 위반의 혐의가 있는 자의 재판에 대해 경합적으로 관할권을 가지며(제9조 1항), 법원은 국내법원과의 관계에서 우선권을 가져 소송의 여하한 단계에 있어서도 법원규정과 그 규칙에 의거하여 국내법원에 관할권 포기를 공식적으로 요구할 수 있다(동조 제2항).

(2) 적용법규

국제연합 사무총장은 구유고분쟁에서 자행된 중대한 위반행위를 판결함에 있어 형사법원은 죄형법정주의에 따라서 모든 국가를 구속할 충분히 확립된 국제법규, 즉 관습법인 국제인도법의 원칙들을 적용할 것이라는 취지를 강조하고, 이러한 관습법의 예로서 1949년 제네바협약, 1907년 헤이그육

(ethnic cleansing)나 광범위하고 조직적인 부녀자 강간 등의 구유고분쟁에 특유한 비인도적 행위들을 고려한 구체적인 예로 부가된 것들이다. U.N. Doc. S/25704, para. 48.

전조약 및 부속규칙(헤이그규칙), 제노사이드조약(1948), 국제군사법원조례 (1945)를 들었다.[23] 따라서 이들 법규들은 인도적 제법규의 중대한 위반행위에 대한 동법원의 재판준칙으로 이용될 수 있다.

그러나 제1추가의정서 및 비국제적 무력분쟁에 적용되는 공통3조 및 제2추가의정서에 대해서는 어떠한 언급도 하지 않아 이들 법규들의 관습법적 성질과 적용여부에 대해 의문의 여지를 남기고 있다. 그렇다면 이들 법규들은 구유고형사법원에 적용될 수 없는가? 이들 법규 중 공통3조는 이미 관습법적 성질이 명확하게 인정되고 있어 동조의 위반행위도 소추, 처벌의 대상으로 취급할 수 있을 것이다.[24] 그리고 제1추가의정서 및 제2추가의정서도 그 전부는 아니더라도 일부 규정들에 대해 그러한 성질이 인정되고 있기 때문에 이들 법규들은 구유고전범의 재판에 적용될 수 있다고 보여진다(제3장 제2절 참조).

설령 이들 법규의 관습법적 성질이 부인되더라도 그 적용은 가능하다고 본다. 법원규정 제3조는 법원에 의해 소추, 처벌되는 '전쟁의 법규 및 관례'의 위반행위를 구체적으로 열거하면서 소추, 처벌의 대상이 되는 위반행위는 열거된 행위에 '한정되는 것이 아니다'(but not be limited to)라고 명시하고 있어 법원이 동조의 '전쟁의 법규 및 관례'에 이들 법규들이 포함되는 것으로 해석하여 위반행위의 판단준거로 적용할 수 있을 것이다.[25]

또한 구유고지역의 각 분쟁당사자 간에 국제적 무력분쟁에 적용되는 국

---

23) *Ibid.*, paras.34-35.

24) James C. O'Brien, "The International Tribunal for Violations of International Humanitarian Law in the Former Yugoslavia", 87 *AJIL*(1993), p.646. 니카라구아사건에서 ICJ는 공통3조는 '인도의 기본적 고려'를 반영한 것으로 동 조의 규칙은 국제적 무력분쟁에서도 준수되어야 할 '최저한의 기준'이라면서 국제적, 비국제적 성격에 관계없이 모든 무력분쟁에 적용된다는 것을 긍정하였다. 1986 ICJ Report(1986), p.114.

25) 구유고형사법원의 설립을 결정한 안보리 결의827을 채택했을 때 미국대표는 규정 제3조의 '전쟁의 법규 및 관례'를 '공통3조 및 제2추가의정서 포함 행위 당시 구유고 영역에서 발효중인 국제인도법 전체'라고 했으며(UN Doc. S/PV.3217, p.15) 프랑스, 영국, 헝가리대표도 마찬가지였다(*Ibid.*, pp.11, 19, 20). 안보리의 어떠한 회원국도 이에 반대하지 않았다.

제인도법의 적용이 이미 합의[26]되었기 때문에 제1추가의정서의 적용은 별 문제가 되지 않는다. 그리고 제2추가의정서의 경우도 공통3조를 '적용조건의 변경없이 발전시키고 보완한'(제1조 1항) 것이며, 분쟁당사자들인 신유고(세르비아), 보스니아 및 크로아티아 모두 동의정서를 비준, 가입했기 때문에 동의정서도 재판에 적용될 수 있다고 보는 것이 합리적이라고 생각된다. 1994년 11월 8일에 채택된 안보리 결의 955에 의해 국제인도법에 위반한 자를 소추, 처벌하기 위하여 국제형사법원의 설치가 결정된 르완다의 경우는 비국제적 무력분쟁이라는 인식하에 공통3조와 제2의정서의 적용을 예정하고 있다(르완다국제법원규정 제4조).

(3) 기타 규정

구유고형사법원은 그 조직으로 두개의 원심재판부와 하나의 항소재판부, 검찰관 및 서기국을 두며(제11조), 재판부는 독립적이고 각기 국적이 다른 11명의 재판관으로 구성되는데, 이들 중 각각 3명이 두개의 원심재판부에 배치되며, 5명이 항소재판부에 배치된다(제12조).

다음으로 법원규정은 일사부재리원칙을 인정하고 있다(제10조). 동 법원에서 국제인도법의 중대한 위반을 구성하는 행위로 이미 판결을 받은 여하한 행위도 국내법원에서 동일한 범죄로 재판을 받지 않으며(동조 1항), 국제인도법의 중대한 위반을 구성하는 행위로 국내법원에 의해 재판받은 자

---

26) 이러한 합의는 신유고(세르비아), 보스니아-헤르체고비나, 크로아티아 3국간 주로 제네바협약의 적용을 약속한 것인데, 예를 들면 1991년 11월 27일 크로아티아와 세르비아 간에, 92년 5월 22일 크로아티아, 보스니아-헤르체고비나 및 세르비아 3국간에 협정이 체결되었다. 구유고는 본래 제네바협약, 제1추가의정서 및 제2추가의정서의 체약국이었으며, 크로아티아는 92년 5월 11일, 보스니아-헤르체고비나는 92년 12월 31일에 각각 상기 3조약에 구속된다는 취지의 선언을 행하였다. 신유고는 92년 4월 27일에 구유고 승계를 선언했는데 이때 이들 조약의 승계도 함께 이루어졌다고 볼 수 있다. 따라서 이들 3국은 모두 제1추가의정서의 체약국이다. Interim Report of the Commission of Experts Established Pursuant to Security Council Resolution 780 (1992), U.N. Doc.S/25274(1993), pp.13-14.

는 재판을 받게 된 행위가 보통범죄를 구성하는 경우 및 국내법원의 재판이 공정하고 독립적으로 이루어지지 않았거나 재판절차가 피고의 국제형사책임을 면제해 주기 위한 것이었거나 또는 소추가 적절히 이루어지지 않는 경우를 제외하고는 동법원에서 다시 재판받지 않고(동조 2항), 다만 법원 규정상의 범죄를 이유로 유죄로 판정된 자에 대해 부과할 형벌을 결정함에 있어서 동법원은 피고가 동일범죄를 이유로 국내법원에 의해 부과된 모든 형벌을 이미 마친 경우에는 이를 고려할 수 있다(동조 제3항).

동 법원은 절차 및 증거에 관한 규칙으로 변론의 비공개와 피해자의 신변보호 등 피해자 및 증인의 보호조치(제22조)를 규정함과 동시에, 피고의 권리도 강조하고 있는데(제21조), 법정에서는 모두가 평등하며(동조 제1항), 모든 피고인은 피해자 및 증인보호를 위한 경우를 제외하고는 스스로를 방어하기 위한 진술이 공정하고 공개적으로 청취되도록 보장받을 권리를 가지며(동조 2항), 범죄사실이 확인될 때까지 무죄로 추정되고(동조 3항), 최소한 자신에 대해 제기된 공소의 성격과 이유를 가능한 한 신속하게 자신이 이해하는 언어로 상세하게 통지받을 권리, 자신의 방어를 준비하기 위해 필요한 시간 및 편의를 이용하고 자신이 선택한 변호인과 의사소통을 할 권리, 지나친 지체없이 재판을 받을 권리, 재판에 출두하여 자신을 방어하거나 자신이 선택한 변호인의 조력을 받을 권리, 변호인을 갖지 않은 경우 이를 가질 수 있는 권리가 있음을 통보받으며 재판상 필요함에도 불구하고 변호인을 고용할 재정적 능력이 없는 경우 무료로 관선변호인을 선임받을 권리, 자신에게 불리한 증인을 신문하고 신문하도록 요구하며 불리한 증인과 동일한 조건으로 유리한 증인의 출두와 신문을 요구할 권리, 변론에 사용되는 언어를 이해하지 못하거나 말하지 못하는 경우 무료로 통역받을 권리 및 자신에게 불리한 증언을 하거나 유죄를 인정하기를 강요받지 아니할 권리를 보장받는다(동조 4항).

또한 원심재판부는 국제인도법의 중대한 위반이 입증된 자에 대해 판결로서 형벌과 제재를 부과하는데(제23조 1항), 판결은 공개법정에서 원심재판부의 재판관 과반수의 찬성으로 언도된다. 판결은 서면으로 작성되며, 판결이유가 기재되어야 하고 개별의견 및 반대의견이 첨부될 수 있다(동조 제2항).

항소재판부는 원심재판부에 의해 유죄로 판결받은 자 또는 검찰관에 의해 원심재판부의 결정을 무효로 하는 법률상의 착오가 있는 경우, 재판의 거부를 야기한 사실의 착오가 있는 경우 제기된 항소를 심리하여(제25조 1항), 원심재판부의 결정을 확정하거나 취소하거나 수정할 수 있다(동조 제2항). 그리고 원심 또는 항소심의 재판 중 알려지지 않았던 것으로서 판결의 정치적 요소가 될 수 있었던 새로운 사실이 발견된 경우, 피고 또는 검찰관은 법원에 재심을 청구할 수 있다(제26조).

제국들은 국제인도법의 중대한 위반으로 기소된 자의 수색 및 재판을 위해 법원과 협조하여야 한다(제29조 1항). 특히 문제인물의 신원확인 및 추적, 증언의 수집 및 증거의 제출, 서류의 송부, 문제인물의 체포 또는 억류, 피기소인의 법원에의 인도 또는 이송과 관련된 원심재판부의 지원요청 및 모든 명령에 대해 지체없이 협조하여야 한다(동조 제2항).

이외에도 법원규정은 법관자격 및 선출(제13조), 사무조직 및 법원장(제14조), 법원규칙(제15조), 검찰관(제16조), 서기국(제17조), 조사 및 공소장 작성(제18조), 공소장 검토(제19조), 소송개시 및 진행(제20조), 형벌(제24조), 형벌집행(제27조), 사면 및 감형(제28조), 법원지위, 특권 및 면제(제30조), 법원 소재지(제31조), 법원비용(제32조), 사용언어(제33조), 연간보고서 제출의무(제34조) 등을 두고 있다.

3. 문제점 및 의의

구유고형사법원은 설립 이후 지금까지 활동하고 있지만 이것이 실제로 임무를 성공적으로 수행할 수 있을지에 관해서는 의문이 많다. 이는 무엇보다도 기소를 위한 증거 및 증인확보의 어려움, 피의자의 신병확보를 위한 강제적 수단의 결여 때문이다.

조직적으로 행해진 비인도적 행위의 증거를 찾아내는 것 자체가 대단히 힘든 일이며 그러한 증거는 또한 빠른 시간 내에 조직적으로 인멸된다.[27] 그리고 피의자가 피해당사자의 통제 내에 있다면 신병확보는 문제가 되지 않겠지만 가해당사자의 권력 내 및 제3국에 있을 경우에는 신병확보에 상당한 어려움이 따른다. 국제적 무력분쟁에서 인정되고 있는 중대한 위반행위를 한 자의 인도의무가 비국제적 무력분쟁에서는 인정되고 있지 않으며,[28] 실제에 있어서도 인도적 제법규의 중대한 위반행위자의 인도가 거부되는 경우가 많은바, 이는 피의자 거주국이 제네바협약이나 추가의정서 보다는 양자 또는 다자간 범죄인 인도조약에 더욱 의존하여 이들의 행위를 정치적 범죄로 보아 거부하는 경우가 많기 때문이다.[29] 또한 원규정은 궐석재판을 인정하고 있지 않으며, 특히 국가원수 또는 정부수반의 소추. 처벌을 예정하고 있으나(제7조 2항) 그들의 신병확보가 의문이다.

이외에도 법원규정 제4조 2항은 제노사이드조약 제2조를 그대로 규정하고 있어 종래 지적되어온 Genocide조약의 문제점이 아무런 해결없이 국제형사법원에 그대로 포함되었는데, Genocide의 구성요건인 '집단을 전부 또는 일부 파괴할 의도'를 입증하는 것은 극히 어렵다. 비록 국가정책으로서 집단파괴의 '의도'가 있었다 해도 지휘. 명령계통이 혼란하고 명확하지 않은 경우, 실제로 집단살해를 행한 하급자의 행위를 유추하여 정책으로서의 집단파괴의 '의도'를 입증하는 것은 결코 용이하지 않을 것이다.[30]

이러한 문제점에도 불구하고 구유고형사법원의 설립은 상당한 의의가 있다. 물론 동 법원을 평가하기에는 아직 이르지만 동법원의 설립은 법적

---

27) 하재환・박배근, "구유고 국제형사법정의 관할권에 관한 국제법상의 제 문제", 부산대학교 법학연구, 제37권 제1호(1996), 131쪽.

28) Elder, "The Historical Background of Common Article3 of the Geneva Convention of 1949", 11 *Case Western Reserve Journal of International Law*(1979), p.54.

29) Waldemar A. Solf, "The Status of Combatants in Non-International Armed Conflicts under Domestic Law and Transnational Practice", 33 *The American University Law Review*(1983), p.56.

30) James C. O'Brien, *op. cit.*, p.648.

제 문제점에도 불구하고 국제적 무력분쟁과 관련하여 오랫동안 지속되어온 예방적 보호를 비국제적 무력분쟁에까지 확대하고 있어 인도주의에 있어 상당한 발전을 가져왔으며,[31] 세계정부가 결여된 현실에서 상설국제형사법원의 설립가능성의 시험대가 될 것이다. 안보리의 의도대로 개인의 소추, 처벌이 완전히 실현될 수 있을지는 두고 볼 일이지만, 국제인도법의 이행확보수단으로서 그 선례적 가치와 의의는 실로 크다고 볼 수 있으며, 인권보호에 있어서 새로운 획을 그을 수 있는 역할을 할 것으로 기대되며, 설립 그 자체만으로도 국제인도법 위반행위를 더욱 억제할 것이다.[32]

특히 안보리는 구유고에서의 잔악행위가 국제평화에 대한 위협을 구성하고 특별국제법원의 설립이 평화회복에 기여할 것이라고 결의한 후 형사법원을 설치하였는바, 안보리가 '평화에 대한 위협'이라는 결정에 있어 국제인도법 위반행위를 중요한 기준으로 원용한 것은 중요한 선례적 가치가 있다. 그리고 관련국의 동의하에서 관할권을 행사하는 다자조약에 의한 창설방식을 택하지 않고 모든 회원국들을 구속하는 헌장 제7장 강제조치의 하나로 법원을 창설한 것은 국제인도법 위반행위에 대한 더욱 강력한 국제적인 대응으로,[33] 예전과는 다른 이 같은 안보리의 적극적인 대응은 국제인도법의 고려가 장차 국제평화와 안전의 유지에 있어서 전면에 부상할 것이라는 것을 의미한다.[34]

---

31) L. C. Green, *op. cit.*, p.319.

32) T. Meron, "War Crimes in Yugoslavia and the Development of International Law", 88 *AJIL*(1994), pp.78-79.

33) *Ibid.*, p.79. 국제연합이 구유고 및 르완다국제형사법원을 모든 회원국들에 구속력을 갖는 헌장 제7장에 따라 창설함으로써 이제까지 국제기관에 의해 행해지지 못했던 평화와 정의간의 관련을 매우 굳건히 했다. R. Goldstone, "Assessing the Work of the United Nations War Crimes Tribunals", 33 *Stanford Journal of International Law*(1997), p.4.

34) Stephhen M. Schwebel, "The Roles of the Security Council and the International Court of Justice in the application of International Humanitarian Law", 27 *New York University Journal of International Law and Politics*(1995-1996), p. 759.

제3절 보편적 형사제재체계의 확립

1. 국제형사법원의 창설

제2차세계대전 후 뉘른베르그와 동경의 국제 및 극동군사법원이 지나치게 승자의 논리속에 진행되었다는 비판[35]에도 불구하고 전쟁범죄와 국제인도법 위반행위는 처벌받아야 한다는 당위적 요구에 따라 국제사회에서 국제형사법원의 설립문제에 대한 논의가 본격화되었다.

1947년 국제연합 총회는 국제법위원회(International Law Commission: ILC)에 뉘른베르그 재판규범과 동 재판에서 인정된 국제법원칙을 규범화하고 '인류의 안전과 평화에 반하는 범죄법전초안'(범죄법전초안)을 작성할 것을 요청하였다(UN GA Res. 177(II)). 이에 따라 1949년 ILC는 제1회기에서 뉘른베르그 원칙의 형성과 '범죄법전초안' 준비에 관한 작업을 시작하였으며, 특별보고자(Jean Spiropulos)의 보고에 기초하여 1950년 제2회기에서 뉘른베르그 재판규범과 동 재판에서 인정된 국제법원칙에 관한 규정을 채택하여 국제연합 총회에 제출하였다.

1951년 국제연합 총회는 특별위원회를 설치, 국제형사법원규정초안을 작성하였는데(1953년 8월 개정), 일정한 조건하에 국가가 법원의 관할권 수락을 철회할 수 있는 기회를 부여하는 것을 포함하여, 국가의 참여를 보다 탄력적으로 할 수 있도록 함으로써 국제형사법원의 강제관할권을 완화하는 내용을 주요 골자로 하는 동 초안은 1954년 국제연합 총회에 제출되었다(U.N. Doc.A/2645).

하지만 ILC는 국제형사법원 설치문제의 논의에 앞서 '범죄법전초안'을

---

35) 국제 및 극동군사법원의 평가에 대해서는 Bert V. A. Roeling, "The Nuremberg and Tokyo Trials in Retrospect", in *A Treaties on International Criminal Law*, Vol.1(Charles C. Thomas Publisher, 1973), edited by M. C. Bassiouni and Ved. P. Nanda, pp.590-608.

먼저 검토하는 것이 논리적임을 확인하고, 동 초안이 완성될 때까지 국제형사법원 설치문제를 보류키로 결정하였다. 한편 ILC는 1954년 '범죄법전초안'을 작성하여 그 해설서와 함께 국제연합 총회에 제출하였다. 총회는 동 초안을 검토한 뒤 침략(Aggression)의 개념정의와 관련된 문제점을 제기하고 특별위원회로 하여금 침략의 개념초안을 작성할 것을 요청하였고, 동위원회의 보고서가 제출될 때까지 법전에 대한 심의를 연기하기로 결정했다(U.N., G.A. Res.897(IX)).

1974년 국제연합 총회에서 침략에 대한 정의가 채택(U.N., G.A. Res. 3314(XXIV))되었으나 기타 국제범죄의 정의를 위한 어떠한 구체적 작업도 진전이 없었다. 1981년에 이르러 비로소 ILC로 하여금 법전의 구체화 작업을 재개할 것과 그 구체화 작업에 우선순위를 부여할 것을 요청하였다(UN GA Res.36/106). 이에 따라 1982년 ILC 제34회기에서 Doudou Thiam이 특별보고자로 임명되었으며, 그는 1983년 제35회기부터 1991년 제43회기까지 9차례에 걸쳐 보고하였고, ILC는 이를 기초로 1991년 제43회기에서 범죄법전초안(Draft Code of Crimes against the Peace and Security of Mankind)을 잠정 채택하였다.[36]

한편 국제연합 총회는 1990년 11월 28일 범죄법전초안이 완성되는 대로 국제형사법원 설치문제를 검토 분석할 것을 ILC에 요청하였다(UN GA Res.45/41). 1991년 동 초안이 잠정 채택되자 ILC는 국제형사법원 설치문제의 논의에 착수하였다. 국제형사법원규정 작성 작업은 1992년 제44회기에서 구성된 작업반이 주도하였으며 1993년 제45회기에서 특별보고자(Thiam)가 초안을 보고하였고, ILC는 국제연합 총회의 의견을 듣기 위해 이를 총회에 제출하였다. 이에 대해 총회는 ILC에게 국제형사법원규정의 최종초안 작성에 우선순위를 둘 것과 1994년 2월 15일까지 각국의 의견서를 사무총장에게 제출하도록 요청하였다.[37]

---

36) ILC Yearbook, Vol.2(1991), p.93.

37) R. Rosenstock, "Current Development: The Forty-Sixth Session of the International Law Commission", 89 *AJIL*(1995), p.391.

1994년 제49차 국제연합 총회는 ILC가 작성한 국제형사법원규정초안[38]을 채택하였다. 총회 제6위원회(Sixth Committee), 특별위원회(Ad hoc Committee) 및 국제형사법원 설립준비위원회(Preparatory Committee on the Establishment of an International Criminal Court)의 2년여 간의 검토[39]끝에 1996년 12월 국제연합 총회는 "국제형사법원의 설립에 관한 협약을 최종적으로 채택하기 위하여" 1998년에 외교회의를 개최하기로 결정했으며(U.N. G.A. Res.51/207), 1998년 7월 17일 로마에서 개최된 외교회의(United Nations Diplomatic Conference of Plenipotentiaries on the Establishment of an International Criminal Court, 1988.6.15-1988.7.17, Rome)에서 전문과 13개 부(Part), 128개 조항(Article)으로 구성된 최종안(Rome Statute of the International Criminal Court)이 채택되었다.

---

38) UN GAOR, 49th Sess. Supp. No.10, UN Doc.A/49/10(1994). 국제형사법원규정 초안은 총60개 조항, 8개부로 구성되어 있는데 제1부는 법원의 설치, 제2부는 법원의 구성과 관리, 제3부는 법원의 관할, 제4부는 수사와 소추, 제5부는 재판, 제6부는 항소와 재심, 제7부는 국제협력과 사법공조, 제8부는 집행에 관해 규정하고 있다. ILC는 동 규정을 초안함에 있어 어느 특정의 형사법률 체계를 고집하지는 않았지만 예상목표를 위한 가장 적절한 요소들을 일관성있게 통합하려고 노력하였고 현존하는 협약들, 국제법원, 상설국제형사법원 설치에 관한 제안들 및 서로 다른 전통을 갖는 각국 형사사법체계의 관련규정들을 고려하였다. 윤정석, "유엔 국제법위원회의 활동과 전망", 법조, 통권 제493호(1997. 10), pp.236-237. 초안 주요 규정에 대해서는 J. Crawfold, "The ICL's Draft Statute for an International Criminal Court", 88 *AJIL*(1994), pp.140-152.

39) Report of the Ad Hoc Committee on the Establishment of an International Criminal Court, U.N. G.A.O.R., 50th Sess., Supp. No.22, U.N. Doc.A/50/52; Report of the Preparatory Committee on the Establishment of an International Criminal Court, U.N. G.A.O.R., 51th Sess., Supp. No.22, U.N. Doc.A/51/52(1996) 참조.

2. 법원규정의 주요 내용

가. 관할권(제2부, 제5-21조)

(1) 물적 관할권

국제형사법원규정은 제5조에서 법원의 관할권은 국제사회의 관심사가 되는 가장 중대한 범죄들에 제한되어야 한다면서 그 구체적 대상으로 '집단살해죄'(crime of genocide), '인도에 대한 죄'(crimes against humanity), '전쟁범죄'(war crimes) 및 '침략범죄'(crimes of aggression)를 열거한 후, 제6-8조에서 각각 '집단살해죄', '인도에 대한 죄' 및 '전쟁범죄'의 의의 및 유형에 대해 자세히 설명하고 있다.

'집단살해죄'는 특정 민족, 인종, 종교집단을 말살하기 위한 살인, 심각한 신체적 상해, 생존조건의 고의적 위해, 산아제한, 아동의 강제이주를(제6조), '인도에 대한 죄'로는 직접적이고 광범위하며 체계적인 공격으로 인한 민간주민의 살해, 절멸, 노예화, 강제이주, 구금, 국제법의 기본규칙을 위반한 신체적 자유의 심각한 박탈, 고문, 강간·성폭력, 강제매춘, 강제임신, 강제적 실종, 차별 등을(제7조), '전쟁범죄'로는 고의적 살인, 생체실험을 포함한 고문 또는 비인도적 대우, 군사필요성에 의해 정당화되지 않고 불법적이고 자의적으로 행해진 재산의 파괴 및 몰수, 전쟁포로 및 피보호자의 적군에의 복무 강요, 전쟁포로 및 피보호자에 대한 공정하고 정규로 구성된 법원에 의한 재판권의 고의적인 박탈, 불법추방·이주·감금 및 인질과 같은 1949년 제네바협약의 '중대한 위반행위'(제8조 2(a)항)와 적대행위에 참여하지 않는 민간주민 또는 개별 민간인에 대한 고의적인 공격, 민간물자에 대한 고의적인 폭격, 무력분쟁법하에서 민간인 및 민간물자에 주어지는 보호를 받을 수 있는 인도적 원조 및 UN헌장에 따른 평화유지임무에 종사하고 있는 자·시설물·물자·부대 및 수송수단 등에 대한 고의적인 공격, 군사필요성을 초과하는 과도한 살상 및 광범위하고 장기적이며 심각한 자연환경의 파괴, 비군사목표물인 무방수지역에 대한 공격 또는 폭격, 적부상병의 살해, 약탈, 독 또는 독성무기 사용 등의 확립된 국제법 체계 내에서 국제적 무력분쟁에 적용되는 법과 관례의 기타 중대한 위반행위(동조 2(b)항) 및 '국제적 성질을 갖지 않는 무력분쟁'과 관련 1949년 제네바협약 공통3조의 '중대한 위반행위'(동조 2(c)항) 및 '국제적 성질을 갖지 않는 무력분쟁'에 적용되는 법과 관례의 기타 중대한 위반행위(동조 2(e)항)를 들고 있다.

또한 전쟁범죄에 대해서는 가입국에게 가입 후 7년 동안 법원의 관할권 행사를 배제할 수 있는 권한을 주었으며, 침략범죄에 대하여는 범죄의 정의와 관할권 행사방법을 규정하지 않고 추후 법원규정의 개정절차에 따라 정하기로 하였다.

(2) 시간적 관할권

법원은 이 규정이 발효한 이후의 범죄(조약발효 후 가입한 국가에 대하여는 당해 국가의 가입이후의 범죄)에 대하여만 재판관할권을 행사한다(제11조). 당사국은 가입 시 법원의 재판관할권을 자동으로 승인하는 것이 된다.

(3) 관할권 행사조건

법원은 범인 국적국 또는 범죄 발생국 중 어느 일국이 규정당사국이거나 또는 이들 양국이 비당사국이더라도 스스로 관할권을 승인하면 관할권을 행사할 수 있다. 다만 안전보장이사회가 회부한 사건의 경우는 규정에의 가입여부를 불문하고 관할권을 행사할 수 있다(제12조). 법원에의 제소방법은 1)규정당사국의 회부, 2)안보리의 회부, 3)검사의 직권수사(*proprio motu*)의 3가지 방법이 있다(제13조). 다만 안보리는 12개월 동안 수사 및 기소가 진행되지 못하도록 유보를 요청할 수 있으며(연장도 가능함), 검사의 직권수사는 전심재판부(pre-trial chamber)로부터 수사개시에 대한 승인을 받아야 한다(제15-16조).

이러한 법원의 관할권 행사는 보충성의 원칙(Admissibility)에 의하여 본래의 관할권을 갖는 국가가 당해 사건에 대하여 수사, 기소, 재판하는 경우 원칙적으로 불가능하다. 다만 당해국가가 범인을 진정으로 처벌할 의사가 없거나 처벌하는 것이 불가능한 경우에만 가능하며 법원의 관할권 행사와 보충성원칙에 대하여 이의가 있는 경우 개인, 국가, 검사는 언제든지 재판부에 이의(Challenge)를 제기할 수 있다(제18-19조). 또한 일사부재리원칙에 의하여 법원이나 다른 법원에서 재판이 확정된 경우 다시 처벌되지는 않으나 다만 다른 법원에서의 재판이 국제형사법원의 재판으로부터 범인을 보호하기 위하여 진행된 것이거나 독립적으로 또는 공정하게 진행되지 않은 경우 형사법원은 관할권을 행사할 수 있다(제20조).

나. 형법의 일반원칙(제3부, 제22-33조)

제3부는 법원의 관할권 행사에 적용되는 형법의 일반원칙을 규정하고 있다. 범행 당시 만약 그 행위가 법원의 관할권에 해당되지 않을 경우 그 행위자는 형사상 책임을 지지 않으며(제22-23조, 죄형법정주의), 법원규정이 발효되기 이전의 행위는 처벌되지 않으며 최종판결 이전 적용법규가 개정된 경우 피의자에게 유리한 법률이 적용되며(제24조, 소급처벌금지), 법원의 관할권 대상이 되는 범죄를 행한 자는 개인적으로 책임을 지고 처벌되며(제25조, 개인책임원칙), 범행 시 18세 미만의 자는 처벌되지 않으며(제26조, 형사미성년자 처벌금지), 법원규정은 공적 지위에 관계없이 공평하게 적용되며(제27조, 공적 지위의 불인정), 군지휘관 및 기타 상급자는 자기 지휘하에 있는 부하의 범행을 알았거나 알 수 있었음에도 이를 방지하기 위해 필요한 합리적인 조치를 취하지 않은 경우 처벌되며(제28조, 지휘관 및 상관의 책임인정), 법원의 관할권 행사에는 시효가 적용되지 않으며(제29조, 공소시효 배제), 다른 규정이 없는 한 고의적으로 범행한 경우 처벌되며(제30조, 고의범 처벌원칙), 심신상실·정당방위·강박에 의한 행위 및 불가피한 명령에 의한 행위는 처벌되지 않으며(제31, 33조, 책임조각

사유), 사실의 착오는 형사책임의 면제근거가 될 수는 있지만 법률의 착오
는 그렇지 못하다(제32조, 사실의 착오 인정).

다. 법원의 구성 및 운영(제4부, 제34-52조)

법원의 4개의 기관으로 법원장, 재판부, 소추부(검사) 및 사무국을 두고
있다(제34조). 재판부는 주로 영장발부, 혐의확인절차, 적부심 등을 담당하
는 전심(Pre-Trial Division), 1심(Trial Division) 및 항소심(Appeals
Division)으로 구성되며, 재판부는 다시 여러 개의 부(Chamber)를 둘 수
있다. 전심은 1명 또는 3명의 판사가, 1심은 3명의 판사가, 항소심은 5명의
판사로 구성된다(제39조).

판사는 18명(전심 최소 6명, 1심은 최소 6명, 항소심은 최소 5명을 둠)
을 두며, 임기는 9년(다만 최초선출자중 1/3은 3년, 1/3은 6년으로 함)으로
한다. 국제형사법원의 판사가 되기 위해서는 자국 최고법관에 임명될 정도
의 자격을 갖춘 자와 형사재판의 경험(최소 9년)과 국제법 관련 경험(최소
5년)을 갖추어야 하며, 영어나 불어에 능통하여야 하며(제40조), 이들 판사
는 당사국 총회에서 선출하는데 모두 국적이 달라야 하며 선출시 주요법체
계의 대표성, 지역적 대표성, 남녀의 대표성이 고려되어야 한다.

검사는 당사국 총회에서 절대다수결에 의한 비밀투표로 선출되며, 법원
의 한 기관으로써 독립적으로 활동한다. 이들은 높은 도덕심을 갖춘 형사
소추 및 재판에 유능하고 실질적인 경험이 있는 자여야 하며 적어도 법원
의 사용언어 중 하나에 능통하여야 한다. 그리고 그들의 독립에 대한 신념
또는 소추권 행사에 미칠 수 있는 활동에 참여해서는 안 된다(제42조)

재판관, 소추부, 사무국 요원들은 불법행위, 규정상 의무의 심각한 위반
또는 규정에서 요구되는 기능을 수행할 수 없는 경우 파면된다(제46조).

라. 기타 규정

제5부(53-61조)에서는 수사와 기소의 절차, 피조사자의 권리, 전심재판부의 권능, 구속절차, 혐의확인심사 등 수사 및 기소에 관한 규정하고 있으며, 제6부(62-76조)에서는 피고인의 출석, 1심재판부의 권능, 무죄추정원칙, 피고인의 권리, 피해자 및 증인의 보호와 재판절차 참여, 증거절차, 재판방해처벌, 국가안보에 관한 정보의 보호절차, 배상명령제도, 신고절차 등 1심재판에 대한 규정을 두고 있으며, 제7부(77-80조)는 형벌에 관한 규정을 두고 있는데 법원은 범죄의 중대성 및 범행자의 개인적 환경 등을 고려하여 절차 및 증거규칙에 따라 선고내용을 결정하는데(제78조), 형벌은 30년 이하의 징역 또는 종신형으로 하고, 벌금형·몰수도 가능하나 사형은 금지되며(제77조), 검사 및 피고인은 1심판결, 기타 관할권이나 보충성 또는 석방에 대한 법원의 결정에 대해 항소할 수 있고 또한 항소심에 유죄판결을 대한 재심을 청구할 수 있으며(제8부(제81-85조), 항소 및 재심), 당사국은 법원규정에 따라 관할권 대상이 되는 범죄의 조사 및 기소에 있어 법원에 적극적으로 협력하여야 하며(제9부(제86-102조), 국제협력 및 사법공조).

이외에도 제1부(제1-4조)는 법원의 설립, 제10부(103-111조)는 형집행 및 감형절차, 제11부(112조)는 당사국총회, 제12부(113-118조)는 재정, 제13부(119-128조)는 유보·발효·개정에 관해 규정하고 있다.

3. 국제형사법원과 비국제적 무력분쟁

비국제적 무력분쟁에서의 비인도적 행위에 대한 형사법원의 소추, 처벌을 더욱 효과적이게 하기 위해서는 피의자의 신병확보, 피의사실에 관한 증거 및 증인확보, 재정적 어려움의 해결 및 국제사법공조 등의 문제들이 해결되어야 하겠지만 이러한 문제들은 비국제적 무력분쟁에만 관련있는 것들이 아니어서 국제형사법원규정 전체의 관점에서 검토, 보완되어야 할 것이며 실제 어떻게 이행되든 그것은 현 국제사회의 수용한계일 것이다. 비국제적 무력분쟁과 관련하여 무엇보다 중요한 것은 관할권 문제이다.

국제형사법원은 비국제적 무력분쟁에서의 비인도적 행위에 대해 어떠한 권한을 갖는가? 이들 행위에 대해서도 관할권을 갖고 위반행위자를 기소, 처벌할 수 있는가? 국제형사법원규정초안은 법원이 관할권을 갖는 대상을 집단살해죄, 침략범죄, 무력분쟁에 적용되는 법과 관례의 중대한 위반, 인도에 대한 죄 및 기타 법원규정 부속서에 열거된 조약규정에 따라 확립된 범죄로서 그 행위가 국제적 관심대상이 되는 예외적으로 중대한 범죄라고만 하고 있을 뿐(초안 제20조) 국제적 무력분쟁과는 달리 비국제적 무력분쟁에 적용되는 제법규의 위반행위에 관한 관할권에 대해서는 명확한 언급을 하지 않았었다.

하지만 국제형사법원이 비국제적 무력분쟁에서의 비인도적 행위에 대해서도 관할권을 가져야 한다는 주장과 논의가 계속되어 왔다.[40] 국제적 무

---

40) 특히 ICRC는 개별국가에 의한 국제인도법 위반행위의 억제조치에 관한 제네바 전문가회의(1997)에서 각국이 형사처벌해야 할 인도적 제법규의 위반행위의 예를 들면서, (1) 국제관습인도법 위반행위로는 (a) 독성무기 또는 불필요한 고통을 야기하는 무기의 사용 (b) 군사필요성에 의해 정당화되지 않는 무차별 파괴 또는 황폐화 (c) 무방수지역에 대한 공격 (d) 공공 및 사유재산의 약탈 (e) 배신행위 (f) 무기를 버렸거나 방어수단을 갖고 있지 않거나 항복한 적의 살상 (g) 조명거부선언 등을 들고, (2) 공통3조 및 제2추가의정서 위반행위로는 (a) 생명 및 신체에 대한 폭력 특히 모든 종류의 살인, 상해, 학대 및 고문, (b) 집단처벌, (c) 인질, (d) 테러, (e) 인간의 존엄성에 대한 침해 특히 모욕적이고 치욕적인 대우, (f) 강제매춘 및 저열한 폭력, (g) 노예제도 및 매매, (g) 약탈, (h) 소급처벌, (i) 문명국인이 불가결하다고 인정하는 모든 법적 보장을 부여하는 정상적으로 구성된 법원의 사전판결에 의하지 않은 판결의 언도 및 형의 집행, (j) 의료 및 종교요원과 그 수단에 대한 공격, (k) 적십자표장의 악용, (l) 민간주민에 대한 공격, (m) 민간주민의 아사, (n) 위험한 물리력을 포함하고 있는 시설물에 대한 공격, (o) 역사적, 문화적, 종교적 기념물에 대한 공격 및 군사작전에의 이용, (p) 민간인의 안전이 보장되지 않고 군사상 긴급한 필요에 의하지 않은 민간주민의 이주 등을 들고 있다. ICRC, National Repression of Violations of International Humanitarian Law, Introduction to the preparatory documents, Document 1. Method of Incorporating into domestic legislation Punishment for Breaches of International Humanitarian Law, Appendix(Geneva, 1997), pp.2-3.

력분쟁에서의 비인도적 행위자보다 비국제적 무력분쟁에서의 비인도적 행위자를 더 너그럽게 대우해야 할 어떠한 도덕적 정당성이나 설득력있는 법적 논거는 없으며,[41] 국제적이든 비국제적이든 인간의 가치는 동일하므로 분쟁희생자는 동등하게 보호되고 인도적 대우 및 구호에 있어서도 차등이 있어서는 안 된다.[42] 따라서 국제형사법원은 공통3조 및 제2추가의정서를 포함, 비국제적 무력분쟁을 규율하는 인도적 제법규의 심각한 위반행위에 대해 관할권을 가져야 함이 마땅한바, 이는 공통3조 및 제2추가의정서상의 금지행위들이 국제관습법을 반영한 것이고 오늘날 많은 정부들이 비국제적 무력분쟁에서의 비인도적 행위에 대한 국제적 형사책임의 부과를 인정하고 있으며,[43] 공통3조 및 제2추가의정서에서 금지되는 행위들은 민간주민에 대해 행해질 경우 대부분 '인도에 대한 죄'에 해당되기 때문에 당연하다.

또한 국제형사법원규정초안은 비국제적 무력분쟁에서의 국제인도법의 심각한 위반행위들이 제20조(C)항의 '전쟁의 법규와 관례'의 위반으로 열거되지 않았음에도 불구하고 ILC는 이를 포함하는 것으로 보았으며,[44]

---

41) T. Meron, "International Criminalization of Internal Atrocities", 89 *AJIL* (1995), p.561.

42) K. J. Keith, "The Present State of International Humanitarian Law", 9 *The Australian Yearbook of International Law*(1985), p.17. ICJ는 국제적 및 비국제적 무력분쟁에 적용되는 최소한의 규칙들은 동일하며 모든 상황에서 그것들을 적용해야 할 의무는 제네바협약뿐만 아니라 국제인도법의 일반원칙에서 나온다고 보았다. Military and Paramilitary Activities in and against Nicaragua (Nicaragua v. United States), Merits, Judgement of 27 June 1986, ICJ Reports, para.220.

43) C. Meindersma, "Violations of Common Article 3 of the Geneva Conventions as Violations of the Laws or Customs of War under Article 3 of the Statute of the International Criminal Tribunal for the former Yugoslavia", 26 *Netherlands International Law Review*(1995), pp.375-396; T. Meron, "International Criminalization of Internal Atrocities", *op. cit.*, pp.559-565.

44) 초안규정 제20조(C)항에 대한 ILC의 주석서는 동조가 구유고형사법원규정 제3조 및 1991년 범죄법전초안 제22조를 반영한 것으로 보고 있는데, 범죄법전초안은 '예외적으로 심각한 전쟁범죄'를 "무력분쟁에 적용되는 국제법 원칙 및 규칙들의 예외적으로 심각한 위반행위"라고 정의했으며, 제22조의 '무력분쟁'은 "공통3조에 의해 규율되는 비국제적 무력분쟁"을 포함한다고 밝히고 있다.

1996년 범죄법전초안은 공통3조 및 제2추가의정서상의 인도적 제법규의 심각한 위반행위들을 '전쟁범죄'(war crimes)로 규정하였는데(제20조 f항),[45] ILC는 비국제적 무력분쟁에 적용되는 법의 위반행위에 대한 개인의 형사책임원칙은 구유고국제형사법원에서 재확인되었다는 것을 강조했었다.[46]

이러한 논의와 주장들에 강한 영향을 받아 최종적으로 채택된 국제형사법원규정에는 비국제적 무력분쟁에서의 비인도적 행위에 대한 관할권을 명시적으로 인정하고 있다. 인권문제가 본질적으로 배타적인 국내문제가 아니라 국제적 관심사라는 주장과 이에 대한 국제사회의 일반적 동의, 인권의 대량위반을 이유로 하는 점증하는 국제사회의 간섭 경향, 전투환경 및 수단방법 등의 비약적 발달로 인한 국제적 무력분쟁과 비국제적 무력분쟁 간 구별의 어려움 및 오늘날 발생되고 있는 무력분쟁의 약90%가 비국제적 무력분쟁이며 따라서 무력분쟁으로 인한 희생자의 대다수가 비국제적 무력분쟁에서 발생하고 있고 희생도 더욱 잔인화되어 가고 있는 현실 등에 비추어 볼 때 동법원이 비국제적 무력분쟁에서 발생하는 공통3조의 '중대한 위반행위' 및 기타 '전쟁의 법규와 관례'의 위반행위에 대해 관할권을 갖는다고 명규한 것은 국가주권과 국가이익을 앞세운 반대주장을 침묵시키고 형사법원 설립이념의 구현을 위한 상당한 진전이라고 평가된다.

그렇다면 구체적으로 비국제적 무력분쟁에서의 어떠한 위반행위들이 국제형사법원의 관할권에 포함되는가? 법원규정은 비국제적 무력분쟁에서의 비인도적 행위에 대한 법원의 관할권을 크게 두 개의 범주를 명규하고 있다. 공통3조의 '중대한 위반행위'(제8조 2(c)항)와 비국제적 무력분쟁에 적용되는 기타 법과 관례의 중대한 위반행위(제8조 2(e)항)가 그것이다. 먼저 전자와 관련, 이를 관할권에 포함시킨 것은 너무나도 당연하다. 왜냐하면 공통3조의 인도적 내용들은 무력분쟁에서 희생자 보호를 위해 모든 당

Report of the International Law Commission on the work of its forty-third session(29 April-19 July 1991), 46 U.N. GAOR Supp.10, p.270, U.N. Doc.A/46/10(1991).

45) ILC Report(1996), p.118.

46) *Ibid.*, p.119.

사자들에게 요구되는 최소한이기 때문이다. 따라서 (a) 적대행위에 적극적으로 참여하지 않은 자 및 무기를 버린 전투원과 질병·부상·억류·기타의 사유로 전투력을 상실한 자에 대한 생명 및 신체에 대한 폭력 특히 모든 종류의 살인·상해·학대 및 고문, 인질, 인간의 존엄성에 대한 침해 특히 모욕적이고 치욕적인 대우 및 문명국인이 불가결하다고 인정하는 모든 법적 보장을 부여하는 정상적으로 구성된 법원의 사전판결에 의하지 않은 판결의 언도 및 형의 집행, (b) 병자의 부상자의 수용 및 간호 거부행위는 형사제재의 대상이 된다.

법원규정은 후자, 즉 '국제적 성질을 갖지 않는 무력분쟁'에 적용되는 법과 관례의 기타 중대한 위반행위로 (1) 민간주민 또는 적대행위에 직접 참여하지 않은 자에 대한 고의적인 공격, (2) 제네바협약상의 구별표식을 사용하는 건물, 물자, 의료부대, 의료수송수단 및 요원들에 대한 고의적인 공격, (3) 무력분쟁법하에서 민간인 또는 민간물자에 주어지는 보호를 받을 수 있는 인도적 원조 및 UN헌장에 따른 평화유지임무에 종사하고 있는 요원, 시설물, 물자, 부대 또는 운송수단에 대한 고의적인 공격, (4) 군사적 목적에 이용되고 있지 않는 종교, 교육, 예술, 과학 또는 자선적 목적의 역사적 기념물, 상병자가 수용된 병원 및 장소에 대한 고의적인 공격, (5) 약탈, (6) 강간, 성적 노예화, 강제매춘, 강제임신, 강제불임 및 공통3조의 '중대한 위반행위'를 구성하는 기타 성폭력, (7) 15세 이하 아동을 군대 또는 군단체에 징집 또는 입단시키거나 지속적인 적대행위에 참여시키기 위해 그들을 이용하는 것, (8) 민간주민의 안전이 보장되지 않고 불가피한 군사적 이유없이 무력분쟁과 관련된 이유로 민간주민의 이주를 명하는 것, (9) 적전투원의 배신적 살상, (10) 조명거부선언, (11) 자신의 권력 내에 있는 적당사자에 대한 의료적 치료로 정당화되지 않거나 그의 이익을 위해 행한 것이 아닌 사망 또는 심각한 신체절단, 의료적 및 과학적 실험을 행하는 것, (12) 분쟁의 필요에 의해 불가피하게 요구되는 파괴 또는 몰수가 아닌 적재산의 파괴 또는 몰수를 들고 있다(제8조 2(e)항).

또한 법원규정은 그 관할권 행사와 관련하여 공통3조의 '중대한 위반행

위'에 대한 관할권 행사는 '국제적 성질을 갖지 않는 무력분쟁'에만 적용되
며 폭동, 고립되고 산발적인 폭력행위 및 기타 유사한 성격의 행위와 같은
'국내적 소요 및 긴장사태'에는 적용되지 않는다면서(제8조 2(d), (f)항),
(f)항에서는 관할권 행사분쟁을 일국의 영역 내에서 정부당국과 조직된 군
사집단간 또는 그러한 군사집단간의 장기간에 걸친 무력분쟁이라고 명시하
고 있다. 특히 비국제적 무력분쟁에서의 비인도적 행위에 대한 법원의 관
할권 행사가 모든 합법적인 수단에 의한 국가의 법과 질서를 유지하고, 통
일 또는 영토보전을 위한 정부의 책임에 영향을 미치지 않는다는 것을 강
조하고 있다.

이처럼 법원규정은 명시적으로는 '전쟁범죄'로 인정되는 비인도적 행위
에 대해서만 법원의 관할권을 인정하고 있다. 하지만 '집단살해죄' 및 '인도
에 대한 죄'는 국제적 또는 비국제적이라는 무력분쟁의 성격에 관계없이
적용된다는 것이 국제법상 보편적으로 인정되고 있으므로 실제 법원의 관
할권은 비국제적 무력분쟁에서 행해지는 '집단살해죄', '인도에 대한 죄' 및
'전쟁범죄' 모두를 포함한다고 할 수 있을 것이다.

4. 창설의의 및 과제

오늘날 제국들은 무력분쟁에서의 적대행위에 대한 사법적 판단에 매우
소극적이다. 과거 위반행위에 대한 처벌은 패배한 측에게만 적용되고 승리
한 측에게는 어떠한 제재조치가 취해지지 않았던 것도 제국들의 사법적 판
단에 대한 소극성을 강화시켰다.[47]

---

47) 특히 걸프전은 국제인도법의 '중대한 위반행위'에 대한 형사제재의 발전에 있어
안타까운 선례를 이룬다. 걸프전에서 안보리는 제 결의(결의 660, 661, 666, 670,
674, 678 등)를 채택하였다. 안보리는 동 결의들을 통해 이라크의 쿠웨이트로부
터의 철수요구 및 이라크에 대한 일련의 강제조치를 부과하면서 이라크에 의한
심각한 인권위반행위를 비난하고 만약 그러한 위반행위가 지속된다면 중대한 결
과를 가져올 것이라면서 제국에게 향후 있을지도 모를 재판에서 이용하기 위해

하지만 무력분쟁 등에서 행해진 범죄의 잔혹성과 규모는 인도에 반하는 죄 등 국제평화 및 안전을 위협하는 범죄를 처벌하기 위한 상설적인 국제형사법원의 설치가 필요하다는 국제사회의 여론을 환기시켜 이러한 잔악행위에 대한 '국제사회의 사법적 간섭'(International Judicial Intervention)을 강화시켜야 할 필요성을 인식시켰는바,48) 이러한 일반적인 인식을 바탕으로 국제형사법원의 설립이 본격적으로 추진되어 비로소 국제형사법원 창설 협약이 채택되었다.

인도적 법규를 위반한 개인에 대한 형사책임은 비록 인도적 제법규의 이상적인 보장수단은 아닐지라도 분쟁종료 후 강화조약을 통해 패전국에 일방적으로 강요되는 금전적 책임보다는 더욱 실효적인 강제수단이라고 보여진다. 특히 예방목적을 위하여 분별있게 사용되면 형사제재는 효과적인 제재임이 틀림없다.

국제인도법에 대한 존중은 그 위반행위에 대해 국제적 형사제재가 인정될 때 더욱 강화될 것이고 인도적 법규의 위반행위에 대한 형사제재는 공정하게 집행될 때 설득력을 가질 뿐만 아니라 국제인도법에 대한 존중을 고양시키기 위한 여타의 조치들을 자극해 국제인도법에 대한 존중과 준수에 있어 상승효과를 가져올 것이다.49)

이라크와 동국의 개인에 의해 저질러진 제네바협약의 위반행위에 대한 정보를 수집할 것을 요청했었다. 실제로 분쟁과정에서 포로학대, 민간주민의 고문 및 즉결처형, 인질 등 수많은 위반행위들이 실재했었고 증거도 상당부분 확보되어 있었다. 하지만 분쟁이 끝난 후 아무런 조치도 없이 종전협정이 체결되어 국제인도법상의 '중대한 위반행위'에 대한 처벌은 이루어 지지 않았다. 그 과정과 이유에 대한 자세한 설명은 David A. Martin, "Reluctance to Prosecute War Crimes : Causes and Cures", 34 *Virginia Journal of International Law*(1994), pp.255-262 참조.

48) David J. Scheffer, "International Judicial Intervention", 102 *Foreign policy* (1996), pp.34-51.

49) D. Plattner, "The Penal repression of Violations of International Humanitarian Law applicable in Non-International Armed Conflict", 278 *IRRC*(1990), pp.414-415; A. D'Amato, "Peace vs Accountability in Bosnia", 88 *AJIL*(1994), pp.502-503.

그러나 국제형사법원 창설협약의 채택은 무력분쟁에서 비인도적 행위규제 및 희생자의 인도적 보호강화라는 인류의 염원에 역사적 의미를 부여하고는 있지만, 아직도 많은 심각한 문제들이 산재해 있으며 이러한 장애는 외교회의에서의 협상을 지연시켜 국제형사법원의 조기설립을 방해할 수도 있고, 다자조약에 의한 법원설립방식의 채택으로 오직 제한된 소수의 국가들만에 의해 지지를 받을 가능성도 있다.[50] 이것은 아직도 불완전하게 조직되어 있는 국제사회의 현실에서 초래되는 한계를 반영한 결과이다.

이러한 제한적인 국제인도법 위반행위에 대한 형사제재가 실효적인 개인책임을 지우고 제네바협약의 기타의 위반행위가 국제형사법원에서 소추·처벌될 가능성을 확실히 하기 위해서는 장차 (1) 형사제재 대상이 되는 위반행위의 종류, (2) 피의자의 신병확보, (3) 소추절차, (4) 법원의 구성과 형의 집행 및 (5) 인도적 법규들을 이행하기 위한 개별국가 조치들과의 협력 등 제반문제에 대한 구체적 합의가 있어야 할 것이며, 그렇게 함으로써 국내법과 국제법은 상호영향을 미쳐 무력분쟁에서의 국제인도법 존중보장체계를 개선시키고 인도적 규칙의 유효성을 증가시키게 될 것이다.

---

50) 국제형사법원의 설립방식으로는 국제연합 헌장을 개정하여 설립하는 방식, 안보리결의에 의한 방식, 총회결의에 의한 방식 및 다자조약에 의한 설립방식이 가능한바, 이들 방식들 중 D. Plattner, "The Penal repression of Violations of International Humanitarian Law applicable in Non-International Armed Conflict", 278 *IRRC*(1990), pp.414-415; A. D'Amato, "Peace vs Accountability in Bosnia", 88 *AJIL*(1994), pp.502-503. pp.339-342 참조.

맺으며

오늘날 세계도처에서 행해지고 있는 비국제적 무력분쟁에서의 대표적인 인도적 위기는 대량난민 및 유민의 발생, 강제이주, 민간인 학살, 특정종족의 절멸(인종청소) 등이다. 이외에도 자연환경과 문화재의 파괴도 심각한 문제이다. 이러한 문제들과 관련된 비극적 참상들은 언론매체를 통해 하루도 빠짐없이 전 세계에 전해지고 있다. 특히 최근 종족분쟁이 격화되면서 성행하고 있는 특정종족의 절멸행위는 인류의 양심에 충격을 주고 있다. 일반적으로 '인종청소'라고 불리는 이러한 비도덕적 반인도적 행위의 대표적 사례는 부룬디와 르완다 그리고 자이르에서의 후투족과 투치족 상호간의 어지러운 공격·방어의 거듭으로 인한 대량학살과 보스니아 분쟁에서의 세르비아계의 이슬람계의 대량추방 및 이슬람계 부녀자들에 대한 조직적 강간 등을 들 수 있다.

냉전종식과 구소련의 붕괴 이후 무력분쟁이 현저히 감소할 것이라는 희망은 여지없이 무너져 내렸다. 세계질서의 변화는 분쟁의 조기종결을 위한 국제사회의 노력을 가속화시켜 유효한 조치가 가능해 지기도 했지만 냉전기간 동안 초강대국(미·소)의 군사적 대치에 의해 억제되어 왔던 세계도처에서의 인종 및 종교적 갈등은 마침내 피비린내 나는 무력분쟁으로 분출되어 당사국은 물론 이웃국가들까지도 분쟁의 와중에서 피해를 입고 있다.

모든 법은 그것이 이행되는 한 유효하고 의미있다. 그 필요성이 요구될 때 효과적으로 적용되지 않는다면 어떠한 법질서도 의미가 없다. 인권의 존재자체가 그 뿌리부터 부정되고, 생명이 끊임없이 위험에 처하는 비극적 상황인 무력분쟁에서 희생자 보호와 분쟁의 폭력적 영향을 제한하고자 하는 국제인도법의 확고한 준수는 말할 필요가 없다.

하지만 분쟁상황에 고유한 폭력적, 맹목적 특성이 가장 근본적인 이유이겠지만 '군사적 필요성'과 '인도적 필요성' 간의 타협인 국제인도법은 종종 그것이 국가이익과 일치하는 경우에만 존중되었고, 이러한 인도적 법규의 비준수는 비극적인 인도적 위기를 애써 외면해 온 국가이기주의에 기초한 무관심, 실효성과 유효성에 대한 극도의 회의, 인도적 규칙의 내용에 대한 무지 및 희생자 보호를 위한 다양한 제조치의 복잡성과 그 기술적 특성에 의해 지속적으로 방해받아 왔다. 따라서 이러한 문제를 극복하고 인도적 법규들을 보완, 발전시켜 이의 보다 나은 이행을 보장하기 위한 제 방안을 검토하는 것이 중요하다.

작금의 인도적 위기를 타개하고 구체적이고 실효적인 국제인도법 질서를 구축하기 위해서는 실현가능한 수단들을 연구, 개발하여야 하겠지만 그 중에서도 특히, 현 인도적 제법규의 보완 및 발전, ICRC, 국제연합 및 국제인권체계의 인도적 보호활동 강화 및 인도적 제법규의 중대한 위반행위에 대한 국제적 형사제재체계의 확립 등을 통한 인도적 법규의 이행확보가 요구된다.

(1) 오늘날 발생되고 있는 대부분의 비국제적 무력분쟁들은 현 규정의 적용요건을 충족시키지 못해 그 적용이 거부되는 경우가 많고, 무력분쟁에까지 이르지 않은 국내적 소요 및 긴장사태와의 구별이 어려우며, 외부개입의 증가와 군사장비 및 전술의 비약적인 발달로 국제적, 비국제적이라는 무력분쟁의 고전적 구분이 무의미하게 되었으며, 인도적 원칙은 간결하고 일반적인 형태로 규정되어 적용범위 및 보호내용과 관련하여 광범한 해석의 여지를 남기고 있다.

이러한 현 비국제적 무력분쟁 및 적용법규의 특성상 기존법규만으로는 이들 분쟁에서 발생하는 희생자의 인도적 보호에 충실을 기할 수는 없다. 따라서 기존법규의 이행강화와 더불어 미비점을 보완, 발전시켜야 한다. 이러한 비국제적 무력분쟁에 적용되는 국제인도법의 발전, 보완에는 보편적 공동체를 위해 예외없이 존중되어야 하는 인도적 원칙과 규칙의 보편타당한 가치가 충분히 포함되도록 해야 할 것인바, 구체적으로는 적용범위의 명확화 및 확대, 민간주민의 보호 강화·희생자 구호활동의 강화·체포된 적 전투원의 인도적 대우·형사소추 및 처벌시의 인도적 고려 등의 희생자의 인도적 대우 확대, 전투수단과 방법의 제한, 이행수단의 강화 등에 역점을 두어야 할 것이며 특히 자연환경, 아동 및 여성, 난민 및 유민과 같은 특정대상의 보호강화가 강조되어야 할 것이다.

(2) 일반적으로 국제법이 그렇듯이 국제인도법도 그 이행을 확보하기 위한 충분한 수단을 갖고 있지 못하다. 이러한 상황에서 국제인도법은 민간단체라는 ICRC의 법적지위에 구애됨이 없이 그 활동을 적극적으로 승인, 활용하여 인도적 법규의 이행확보에 대처해 왔다. ICRC는 비국제적 무력분쟁에서 희생자가 발생하는 경우 그들에게 적절한 인도적 원조와 구호를 제공하며, 국제인도법의 위반을 중지시키고 그 충실한 적용을 확보하기 위해 다양한 인도적 활동을 전개해 왔다. 이처럼 비록 ICRC의 활동이 국제인도법의 이행확보를 위한 결정적인 수단이라고까지는 할 수 없어도 이를 위한 매우 유효하고 현실적인 수단이라고 평가할 수 있다.

하지만 ICRC는 '공정한 인도적 기관'으로서의 성격을 유지하는 한계 내에서 활동해야 하고, 사법적 또는 준사법적 기능을 부여받지 못했기 때문에 사실논쟁에 대해 판단을 내릴 수 없으며, 인도적 발의권을 행사하여 역무를 제의할 수 있지만 이를 강제할 수 없고, 국가주권이라는 장벽으로 많은 애로를 겪고 있다. 이러한 한계를 극복하고 ICRC의 인도적 보호활동을 강화하기 위해서는 ICRC의 인도적 발의권의 법적 구속력을 보다 강화하기 위한 국제사회의 합의가 형성되어야 하며, 중립적인 중재자로서의 역할에 충실해야 하고, 국제인도법의 재확인과 발전을 지속적으로 주도하고, ICRC의 인도적 보호활동에 대한 국제적 보호 및 인도적 지식의 보급 활동이 강화되어야 하며, 희생자 보호활동에 있어서의 ICRC의 통합적 역할이 강화되어야 한다.

(3) 오늘날 국제연합은 비국제적 무력분쟁에서의 인간의 존엄과 가치를 보장하기 위하여 국제인도법과 인권의 존중 및 확보에 상당한 열의를 보이면서 이를 위한 구체적인 활동을 우선적으로 고려하고 있다. 이러한 비국제적 무력분쟁에서의 국제연합의 역할은 냉전종식 이후 급격하게 증가되고 있다. 과거 국제연합은 비국제적 무력분쟁에 제한적, 소극적으로 개입하였지만 오늘날은 가능하다면 관련 지역기구와 협력하여 분쟁해결 및 평화회복에 노력하고 있다. 이러한 노력들은 구체적으로 분쟁예방 및 평화적 해결, 인도적 규범과 기준의 확립 및 이용, 희생자 구호활동, 강제적 제재조치, 평화유지 및 구축활동 등을 통해 나타나고 있다.

하지만 국제연합의 조치여부 및 그러한 조치의 본질과 범위는 국제연합 헌장상의 여러 조건, 국제연합의 재정상태, 개입여부 결정당시의 국제정치 상황 및 개별회원국의 국내 상황 등 다양한 환경에 의해 영향을 받아 그러한 영향 내에서 결정될 수밖에 없으며, 이러한 한계 내에서 결정되는 국제연합의 개입과 그 이후의 활동은 제한적일 수밖에 없고 그 효과 또한 불충분한 것일 수밖에 없다.

오늘날 비국제적 무력분쟁에의 개입과 관련하여 국제연합이 안고 있는 문제점으로는 개입기준의 부존재, 상임이사국의 거부권, 예산부족 및 부담능력을 초과하는 안보리의 지나친 관할권 확대 등이 거론될 수 있으며 이러한 문제점들을 해결하고 희생자의 보호를 강화하기 위해서는 헌장적 및 제도적 개선, 일관된 개입기준의 확립, 예방외교의 강화, 인도적 활동의 통합체로서의 역할 강화, 국제연합의 역할과 기능에 대한 분쟁당사자의 신뢰 확보, 분쟁당사자 간 중간자적 입장 유지 및 평화유지 및 구축활동의 강화 등이 요구된다.

(4) 국제인도법과 국제인권법은 비상사태에서도 적용이 정지되지 않는 공통핵과 인간의 생명과 존엄의 보호라는 공통목적을 공유하고 있음에도 불구하고 전자가 무력분쟁 시에, 후자가 평시에 적용된다는 일반적 인식 탓에 국제인권체계(국제인권법 및 인권단체)의 무력분쟁에서의 희생자 보

호역할은 그다지 주목받지 못했었다.

하지만 오늘날 국제인권법 및 정부간, 비정부간 인권단체들은 무력분쟁에서의 희생자 보호에 있어 중요한 역할을 담당하고 있다. 무력사용의 법적 금지가 실제로 무력분쟁을 종식시키지 못했듯이 무력분쟁에서의 인도적 보호체계인 국제인도법도 불행하게도 그 역할을 다하지 못했으며, 국제인도법의 이러한 한계는 무력분쟁에서 제기되는 비인도적, 반인권적 상황에의 국제인권법의 원용을 증가시켰다. 한편 정부 간, 비정부 간 국제기구 및 인권단체들도 특정국가의 인권상황을 개선하기 위한 노력의 과정에서 과거와는 달리 국제인도법의 일반원칙, 더 나아가 국제인도법의 특정 규정에 의존하는 경향을 보이고 있는바, 이는 무력분쟁에서의 개인보호에 있어 양법의 관련성이 크다는 것과 양법이 함께 사용될 수 있고, 실제로 사용되고 있다는 것을 보여준다. 이와 같은 인간의 존엄성 보호를 보다 효율적이게 하는 양법의 보충적인 관계는 무력분쟁에 있어서 국제인권체계가 갖는 의의를 충분히 설명하고 있다.

하지만 개인의 보호를 위한 국제규칙인 국제인권법은 비국제적 무력분쟁이라는 긴급상황에서의 희생자의 인도적 보호를 강화, 강제하기에는 많은 결함들을 가지고 있는데, 국제인권법은 기술적으로는 무력분쟁에도 적용될 수 있지만 원칙적으로 평시에 규제되도록 고안되었고 따라서 전투의 수단과 방법을 규제하는 어떠한 규칙도 포함하고 있지 않으며, 국제인도법은 교전당사자 모두에게 구속적인 의무를 포함하고 있는 반면에 국제인권법은 일반적으로 분쟁당사자의 어느 일방, 즉 정부와 그 기관의 위반만을 규제하고 있고, 어떤 경우에도 존중되어야 하는 'hardcore'를 제외한 인권조약의 규정들은 국가의 생존을 위협하는 전시 또는 여타 긴급상황의 경우 그 적용이 정지되며, 법규위반에 대한 강제체계가 미흡하고, 대다수 인권단체의 관심사들에 직접 적용될 수 있는 인도적 규정들이 불충분할 뿐만 아니라 이들이 이용하기에는 너무 복잡하며, 무력분쟁의 특성상 인권위반에 관한 정보수집 및 평가가 어렵다.

이러한 국제인권체계의 한계를 극복하고 무력분쟁 희생자의 인도적 보호를 보다 강화하기 위해서는 국제인권법의 적용정지 규정이 개선되어야 하며, 인권관련단체들은 독자성과 정체성을 유지하면서 국제인도법과 국제인권법에 공통되는 원칙들을 군대·준군사집단·경찰 등 강제력을 행사하는 단체는 물론 사회단체 및 교육기관에 널리 보급시키고 호소하여 제국 및 그 국민들이 인도적 법규의 내용을 알고 이행하도록 고취하여야 하고, 제도적 측면에서 비난과 시정권고라는 사후적, 소극적 차원을 뛰어 넘어 조기경보 및 방지능력의 극대화, 인권단체 간 협력강화 및 인권체계와 국제평화체계의 통합이 중요하며, 법규적 측면에서 개인의 인권존중을 보장하는 보다 완비되고 구체화된 국제적 법체계가 요구되며 현 국제적 법규가 안고 있는 결정적인 결함인 절차적 보장수단이 강화되어야 하고 국제인도법과 국제인권법의 상호의존(수렴)이 지속적으로 확대되어야 할 것이다.

(5) 제2차대전 이후 국제 및 극동군사법원과 일부 국내법원에서의 전범재판이 있었지만 세계각지의 무력분쟁에서 자행된 비인도적 행위에 대한 국제적 소추 및 처벌은 행해지지 않았다. 하지만 이러한 가운데서도 국제인도법의 중대한 위반행위에 대한 국제적 처벌의 필요성은 널리 인정되어 왔으며, 국제사회의 합의로 구유고 및 르완다에서의 비인도적 행위들을 처벌하기 위해 국제형사법원이 1993년과 1994년에 각각 설치되어 활동 중이다.

그러나 이러한 국제법원들은 비상설적이어서 인도적 법규 및 기본적 인권의 중대한 위반행위에 신속, 유효하게 대응하지 못했으며 일부국가(전승국)만에 의한 정의실현이라는 부정적 측면도 내포하고 있어 인도적 법규를 위반한 자를 처벌하기 위한 국제적인 장치로서는 부족함을 보여 왔다. 또한 국제인도법상의 중대한 위반행위에 대한 형사제재에 관한 상세한 규정에도 불구하고 제국들은 국내적 형사체계를 통한 성실한 처벌도, 보편적 형사관할권도 확립하지 못했다.

따라서 무력분쟁에서의 비인도적 행위를 규제하고 희생자의 보호를 강화하기 위해서는 이러한 행위의 소추, 처벌을 전문으로 하는 상설적인 국제형사법원의 설치가 긴급히 요구되었던바, 국제사회는 지난 1998년 7월

17일 150여 개국 대표들이 참석한 외교회의(1998. 6. 15-7. 17. 로마)에서 미국의 강력한 반대에도 불구하고 찬성 120, 반대 7, 기권 21표로 협약안을 통과시킴으로써 전쟁법규의 존중 및 무력분쟁 희생자의 인도적 보호에 새로운 장을 마련했다.

이로써 제2차대전 이후 약 50여 년 동안 인류가 소망해 온 전쟁범죄의 처벌 및 억제, 반인륜범죄의 근절이라는 이상의 실현에 한 발짝 다가갈 수 있게 되었다. 국제인도법을 위반한 개인에 대한 형사책임은 비록 무력분쟁법의 이상적이고도 효과적인 제재수단은 아닐지라도 분쟁종료 후 강화조약을 통해 패전국에 일방적으로 강요되는 금전적 책임보다는 더욱 실효적인 강제수단, 효과적인 예방수단이 될 것이며, 무력분쟁에서의 비인도적, 반인권적 행위에 대한 처벌에 설득력을 강화시키고 인도적 법규들에 대한 존중을 고양시키기 위한 조치들을 자극해 이에 대한 존중과 준수에 있어 상승효과를 가져올 것이다. 특히 강제력이 조화되어 있지 않은 현 국제사회에서 각국의 형사정의상 공통된 원칙을 추출하여 중요범죄에 대한 형사관할권을 행사하려는 국제형사법원의 설립은 그 성공여부에 따라 국제법의 발전뿐만 아니라 향후 국제사회 조직화의 척도가 될 수 있는 매우 중대한 문제라고 판단된다.

하지만 국제형사법원의 장래에는 심각한 문제들이 산재해 있으며 이러한 장애는 ICC의 조기설립을 방해할 수도 있을 것이다. 게다가 다자조약에 의한 법원설립방식의 채택으로 오직 제한된 소수의 국가들만에 의해 지지를 받을 가능성도 있다. 이러한 문제들을 극복하고 실효적인 국제형사법원의 창설을 위해서는 국제형사정의의 실현이라는 이상과 국내관할권의 제약을 꺼리는 국제사회의 현실을 어떻게 조화시킬 수 있을 것인가라는 것이 관건이 될 것이다. 따라서 국제형사법원의 창설에는 이 문제에 깊은 관심을 보이는 일부국가나 기구들만이 아닌 인류 모두가 참여하여 인류사회의 기본가치를 강화, 증진시켜 나가야 할 것이다.

앞서 강조한 바와 같이 오늘날 비국제적 무력분쟁에서의 인도적 위기는 매우 심각한 지경에 이르렀다. 문제는 이러한 국제사회가 감당하기 어려운 인도적 위기들을 생산해내는 분쟁들이 지구촌 곳곳에 도사리고 있을 뿐만 아니라 그 끝을 알 수 없고, 발생되고 있는 분쟁들은 정치경제적인 소외감, 사회적 고립감, 종족 간 헤게모니 장악 등이 복잡하게 얽혀있어 그 해결책을 쉽사리 찾을 수 없다는 데에 있다. 반면에 현 국제사회는 이러한 절실한 문제들에 있어서 기대되는 역할을 해낼 능력을 갖고 있지 못하며 냉전종식으로 분쟁지역의 전략적 효용성을 상실한 서방국가들은 지역분쟁에 예전과 같은 관심을 두지 않고 있으며, ICRC 등 국제구호기관들도 분쟁당사자들의 위협과 방해로 적극적인 구호활동을 할 수 없는 상태이다.

하지만 제반 여건과 주변 환경이 어렵다고 하여 작금의 인도적 위기를 외면할 수는 없다. 발생분쟁에서의 희생자 보호활동의 강화, 더 큰 비극을 막기 위한 설득적이고 예방적인 제수단의 강구, 분쟁상황에서 야기되는 다양한 인도적 문제들에 대응한 집중·통합된 해결책 및 지속적인 국제적 협력 도모, 인간행위의 법전으로서 그리고 문명기준으로서의 인도적 제법규의 참된 중요성에 대한 확신 등이 구체화되어야 할 것이다.

그러나 무엇보다도 강제체계가 부족한 국제인도법의 이행강화를 위한 최선의 방법은 이를 준수해야 한다는 신념을 건설하는 것이다. 국제인도법의 발전적 개선 및 보완, 국제기구와 제3국의 역할강화, 국제인권체계와의 융합 및 상설적인 국제형사체계의 확립을 통해 국제인도법의 적용을 촉진시켜 그 이행을 다소나마 확보할 수 있겠지만 분쟁당사자의 확고한 국제인도법 준수의지의 확립없이는 그 실효성을 기대할 수 없을 것이다. 그리고 국제사회를 구성하고 있는 개별국가들을 민주적인 단위체로 만드는 것도 중요하다. 왜냐하면 진정한 인권보호는 '인간존엄'에 대한 확고한 신념없이는 불가능하며, 이러한 '인간존엄'은 참된 민주주의를 통해 진정으로 보장될 수 있기 때문이다. 이것이 바로 국제사회가 지향해야 할 최종목표이다.

참고문헌

1. 국내문헌

가. 단행본

김범철·이승환(역), 1995 지구환경보고서, 따님, 1995.

김정균, 성재호 공저, 국제법, 박영사, 2006.

대한적십자사 인도법연구소, 제네바협약 해설 Ⅰ, 1987.

대한적십자사 인도법연구소, 제네바협약 해설 Ⅲ, 1985.

박치영, 유엔정치론, 법문사, 1995.

박치영, 유엔정치와 한국문제, 서울대학교 출판부, 1995.

서울대학교 의과대학 의료관리학교실(역), 여성의 건강과 인권:국제인권법
을 통한 여성건강의 보호와 증진, 한울, 1995.

이병조·이중범, 국제법신강, 일조각, 2003.

나. 논 문

강성학, "현대국제기구이론과 포스트 냉전시대의 유엔헌정질서", 김달중 외
공편, 국제정치학의 새로운 영역과 쟁점, 나남, 1995.

구산흥, "UN의 예방외교기능을 강화하는 방책", 국제문제, 제26권 제3호, 1995. 3.

김명기, "Geneva법상의 전범자의 인도", 인도법논총, 제2호, 1978.

김석현, "인권보장의 보편적 제도", 국제법평론, 통권 제6호, 1996.

김석현, "인권보호를 위한 안보리의 개입", 국제법학회논총, 제40권 제1호, 1995.

김원경, "'국제인도법 존중을 위한 단결' 국제회의 참가보고서", 국제법학회 논총, 제40권 제2호, 1995.

김유은, "신국제질서와 국제연합의 개편방향", 국제정치논총, 제33집, 제2호, 1993.

김정균, "ICRC의 이니시어티브의 권리에 관한 고찰", 인도법논총, 제17호, 1997.

김정균, "국제인도법 질서의 건설", 인도법논총, 제9호, 1989.

김정균, "전쟁법·인도법과 내란", 인도법논총, 제13호, 1993.

김정균, "전쟁법과 인도법에 있어서의 중립개념", 인도법논총, 제12호, 1992.

김종수, "1949년 제네바제협약의 추가의정서에 관한 약간의 분석", 인도법 논총, 제3호, 1980.

김찬규, "전쟁법상의 새로운 개념", 경희법학, 제19권 제1호, 1984.

김태천, "지역적 인권보장제도", 국제법평론, 제6호, 1996.

김형만, "무력분쟁의 문화재보호에 관한 국제인도법적 고찰", 인도법논총, 제17호, 1997.

박재섭, "1949년의 제네바협약들에 대한 1977년의 제2추가의정서: 내란에 적용될 전시법규의 새로운 발전", 법률행정논총, 제18집, 고려대학교 법률행정연구소, 1980.

박홍순, "유엔의 국제정치", 윤영관·황병무(편), 국제기구와 한국외교, 민음사, 1996.

백충현, "국제적 난민보호의 새로운 방향 모색: 제28차 아시아-아프리카 법률자문 회의참가보고", 인도법논총, 제9호, 1989년.

성재호, "인도주의와 인도적 간섭", 인도법논총, 제10~11호, 1991.

신성수, "인도적 목적을 위한 유엔안보리의 제재조치에 관한 연구", 국제법학회논총, 제42권 제2호, 1997.

신정현, "현대세계와 평화연구", 평화연구, 제1권 제1호, 경희대 국제평화연구소, 1981.

윤정석, "유엔국제법위원회의 활동과 전망", 법조, 법조협회, 통권 제493호, 1997. 10.

이병조, "UN국제법위원회 국가책임협약잠정초안에 관한 연구", 국제법학회논총 제38권 제2호, 1993.

이승헌, "국제기구와 평화유지기능", 국제법학회논총, 제5권 제1호, 1960.

이영준, "ICJ판례상 나타난 미국의 니카라과에 대한 군사적 활동사건", 국제법학회논총, 제40권 제1호, 1995.

임태근, "무력충돌에 있어서 난민의 보호", 국제법학회논총, 제40권 제2호, 1995.

임태근, "비국제적 무력충돌에 있어서 국제인도법의 적용에 관한 소고", 영남대학교 사회과학연구, 제12집 제2권, 1992.

정운장, "제네바4개협약 추가의정서의 적용상의 문제점: 전투원, 전투방법 및 수단을 중심으로", 국제법학회논총, 제27권 제1호, 1982.

정운장, "제네바법의 재조명: 그 준수확보에 관한 문제점과 당면과제를 중심으로", 인도법논총, 제9호, 1989.

제성호, "국제법상 인도적 간섭의 합법성에 관한 일고찰", 국제법학회논총, 제32권 제2호, 1986.

조두현, "인도법상 중대한 위반행위의 방지", 인도법논총, 제2호, 1978.

최은범, "제네바협약 추가의정서에 있어서의 전시 민간인 보호의 강화", 국제법학회논총, 제27권 제1호, 1982.

최은범, "현대국제인도법의 형성과 적십자의 선도적 역할", 국방대학원 교수논총 제5집, 1996.

최태현, "국제형사재판소 설립에 따른 주요 법적 쟁점", 서울국제법연구, 제3권 제2호, 1996.

한형건, "국제법에 있어서의 전쟁과 내란", 국제법학회논총, 제30권 제1호, 1985.

2. 국외문헌

가. 단행본

Abi-Saab R., Droit humanitaire et conflits internes: Origines et evolution de lareglementation internationale, Henry Dunant Institute/A. Pedone, 1986.

Bassiouni M. C., Crimes against Humanity in International Criminal Law, Martinus Nijhoff Publishers, 1992.

Berdal M. R., Whither UN Peace-Keeping, Adelphi Paper 281, The International Institute for Strategic Studies, 1993.

Best G., War and Law Since 1945, Clarendon Press, 1996.

Bond J. E., Rules of Riots: Internal Conflict and Law of War, Princeton University Press, 1974.

Bory F., Origin and Development of International Humanitarian Law, ICRC, 1982.

Bothe M., Partsch K. and Solf W., New Rules for Victims of Armed Conflicts: Commentary on the Two 1977 Protocols Additional to the Geneva Conventions of 1949, Martinus Nijhoff Publishers, 1982.

Boutros-Ghali B., An Agenda for Peace: Preventive Diplomacy, Peace-Making, Peace-Keeping, United Nations, 1992.

Boutros-Ghali B., Building Peace and Development, Annual Report on the Work of the Organization, United Nations, 1994.

Briggs H. W., Law of Nations: Cases, Documents and Notes(2nd. ed.), Appleton Century Crifts, 1953.

Brownlie I., International Law and the Use of Force by States, Clarendon Press/Oxford University Press, 1963.

Brownlie I., Principles of Public International Law, Clarendon Press, 1973.

Brownlie I., State Responsibility, Clarendon Press, 1983.

Cassese A., International Law in a divided World, Clarendon Press, 1986,

Eagleton C., The Responsibility of States in International Law, N.Y. University Press, 1928.

Friedmann W., The Changing Structure of International Law, Feffers and Simons Inc., 1964.

Garcia-Amador, Recent Codification of the Law of State Responsibility for Injuries to Aliens, Oceana Publication, 1979.

Glahn G., Law Among Nations: An Introduction to Public International Law(5th ed.), Macmillan Company, 1986.

Green N. A. M., International Law: Law of Peace, Macdonald and Evans, 1982.

Harris D. J., Case and Materials on International Law, Sweet and Maxwell, 1983.

Heather A. Wilson, International Law and the Use of Force by National Liberation Movements, Clarendon Press, 1988.

Higgins R., The Development of International Law through the Political Organs of the United Nations, Oxford University Press, 1963.

ICRC, Basic Rules of the Geneva Conventions and their Additional Protocols,1983.

ICRC, International Red Cross Handbook(12th ed.), 1984.

ICRC, Preliminary Report on the Consultation of Experts concerning Non-International Conflict and Guerilla Warfare, 1970.

ICRC, Respect for International Humanitarian Law: ICRC review of five years of activity(1987-1991), 1991.

Jennings R. and Watts A.(eds.), Oppenheim's International Law, Vol.1, Longman, 1992.

Kewley G., Humanitarian Law in Armed Conflicts, VCTA Publishing, 1984.

McCoubrey H. and White N. D., International Organization and Civil War, Dartmouth, 1995.

McCoubrey H., International Humanitarian Law, Dartmouth, 1996.

Meron T.(ed.), Human rights in International Law: Legal and Policy Issues, Oxford University Press, 1984.

Meron T., Henry's Wars and Shakespeare's Law: Perspective in the Law of War in the later Middle Ages, Oxford University Press, 1993.

Meron T., Human Rights and Humanitarian Norms as Customary Law, Oxford University Press, 1991

Oppenheim L. and Lauterpacht H., International Law, Longmans, 1974.

Palmer N. D. and Parkins H. C., International Relations: The World Company in Transition, Houghton Mifflin Company, 1957.

Pictet J., Development and Principles Of International Humanitarian Law, Martinus Nijhoff Publishers, 1985.

Pictet J., Humanitarian Law and the Protection of War Victims, Sijthof, 1975.

Rosas A., The Legal Status of Prisoners of War: A Study in International Humanitarian Law applicable in Armed Conflict, Tiedeakatemia, 1976.

Sandoz Y., Swinarski C. and Zimmermann B., Commentary on the Protocols of 8 June 1977 to the Geneva Conventions of 12 August 1949, Martinus Nijhoff Publishers, 1987.

Schachter O., International Law in Theory and Practice, Martinus Nijhoff Publishers, 1991.

Seabury P. and Codevilla A., War: Ends and Means, Basic Books, 1989.

Siotis J., Le droit de la guerre et les conflits armés d'un caractère non-international, Librairie Générale de Droit et de Jurisprudence, 1958.

Sottile A., The Problem of the Creation of a Permanent International Criminal Court, Kraus Reprint Ltd., 1966.

Starke J. G., Introduction to International Law(10th ed.), Butterworths, 1989.

Stern G., The Structure of International Society: An Introduction to the Study of International Relations, Printer Publishers, 1995.

Tanca A., Foreign Armed Intervention in Internal Conflict, Martinus Nijhoff Publishers, 1993.

UNHCR, The Challenge of Protection, Penguin Books, 1993.

United Nations War Crimes Commission, History of the United Nations War Crimes Commission and the Development of the Laws of War, 1948.

Walzer M., Just and Unjust Wars(2nd ed.), Penguin Books, 1992.

Weisburd A. M., Use of Force: The Practice of States since World War Ⅱ, The Pennsylvania State University Press, 1997.

Weston B. H, Falk R. A., and D'Amato A. A., International Law and World Order, West Publishing Co., 1980.

Whiteman M. M., Digest of International Law, Vol. Ⅷ, Department of State Publication, 1967.

Willemin G. and Heacock R., The International Committee of the Red Cross, Martinus Nijhoff Publishers, 1984.

Woodward S. L., Balkan Tragedy: Chaos and Dissolution after Cold War, The Brookings Institution/R. R. Donnelley and Sons Co., 1995.

藤田久一, 國際人道法, 有信堂, 1993.

田岡良一, 國際法Ⅲ, 有斐閣, 1973.

나. 논 문

Abi-Saab G., "Non-International Armed Conflicts", UNESCO(ed.), International Dimensions of Humanitarian Law, Martinus Nijhoff Publishers, 1988.

Abi-Saab R., "Humanitarian Law and internal conflicts: the Evolution of legal concern", Astrid J. M. Delissen and Gerard J. Tanja(ed.), Humanitarian Law of Armed Conflict: Challenges Ahead, Essays in Honour of Frits Kalshoven, Martinus Nijhoff Publishers, 1991.

Annan K., "Peace-keeping in Situations of Civil War", 26 New York University Journal of International Law and Politics, 1994.

Anthony D'Amato, "Peace vs Accountability in Bosnia", 88 AJIL(1994).

Antonio P., "International humanitarian Law and the Protection of the Environment in time of Armed Conflict", 291 IRRC, 1992.

Baker B., "Legal Protections for the Environment in Times of Armed Conflicts", 33 Virginia Journal of International Law, 1993.

Baxter R. R., "Humanitarian Law or Humanitarian Politics? The 1974 Diplomatic Conference on Humanitarian Law", 16 Harvard International Law Journal, 1975.

Bazyler M. J., "Reexamining the Doctrine of Humanitarian Intervention in the Right of the Atrocity in Kampuchea and Ethiopia", 22 Stanford Journal of International Law, 1986.

Bertram Y., "The Limits of UN Diplomacy and the Future of Conflict Mediation", 37 Survival, No.4, 1995-1996.

Boals K., "The Internal War in Yemen", Richard A. Falk(ed.), The International Law of Civil War, The Johns Hopkins University Press, 1971.

Bothe M., "Article 3 and Protocol Ⅱ: Case Studies of Nigeria and El Salvador", 31 The American University Law Review, 1982.

Boutros-Ghali B., "Empowering the United Nations: Historic Opportunities to Strengthen World Body", 70 Foreign Affairs, 1992-1993.

Boutros-Ghali B., "UN Peace-Keeping in a New Era: A New Chance for Peace", 49 The World Today, 1993.

Bouvier A., "Recent Studies on the Protection of the Environment in Time of Armed conflicts", 291 IRRC, 1992.

Bowett D. W., "The Interrelation of Theories of Intervention and Self-Defence", J. N. Moore(ed.), Law and Civil War in the Modern World, The Johns Hopkins University Press, 1974.

Bruderlein C., "Custom in International Humanitarian Law", 285 IRRC, 1991.

Bueren G. V., "The International Legal Protection of Children in Armed Conflicts", 43 International and Comparative Law Quarterly, 1994.

Bunch C., "Women's Rights as Human Rights: Towards a Re-Vision of Human Rights", 12 Human Rights Quarterly, 1990.

Cassese A., "On the Current Trends towards Criminal Prosecution and Punishment of Breaches of International Humanitarian Law", 9 European Journal of International Law, 1998.

Cassese A., "The Geneva Protocols of 1977 on the Humanitarian Law of Armed Conflict and Customary International Law", 3 UCLA Pacific Basin Law Journal, 1984.

Cassese A., "The Statue of Rebels under the 1977 Geneva Protocol on Non-International Armed Conflicts", 30 International and Comparative Law Quarterly, 1981,

Cavicchia J., "The Prospects for an International Criminal Court in the 1990's", 10 Dickinson Journal of International Law, 1992.

Chinkin C, "Rape and Sexual Abuse of Women in International Law", 5 European Journal International Law, 1994.

Clark R. S., "Nuremberg and Tokyo in Contemporary Perspective", Timothy L. H. McCormack and Green J. Simpson, The Law of War Crimes, Kluwer Law International, 1997.

Corbett P. E., "The Vietnam Struggle and International Law", Richard A. Falk(ed.), The International Law of Civil War, The Johns Hopkins University Press, 1971.

Crawfold J., "The ICL's Draft Statute for an International Criminal Court", 88 AJIL, 1994.

Cutler L., "The Right to Intervene", 64 Foreign Affairs, 1985.

David A. M., "Reluctance to Prosecute War Crimes: Causes and Cures", 34 Virginia Journal of International Law, 1994.

Dinstein Y., "Human Rights in Armed Conflict: International Humanitarian Law", T. Meron(ed.), Human Rights in international Law: Legal and Policy Issues, Oxford University Press, 1984.

Doswald-Beck L. and Vité S., "International Humanitarian Law and Human Rights Law", 293 IRRC, 1993.

Draper G.I.A.D., "Humanitarian Law and Internal Armed Conflicts", 13 Georgia Journal of International and Comparative Law, 1982.

Draper G.I.A.D., "The Development of International Humanitarian Law", UNESCO(ed.), International Dimensions of Humanitarian Law, Martinus Nijhoff Publishers, 1988.

Dugard J., "Obstacle in the Way of an International Criminal Court", 56 The Cambridge Law Journal, 1977.

Eide A., "The laws of war and Human rights: Difference and Convergences", Christophe Swinarski(ed.) Studies and Essays on International Humanitarian Law and Red Cross Principles, ICRC/Martinus Nijhoff Publisher, 1984.

Eide A., "The New Humanitarian in Non-International Armed Conflict", A. Cassese(ed.), The New Humanitarian Law of Armed Conflict, Editoriale Scientifica, 1979.

Eide A., "The Sub-Commission on Prevention of Discrimination and Protection of Minorities", Ph. Alston(ed.), The United Nations and Himan Rights, Clarendon Press, 1992.

Erian A. E., "The Regal Organization of International Society", Max Sørensen(ed.)Manual of Public International Law, Macmillan and Co. Ltd., 1968.

Falk R. A., "The Haiti Interdiction: A Dangerous World Order Precedent for the United Nations", 36 Harvard International Law Journal, No.2, 1995.

Farer T., "Humanitarian Law and Armed Conflicts: Toward the Definition of International Armed Conflict", 71 Columbia Law Review, 1971.

Flores J. F., "Repression of Breaches of the Law of War committed by Individuals", 282 IRRC, 1991

Forsythe D. P., "Legal management of Internal War: The 1977 Protocol on Non-International Armed Conflict", 72 AJIL, 1978.

Forsythe D. P., "The 1974 Diplomatic conference on Humanitarian Law: Some Observation", 69 AJIL, 1975.

Fox G. H., "International Law and Civil Wars", 25 New York University Journal of International Law and Politics, No.4, 1994.

Fraleigh, "The Algerian Revolution as a Case Study in International Law", Richard A. Falk(ed.), The International Law of Civil War, The Johns Hopkins University Press, 1971.

Freymond J., "Aid to the Civil War in Nigeria", 109 IRRC, 1970.

Gardam J., "Women and the Law of Armed Conflict: Why the Silence?", 46 International and Comparative Law Quarterly, 1997.

Gasser H. P., "A Measure of Humanity in Internal Disturbances and Tensions: Proposal for a Code of Conduct", 262 IRRC, 1988.

Gasser H. P., "Code of Conduct in the Event of Internal Disturbances and Tensions", 262 IRRC, 1988.

Gasser H. P., "Internationalized Non-International Armed Conflicts: Case Studies of Afghanistan, Kampuchea and Lebanon", 33 The American University Law Review, 1983.

Geraldson R., "What is International Humanitarian Law? The Role of the International Committee of the Red Cross", 31 The American University Law Review, 1982.

Gerster F. and Meyer, "New Developments in Humanitarian Law in Challenge to the Concept of Sovereignty", 34 International and Comparative Law Quarterly, 1985.

Goldman R. K., "International Humanitarian Law and the Armed Conflicts in El Salvador and Nicaragua", 2 The American University Journal of International Law and Policy, 1987.

Goldman R. K., "International Humanitarian Law: Americas Watch's Experience in Monitoring Internal Armed Conflicts", 9 American

University Journal of International Law and Policy, 1993.

Gold stone R., "Assessing the Work of the United Nations War Crimes Tribunals", 33 Stanford Journal of International Law, 1997.

Graham D. E., "The 1974 Diplomatic Conference on the Law of War: A Victory for Political Causes and a Return to the 'Just War' Concept of the Eleventh Century", 32 Washington and Lee Law Review, 1975.

Green L. C., "Enforcement of the Law in International and Non-International Conflicts: The Way Ahead", 24 Denver Journal of International Law and Policy, 1996.

Greenberg E. V. C., "Law and the Conduct: Algerian Revolution", 11 Harvard International Law Journal, 1970.

Gross O., "The grave breaches system and the Armed Conflict in the former Yugoslavia", 16 Michigan Journal of International Law, 1995.

Gutterige J. A. C., "The Geneva Convention of 1949", 29 British Yearbook of International Law, 1949.

Han S. K., "Building a Peace that lasts: The United Nations and Post-Civil War Peace Building", 26 New York University Journal of International Law and Politics, No.4, 1994.

Harroff-Tavel M., "Action taken by the International Committee of the Red Cross in situations of internal violence", 294 IRRC, 1993.

ICRC, "Action by the International Committee of the Red Cross in the event of breaches of International Humanitarian Law", 221 IRRC, 1981.

ICRC, "Internal Disturbance and Tensions: A New Humanitarian Approach?", 262 IRRC, 1988.

ICRC, "Protection and Assistance in Situations not Covered by

International Humanitarian Law", 262 IRRC, 1988.

Joyner C. C., "Collective Sanctions as Peaceful Coercion: Lessons from the United Nations Experience", 16 Australian Yearbook of International Law, 1995.

Junod S., "Additional Protocol Ⅱ: History and Scope", 33 The American University Law Review, 1983.

Kalshoven F., "Applicability of Customary International Law in Non-International Armed Conflicts", A. Cassese(ed.), Current Problems of International Law, Dott A. Giuffre Editore, 1975.

Kalshoven F., "Reaffirmation and Development of International Humanitarian Law applicable in Armed Conflicts: The first Session of the Diplomatic Conference(Geneva, 20 Feb.-29 Mar. 1974)", 5 Netherlands Year book of International Law, 1974.

Kalshoven F., ""Guerilla" and "Terrorism" in Internal Armed Conflict", 33 The American University Law Review, 1983.

Keith K. J., "The present state of International Humanitarian Law", 9 The Australian Yearbook of International Law, 1985.

Kindred H. M., "The Protection of Peacekeepers", 33 The Canadian Year book of International Law, 1995

Kiwanuka R. N., "Humanitarian Norms and internal strife: Problems and Prospects", Frits Kalsh oven and Yves Sandoz(eds.), Implementation of International Humanitarian Law, Martinus Nijhoff Publisher, 1989.

Kooijmans P. H., "In the Shadowland between Civil War and Civil Strife: Some Reflections on the Standard-setting Process", Astrid J. M. Delisen and Gerard J. Tanja(ed.), Humanitarian Law of Armed Conflict: Challenges Ahead, Martinus Nijhoff Publisher, 1991.

Kumar K., "The Nature and Focus of International Additional Assistance for Rebuilding war-torn Societies", Kirshna Kumar(ed.), Rebuilding

Societies after Civil War, Lynne Reiner Publisher, 1997.

Kunz J. L., "The Geneva Conventions of August 12, 1949", Lipsky G. A.(ed.), Law and Politics in the World, University of California Press, 1953.

Kupferberg M. I., "Balkan War Crimes Trials: Forum Selection", 17 Boston College International and Comparative Law Review, 1994.

Lavoyer J. P., "Refugees and Displaced Persons: International Humanitarian Law and the Role of the ICRC", 305 IRRC, 1995.

Leggett J., "The Environmental Impact of War: a Scientific Analysis and Greenpeace's Reaction", Glen Plant(ed.), Environmental Protection and the Law of War: A Fifth Geneva Convention on the Protection of the Environment in Time of Armed Conflict, Belhaven Press, 1992.

Lillich R. B., "Humanitarian Intervention: A Reply to Ian Brown lie and a plea for constructive Alternative", Burns H. Weston, Richard A. Falk and Anthony A. D'Amato(ed.), International Law and World Order, West Publishing, 1980.

Lippman M., "Crime Against Humanity", 17 Boston College third World Law Journal, 1997.

Lopez L., "Uncivil Wars: The Challenge of applying International Humanitarian Law to Internal Armed Conflicts", 69 New York University Law Review, 1994.

Lysaght C., "The Scope of Protocol II and its relation to Common Article3 of the Geneva Conventions of 1949 and Other Human Rights Instruments", 33 The American University Law Review, 1983.

Mackinlay J. and Chopra J., "Second Generation Multinational Operation", 15 The Washington Quarterly, No.3, 1992.

Matherson M. J., "Humanitarian Law Conference, Remarks", 2 American

390

University Journal International Law and Policy, 1987.

Matterler M. J., "The Distinction between Civil Wars and International Warsand its legal implications", 26 New York University Journal of International Law and Politics, 1995.

Maurice F. and Courten J., "ICRC Activities for Refugees and Displaced Civilians", 280 IRRC, 1991.

McNemar D. W., "The Post-independence War in the Congo", Richard A. Falk(ed.), The International Law of Civil War, The Johns Hopkins University Press, 1971.

Meindersma C., "Violations of Common Article 3 of the Geneva Conventions as Violations of the Laws or Customs of War under Article 3 of the Statute of the International Criminal Tribunal for the former Yugoslavia", 26 Netherlands International Law Review, 1995.

Meron T., "Draft Model Declaration in Internal Strife", 262 IRRC, 1988.

Meron T., "International Criminalization of Internal Atrocities", 89 AJIL, 1995.

Meron T., "On the Inadequate Reach of Humanitarian and Human Rights Law and the Need for a New Instrument", 77 AJIL, 1983.

Meron T., "Rape as a Crime under IHL", 87 AJIL, 1993.

Meron T., "The continuing Role of Custom in the formation of International Humanitarian Law", 90 AJIL, 1996,

Meron T., "Towards Humanitarian Declaration on Internal Strife", 78 AJIL, 1984.

Meron T., "War Crimes in Yugoslavia and the Development of International Law", 88 AJIL., 1994.

Merryman J. H., "Two Ways of Thinking about Cultural Property", 80 AJIL, 1986.

Meurant J., "Humanitarian law and Human rights law: alike yet distinct", 293 IRRC, 1993.

Miyazaki S., "The Application of the New Humanitarian Law", 217 IRRC, 1989.

Moir, L., "The historical development of the Application of Humanitarian Law in Non-International Armed Conflicts to 1949", 47 International and Comparative Law Quarterly, 1988.

Montealegre H., "The Compatibility of a State Party's Derogation under Protocol Ⅱ and Common Article3", 33 The American University Law Review, 1983.

Moore J. N., "The Lawfulness of Military Assistance to the Republic of Vietnam", 61 AJIL, 1967.

Moore J. N., "Toward an Applied Theory for the Regulation of Intervention", J. N. Moore(ed.), Law and Civil War in the Modern World, The Johns Hopkins University Press, 1974.

Moreillon J., "Humanitarian Law, The ICRC and Promoting the Geneva Conventions", 31 The American University Law Review, 1982.

Moreillon J., "International Solidarity and Protection of Political Detainees", 222IRRC, 1989.

Moreillon J., "The International Committee of the Red Cross and The Protection of Political Detainees", 164 IRRC, 1974.

Mushkat M., "The Development of International Humanitarian Law and the Law of Human Rights", 21 German Yearbook of International Law, 1978.

Myren R. S., "Applying International Law of War to Non-International Armed Conflict: Past Attempt, Future Strategies" 37 Netherlands International Law Review, 1990.

Nahlik S. E., "Protection of Cultural Property", UNESCO(ed.), International Dimensions of Humanitarian Law, Martinus Nijhoff Publishers, 1988.

Newland K., "Ethnic Conflict and Refugees", 35 Survival, No.1, 1993.

Niyungeko G., "The Implementation of International Humanitarian Law and the principle of state Sovereignty", 281 IRRC, 1991.

O'Brien J. C., "The International Tribunal for Violations of International Humanitarian Law in the Former Yugoslavia", 87 AJIL, 1993.

Orford A., "Locating the International: Military and Monetary Interventions after the Cold War", 38 Harvard International Law Journal, No.2,1997.

O'Connell M. E., "Continuing Limits on UN Intervention in Civil War", 67 Indiana Law Journal, 1992.

O'hanlon S. J., "Humanitarian Intervention: When is Force justified?", 20 The Washington Quarterly, No.4, 1997.

Pasternack S., "The Role of the Secretary-General in helping to prevent Civil War", 26 New York University Journal of International Law and Politics, No.4, 1994.

Pictet J., "New aspects of International Humanitarian Law", 199 IRRC, 1977.

Pictet J., "The need to resort the Laws and Customs relating to armed conflicts", 102 IRRC, 1969.

Piernas C. J., "The Protection of Foreign Worker in Situations of Internal Conflict, with special reference to the taking of hostage", 287 IRRC,1992.

Plant G., "Introduction in Environmental Protection" 8 The Georgetown International Environmental Law Review, 1995.

Plattner D., "Assistance to the Civilian Population: The development and present state of International Humanitarian Law", 288 IRRC, 1992.

Plattner D., "Protection of Children in International Humanitarian Law", 240 IRRC, 1984.

Plattner D., "The Penal Repression of Violations of International Humanitarian Law applicable in Non-International Armed Conflict", 278 IRRC, 1990.

Plattner D., "The Protection of Displaced Persons in Non-International Armed Conflicts", 291 IRRC, 1992.

Popovic N. A. F., "Humanitarian Law, Protection of the Environment and Human Rights", 8 The Georgetown International Environmental Law Review, 1995.

Posner M., "Human Rights and Non-Governmental Organizations on the Eve of the next Century", 66 Fordam Law Review, 1997.

Provost R., "Reciprocity in Human Rights and Humanitarian Law", 65 British Year book of International Law, 1994.

Ramcharan B. G., "The Role of International Bodies in the Implementation and Enforcement of Humanitarian Law and Human Rights Law in Non-International Armed Conflicts", 33 The American University Law Review, 1983.

Roberts A., "Environmental Destruction in the 1991 Gulf War", 291 IRRC, 1992.

Roberts A., "From San Francisco to Sarajevo: The UN and the Use of force", 37 Survival, No.4, 1995-1996.

Roberts A., "The Crisis in UN Peacekeeping", 36 Survival, No.3, 1994.

Roberts A., "The United Nations and International Security", 35 Survival, No.2, 1993.

Roeling B. V. A., "The Nuremberg and Tokyo Trials in Retrospect", M. Cherif Bassiouni and Ved. P. Nanda(ed.), A Treaties on International Criminal Law, Vol. I, Charles C. Thomas Publisher, 1973.

Salzburg J, "UN Prevention of Human Rights Violations: The Bangladesh Case", 27 International Organization, 1973.

Sandoz Y., "Implementing International Humanitarian Law", UNESCO (ed.) International Dimension of Humanitarian Law, Martinus Nijhoff Publishers, 1988.

Sandoz Y., "Le droit d'initiative du Comité international de la Croix-Rouge", 22 German Yearbook of International Law, 1979.

Schachter O., "The United Nations and Internal Conflicts", John N. Moore(ed.),Law and Civil War in the Modern World, The Johns Hopkins University Press, 1974.

Schachter O., "United Nations Law in the Gulf Conflicts", 85 AJIL, 1991.

Schbewel S. M., "The Roles of the Security Council and the International Court of Justice in the application of International Humanitarian Law", 27 New York University Journal of International Law and Politics, 1995-1996.

Scheffer D. J., "International Judicial Intervention", 102 Foreign policy, 1996.

Scheffer D. J., "The Expanding UN Role in Humanitarian Relief operations", ASIL Proceedings, 1992.

Schindler D., "Human Rights and Humanitarian Law: Interrelationship of the Laws", 31 The American University Law Review, 1982.

Schlögel A., "Civil War", 108 IRRC, 1970.

Schmitt M. N., "Green War: An Assessment of the Environmental Law of International Armed Conflict", 22 Harvard International Law Journal, 1997.

Schrijver N., "The Use of Economic Sanctions by the UN Security Council: An International Law Perspective", Harry H. G. Post(ed.), International Economic Law and Armed Conflict, Martinus Nijhoff Publishers, 1994.

Sepùlveda C., "Interrelationships in the Implementation and Enforcement of International Humanitarian Law and Human Rights Law", 33 The American University Law Review, 1983.

Shibata A., "Japanese Peace keeping Legislation and recent Development in UN Operations", 19 The Yale Journal of International Law, 1994.

Sohn L. B., "The Security Council's Role in the Settlement of International Dispute", 78 AJIL, 1984.

Solf W. A., "Problems with the Application of Norms governing Interstate Armed Conflict to Non-International Armed conflict", 13 Georgia Journal of International and Comparative Law, 1983.

Solf W. A., "The Status of Combatants in Non-International Armed Conflicts under Domestic Law and Transnational Practice", 33 The American University Law Review, 1983.

Stopford M., "Humanitarian Assistance in the Wake of the Persian Gulf War", 33 Virginia Journal of International Law, 1993.

Tutli M. T., "Captured Child Combatants", 278 IRRC, 1990.

UNHCR, "Refugee Women", 100 Refugees, 1995.

Urquhart B., "The United Nations in 1992: Problems and Opportunities", 68 International Affairs, No.2, 1992.

Vasak K., "Pour une troisiéme génération des droits de l'homme", Christophe Swinarski(ed.), Studies and Essays on International Humanitarian Law and Red Cross Principles, ICRC/Martinus Nijhoff Publisher, 1984.

Veuthey M., "Implementation and Enforcement of Humanitarian Law and Human Rights Law in Non-International Armed Conflicts: The Role of the International Committee of the Red Cross", 33 The American University Law Review, 1983

Veuthey M., "Les Conflits Armés de Caratere non International et Le Droit Humanitaire", A. Cassese(ed.), Current Problems of International Law, Dott A. Giuffre Editore, 1975.

Veuthey M., "The Red Cross and Non-International Conflicts", 110 IRRC, 1970.

Walter B. F., "The Critical Barrier to Civil War Settlement", 51 International Organization, 1997.

Wiebe V., "The Prevention on Civil War through the Use of the Human Rights System", 27 New York University Journal of International Law and Politics, 1994.

Weiner M., "Bad Neighbors, Bad Neighborhoods: An Inquiry into the Causes of Refugee Flows", 21 International Security, No.1, 1996.

Weise T. G., "New Challenge for UN Military Operations: Complementing on Agenda for Peace", 16 The Washington Quarterly, 1993.

Weissbrodt D. and Andrus B., "The Right to Life during Armed Conflict: Disabled People's International v. United States", 29 Harvard International Law Journal, 1988.

Weissbrodt D. and Hicks P. L., "Implementation of Human Rights and Humanitarian Law in Situations of Armed Conflict", 293 IRRC, 1993.

Westing A. H., "Environmental Hazards of War in an Industrializing World",Arthur H. Westing(ed.), Environmental Hazards of War: Releasing dangerous Forces in an Industrialized World, International Peace Research Institute, 1990.

Wheeler E. M., "Humanitarian Law, El Salvador and Protocol Ⅱ: Do these Equal Substantive International Law", 21 Case Western Reserve Journal of International Law, 1989.

Wright Q., "United States Intervention in the Lebanon", 53 AJIL, 1959.

Yingling R. T. and Gianne R. W., "The Geneva Conventions of 1949", 49 AJIL, 1952.

Yoon M., "Explaining U.S. Intervention in third World", 41 The Journal of Conflict Resolution, 1997.

藤田久一, "國際的性質を有しない武力紛爭： 1949Geneva諸條約第3條をめくつて(1)", 金澤法學 제14권 제2호, 1970.

藤田久一, "國際的性質を有しない武力紛爭： 1949Geneva諸條約第3條をめくつて(2)", 金澤法學 제16권 제1/2호, 1972.

藤田久一, "內戰と1949年Geneva條約", 國際法外交雜誌, 제71권 제2호, 1972.

山下恭弘, "舊ユ|コ國際刑事裁判所と國際人道法の展開", 福岡大學 法學論叢, 제39권 제304호, 1995.

山下恭弘, 赤十字國際委員會(ICRC)活動の國際法的根據, 早稻田大學大學院 法硏論集 제47호, 1988.

小野里サンドラ光江, "現代國際法における不干涉原則", 法學政治學論究, 제25호, 慶應義塾大學大學院 法學政治學論究刊行會, 1995.

竹本正幸, 1949 Geneva諸協約に追加される2つの議定書こついて(2/完), 國際法外交 雜誌, 제77권 제3호, 1978.

竹本正幸, 1949Geneva諸協約に追加されるこつの議定書について(1), 國際法外交雜誌, 제77권 제2호, 1978.

3. 기타 자료

Actes de la Conférence diplomatique de Genève de 1949, Tome Ⅱ and Tome Ⅲ.

Actes de la Conférence diplomatique sur la Reaffirmation et le development du Droit International humanitaire applicable Dans Les Conflits Armes, Geneve, 1974-1977.

Americas Watch and Women's Rights Project, Untold Terror: Violence against Women in Peru's armed conflict, 1992.

Americas Watch, El Salvador's Decade of Terror, 1991.

Americas Watch, Protection of the Weak or Unarmed: The Dispute over Counting Human Rights Violations in El Salvador, 1984.

Americas Watch, The Civilian Toll: 1986-1987, 1987.

Amnesty International, Bosnia-Herzegovina : Rape and Sexual Abuse by Armed Forces, 1993.

Amnesty International, Memorandum presented to the Government of Guatemala following a Mission to the Country in April 1985, 1986.

Human Rights Watch, Global Report on Women's Human Rights, 1995.

ICJ Report, 1949; 1986.

ICRC, Annual Report 1958; 1960; 1962; 1966; 1980; 1983; 1986; 1996.

ICRC, Commission of Experts for the Examination of the Question of Assistance to Political Detainees(Geneva, June 9-11, 1953), 1953.

ICRC, Commission of Experts for the Study of the Question of the Aid to the Vctims of Internal conflicts(Geneva, October 25-30, 1962), 1962.

ICRC, Commission of Experts for the Study of the Question of the Application of Humanitarian Principles in the Event of Internal Disturbances(Geneva, October 3-8, 1955), 1955.

ICRC, Draft Additional Protocols to the Geneva Conventions of August 12, 1949: Commentary, 1973.

ICRC, National Measures for Repression of Violations of International Humanitarian Law, Report of Meeting of Experts(23-25 September), 1997.

ICRC, National Repression of Violations of International Humanitarian Law, Report of Meeting of Experts(23-25 September), 1997.

ICRC, Preliminary Report on the Consultation of Experts Concerning Non-International Conflict and Guerrilla Warfare, 1970.

ICRC, Reaffirmation and Development of the Laws and Customs applicable in Armed Conflicts, 1969.

ICRC, Report on the Work of the Conference of Government Experts for the Study of the Convention for the Protection of War Victims (Geneva, April 14-26, 1947), 1947.

ICRC, Report on the Work of the Conference of Government Experts on the Reaffirmation and Development of International Humanitarian Law applicable in Armed Conflict(Geneva, 24 May-12 June 1971), 1971.

ICRC, Report on the Work of the Conference of Government Experts on the Reaffirmation and Development of International Humanitarian Law applicable in Armed Conflicts(Second session, Geneva, 3 May-3 June1972), 1972.

ICRC, Report on the Work of the Conference of Red Cross Experts on Reaffirmation and Development of International Humanitarian Law Applicable in Armed Conflicts(The Hague, 1-6 March 1971), 1971.

ICRC, Report on the Work of the Conference of Red Cross Experts on the Reaffirmation and Development of International Humanitarian Law Applicable in Armed Conflicts(Vienna, 20 march-24 march 1972, second session), 1972.

ILC Report, 1996.

ILC Yearbook, 1975; 1991.

International Law Association, Report of the Sixty-First Conference, Paris, 1984.

International Legal Materials, Vol.14, 1975; Vol.32, 1993; Vol.33, 1994.

UNHCR, The State of the Worlds Refugees 1993, 1995.

United Nations Documents.

United Nations General Assembly Official Records.

United Nations General Assembly Resolutions.

United Nations Security Council Official Records.

United Nations Security Council Resolutions.

United Nations Yearbook, 1965.

부 록

1949년 제네바협약 공통3조 및
1977년 제2추가의정서

해상에 있어서의 군대의 병자, 부상자 및 조난자의
상태개선에 관한 1949년 8월 12일자 제네바협약 공통 3조

Geneva Convention for the Amelioration of the Condition
of the Sick, Wounded and Shipwrecked Members of
Armed Forces at Sea of August 12, 1949

체결일자 및 장소   1949년 08월 12일 제네바에서 작성
발효일   1950년 10월 21일
기탁처   스위스

【우리나라 관련사항】
국회동의일   1966년 04월 15일
가입서 기탁일   1966년 08월 16일
발효일 1966년 08월 16일   (조약 제216호)

공통 3조

Common Article 3

제3조 국제적 성질을 갖지 않는 무력충돌

일 체약국의 영토 내에서 발생하는 국제적 성격을 갖지 않는 무력충돌의 경우에 있어서 당해 충돌의 각 당사국은 적어도 다음 규정의 적용을 받아야 한다.

(1) 무기를 버린 전투원 및 질병, 부상, 억류, 기타의 사유로 전투력을 상실한 자를 포함하여 적대행위에 능동적으로 참가하지 아니하는 자는 모든 경우에 있어서 인종, 색, 종교 또는 신앙, 성별, 문벌이나 빈부 또는 기타의 유사한 기준에 근거한 불리한 차별없이 인도적으로 대우하여야 한다.

이 목적을 위하여 상기의 자에 대한 다음의 행위는 때와 장소를 불문하고 이를 금지한다.

(a) 생명 및 신체에 대한 폭행, 특히 모든 종류의 살인, 상해, 학대 및 고문.

(b) 인질로 잡는 일.

(c) 인간의 존엄성에 대한 침해, 특히 모욕적이고 치욕적인 대우.

(d) 문명국인이 불가결하다고 인정하는 모든 법적 보장을 부여하고 정상적으로 구성된 법원이 행하는 사전의 재판에 의하지 아니하는 판결의 언도 및 형의 집행.

(2) 부상자, 병자 및 조난자는 수용하여 간호하여야 한다.

국제적십자위원회와 같은 공정한 인도적 단체는 그 용역을 충돌당사국에 제공할 수 있다.

충돌당사국은 특별협정에 의하여 본 협약의 다른 규정의 전부, 또는 일부를 실시하도록 더욱 노력하여야 한다.

전기의 규정의 적용은 충돌 당사국의 법적 지위에 영향을 미치지 아니한다.

1949년 8월 12일자 제네바 협약에 대한 추가 및 비국제적 무력분쟁의 희생자 보호에 관한 의정서(제2추가의정서)

Protocol Additional to the Geneva Conventions of 12 August 1949, and Relating to the Protection of Victims of Non-International Armed Conflicts

체결일자 및 장소	1977년 06월 08일 제네바에서 작성
발효일	1978년 12월 07일
기탁처	스위스

【우리나라 관련사항】

가입서 기탁일	1981년 02월 14일
비준서 기탁일	1982년 01월 15일
발효일 1982년 07월 15일	(조약 제779호)

전 문

체약당사국은, 1949년 8월 12일자 제네바 협약의 공통규정인 제3조 에 내포된 인도적 원칙들이 국제적 성격을 갖지 않는 무력충돌의 경우에 있어서 인간의 존중의 기초를 구성함을 상기하고, 나아가 인권에 관한 국제약정들이 인간에게 기본적 보호를 제공함을 상기하고, 그러한 무력충돌의 희생자에게 보다 나은 보호를 보장할 필요성을 강조하고, 현행법에 의하여 규율되지 않는 경우에 인간은 인도주의 원칙 및 공공양심의 명령의 보호하에 있음을 상기하면서, 다음과 같이 합의하였다.

제1편 본 의정서의 범위

제1조 적용의 물적 범위

1. 1949년 8월 12일자 제네바 협약의 공통규정인 제3조를 현재의 적용조건을 변경시키지 않고 보완, 발전시킨 본 의정서는 국제적 분쟁의 희생자의 보호에 관한 1948년 8월 12일자 제네바 협약에 대한 추가의정서(제1추가의정서) 제1조의 적용을 받지 아니하는 것으로서 체약당사국의 영토 내에서 동 체약당사국의 군대 및 책임있는 지휘하에 있으며 지속적이고 일치된 군사작전을 수행하고 본 의정서를 이행할 수 있을 정도로 그 영토의 일부분을 통제하고 있는 반란군대 또는 다른 조직된 무장집단 사이에 발생하는 모든 무력충돌에 적용된다.

2. 본 의정서는 무력충돌이 아닌 폭동, 고립되고 산발적인 폭력행위 및 기타 유사한 성질의 행위와 같은 내부혼란 및 긴장의 상황에는 적용되지 아니한다.

제2조 적용의 인적범위

1. 본 의정서는 제1조에 정의된 무력충돌에 의하여 영향받는 모든 자에 대하여 인종, 피부색, 성별, 언어, 종교 또는 신념, 정치적 또는 기타 의견, 국가적 사회적 출신성분, 부, 출생 또는 다른 신분 또는 기타 유사한 어떠한 기준에 근거하여서도 어떠한 불리한 차별도 행함이 없이 적용된다.

2. 무력충돌의 종식 시에는, 자유가 박탈되었거나 충돌과 관련하여 자유가 제한되어온 모든 자는 같은 이유로 충돌 후에 자유를 박탈당하고 자유를 제한받는 자와 마찬가지로 자유의 박탈 및 제한의 종료 시까지 제5조 및 제6조의 보호를 향유한다.

제3조 불간섭

1. 본 의정서의 어떠한 규정도 모든 합법적인 수단으로 국내의 법과 질

서를 유지 또는 회복하거나 국가의 통일성 및 영토보전을 수호하는 국가의 주권 및 정부의 책임에 영향을 미칠 목적으로 원용되어서는 아니 된다.

2. 본 의정서의 어떠한 규정도 충돌이 발생한 지역의 체약당사국의 무력충돌이나 내부 또는 대외문제에 어떠한 이유로든지 직접 또는 간접으로 간섭하는 것을 정당화시키기 위하여 원용되어서는 아 된다.

제2편 인도적 대우

제4조 기본적 보장

1. 적대행위에 직접 가담하지 않거나 적대행위에 가담하기를 중지한 모든 사람들은 그들의 자유가 제한되었는지 여부를 불문하고 그들의 신체, 명예, 신념, 종교적 관습을 존중받을 권리가 있다. 그들은 모든 상황에 있어서 어떠한 불리한 차별도 없이 인도적으로 대우된다. 전멸 명령은 금지된다.

2. 전항의 일반성을 침해함이 없이 1항에 언급된 자에 대한 다음의 행위는 시간과 장소를 불문하고 금지되어야 한다.

가. 생명, 건강, 정신적·신체적 복리에 대한 침해 특히 살인 및 고문, 신체절단 또는 모든 형태의 실체적 처벌과 같은 잔인한 행위

나. 집단적 처벌

다. 인질행위

라. 테러행위

마. 개인의 존엄에 대한 침해 특히 모독적 비하행위, 강간, 강제매춘 및 모든 형태의 비열한 폭행

바. 노예제도 및 모든 형태의 노예매매

사. 약탈

아. 전기의 행위를 행하려는 위협

3. 아동은 그들이 필요로 하는 양호 및 지원을 받아야만 한다. 특히,

가. 그들은 부모의 희망에 따라 또는 부모가 없는 경우에는 그들의 양육 책임자의 희망에 부응하여 종교, 도덕교육을 포함한 교육을 받는다.

나. 분산된 가족의 재결합을 촉진하기 위하여 모든 적절한 조치를 취한다.

다. 15세 이하의 아동은 군대에 징집되거나 적대행위에 참가하도록 하여 서는 아니 된다.

라. 본 조에 의하여 15세 이하의 아동에게 부여되는 특별보호는 다. 호 의 규정에도 불구하고 그들이 적대행위에 참가하고 포획되었을 때에 도 계속 적용된다.

마. 필요할 경우 그들이 부모 또는 법률 및 관습에 의하여 일차적으로 그들의 보호에 책임이 있는 자의 동의를 얻어 아동을 적대 행위가 일어나고 있는 지역으로부터 동국내의 안전한 장소로 임시 이동시키 고 그들의 안전 및 복리를 책임지고 있는 자들이 동행하도록 보장하 기 위한 조치를 취하여야 한다.

제5조 자유가 제한된 개인

1. 제4조의 규정에 추가하여 무력분쟁에 관련된 이유로 그들의 자유를 박탈당한 사람에 대하여는 그들이 억류되어 있든 구류되어 있든 간에 최소 한 다음 사항이 보장되어야 한다.

가. 부상자 및 병자는 제7조에 따라 취급되어야 한다.

나. 본 항에 언급된 자는 지역 민간인과 같은 정도로 음식, 음료수가 공 급되어야 하고 건강, 위생의 안전, 기후 및 무력투쟁의 위험으로부터 보호를 부여받는다.

다. 그들은 개인적, 집단적 구호를 받도록 허용되어야 한다.

라. 그들은 그들의 종교의식을 행하는 것이 허용되며, 만일 필요하고 적 절할 경우에는 목사와 같은 종교적 기능을 수행하는 자로부터 정신 적 도움을 받는 것이 허용되어야 한다.

마. 그들은 노동에 종사할 경우 지방주민이 향유하는 것과 동일한 노동

조건 및 보호를 향유한다.

2. 1항에 언급된 자들의 구금 및 억류에 대하여 책임을 지고 있는 자들은 그들의 능력 한도 내에서 전기의 자들에 관련된 다음 규정을 존중하여야 한다.

가. 한 가족의 남녀가 같이 수용되는 경우를 제외하고는 여자는 남자의 숙소로부터 분리된 숙소에 수용되어야 하고 여자의 직접적인 감독하에 두어야 한다.

나. 그들은 편지 및 카드를 보내고 받을 수 있어야 한다. 그 회수는 필요하다면 권한있는 당국에 의하여 제한될 수 있다.

다. 구금 및 억류의 장소는 전투지대에 근접한 곳에 위치하여서는 아니된다. 1항에 언급된 자들은 그들의 소개가 충분한 안전조건하에 행해질 수 있다면 그들의 억류 또는 구류장소가 특히 무력충돌로 인한 위험에 노출되는 경우 소개되어야 한다.

라. 그들은 의료검진의 혜택을 받는다.

마. 그들의 신체적, 정신적 건강 및 보전은 부당한 작위 또는 부작위에 의하여 위협받지 아니한다. 따라서 본조에 규정된 자들을 당사자의 건강상태에 의하지 아니한 또는 유사한 의료 환경하에서 자유인에게 적용되는 일반적으로 인정된 의료기준과 일치되지 아니하는 의료절차를 받게 하는 것은 금지된다.

3. 1항의 적용을 받지는 않지만 무력충돌에 관련되는 이유로 어떠한 방법으로든지 자유를 제한받는 자들은 제4조와 본조의 1항 가, 나, 다 호 및 2항 나 호에 따라 인도적으로 대우되어야 한다.

4. 자유를 박탈당한 자들을 석방하기로 결정하는 경우 그러한 결정을 내리는 자들은 그들의 안전을 보장하기 위하여 필요한 조치를 취하여야 한다.

제6조 형사소추

1. 본 조는 무력충돌과 관련되는 형사범죄의 소추 및 처벌에 적용된다.

2. 독립성 및 공평성이라는 필수적 보장이 부여되는 법정에 의한 선고에 의하지 아니하고는 범죄를 범한 자에 대하여 어떠한 형벌도 집행될 수 없다. 특히,

　가. 동 절차는 혐의사실의 세목을 지체없이 피고에게 알려 주도록 하고 피고에게 심리 이전 및 심리 중에 변호에 필요한 모든 권리 및 수단을 부여하여야 한다.

　나. 개인적 형사책임에 근거하지 아니하고는 어떠한 자도 유죄판결을 받지 아니한다.

　다. 누구도 행위시의 법률하에서 죄를 구성하지 않는 작위 및 부작위로 인하여 유죄판결을 받지 아니한다. 또한 범행이 행해진 당시에 적용되는 것보다 더 중요한 형벌이 과하여져서는 아니 된다. 범행 후에 보다 경한 형벌을 과하는 법률이 제정되는 경우에는 범행자도 그 혜택을 향유하도록 한다.

　라. 법에 따라 유죄임이 밝혀질 때까지 범죄피의자는 무죄로 추정된다.

　마. 범죄피의자는 누구나 본인의 출석하에 재판을 받을 권리를 가진다.

　바. 누구도 자신에 불리한 증언을 하거나 범죄를 자백하도록 강요당하지 아니한다.

3. 유죄판결을 받은 자는 선고 즉시 법적 및 기타 구제절차 및 동 절차가 행사될 수 있는 시한을 통지받아야 한다.

4. 사형은 범죄시 18세 이하의 자에게는 선고될 수 없으며 임산부 또는 영아의 모에게는 집행될 수 없다.

5. 적대행위의 종료 시 권한있는 당국은 무력충돌에 참가했던 자들 및 무력충돌에 관련있는 이 로 자유가 구속된 자들에게 그들이 억류되어 있건 구류되어 있건 가능한 최대의 사면을 부여하도록 노력하여야 한다.

제3편 부상자, 병자 및 난선자

제7조 보호 및 가료

1. 모든 부상자, 병자, 난선자는 무력충돌에의 가담여부를 불문하고 존중되고 보호된다.

2. 모든 경우에 있어 그들은 인도적으로 대우되어야 하며, 실행가능한 최대한도까지 또한 가능한 최소한의 지체로 그들의 상태에 따른 의료적 가료 및 주의를 받아야 한다. 의료적인 것 이외의 이유에 근거하여 그들 간에 차별을 두어서는 아니 된다.

제8조 수 색

상황이 허용하는 경우 특히 교전 후 부상자, 병자, 난선자를 수색하여 수용하고, 그들을 약탈 및 학대로부터 보호하고, 적절한 가료를 보장하며, 사망자를 수색하여 그들을 약탈로부터 방지하고 품위있게 처리하기 위하여 모든 가능한 조치가 취하져야 한다.

제9조 의무요원 및 종교요원의 보호

1. 의무요원 및 종교요원은 존중되고 보호되어야 하며 그들의 의무수행을 위하여 모든 가용한 협조가 부여되어야 한다. 그들은 그들의 인도적 임무와 양립하지 아니하는 업무를 수행하도록 강요당하지 아니한다.

2. 그들의 임무수행에 있어서 의무요원은 의료적 이유로 근거하지 아니하고는 누구에게도 우선권을 주도록 요청되지 아니한다.

제10조 의료업무의 일반적 보호

1. 어떠한 상황하에서도 누구든 의료윤리와 양립되는 의료행위를 수행한 것을 이유로 하여 그 수익자가 누구이든 간에 처벌되지 아니한다.

2. 의료행위에 종사하는 자는 의료윤리의 규칙 또는 부상자 및 병자의

이익을 위하여 고안된 규칙 및 본 의정서에 반하는 행위 또는 업무를 수행하도록 강요되지 아니하며, 이들 규칙 및 의정서에 의하여 요구되는 행위를 못하도록 강요되지 아니한다.

3. 자신의 보호하에 있는 부상자 및 병자에 관하여 취득한 정보에 관한 의료행위 종사자의 직업상 의무는 국내법에 따를 것을 조건으로 존중된다.

4. 국내법에 따를 것을 조건으로 의료행위 종사자는 누구도 자신의 보호하에 있거나 있었던 부상자 및 병자에 관한 정보의 제공을 거부하거나 제공하지 아니한 이유로 어떤 방식으로도 처벌되지 아니한다.

제11조 의무부대 및 수송수단의 보호

1. 의무부대 및 수송수단은 항시 존중되고 보호되며 공격의 목표가 되어서는 아니 된다.

2. 의무부대 및 수송수단에 부여되는 보호는 그들이 인도적 기능을 일탈하여 적대행위를 하는데 사용되지 아니하는 한 중단되지 아니한다. 단, 보호는 합리적인 시한을 정한 경고를 발하고 그러한 경고가 무시된 경우에만 중단될 수 있다.

제12조 식별표장

권한있는 관계당국의 지도하에 흰바탕에 적십자, 적신월, 적사자 태양의 식별표장은 의무요원, 종교요원, 의료부대 및 의료수송수단에 의하여 부착되어야 한다. 그것은 모든 상황에 있어서 존중되어야 하며 부당하게 사용되어서는 아니 된다.

제4편 민간주민

제13조 민간주민의 보호

1. 민간주민과 민간개개인은 군사작전으로부터 발생하는 위험에 대하여 일반적 보호를 향유한다. 이러한 보호를 효과적으로 하기 위하여 아래의 규칙은 모든 상황에 있어서 준수되어야 한다.

2. 민간주민과 민간개개인은 공격의 목표가 되어서는 아니 된다. 민간주민 사이에 공포를 확산하는데 주목적이 있는 폭력행위 및 그 위협은 금지된다.

3. 민간인은 그들이 적대행위에 직접 참여하지 아니하는 한 그리고 그러한 기간 중 본편에 규정된 보호를 향유한다.

제14조 민간주민의 생존에 불가결한 대상물의 보호

전투방법으로서의 민간인의 기아작전은 금지된다. 따라서 이러한 목적을 위하여 민간주민의 생존에 불가결한 식량, 식량생사에 필요한 농업지대, 수확물, 가축, 음료수 시설 및 공급, 관개시설등과 같은 목표물을 공격, 파괴, 이동 또는 무용화하는 것은 금지된다.

제15조 위험한 물리력을 포함하는 사업장 및 시설물의 보호

위험한 물리력을 포함하고 있는 사업장 및 시설물, 즉 댐, 수로, 원자력발전소는 동 대상들이 군사적 목표물일지라도 그러한 공격이 위험한 물리력의 방출 및 그에 따른 중대한 손실을 민간주민에게 초래할 수 있는 경우에는 공격의 대상이 되어서는 아니 된다.

제16조 문화재 및 예배장소의 보호

1954년 5월 14일자의 무력충돌 시 문화재의 보호에 관한 헤이그협약의 규정을 침해함이 없이 국민의 문화적 · 정신적 유산을 구성하는 역사적 기념물, 예술작품 또는 예배장소에 대한 적대행위는 금지되며, 군사적 노력지원에 이들을 사용하는 것은 금지된다.

제17조 민간인의 강제이동 금지

1. 관계 민간인의 안전이나 절대적인 군사적 이유에 의하지 아니하고는 충돌과 관련되는 이유로 민간주민의 이동을 명령하여서는 아니 된다. 그러한 이동을 수행하여야 할 경우에는 민간주민이 거처, 위생, 건강, 안전 및 영양상 만족할 만한 조건하에 수용되도록 모든 가능한 조치가 취하여져야 한다.

2. 민간인은 충돌과 관련되는 이유로 그들의 영토를 떠나도록 강요되지 아니한다.

제18조 구호단체 및 구호활동

1. 적십자(적신월, 적사자태양)단체와 같은 체약당사국의 영역 내에 소재하는 구호단체는 무력충돌의 희생자와 관련된 그들의 전통적인 기능수행을 위하여 그들의 역무를 제공할 수 있다. 민간주민은 자발적으로 부상자, 병자 및 난선자를 수용하고 가료를 제공할 수 있다.

2. 민간주민이 식량 및 의료공급 등 생존에 필수적인 공급의 결핍으로 과도한 곤경에 처하고 있을 경우 오로지 인도적이고 공평한 성질을 띠며 불리한 차별을 행함이 없이 수행되는 민간주민을 위한 구호행위는 관련 체약당사국의 동의하에 실시되어야 한다.

제5편 최종규정

제19조 보 급

본 의정서는 가능한 한 광범위하게 보급되어야 한다.

제20조 서 명

본 의정서는 최종의정서의 서명 6개월 후 협약당사국에 의한 서명을 위하여 개방되며 12개월 동안 개방된다.

제21조 비 준

본 의정서는 가능한 한 빨리 비준되어야 한다. 비준서는 협약 수탁국인 스위스 연방정부에 기탁되어야 한다.

제22조 가 입

본 의정서는 제 협약의 당사국으로서 본 의정서에 서명하지 아니한 모든 당사국에 의한 가입을 위하여 개방된다. 가입서는 수탁국에 기탁된다.

제23조 발 효

1. 본 의정서는 2개국의 비준서 또는 가입서가 기탁된 6개월 후 발효된다.
2. 본 의정서 발표 후 비준 또는 가입하는 제 협약의 당사국에 대하여는 동 당사국에 의한 비준서 또는 가입서 기탁 6개월 후 효력을 발생한다.

제24조 수 정

1. 모든 체약당사국은 본 의정서의 개정을 제안할 수 있다. 개정안의 원본은 수탁국에 전달되어야 하며, 수탁국은 모든 체약당사국 및 국제적십자위원회와의 협의를 거쳐 개정안을 검토하기 위한 회의의 소집여부를 결정한다.
2. 수탁국은 협약의 당사국과 함께 모든 체약당사국을 본 의정서의 서명국인지 여부를 불문하고 동 회의에 초청한다.

제25조 탈 퇴

1. 체약당사국이 본 의정서를 탈퇴할 경우 탈퇴는 탈퇴서의 접수 6개월

후에 비로소 효력을 발생한다. 그러나 6개월의 만료직후 탈퇴국이 제1조에 언급된 사태에 개입되는 경우에는 탈퇴는 무력충돌의 종료 전에는 효력을 발생하지 아니한다. 무력충돌에 관련된 이유로 자유를 박탈당하였거나 제한당한 자들은 그들의 최종 석방 시까지 본 의정서의 규정에 따른 혜택을 계속 향유한다.

2. 탈퇴는 수탁국에 서면으로 통고되어야 하며, 수탁국은 이 사실을 모든 체약당사국에 전달한다.

제26조 통 고

수탁국은 협약당사국 및 체약당사국에게 그들이 본 의정서의 서명국인지의 여부를 불문하고 다음 사항을 통고한다.

가. 본 의정서에 대한 서명과 제21조 및 제22조에 따른 비준서, 가입서의 기탁

나. 제23조에 따른 본 의정서의 발효일자

다. 제24조에 따라 접수된 통지 및 선언

제27조 등 록

1. 본 의정서는 발효 후 국제연합헌장 제102조에 따라 등록 및 공포를 위하여 수탁국에 의하여 유엔사무국에 전달된다.

2. 수탁국은 본 의정서에 관하여 접수된 모든 비준 및 가입사실을 유엔사무국에 통보한다.

제28조 인증등본

아랍어, 중국어, 영어, 불어, 러시아어, 스페인어본이 동등히 인증된 본 의정서 원본은 수탁국에 기탁되며, 수탁국은 그 인증등본을 모든 제 협약당사국에 전달한다.

· 저자 ·

이민효   **· 약 력 ·**
(李敏孝)
해군사관학교 졸업(1986, 문학사)
서울대학교 법학사(1990)
성균관대학교 법학석사(1994), 법학박사(1999)
현　해군사관학교 국제관계학과 부교수

· 주요논저 ·
「해상무력분쟁에 적용될 산레모 매뉴얼에 관한 연구」
「공해의 군사적 이용과 공해자유원칙의 제한」
「해상무력분쟁에서의 전투수단과 방법의 제한에 관한 연구」
『현대국제법』(공저)
외 다수

무력분쟁에서의 희생자 보호와 국제인도법
－비국제적 무력분쟁을 중심으로－

· 초판 인쇄	2006년 11월 10일
· 초판 발행	2006년 11월 10일
· 지 은 이	이민효
· 펴 낸 이	채종준
· 펴 낸 곳	한국학술정보㈜
	경기도 파주시 교하읍 문발리 526-2
	파주출판문화정보산업단지
	전화　031) 908-3181(대표) · 팩스　031) 908-3189
	홈페이지　http://www.kstudy.com
	e-mail(출판사업부)　publish@kstudy.com
· 등　　록	제일산-115호(2000. 6. 19)
· 가　　격	37,000원

ISBN　89-534-5876-5　93360 (Paper Book)
　　　　89-534-5877-3　98360 (e-Book)